Praxishandbuch für Personalreferenten

Uta Rohrschneider und *Michael Lorenz* sind in der Personalberatung *grow.up*
tätig und veranstalten Seminare für Personalreferenten. *Michael Lorenz* ist
Mitautor des Titels *Fit für die Geschäftsführung* (Campus 2005). Gemeinsam schrieben sie mit am Buch *Kündigung, Abfindung, Neuorientierung*
(Campus 2004).

Michael Lorenz, Uta Rohrschneider

Praxishandbuch für Personalreferenten

Campus Verlag
Frankfurt / New York

Bibliografische Information der Deutschen Nationalbibliothek:
Die Deutsche Nationalbibliothek verzeichnet diese Publikation in der
Deutschen Nationalbibliografie. Detaillierte bibliografische Daten
sind im Internet unter http://dnb.d-nb.de abrufbar.
ISBN 978-3-593-38320-0

Inhalt

1 Vorwort 23

2 Moderne Personalarbeit im Unternehmen: Dafür sind wir da 25

2.1 Ziele moderner Personalarbeit 25
2.2 Beitrag der Personalarbeit zum Unternehmenswert 28
2.2.1 Der Personalreferent als Vertreter des hoheitlichen Auftrags . . . 28
2.2.1.1 Entwicklung einer eigenen HR-Vision und -Strategie 30
2.2.1.2 Die konsequente Ausrichtung der Personalarbeit
an den Unternehmenszielen 32
2.2.1.3 Betrachtung des heutigen Ist-Standes der Personalarbeit
und eventuelle Neuausrichtung entsprechend
den Unternehmenszielen 33
2.3 Serviceleistungen für die Erfolge von Management,
Führungskräften und Mitarbeitern: Sie werden an Ihren
Ergebnissen gemessen 34
2.3.1 Interne Kundenbefragungen zur Messung des eigenen Erfolgs . . 37

3 Selbst- und Rollenverständnis der Personalreferenten 39

3.1 Rollen des Personalreferenten im Unternehmen 40
3.1.1 Der Personalreferent als Vertreter des hoheitlichen Auftrags . . . 42
3.1.2 Der Personalreferent als interner Dienstleister 43
3.1.3 Der Personalreferent als interner Berater 43
3.1.4 Konfliktfelder zwischen der Rolle als Dienstleister, Berater
und hoheitlichem Auftrag 46
3.2 Wer sind unsere Kunden? Wer sind unsere Auftraggeber? 47
3.2.1 Gute Leistung hat ihren Preis: Ein Bewusstsein für Preis
und Leistung schaffen 49
3.3 Kundenerwartungen erkennen und erfüllen 51

3.3.1 Klar definierte Leistungsspektren: Service-Level-Agreements ... 57
3.3.2 Die Entwicklung von Service-Level-Agreements 58
3.3.3 Service-Level-Management 60
3.4 Mit einem gestärkten Selbst- und Rollenverständnis
    HR-Excellence erreichen 61

4 Verkauf von Personalleistungen: Tools und Wege
  zum Erfolg 64

4.1 Was bieten wir an? 64
4.1.1 Unternehmenskultur 65
4.1.2 Kundenbedürfnisse gezielt erfassen 69
4.1.3 Das eigene Angebot definieren 70
4.2 Tu Gutes und sprich darüber: Kommunikationswege und
    -instrumente 71
4.3 Die Bedeutung von Netzwerken und Freunden 74
4.4 Einbinden von Entscheidern und Interessengruppen 76
4.5 Der Personalreferent als Verkäufer 78

5 Die Bedeutung der Personalarbeit für die
  Mitarbeitermotivation und -bindung 82

5.1 Was Sie über Mitarbeitermotivation wissen sollten 83
5.1.1 Maslows Theorie hierarchischer Bedürfnisse 83
5.1.2 Herzbergs anreiztheoretischer Ansatz 85
5.1.3 Die Grundmotive nach McClelland: Leistung – Macht –
    Zugehörigkeit 88
5.1.4 Das Aufwand-Ertragsmodell der Mitarbeitermotivation ... 88
5.1.5 Eine moderne Motivationstheorie: Das REISS-PROFIL 91
5.1.5.1 Welche Einsichten gewinnen Sie durch das REISS-PROFIL? .. 95
5.2 Einfluss und Gestaltungsmöglichkeiten der Personalarbeit ... 96
5.2.1 Das REISS-PROFIL gezielt einsetzen 97
5.2.1.1 Gezielte Personalauswahl- und Platzierungsentscheidungen .. 97
5.2.1.2 Betriebliche Rahmenbedingungen und Personal-
    instrumente für gezielte Motivation auf der Grundlage der
    16 Lebensmotive schaffen 100
5.2.1.3 REISS-PROFIL: Zusammenarbeit fördern und Konflikte
    vermeiden 103
5.2.1.4 Teamwork mit dem REISS-PROFIL 106

5.2.1.5 Das Führungsverhalten im Hinblick auf die Mitarbeitermotivation optimieren 107
5.2.2 Motivation ermöglichen 108

6 Personalplanung 109

6.1 Von der Bedarfs- bis zur Nachfolgeplanung: Formen, Aufgaben und
Ziele der Personalplanung 111
6.1.1 Personalbedarfsplanung 116
6.1.1.1 Ermittlung des Bruttopersonalbedarfs 117
6.1.1.2 Schätzverfahren 117
6.1.1.3 Kennzahlenmethode 118
6.1.1.4 Stellenplanmethode 119
6.1.1.5 Qualitative Personalbedarfsplanung 120
6.1.2 Ermittlung des Nettopersonalbedarfs 121
6.1.3 Personalbestandsplanung 123
6.1.4 Personaleinsatzplanung 124
6.1.5 Personalentwicklungs- und Nachfolgeplanung 128
6.1.6 Personalbeschaffungsplanung 130
6.1.7 Personalkostenplanung 130
6.1.8 Personalfreisetzungsplanung 130
6.2 Die Rolle des Betriebsrats 132
6.3 Die richtige Perspektive einnehmen 133
6.3.1 Personalplanung in der Aufbau-, Wachstums- und
Expansionsphase 134
6.3.2 Personalplanung in der Konsolidierungsphase 134
6.3.3 Personalplanung in der Personalabbauphase 134

7 Der richtige Mitarbeiter am richtigen Platz 136

7.1 Stellenbeschreibungen: Sinn und Nutzen 139
7.1.1 Inhalt einer Stellenbeschreibung 139
7.1.2 Vorteile einer Stellenbeschreibung 140
7.1.3 Schwierigkeiten im Zusammenhang mit Stellenbeschreibungen . 141
7.1.3.1 Fokussierung des Mitarbeiters auf beschriebene Tätigkeiten .. 141
7.1.3.2 Zeit- und arbeitsaufwändige Erhebung 142
7.1.3.3 Regelmäßige Überarbeitung notwendig 142
7.1.3.4 Ungenügende Basis für Mitarbeiterbeurteilungen, Auswahl-
und Entwicklungsentscheidungen 143

7.1.4 Wie wird es gemacht? In vier Schritten zur fertigen Stellenbeschreibung 143
7.1.4.1 Erstellung der Beschreibung durch den Stelleninhaber 143
7.1.4.2 Überprüfung und gegebenenfalls Ergänzung/Korrektur
durch den Vorgesetzten 144
7.1.4.3 Austausch über die Stellenbeschreibung in einem
Mitarbeitergespräch 144
7.1.4.4 Unterschrift von Stelleninhaber und Vorgesetztem 144
7.1.4.5 Ihre Rolle als Personalreferent bei der Erstellung von
Stellenbeschreibungen 145
7.2 Die richtige Basis schaffen: Anforderungsanalysen und
zielorientierte Anforderungsprofile 145
7.2.1 Wie wird ein Anforderungsprofil erstellt? 148
7.2.1.1 Die Analyse von Stellenbeschreibungen 149
7.2.2 Die Critical-Incident-Technik (CIT) 149
7.2.3 In drei Schritten zum dynamischen Anforderungsprofil 151
7.2.3.1 Schritt 1: Ableitung der Positionsziele 151
7.2.3.2 Schritt 2: Ableitung der Kernaufgaben 152
7.2.3.3 Schritt 3: Definition der Anforderungen/Kompetenzen 152
7.2.4 Kriterien für ein gutes Anforderungsprofil 154
7.2.4.1 Formulieren Sie jobnah! 155
7.2.4.2 Denken Sie mittel- bis langfristig! 155
7.2.4.3 Halten Sie Ihr Anforderungsprofil flexibel! 156
7.2.4.4 Kombinieren Sie methodisches und fachliches Know-how! ... 156
7.2.5 Was Sie darüber hinaus noch wissen müssen 157
7.3 Kompetenzmodelle – Grundlage zielgerichteter
Fördermaßnahmen und Stellenbesetzung 158
7.3.1 Die drei Phasen des Kompetenzmanagements 159
7.3.1.1 Entwicklung eines Kompetenzmodells 160
7.3.1.2 Anforderungen an Kompetenzen 162

8 Personalmarketing und Personal-Recruiting:
Die Richtigen ansprechen und als Mitarbeiter gewinnen ... 164

8.1 Strategisches Personalmarketing 165
8.1.1 Heute schon an morgen denken: Die strategische Bedeutung
des Personalmarketings 165
8.1.2 Schritt 1: Wie sieht der Soll-Zustand aus? 168
8.1.3 Schritt 2: Wie sieht der Ist-Zustand aus? 171
8.1.3.1 Die Situation der Unternehmensumwelt 172

8.1.3.2 Die Situation der Kunden – Bewerber und Mitarbeiter 172

8.1.3.3 Die Situation im Unternehmen 173

8.1.3.4 Die Wettbewerbssituation 174

8.1.4 Schritt 3: Vom Ist zum Soll – Die Personalmarketingstrategie 175

8.2 Internes und externes Personalmarketing – Das Unternehmen
als attraktiven Arbeitgeber am internen und externen Arbeitsmarkt
platzieren 176

8.2.1 Internes Personalmarketing 177

8.2.1.1 Stolpersteine beim internen Personalmarketing 178

8.2.1.2 Die Rolle von Führungskräften im Kontext des internen
Personalmarketings 180

8.2.1.3 Instrumente des internen Personalmarketings 180

8.2.2 Externes Personalmarketing 184

8.2.2.1 Stolpersteine beim externen Personalmarketing 184

8.2.2.2 Instrumente des externen Personalmarketings 184

8.2.2.3 Das Zusammenwirken von internem und externem
Personalmarketing 185

8.2.2.4 Zukunftstrends im Personalmarketing 186

8.3 Interne oder externe Personalrekrutierung? 188

8.3.1 Vor- und Nachteile interner Rekrutierung 191

8.3.1.1 Kanäle der internen Ansprache: Von direkt bis indirekt 191

8.3.2 Externe Personalrekrutierung: Kontakt zu potenziellen
Mitarbeitern aufbauen und halten 194

8.3.2.1 Vor- und Nachteile externer Rekrutierung 195

8.3.2.2 Kanäle der externen Ansprache 196

8.4 Sprechend und werbend formulieren: Die Rolle der Stellenanzeige 208

8.4.1 Die richtigen Formulierungen: Positiv und unmissverständlich . 211

9 Personalauswahl 212

9.1 Basis aller Auswahlschritte: Das Anforderungsprofil 214

9.2 Den Überblick behalten: Bewerberverwaltung 216

9.2.1 Den Schriftverkehr effektiv handhaben 217

9.2.2 Das interne Bewerberbegleitblatt 219

9.3 Prüfen und Beurteilen von Bewerbungsunterlagen 220

9.3.1 Formale Anforderungen an eine Bewerbung 221

9.3.2 Informationen aus dem Anschreiben 221

9.3.3 Informationen aus dem Lebenslauf 221

9.3.4 Das richtige Bild abgeben – Das Bewerbungsfoto 223

9.3.5 Zeugnisse richtig interpretieren 223
9.3.6 Anlagen als zusätzlicher Informationsgewinn 225
9.3.6.1 Referenzauskünfte einholen 225
9.4 Telefonische Bewerbervorauswahl 226
9.5 Im Interview gezielt die richtigen Informationen gewinnen 227
9.5.1 Wie viele Informationen benötige ich? 228
9.5.2 Strukturiert und systematisch auf dem Weg zur richtigen
      Entscheidung 229
9.5.3 Klassische Fragetechniken und methodische Erweiterungs-
      und Vertiefungsmöglichkeiten 231
9.5.3.1 Unerlaubte Fragen im Bewerberinterview 238
9.5.4 Nicht nur reden, sondern zeigen lassen: Situative Interviews . . . 238
9.6 Informationsgewinn durch zusätzliche Auswahlverfahren 239
9.6.1 Nutzen von Test- und Fragebogenverfahren 239
9.6.2 Assessment-Center und Management-Audit 242
9.7 Kundenorientierung als oberste Devise 243

10 Motiviert und engagiert von Anfang an: Einarbeitung
   neuer Mitarbeiter 246

10.1 Die Weichen werden am Anfang gestellt: Vorbereitung für
     neue Mitarbeiter 247
10.1.1 Rollen und Verantwortungsverteilung in der
       Einarbeitungsphase 247
10.2 Der erste Eindruck prägt – oder: Die ersten Tage im
     Unternehmen erfolgreich gestalten 248
10.3 Systematische Integration und unternehmensspezifischer . . . .
     Kompetenzaufbau 250
10.3.1 Einarbeitungspläne 250
10.3.2 Begleiter und Ansprechpartner auf neuem Terrain 251
10.4 Erfolge messen: Feedbackschleifen und Prozesscontrolling 251
10.4.1 Bewährungsprobe: Probezeitbeurteilung 252

11 Potenzialanalyseverfahren für interne Platzierungs-
   entscheidungen 254

11.1 Assessment-Center als Potenzialanalyseverfahren 256
11.2 Potenzialeinschätzungen – Stärken und Entwicklungsbedarfe
     erkennen 257

11.3 Das richtige Verfahren für die Zielposition: Bausteine und
Verfahrensgestaltung 258
11.3.1 Kreative Gestaltungsvarianten: Integration von Outdoor-
Elementen in ein Assessment-Center 259
11.3.2 Gestaltung der Potenzialanalyse als Gruppen- oder Einzel-
Assessment-Center 260
11.3.3 Situationssimulationen und Aufgabenstellungen im
Assessment-Center 260
11.3.4 Ergebnisgewinnung und Feedbackprozesse 263
11.3.5 Heterogene Zielgruppen als Herausforderung 263
11.4 Assessment-Center selber entwickeln und durchführen:
Was Sie alles brauchen 264
11.4.1 Workshop zur Anforderungsanalyse 266
11.4.2 Konstruktion der Übungen und Rolleninstruktionen 267
11.4.3 Erstellung von Beobachtungsbögen 269
11.4.4 Ergebnisprofile und -berichte 270
11.4.5 Organisatorische und zeitliche Gestaltung 271
11.4.6 Entscheidungsträger als Beobachter einbeziehen: Aufgaben,
Kompetenzen und Vorbereitung 272
11.4.7 Erfolgsfaktoren für die Durchführung und Auswahl-
entscheidung 272
11.5 Das Management-Audit – Führungskräfte optimal einsetzen . . . 274
11.6 Weitere Verfahren der Kompetenz- und Potenzialanalyse 276
11.6.1 Führungskompetenzanalyse mit 270°-Feedback im Rahmen
eines umfassenden Change-Prozesses 277
11.6.2 Karrieregespräche für High Potentials 278

**12 Stagnation vermeiden: Qualifizierung und
Personalentwicklung** 282

12.1 Personalentwicklung: Investition in den Erfolg von morgen 283
12.1.1 Festlegen der Entwicklungsziele 285
12.1.2 Analyse des Ist-Standes 286
12.1.3 Entwicklung konkreter Personalentwicklungsmaßnahmen 287
12.1.4 Umsetzung und Durchführung von Personalentwicklungs-
maßnahmen 288
12.1.5 Bewertung der Durchführung und Zielerreichung 288
12.2 Wer macht was? Zuständigkeiten und Verantwortung für
Förderung und Entwicklung 290

12.3 Die Bedeutung der Führungskräfteausbildung für das
Unternehmen 292
12.4 Wer braucht was: Bedarfsorientierte Personalentwicklung 293
12.5 Personalentwicklung ist mehr als Seminarbesuche 297
12.5.1 Instrumente der Qualifizierung 297
12.5.1.1 Aufgabenerweiterung (Job-Enlargement) 299
12.5.1.2 Aufgabenanreicherung (Job-Enrichment) 300
12.5.1.3 Arbeitsplatz- und Aufgabenwechsel (Job-Rotation) 300
12.5.1.4 Coaching 301
12.5.1.5 Mentoring 302
12.5.1.6 Fort- und Weiterbildung 302
12.5.1.7 Selbststudium 302
12.5.1.8 Partnermodelle 303
12.5.1.9 Projektarbeit 304
12.5.1.10 Planspiele 304
12.5.1.11 Traineeprogramme 305
12.6 Die richtigen Maßnahmen und Strategien für die richtigen
Mitarbeiter: Personalentwicklung für »Stars« bis »Problems« .. 305
12.6.1 Stars: Binden und fördern 307
12.6.2 Workhorses: Qualifizieren und motivieren 308
12.6.3 Problems: Die Führungskraft bei der Problemlösung
unterstützen 309
12.6.4 Deadwood: Trennung ist der beste Weg 310
12.7 Nachwuchssicherung: Investitionen in die Ausbildung 312
12.7.1 Verantwortungs- und Rollenverteilung in der Ausbildung:
Ausbilder und Ausbildungsbeauftragte 313
12.7.2 Übergeordnete Gestaltungsmöglichkeiten in der Ausbildung .. 314
12.7.2.1 Mentorenprogramme für die Ausbildung on-the-Job 315
12.7.2.2 Off-the-Job – Qualifizierung für Auszubildende 317
12.8 Mitarbeitergespräche, Mitarbeiterbeurteilungen und
Zielvereinbarungen gezielt nutzen 318
12.8.1 Mitarbeitergespräche 321
12.8.2 Mitarbeiterbeurteilung 322
12.8.3 Zielvereinbarungen 326
12.9 Verantwortungsträger unter der Lupe: Führungskräftefeedback . 329
12.10 Nachfolge- und Laufbahnplanung 332
12.11 Erfolgsfaktoren für die Nutzung und den Einsatz von PE-
und Qualifizierungsinstrumenten 335
12.12 Personalreferenten im Zusammenspiel mit externen Trainern
und Beratern 336

13 Mitarbeiterbefragungen und Klimauntersuchungen 339

13.1 Ziele der Mitarbeiterbefragung 340
13.2 Formen der Mitarbeiterbefragung 341
13.3 Konzeption einer Mitarbeiterbefragung 343
13.3.1 Konzeption des Fragebogens 343
13.3.2 Information und Kommunikation: Schulung der
       Prozessbegleiter 347
13.3 3 Durchführung der Mitarbeiterbefragung 348
13.3.4 Auswertung und Ergebniskommunikation 349
13.3.5 Erfolgsfaktoren der einzelnen Projektphasen 350
13.4 Erfolgsfaktor »Nachbereitung und Maßnahmenableitung« 352
13.5 Mitarbeiterbefragung in Kooperation mit einem externen
     Berater 353

14 Neuplatzierung und Versetzung 356

14.1 Wenn Veränderungen notwendig werden: Anlässe und Ziele
     von Versetzungen 356
14.1.1 Die Versetzung als Einzelmaßnahme 357
14.1.2 Die Versetzung als Gruppenmaßnahme 358
14.1.2.1 Praxisbeispiel: Versetzungen im Rahmen eines
         Fusionsprozesses 359
14.1.2.2 Praxisbeispiel: Versetzungen im Rahmen einer
         Neuausrichtung 363
14.2 Aufgaben und Verantwortung des Personalreferenten bei der
     Versetzung von Mitarbeitern 365
14.2.1 Klärung von Zielsetzung und Bereitschaft 366
14.2.2 Suche nach geeigneten Stellen 366
14.2.3 Interner Auswahlprozess 367
14.2.4 Beachtung arbeitsrechtlicher Rahmenbedingungen 369

15 Trennung von Mitarbeitern 372

15.1 Ziele des Trennungsmanagements 373
15.2 Wenn der Mitarbeiter gehen will 375
15.2.1 Wieso, weshalb, warum: Trennungsgespräche als
       Informationsgewinn für das Unternehmen 376
15.3 Trennungen, die das Unternehmen veranlasst 377
15.3.1 Die außerordentliche Kündigung 378

15.3.2 Die ordentliche (fristgerechte) Kündigung 380

15.3.2.1 Die verhaltensbedingte Kündigung 380

15.3.2.2 Die personenbedingte Kündigung 381

15.3.2.3 Die betriebsbedingte Kündigung 382

15.4 Aufgaben des Personalreferenten im Trennungsprozess 383

15.4.1 Zusammenarbeit und Beratung der Führungskräfte 383

15.4.2 Zusammenarbeit mit dem Betriebsrat 384

15.4.3 Gespräche mit den Mitarbeitern führen 385

15.4.3.1 Wer? Wann? Wo? Wie lange? 385

15.4.3.2 Das Kündigungsgespräch 387

15.5 Der Weg in die Zukunft – Zeugnisse erstellen 390

15.5.1 Die Zeugnissprache – Eine Wissenschaft für sich 391

15.6 Outplacement – Neuorientierung begleiten und den Mitarbeiter
unterstützen 392

15.6.1 Chancen durch Outplacement 392

15.6.2 Formen des Outplacements 393

**16 Ganz ohne geht es nicht: Verwaltende und administrative
Aufgaben von Personalreferenten** 395

16.1 Jederzeit alle Informationen griffbereit: Anlegen und Führen
der Personalakte 385

16.1.1 Aufbau einer Personalakte 397

16.1.2 Der Personalbogen für rechtsverbindliche Angaben 399

16.1.3 Die elektronische Personalakte 399

16.2 Tools für mehr Effektivität und zeitgemäße sowie kunden-
orientierte Services 402

16.3 Was tun Sie denn den ganzen Tag? Prozesse transparent machen 404

**17 Das liebe Geld: Vergütung, Personalkosten und was Sie
dazu wissen sollten** 407

17.1 Wir arbeiten, um Geld zu verdienen und …: Grundsätzliche
Gedanken zur Vergütung 407

17.1.1 Akzeptanz 408

17.1.2 Transparenz 408

17.1.3 Gerechtigkeit 408

17.1.4 Marktübliche Bezahlung 409

17.1.5 Mitarbeiter einbeziehen 410

17.1.6 Kosten- versus Gewinnperspektive 410

17.2 Personalkosten 411

17.3 Vergütungssysteme 413

17.3.1 Variable Vergütungssysteme 414

17.3.2 Zielkategorien eines variablen Vergütungssystems 415

17.3.3 Planung und Vorgehen bei Einführung von variablen
Vergütungsmodellen 416

17.3.4 Variable Vergütung für wen? 416

17.3.5 Variable Vergütung in wirtschaftlich schweren Zeiten 417

17.4 Formen der erfolgsabhängigen Vergütung 417

17.4.1 Prämienvergütung 417

17.4.1.1 Entwickeln eines Prämienvergütungssystems 417

17.4.2 Bonus 419

17.4.3 Provision 420

17.4.4 Tantieme 420

17.4.5 Mitarbeiterbeteiligung 421

17.5 Diskussion: Vor- und Nachteile leistungsabhängiger Vergütung . 421

17.5.1 Die Nachteile leistungsabhängiger Vergütung 421

17.5.2 Die Vorteile leistungsabhängiger Vergütung als Teil eines
betrieblichen Anreizsystems 422

17.5.2.1 Anreizsysteme 423

17.5.2.2 Gestaltungsmöglichkeiten für vergütungsunabhängige
Anreizsysteme 424

17.5.3 Motivation erhalten und steigern 425

17.5.4 Die Bedeutung von Vergütung aus verschiedenen Lebens-
perspektiven 426

Register 429

Inhalt der CD-ROM

Platzierung des Personalreferenten im Unternehmen   7

Das Arbeitsumfeld des Personalreferenten: Einbettung in die
    Personalabteilung   8
Funktionale Organisationen der Personalabteilung   9
Das Personalreferentenmodell 11
Das Holding-Modell 14
Aufgabenspektrum und Tätigkeitsschwerpunkte in der modernen
    Personalarbeit 16
Voraussetzungen: Fachliche und soziale Kompetenzen des Personal-
    referenten 17

**Die Wahrheit ist verhandelbar: Gesprächs- und Verhandlungs-
kompetenzen des Personalreferenten** 20

Der Erfolg beginnt vor dem Gespräch: Von der Zielklärung bis zur
    Argumentationsstrategie 20
Strategie und Kompetenzen für erfolgreiche Gespräche 21
Individualität erkennen und beachten 25
Das Modell der Persönlichkeitstypen 25
Interessen und Motive verschiedener Gesprächspartner 28
Verhandlungskompetenz 30
Beratungskompetenz – Der Gesprächspartner im Fokus 32
Beratung 32

**Besondere Kompetenzen für schwierige
Gesprächssituationen** 37

Wenn es schwierig wird: Konflikte und kritische Situationen mit
    Mitarbeitern 37
Konflikte verstehen und Lösungen erarbeiten 38

Interessenkollision: Konfliktmoderation für Personalreferenten   45
Wenn gute Worte nicht mehr reichen: Abmahnungsgespräche   49
Wenn die Sympathie fällt: Mobbing – Handlungsfelder für Personal-
    referenten   56
Wenn Leistung fehlt: Fehlzeiten und Krankenrückkehrgespräche   58
Suchtproblematik im Unternehmen: Geduldet und weggeschaut   59

Checklisten und Muster nach Kapiteln

Kapitel 2

Checkliste 2.1: Leitfaden zur Entwicklung einer HR-Strategie
Checkliste 2.2: Leitfaden zur Ableitung konkreter HR-Maßnahmen
Checkliste 2.3: Betrachtung des Ist-Stands der Personalarbeit
Muster 2.4: Workshopzeitplan
Checkliste 2.5: Befragungsdimensionen der internen
    Kundenbefragung
Muster 2.6: Interne Kundenbefragung

Kapitel 3

Checkliste 3.1: Qualitätsstandards ableiten
Checkliste 3.2: Vorüberlegungen zur Definition von SLAs

Kapitel 4

Checkliste 4.1: Erfassung des Kundenbedarfs
Muster 4.2: Interview zur Bedarfserhebung
Checkliste 4.3: Kommunikationskanäle

Kapitel 6

Checkliste 6.1: Fragen zur Personalbeschaffungsplanung
Checkliste 6.2: Personalkostenplanung
Checkliste 6.3: Personalplanung

Kapitel 7

Checkliste 7.1: Stellenbeschreibung Leiter Personalbetreuung

Checkliste 7.2: Arbeitsaufgaben der zu besetzenden Position
Checkliste 7.3: Checkliste für Vorgesetzte
Checkliste 7.4: Sonstige Erwartungen an den Kandidaten
Checkliste 7.5: Umfeldfaktoren der zu besetzenden Stelle
Checkliste 7.6: Positionsbezogene Anforderungsbeschreibung

Kapitel 8

Checkliste 8.1: Definition der Personalmarketingziele
   (Soll-Zustand)
Checkliste 8.2: Situationsanalyse des eigenen Unternehmens
Checkliste 8.3: Situationsanalyse eines Wettbewerbers
Checkliste 8.4: Ergebnisüberblick über die Situationsanalyse
Checkliste 8.5: Aufgabenverteilung für Personalmarketing-
   maßnahmen
Checkliste 8.6: Abstimmung des externen Personalmarketings auf
   das interne Personalmarketing
Checkliste 8.7: Bewerberkurzprofil
Checkliste 8.8: Überblick über die Bewerberkartei
Checkliste 8.9: Qualitätsprüfung von Personalleasingunternehmen
Checkliste 8.10: Notwendige Bestandteile der Stellenanzeige
Checkliste 8.11: Positive Formulierung von Inhalten in
   Stellenanzeigen

Kapitel 9

Checkliste 9.1: Schritte der Personalsuche und -auswahl
Muster 9.2: Positionsbezogene Anforderungsbeschreibung
Muster 9.3: Bewerberbegleitbogen
Checkliste 9.4: Formale Anforderungen an eine Bewerbung
Checkliste 9.5: Informationen aus dem Anschreiben
Checkliste 9.6: Bewertung von Lebensläufen
Checkliste 9.7: Meine Kriterien für Bewerbungsfotos
Checkliste 9.8: Übersicht Zeugniscode
Checkliste 9.9: Leitfaden für Referenzgespräche
Checkliste 9.10: Organisatorische Vorbereitung von
   Bewerberinterviews
Muster 9.11: Aufbau eines teilstrukturierten Interviewleitfadens
Checkliste 9.12: Selbstreflektorische Fragen

Kapitel 10

Checkliste 10.1: Verantwortungsverteilung in der Einarbeitung
Checkliste 10.2: Vorbereitung der Einarbeitung durch den Personalbereich
Checkliste 10.3: Vorbereitung der Einarbeitung durch den Vorgesetzten
Checkliste 10.4: Einarbeitungsphase des neuen Mitarbeiters
Muster 10.5: Probezeitbeurteilung
Checkliste 10.6: Mitarbeitereinführung

Kapitel 11

Checkliste 11.1: Wichtige zu klärende Fragen vor Einführung einer Potenzialanalyse
Checkliste 11.2: Entwicklung und Durchführung von Assessment-Centern

Kapitel 12

Muster 12.1: Ergebnis eines REISS-PROFILS
Checkliste 12.2: SMG-Vorbereitungsblatt für Mitarbeiter
Checkliste 12.3: SMG-Leitfaden für Vorgesetzte
Checkliste 12.4: SMG-Ergebnisprotokoll
Muster 12.5: Ergebnisprotokoll Mitarbeitergespräch
Muster 12.6: Ablauf des ZiVG
Muster 12.7: Protokoll des ZiVG
Muster 12.8: Zielvereinbarungsbogen
Muster 12.9: Auszug aus einem Feedbackbogen
Checkliste 12.10: Einschätzung der Angebote einzelner Anbieter
Checkliste 12.11: Eigene Vorbereitung auf das Gespräch mit einem externen Anbieter

Kapitel 13

Checkliste 13.1: Messung der Arbeitszufriedenheit im Unternehmen
Checkliste 13.2: Kommunikation vor der Datenerhebung
Checkliste 13.3: Kommunikation während der Datenerhebung
Checkliste 13.4: Kommunikation nach der Datenerhebung

Kapitel 14

Muster 14.1: Beispiel für ein Mitarbeiterprofil
Checkliste 14.2: Offene Stellen
Checkliste 14.3: Informationsbroschüre
Checkliste 14.4: Vorbereitung der Versetzung eines Mitarbeiters

Kapitel 15

Muster 15.1: Leitfaden für ein Klärungsgespräch nach Kündigung
eines Mitarbeiters
Checkliste 15.2: Prüfen einer Abmahnung
Checkliste 15.3: Gesprächsleitfaden Kündigungsgespräch
Checkliste 15.4: »Spickzettel« für das Gespräch
Checkliste 15.5: Vorbereiten auf ein Trennungsgespräch
Checkliste 15.6: Outplacement-Beratung

Kapitel 16

Muster 16.1: Personalbogen Neueinstellung
Checkliste 16.2: Eintritt neuer Mitarbeiter – Administrative Aufgaben
des Personalreferenten
Checkliste 16.3: Der richtige Start für neue Mitarbeiter –
Checkliste für Vorgesetzte
Checkliste 16.4: Der richtige Start für neue Kollegen – Checkliste
für Paten

Kapitel 17

Checkliste 17.1: Anforderungen an die Kopplung des Ziel-
vereinbarungsprozesses mit der variablen Vergütung

Weitere Checklisten

Die Wahrheit ist verhandelbar: Gesprächs- und Verhandlungskompetenzen des Personalreferenten

Checkliste: Gesprächsvorbereitung
Checkliste: Zielgerichtete Gesprächsvorbereitung

Checkliste: Vorbereitung auf ein Gespräch mit den unterschiedlichen
    Typen
Checkliste: Verhandlungsfehler
Checkliste: Die richtige Reaktion auf bestimmte Verhaltensweisen
Checkliste: Überblick Verhandlungsführung
Checkliste: Vorbereitung Beratungsgespräch
Checkliste: Fragenkatalog Beratungsgespräch

Besondere Kompetenzen für schwierige Gesprächssituationen

Checkliste: Anzeichen von Konflikten
Checkliste: Konfliktparteien – Wer ist beteiligt?
Checkliste: Konfliktgegenstände – Worum geht es?
Checkliste: Positionen und Beziehungen der Parteien –
    Wie stehen sie zueinander?
Checkliste: Grundeinstellung zum Konflikt –
    Wie schätzen die Parteien die Auseinandersetzung ein?
Checkliste: Anforderungen an einen Konfliktmoderator
Checkliste: Die zweite Chance
Checkliste: Gesprächsführung unter erschwerten Bedingungen
Checkliste: Alles Wichtige für das Abmahnungsgespräch
Checkliste: Ist es Mobbing?
Checkliste: Hinweise auf eine beginnende oder bestehende
    Alkoholabhängigkeit

1 Vorwort

»Menschen sind unser wichtigstes Kapital« hören und lesen wir immer wieder. Für Sie als Personalreferent eigentlich eine hervorragende Ausgangsituation: Sie sitzen sozusagen an der Stelle, an der das wichtigste Unternehmenskapital betreut wird.

Häufig erleben wir in der Zusammenarbeit mit Unternehmen und im Kontakt mit Personalreferenten in Unternehmen, dass die Bedeutung des Personalbereichs und der dort verantwortliche Handelnden nicht immer vollständig mit der oben getroffenen Aussage übereinstimmt. Image und Ruf des Personalwesens stehen häufig noch immer für Verwaltung, Kosten und Administration. Dies mag und wird viele Ursachen haben.

Für uns betreffen die Aufgaben des Personalbereichs ein breites Spektrum unternehmerischer Leistungsfähigkeit und gestalten diese mit. Dazu trägt jeder verantwortlich handelnde Mitarbeiter in der Personalabteilung bei. Wir konzentrieren unseren Blick in diesem Buch auf die Aufgabenfelder und Verantwortungsbereiche des Personalreferenten. Dabei werden wir sein breites Aufgabespektrum darstellen und notwendiges Know-how zu den wichtigsten Handlungsfeldern liefern.

Ein weiterer Schwerpunkt liegt in der intensiven Auseinandersetzung mit der eigenen Positionierung im Unternehmen und der Verantwortung in der Rolle des Personalreferenten. Die Beantwortung der Fragen: »Wofür sind wir da?«, »Woran richten wir unser Handeln aus?« und »Wie vermarkten wir uns unternehmensintern optimal?« trägt für uns wesentlich dazu bei, dass Sie den Stellenwert erhalten, den Sie als Personalreferent und Manager des »wertvollsten Unternehmenskapitals« verdienen – den des strategischen Partners des Managements.

Für Sie als Personalreferenten bildet im Alltag auch der Themenbereich »Arbeitsrecht« ein wesentliches Handlungsfeld. Trotz dieser Tatsache fiel für dieses Buch die Entscheidung, auf eine arbeitsrechtliche Betrachtung zu verzichten. Arbeitsrecht ist Richterrecht – und damit schnell Veränderungen unterworfen. Damit Sie immer aktuell informiert sind, verweisen wir für die Beantwortung arbeitsrechtlicher Fragen auf die entsprechende Fachliteratur.

In unserem Buch werden wir Ihnen eine handlungsorientierte, praxisnahe und alltagstaugliche Unterstützung bei den vielfältigen Aufgaben eines Personalreferenten bieten. Wir wollen Sie bei Ihrer persönlichen Positionierung im Unternehmen unterstützen, Ihnen die effiziente Zusammenarbeit mit Kollegen mit anderen Aufgabenschwerpunkten erleichtern und Ihnen für viele Fragen des Alltags ein Nachschlagewerk mit erprobten und sofort umsetzbaren Arbeitshilfen bieten. Um dies zu erreichen, berichten wir aus unserer Erfahrung und der Personalpraxis. Wir zeigen Modelle und Vorgehensweisen, die wirklich weiterhelfen und in kleinen und großen Unternehmen der unterschiedlichsten Branchen erfolgreich eingesetzt werden. Ein Buch aus der Praxis für die Praxis.

Unser ganz besonderer Dank gilt unseren Mitarbeitern, ohne deren hohe Einsatzbereitschaft und tatkräftige Unterstützung dieses Buch so nicht entstanden wäre.

Sie finden weitere Artikel, Literatur und Anregungen zur Vertiefung unter www.grow-up.de.

Gummersbach, im Dezember 2006

Uta Rohrschneider
Michael Lorenz

2 Personalarbeit im Unternehmen: Dafür sind wir da

2.1 Ziele moderner Personalarbeit

Im Text »Platzierung des Personalreferenten im Unternehmen« auf der CD haben wir bereits angedeutet, dass sich die Erwartungen, die Anforderungen, aber auch das Selbstverständnis der modernen Personalarbeit geändert haben. War früher Personalarbeit eher durch das administrative Verwalten von »Personal« gekennzeichnet, beschreiben die Anforderungen an modernes Personalmanagement heute etwas ganz anderes. Heutige Erwartungen an die Leistungen von Personalarbeit lassen sich in der kürzesten Form mit dem Satz »vom Personalverwalter zum Gestalter« beschreiben.

Die veränderten Erwartungen an das Human-Resource-(HR-)Management ergeben sich aus den wachsenden und immer komplexer werdenden Anforderungen, die Unternehmen heute erfüllen müssen. Unabhängig von der Größe, der Branche oder dem Standort eines Unternehmens sind die heutigen und zukünftigen Anforderungen an Unternehmen:

- die zunehmende Globalisierung,
- das Erreichen eines profitablen Wachstums,
- technologische Entwicklungen,
- verkürzte Produktlebenszyklen,
- der Schutz und die Vermehrung des geistigen Kapitals,
- der demografische Wandel.

Auch wenn Ihr Unternehmen vielleicht nur einer dieser Herausforderungen gegenübersteht, ist es gefordert, neue Fähigkeiten zu entwickeln, um seine Leistungsfähigkeit zu erhalten. Neue Fähigkeiten kann das Unternehmen letztlich aber nur über seine Mitarbeiter entwickeln. Das heißt, sie sind die Leistungsträger des Unternehmens. Natürlich spielt moderne Technologie eine Rolle, aber ohne Mitarbeiter lässt sich diese nicht bedienen und hätte so keinen Wert. Und hier erhält der viel gesprochene Satz »Die Mitarbeiter sind unser wertvollstes Kapital« tatsächlich eine umfassende Bedeutung. Genau an dieser Stelle setzt die Herausforderung an ein modernes Personalmanagement an. Wenn das Unternehmen gefordert ist, über seine Mitarbeiter eine neue Leistungsfähigkeit zu entwickeln beziehungsweise die bestehende zu erhalten und auszubauen, muss das HR-Management über seine Positionierung und Leistung dafür Sorge tragen, dass sich im Unternehmen genau die Mitarbeiter befinden, die die geforderte Leistungsfähigkeit erbringen. Und das betrifft alle Teilprozesse der Personalarbeit von

- der Personalbedarfsplanung,
- dem Personalmarketing und der -beschaffung,
- der Personalführung,
- der Personalbeurteilung,
- der Personalentwicklung,
- der Personalvergütung,
- der Personalbetreuung bis hin zu
- der Personalverwaltung.

Um die Zielsetzung prägnant zu beschreiben, nutzen wir einen leicht abgeänderten Satz von Fredmund Malik, der lautet: »Gutes HR-Management ist die erfolgreiche Transformation von Ressourcen in Nutzen.«

Ihre Ressourcen sind die Mitarbeiter mit ihren Fähigkeiten und ihrer Zeit, die dem Unternehmen zur Verfügung stehen. Der Nutzen sind die wirtschaftliche Leistungsfähigkeit und der Ertrag des Unternehmens. Aus diesem Gedanken wird deutlich, dass HR-Management kein Selbstzweck, keine Freundlichkeit gegenüber den Mitarbeitern, keine Selbstverwirklichung für Personaler und auch keine reine Verwaltung sein kann, sondern systematische und gezielte Arbeit am Erfolg des Unternehmens.

Was heißt das für Sie als Personalreferent?

Es wird erwartet, dass Personaler wie Unternehmer im Unternehmen agieren. Das heißt, gefordert sind:

- die Loslösung vom Selbstverständnis und der Arbeitsweise einer Stabsabteilung;
- das Mittragen der unternehmerischen Verantwortung;
- eine ganzheitliche Sichtweise von Unternehmen und Mitarbeitern;
- das Bewusstsein für Kosten, Leistungen und Nutzen.

Es wird erwartet, dass Personaler die Unternehmensentwicklung aktiv mitgestalten, also:

- als Partner des Managements aktiv bei Strategieentwicklung und -umsetzung mitwirken und sie vorantreiben;

- als Experten für Arbeitsorganisation und Arbeitstechniken zur Effizienzsteigerung und Kostensenkung beitragen (und damit ist nicht Personalabbau, sondern gezielte Leistungserbringung gemeint);
- bei der Entwicklung der Unternehmensphilosophie und -kultur aktiv mitwirken und diese vorantreiben, sodass die Leistungs- und Veränderungsfähigkeit des Unternehmens gesteigert wird;
- als Anwälte das Anliegen der Beschäftigten vertreten und gleichzeitig für deren Leistungsbereitschaft und -fähigkeit sorgen, das heißt, die Rahmenbedingungen bereitstellen, die es erlauben, dass Mitarbeiter und Führungskräfte sich qualifiziert und motiviert für das Unternehmen einsetzen;
- Förderer und Begleiter des kontinuierlichen Wandels sind.

Diese Anforderungen können Sie als verantwortlich Handelnder in der Personalabteilung nicht allein erfüllen, sondern nur durch ein konstruktives und zukunftsorientiertes Zusammenwirken mit den wesentlichen Entscheidungsträgern. Hier ist die Arbeit in internen Netzwerken gefragt. Das heißt:

- die Integration aller Führungskräfte als Partner für die Entwicklung der Mitarbeiter im Unternehmen;
- die Projektkoordination in Veränderungsprozessen des gesamten Unternehmens;
- die Positionierung als Prozessbegleiter von Strukturveränderungen sowie
- die Positionierung als Bindungsmanager der Spezialisten und High Potentials.

Die Diskussion um den Beitrag des Personalwesens zum Unternehmenswert und -erfolg findet auch vor dem Hintergrund der Frage statt, ob die Personalabteilung denn nicht besser abgeschafft, also outgesourct werden sollte. Schaffen Personalbereiche es nicht, den veränderten Anforderungen gerecht zu werden, sich selbst neu zu positionieren und ihre Leistungen konsequent am Bedarf des Unternehmens auszurichten, ist diese Überlegung sicher gerechtfertigt. Bereiche, die als kostenintensiv, ineffektiv und vielleicht sogar als inkompetent (auch das ist eine häufig getroffene Aussage) gesehen werden, kann sich heute kein Unternehmen mehr leisten. Gelingt jedoch der Wandel, ist gerade der Personalbereich dafür prädestiniert, über seine zentralen Ansatzmöglichkeiten am »wertvollsten Kapital des Unternehmens« wesentliche und wichtige Beiträge zur Erhaltung und Steigerung von Unternehmenswert und -leistung zu erbringen. Sie sind immer gefragt und gefordert, ganz gleich, ob sich Ihr Unternehmen in der Aufbau-, Konsolidierungs- oder in einer Abbauphase befindet.

2.2 Beitrag der Personalarbeit zum Unternehmenswert

Die unter 2.1 beschriebenen Anforderungen und Veränderungen werden auf allen Personalkongressen diskutiert. Sie lassen sich nicht mehr wegreden. Was aber können Sie konkret tun, um Ihre Personalarbeit auf diese neuen Anforderungen auszurichten? Drei wesentliche Aspekte möchten wir hierfür in den Vordergrund rücken und nachfolgend beschreiben.

1. Die Entwicklung einer eigenen HR-Vision und -Strategie;
2. die konsequente Ausrichtung der Personalarbeit an den Unternehmenszielen sowie
3. die schonungslose Betrachtung des heutigen Ist-Standes Ihrer Personalarbeit und dort, wo notwendig, die Neuausrichtung entsprechend den Unternehmenszielen.

2.2.1 Bedeutung der Unternehmensziele für effiziente Personalarbeit

Ausgangpunkt all Ihrer Überlegungen zu den Fragen »Was tun wir?« und »Wie tun wir es?« sind die Unternehmensziele. Sie geben Ihnen die Richtung für Art und Umfang Ihrer Aktivitäten, aber auch für die Aufstellung und Positionierung der Personalarbeit im Unternehmen.

Abb. 2.1: Unternehmensvision und Ziele als Ausgangspunkt

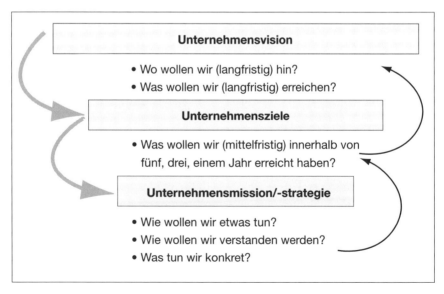

Viele Unternehmen haben eine Unternehmensvision entwickelt. Sie beantwortet die Fragen: »Wo wollen wir langfristig gesehen hin?«, »Was wollen wir erreichen?« Die Vision gibt dem Unternehmen die Richtung vor, damit Aktivitäten systematisch und gezielt geplant und umgesetzt werden können. Kommuniziert an die Mitarbeiter, soll sie diese befähigen, ihr eigenes Handeln entsprechend auszurichten. Sie beschreibt das, was für die Zukunft des Unternehmens gesehen wird. Visionen beschreiben eine langfristige Perspektive von vielleicht zehn oder auch mehr Jahren. Das heißt, dass sie für das konkrete kurz- und mittelfristige Handeln oft zu übergreifend und zu komplex sind. Aus diesem Grund leiten Unternehmen aus der Vision ihre Ziele ab. Diese beschreiben konkret, was in einem Zeitraum von fünf, drei oder einem Jahr erreicht werden soll. Aus diesen Zielen leiten sich wiederum die Unternehmensmission und die Unternehmensstrategie ab; also die Antworten auf die Fragen: »Wie wollen wir etwas tun?«, »Wie wollen wir verstanden werden?« und »Was konkret tun wir?« Abbildung 2.1 verdeutlicht dies.

Über ein etabliertes Zielvereinbarungssystem werden aus den Unternehmenszielen die Ziele für die einzelnen Bereiche und Abteilungen und aus diesen wiederum die Mitarbeiterziele abgeleitet.

Abb. 2.2: Konsequente Ausrichtung des HR-Management an den Unternehmenszielen

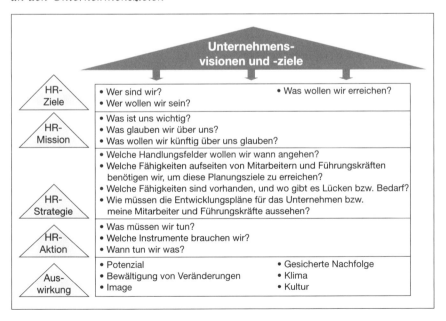

Dieser Prozess gilt auch für den Personalbereich. Nutzen Sie die Unternehmensvision und -ziele, um die Arbeit des Personalbereichs aus- beziehungsweise neu auszurichten. Abbildung 2.2 verdeutlicht diesen Prozess. Die übergeordnete Frage dabei ist immer: »Was bedeutet die Unternehmensvision, was bedeuten die Unternehmensziele für unser HR-Management?«

Aus der Zusammenarbeit mit den Personalbereichen der verschiedensten Unternehmen wissen wir, wie wertvoll es ist, diesen Prozess einmal durchzuarbeiten. Nehmen Sie sich je nach Größe Ihres Bereichs im Team ein bis zwei Tage Zeit für einen internen Workshop. Auch wenn Sie denken, dass Sie keine Zeit dafür haben, werden Sie bald feststellen, dass diese Zeit gut investiert ist. Sie bekommen sie später vermehrt zurück, da Sie bei all Ihren Aktivitäten gezielt, systematisch und konzentriert vorgehen können.

Über die eigene Zielklärung gewährleisten Sie, dass Sie mit Ihren Leistungen auch wirklich einen Beitrag zur Steigerung des Unternehmenswertes schaffen und nicht irgendwelche »Aktionen« starten, die keiner will oder braucht und Ihnen kein oder zumindest nicht das gewünschte Image einbringen.

Die konsequente Orientierung an den Unternehmenszielen hat für Sie unter anderem folgenden Vorteile:

- Unterstützung und Rückendeckung der Unternehmensleitung;
- bessere Durchsetzungskraft einzelner Maßnahmen;
- klare Ausrichtung des eigenen Handelns und gezielter Ressourceneinsatz im Personalbereich;
- höhere Wertschätzung der erbrachten Leistungen und Ergebnisse, da diese einen sichtbaren Beitrag zur Verbesserung der Unternehmensergebnisse leisten und
- bessere Messbarkeit des Erfolgs der eigenen Leistungen.

2.2.1.1 Entwicklung einer eigenen HR-Vision und -Strategie

Schritt eins ist es also, die eigene HR-Vision, die Ziele und die Strategie zu klären und diese mit den Unternehmenzielen in Einklang zu bringen. Nutzen Sie hierfür einen bereichsinternen Workshop und zum Beispiel den Leitfaden in Checkliste 2.1 auf der CD.

Bei der Entwicklung Ihrer eigenen HR-Strategie ist es hilfreich, die Aufmerksamkeit auf vier wesentliche Handlungsfelder der Personalarbeit zu lenken und zu prüfen, ob Sie alle Handlungsfelder abgedeckt haben. Die Abbildungen 2.3 und 2.4 verdeutlichen dies.

Abb. 2.3: Die Human-Resources-Strategie – Rollen

Strategie – Zukunft

Beteiligt an der Entwicklung und Umsetzung der Unternehmens-vision und Geschäftsstrategie, Business-Partner der Geschäftsführung	Initiator und Unterstützer von Veränderungsprozessen, kanali-siert und steuert Kommunikation und Feedback als strategischen und kulturellen Lernprozess
Strategischer Business-Partner	Change-Agent
Administrativer Experte	Performance-Coach
Verantwortlich für das Funktionieren der HR-Administration und -Abläufe, verfügt über fundierte HR-Fachkenntnisse	Berater und Coach für Laufbahn- und Karriereplanung, Lernen und Weiterbildung im Unternehmen, Steuerung der wichtigsten Potenzialmanagement-Instrumente

(links: Prozesse und »Werkzeuge«; rechts: Mitarbeiter – Führungskräfte)

»Tag für Tag« – Gegenwart

Abb. 2.4: Die Human-Resources-Strategie – Handlungsfelder

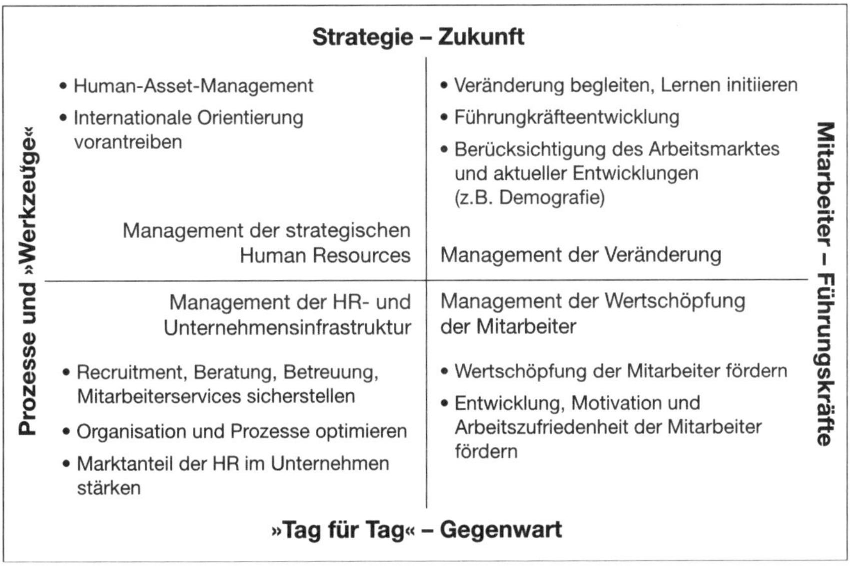

Strategie – Zukunft

• Human-Asset-Management • Internationale Orientierung vorantreiben	• Veränderung begleiten, Lernen initiieren • Führungkräfteentwicklung • Berücksichtigung des Arbeitsmarktes und aktueller Entwicklungen (z.B. Demografie)
Management der strategischen Human Resources	Management der Veränderung
Management der HR- und Unternehmensinfrastruktur	Management der Wertschöpfung der Mitarbeiter
• Recruitment, Beratung, Betreuung, Mitarbeiterservices sicherstellen • Organisation und Prozesse optimieren • Marktanteil der HR im Unternehmen stärken	• Wertschöpfung der Mitarbeiter fördern • Entwicklung, Motivation und Arbeitszufriedenheit der Mitarbeiter fördern

(links: Prozesse und »Werkzeuge«; rechts: Mitarbeiter – Führungskräfte)

»Tag für Tag« – Gegenwart

2.2.1.2 Die konsequente Ausrichtung der Personalarbeit an den Unternehmenszielen

Ziel des zweiten Schritts ist, von der übergeordneten HR-Vision und -Strategie und aus den Unternehmenszielen die kurz- und mittelfristigen Handlungsfelder abzuleiten. Hierfür können Sie den Leitfaden in Checkliste 2.2 auf der CD nutzen:

Abb. 2.5: Beachtung von Unternehmenszielen und Umwelt: Erster Schritt – Klären der Rahmenbedingungen

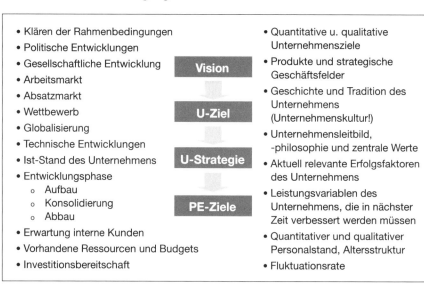

Die Ausrichtung und Orientierung an den Unternehmenszielen ist der erste und wesentliche Schritt. Dabei dürfen Sie das Unternehmen aber nicht als eine Einheit in einer neutralen Umgebung betrachten. Bei der Ableitung der HR-Ziele müssen Sie immer auch Rahmenfaktoren, die aus dem Unternehmen selbst kommen, und die Unternehmensumwelt, deren Veränderung und Entwicklung betrachten. Diese beeinflussen massiv das, was Sie konkret tun müssen, um Ihre Ziele zu erreichen, wie und wann Sie es tun müssen und welche Ressourcen Sie dafür einsetzen müssen. Nehmen wir einmal an, aus den Unternehmenszielen haben Sie abgeleitet, dass ein Ziel Ihrer HR-Arbeit ist, in den nächsten fünf Jahren 20 neue Entwicklungsingenieure einzustellen. Nun können Sie, wenn am Arbeitsmarkt ein Mangel an erfahrenen Entwicklungsingenieuren besteht, sich nicht darauf verlassen, dass, wenn Sie einige Anzeigen schalten, Sie die 20 Ingenieure auch gewinnen. Sie müssen

Ihr Maßnahmenpaket an die Erfordernisse des Marktes anpassen. In diesem Fall kann das zum Beispiel heißen: Zusammenarbeit mit einem Personalberater, Hochschulmarketing, Personalwerbung auf Messen, Netzwerkarbeit, »Mitarbeiter werben Mitarbeiter«-Programm, Praktikumsangebote und so weiter. Abbildung 2.5 zeigt die Vielfalt der Rahmenbedingungen auf, die beachtet werden müssen.

Abbildung 2.6 verdeutlicht die zu beachtenden Variablen noch einmal am Beispiel »Personalbedarf«.

Abb. 2.6: Ausrichten der HR-Arbeit: Unternehmensziele und Rahmenbedingungen als Basis

Variablen zur Ermittlung des kurz-, mittel- und langfristigen Personalbedarfs

- Unternehmensziele und -strategie (Wachstumsprognosen, Veränderungen im Produktportfolio, benötigte Mitarbeiterkompetenzen (fachlich, überfachlich), sonstige Change-Strategien)
- Wettbewerbsumfeld und zu erwartende Veränderungen
- Marktumfeld und zu erwartende Veränderungen
- Arbeitsmarkt und zu erwartende Veränderungen
- Personalkennzahlen heute (Anzahl, Qualifikation)
- Benötigtes Personal morgen (Anzahl, Qualifikation)
- Fluktuationsrate
- Betriebliche Probleme
- Personalbedarfsportfolio
- Positionsspezifische Anforderungsprofile
- Qualifikationsportfolios

2.2.1.3 Betrachtung des heutigen Ist-Standes der Personalarbeit und eventuelle Neuausrichtung entsprechend den Unternehmenszielen

Wenn Sie die Ziele definiert haben, nehmen Sie im dritten Schritt einen Soll-Ist-Abgleich vor. Das heißt, Sie beantworten die Fragen: »Wo stehen wir heute?« und »Wie kommen wir vom Ist zum Soll?«. Daraus ergeben sich dann die konkreten Schritte und Maßnahmen, die Sie umsetzen müssen (vergleiche Abbildung 2.2).

Zur Übersichtsdokumentation Ihrer Arbeitsergebnisse können Sie Checkliste 2.3 auf der CD nutzen.

In verschiedenen Projekten der Neuausrichtung und Neuorientierung von HR-Bereichen arbeiten wir diese Schritte mit den Beteiligten durch. Der exemplarische Workshopzeitplan in Muster 2.4 auf der CD verdeutlicht einen Teilschritt des Gesamtprozesses der Zielklärung und Strategieentwicklung für die eigene HR-Arbeit noch einmal.

2.3 Serviceleistungen für die Erfolge von Management, Führungskräften und Mitarbeitern: Sie werden an Ihren Ergebnissen gemessen

Wenn Sie erreichen wollen, einen echten Beitrag zum Unternehmenswert zu leisten, also auch einen Beitrag zum Shareholder-Value, zählt nicht die Anzahl der Aktivitäten, die Sie pro Jahr realisiert haben. Es zählen einzig und allein die Ergebnisse. Ihre Ergebnisse sind die Erfolge Ihrer Kunden. Die Fragen, die sich hieraus ergeben, sind: Ist es durch die Arbeit der Personalabteilung gelungen, eine Führungskultur und den gewünschten Führungsstil zu etablieren und wirklich zum Leben zu bringen? Ist es gelungen, Neuanstellungen in definierter Zeit und Qualität zu leisten? Konnten die Fehlerrate und der Ausschuss im Produktionsbereich X durch die angesetzten Qualifizierungsmaßnahmen um das angesetzte Maß reduziert werden? Und so weiter. Das heißt, Ihre Aufgabe ist es, Ihre Kunden erfolgreicher zu machen und dadurch den Unternehmenswert zu steigern. Für diese qualitativen und quantitativen Veränderungen können und müssen Sie Ihre Erfolge erheben, dokumentieren und kommunizieren.

Im Unternehmen werden gerne die quantitativen Aspekte in den Vordergrund gerückt. Und damit sind wir bei der viel diskutierten Frage: Wie lassen sich diese Ergebnisse messen? Solange wir uns im Bereich harter Zahlen, also Kosten bewegen, ist dies noch relativ einfach. Aber das allein ist mit der Steigerung des Unternehmenswertes nicht gemeint. Natürlich können Sie oberflächlich betrachtet sagen, Sie waren erfolgreich, wenn Sie das Ziel hatten, die Personalkosten im Personalbereich zu senken, und drei Mitarbeiter entlassen haben. Ihre Kosten werden definitiv niedriger sein. Dies ist jedoch nicht mit den angesprochenen Ergebnissen gemeint. Zum Unternehmenswert haben Sie erfolgreich beigetragen, wenn es gelingt:

- Tempo, Reaktionsfähigkeit, Beweglichkeit und Lernvermögen des Unternehmens und damit der Mitarbeiter zu steigern;
- Prozesse reibungslos und effizient zu etablieren sowie
- Engagement und Leistungsfähigkeit der Mitarbeiter zu steigern.

Diese Aspekte führen zu der Frage der Bewertung des Human Capital: Was ist ein Mitarbeiter wert? Wie kann ich seinen Wert messen, und wie kann ich seinen Wert steigern? Ansätze der Messung des Human Capital sind unter anderem Gemeinkostenwertanalysen, Rentabilitätsanalysen, Wertschöpfungsvergleiche und Deckungsbeitragsrechnungen. Diese Ansätze rücken aber eher die Kosten, weniger den Wert und schon gar nicht den Wertzuwachs in den Vordergrund. Einen neuen Ansatz, bei dem mittlerweile auch erste Erfahrungen vorliegen, soll die Saarbrücker Formel bieten. Mit ihr ist es möglich, eine ökonomisch-monetäre Bewertung des Humankapitals vorzunehmen.

Es gab verschiedene praktische und wissenschaftliche Ansätze, um Zahlen für das Personalmanagement zu entwickeln und zu etablieren. Viele konnten sich nicht durchsetzen. Heute sind die Ansätze eng mit dem Personalcontrolling und dessen Weiterentwicklung verbunden. Kritisch und zum Teil gegensätzlich werden Ansätze wie »Balanced Scorecard«, »Human-Capital-Management« oder »wertorientiertes Personalmanagement« diskutiert.

Abb. 2.7: Personalkenngrößen

	Mitarbeiter (Faktorcontrolling) Soll/Ist	Personalabteilung/Führungskräfte (Service-, Prozess- und Führungscontrolling Soll/Ist
Quantitative Daten	• Köpfe • Kosten • Zeiten • Leistung	• Ausstattung PA • Kosten/Budget PA • Fehlerquote • Prozessdauer • Unterstellungsquote • Leistung des Bereichs (FK) (gemessen)
Quantifizierte Einschätzungen qualitativer Sachverhalte durch Selbst- oder Fremdbeurteilung	• Leistung (beurteilt durch FK) • Potenzial (beurteilt durch FK oder Externe) • Arbeitszufriedenheit	• Servicequalität • Programmqualität • Wertschöpfungsbeitrag (PA) (beurteilt) • Arbeitgeberattraktivität • Vorgesetzteneinschätzung • Einschätzung von Veränderungen nach einem Change-Prozess (mit Fragebogen) • Aggregierte Metaplannennungen aus Evaluationsworkshops
Bewertet in Euro	• Humankapital • ROH (Return-on-Human-Capital) • Schadenserwartungswert	• Wertschöpfungsbeitrag der PA • Wert-Outsourcing

Quelle: Prof. Dr. Meinulf Kolb:»Ohne Zahlen geht nichts.« *Personalwirtschaft – Magazin für Human Resources*, 09/2006, S. 14

Klassische Kennzahlen des Personalmanagements im Sinne von Personalstatistiken und Personalkennzahlen liefern zwar Zahlen, fraglich ist aber, welche Aussagekraft diese haben. Sie berücksichtigen quantitative Aspekte, die qualitativen bleiben unsichtbar in den Zahlen. Eine Auseinandersetzung mit der Frage der Zahlen zur Messung der Leistungen des HR-Managements macht deutlich, dass es noch keine abschließend anerkannte Lösung, aber den dringenden Bedarf danach gibt. Des Weiteren ist zu beachten, zu welcher Frage Kennzahlen tatsächlich Auskunft geben können. Die Messung der Leistungsfähigkeit der Personalabteilung braucht andere Zahlen als Fragen zu Führungsqualität oder Ähnlichem. Personalstatistiken und Personalkennzahlen hängen zwar eng miteinander zusammen, treffen aber dennoch unterschiedliche Aussagen und benötigen unterschiedliche Zahlen. Abbildung 2.7 gibt einige Personalkenngrößen wieder.

Abb. 2.8: Performance-Measurement – Beispiel für Mess- und Kennzahlen im HR-Management

Strategisches Ziel	Kenn- und Messzahlen	Ist	Soll	2007	2008	2009	Maßnahmen/Aktivitäten
Qualifizieren, Fördern, Binden von hoch qualifizierten Mitarbeitern	% umgesetzter PE-Maß-nahmen	80%	100%	150%	200%	300%	• Pflegen der Stammdaten inkl. Qualifikationen in einer Datenbank • Verstärkung der PE
Gewinnen von hoch qualifizierten Mitarbeitern	Zügige Einstellung nach ein-gegangener Bewerbung	6 Monate nach Bewerbung	2 Monate nach Bewerbung	4 Mo-nate	3 Mo-nate	2 Mo-nate	• Standardisierte Auswahlprozesse • Aussagekräftige Stellenausschreibungen • Hochschulmarketing
Führungs-kräfteschulung	Anzahl der Seminare pro Jahr	1–2	4	4	...	...	• Welche Themen sind relevant/aktuell, z.B. Change-Management

Nicht immer ist es wichtig und sinnvoll, den Bogen so weit zu spannen. Mit der Frage »Wie können wir unsere Leistungen/Erfolge messen und kommunizieren?« beschäftigen sich Forschung und Praxis schon lange. Eine Möglichkeit ist die Erfassung von auf einzelne Aspekte bezogenen Kennwerten. Wenn Sie definiert haben, an welchen Kriterien Sie Ihren Erfolg messen, können Sie feststellen, ob Sie dafür sinnvolle Kennwerte erheben können. Sinnvoll im Zusammenhang mit Ihrem Beitrag zum Unternehmenswert sind solche Kennzahlen, die hierzu auch eine Aussage zulassen. Sie können zum Beispiel erfassen, wie viele Mitarbeiter verschiedener Zielgruppen in einem Jahr an einer Weiterbildung teilgenommen haben und was das gekostet hat. Sie wissen dann aber noch nicht, ob Sie damit wirklich Wissen vermehrt und so das Humankapital gesteigert haben. In diesem Beispiel wären die Messung der Fehlerreduzierung oder Qualitätskennzahlen, Verkaufsabschluss-zahlen und so weiter sicher sinnvoller. Abbildung 2.8 verdeutlicht die Nutzung von Kennzahlen.

2.3.1 Interne Kundenbefragungen zur Messung des eigenen Erfolgs

Zur Messung Ihres Erfolgs bieten sich neben den rein monetären Faktoren aber auch weitere Vorgehensweisen an. Ein zentrales Instrument ist die interne Kundenbefragung.

Dem Instrument der internen Kundenbefragung liegt ein Dienstleistungs-verständnis zugrunde, bei dem unternehmensinterne Beziehungen, etwa zwischen Abteilungen, als Kundenbeziehungen verstanden werden. Das Unternehmen als Ganzes, aber auch Sie als HR-Bereich können nur erfolgreich sein, wenn einzelne Abteilungen, die von der Leistung anderer Abteilungen abhängig sind, bestmöglich bedient werden. Um zu erfahren, wie die Personalleistungen wahrgenommen werden, sollten diese internen Kundenbeziehungen systematisch und in regelmäßigen Abständen überprüft werden.

Grundsätzlich handelt es sich bei der internen Kundenbefragung um eine Mischform aus Kunden- und Mitarbeiterbefragung. Dabei sind Aspekte beider Instrumente für die Entwicklung der internen Kundenbefragung zu berücksichtigen, wie zum Beispiel die Berücksichtigung des häufigen Wunschs nach Anonymität der Befragten. Anhand der internen Kundenbefragung können Sie unterschiedliche Zielsetzungen verfolgen:

- die Wünsche und Vorstellungen Ihrer internen Kunden bezüglich Ihres Leistungsspektrums, so genannte Service-Level-Requirements (SLRs), abfragen;
- einschätzen, wie die internen Kunden die Dinge sehen (durch Vergleich der Wünsche und Erwartungen der Kunden mit dem subjektiven Erfüllungsgrad);
- Schwachstellen in der Zusammenarbeit, der Kommunikation, an Schnittstellen, Instrumenten und der Leistungserbringung erkennen;
- diese beheben;
- Prozesse im Interesse der internen Kunden optimieren;
- die interne Kommunikation verbessern;
- die Kooperation zwischen den Abteilungen verstärken;
- eine »Feedbackkultur« ausbauen;
- ein internes Kundendenken implementieren und

- Grundlagen für Total-Quality-Management (TQM), Balanced Scorecard, Knowledge-Management und andere Instrumente schaffen.

Führen Sie die interne Kundenbefragung anhand eines standardisierten Fragebogens durch, bei dem vorgegebene Kriterien auf vorgegebenen Skalenniveaus zu beurteilen sind. So stellen Sie sicher, dass die für Sie relevanten Punkte auch tatsächlich beurteilt werden. Räumen Sie den Befragten aber trotzdem Platz für eigene Anmerkungen im Fragebogen ein, damit diese das Gefühl bekommen, sie können sagen, was sie schon immer einmal sagen wollten. Denn nicht zuletzt dadurch, dass der Kunde das Gefühl hat, dass man sich tatsächlich für seine Belange interessiert und einsetzt, erreichen Sie einen hohen Grad an Kundenzufriedenheit.

Sinnvoll ist es, den Fragebogen inhaltlich in verschiedene Themenbereiche zu gliedern. Checkliste 2.5 auf der CD zeigt inhaltliche Gliederungsmöglichkeiten auf, die sich in der Praxis bewährt haben, weil die Beurteilung dieser Themenbereiche der Personalabteilung eine umfassende Abbildung der Kundenwahrnehmung ermöglicht.

Der Musterfragebogen 2.6 auf der CD soll Ihnen als Anregung dienen. Bestimmen Sie für Ihr Unternehmen und für Ihren Personalbereich, welche Kriterien Sie zur eigenen Erfolgs- und Zufriedenheitsmessung nutzen wollen. Wichtig ist, dass Sie die Ergebnisse nicht nur personalbereichsintern nutzen, sondern auch an die Feedbackgeber kommunizieren und für kritische Faktoren entsprechende Verbesserungen initiieren.

3 Selbst- und Rollenverständnis der Personalreferenten

Im Text »Platzierung des Personalreferenten im Unternehmen« auf der CD wurde deutlich, dass Personalarbeit in Unternehmen unterschiedlich verankert ist. Häufig ist es so, dass Sie als Personalreferent auf einer Ebene angesiedelt sind, von der Sie nicht oder nur schlecht direkt in Kontakt mit der Unternehmensleitung treten können. Trotzdem bestehen die in Kapitel 2 beschriebenen veränderten Anforderungen an ein modernes und zukunftsorientiertes Personalmanagement. Vor diesem Hintergrund ist es für das Personalmanagement an der Zeit, sich neu zu positionieren und zu profilieren, um der Bedeutung einer modernen Personalarbeit stärker Rechnung zu tragen. Denn ob es um effiziente Personalbedarfsplanung, um neue Wege der Rekrutierung oder um leistungssteigernde Lohn- und Gehaltsfindung geht: In diesen und weiteren Themen hat das Personalmanagement die Aufgabe und die Kompetenz, Einfluss zu nehmen – aber leider nicht immer die unternehmensinterne Wertigkeit. Mitarbeiter der Personalabteilung machen in unseren Seminaren wiederholt deutlich, wie sie immer noch gesehen werden.

Abb. 3.1: Erlebtes Image von Personalabteilungen

- Human-Ressources-Arbeit steht und fällt mit der Gesprächsführung
- Schwierige Rolle
- Neinsager-Image
- Reagieren nur
- Funktionieren
- Arbeitsbeschaffung für Führungskräfte
- Fachkompetenz wird nicht gesehen
- Kosten nur Geld
- Nicht erreichbar
- Kein betriebswirtschaftliches Verständnis
- »Zauber mir etwas Schönes!«
- Bauchladen an Dienstleistungen

Diese Aussagen der Teilnehmer machen deutlich, wie wichtig es ist, am Selbstverständnis der internen Positionierung und am Image der Personalabteilung und ihrer Mitarbeiter zu arbeiten. Denn Personalarbeit ist nicht nur ein Kostenfaktor, sondern hier handelt es sich – hinsichtlich des Umgangs mit der Ressource »Personal« – um eine Managementaufgabe, die für das Unternehmen fundamentale Bedeutung hat. Durch eine moderne Personalarbeit können Sie das Fundament für ein erfolgreiches Unternehmen legen. Dies gilt unabhängig von der Branche und der Größe des Unternehmens. Moderne Personalarbeit bedeutet, dass Sie als Personalreferent die Schnittstelle zwischen Unternehmensführung und Mitarbeitern sind. Ihr Ziel muss es sein, als moderner Dienstleister und Berater für Geschäftsleitung, Angestellte und Betriebsrat zu agieren und sich als »Mitgestalter« und »Mitentscheider« der Unternehmenszukunft zu positionieren.

Um diese Positionierung zu erreichen, gilt es für Sie als Personalreferent und all Ihre Kollegen, sich mit Ihrer Rolle und Ihrem Selbstverständnis auseinanderzusetzen, die heutige Positionierung im Unternehmen zu reflektieren und dort, wo nötig, neu auszurichten. Um die Frage des Selbstverständnisses geht es in vielen Seminaren, die wir mit Personalreferenten und anderen Personalverantwortlichen gestalten. Zur Unterstützung der Klärung Ihres Selbstverständnisses wollen wir uns in diesem Kapitel mit einigen wesentlichen Fragen beschäftigen:

- In welchen Rollen agieren wir?
- Wer sind unsere Kunden und Auftraggeber?
- Welche Erwartungen stellen unsere Kunden, und wie können wir sie erfüllen?

3.1 Rollen des Personalreferenten im Unternehmen

Wie bereits erwähnt, können sehr unterschiedliche und sehr breite Aufgabenfelder mit Ihrer Position als Personalreferent verbunden sein. Wir wollen an dieser Stelle nicht auf die unterschiedlichen inhaltlichen Aufgaben eingehen, sondern vielmehr auf die Frage, mit welchem Selbstverständnis Sie diese Aufgaben erfüllen. Ihr Selbstverständnis definiert letztendlich Ihre Rolle oder Ihr Rollenverhalten.

Die erste zentrale Frage in diesem Zusammenhang ist: »Warum sind wir da?« Also die Frage, warum das Unternehmen es sich überhaupt leistet, Sie zu beschäftigen.

Vielleicht denken Sie bei der Beantwortung dieser Frage an Aspekte wie: Betreuung der Mitarbeiter, Zusammenarbeit mit dem Betriebsrat, Beratung der Führungskräfte, Personaleinstellung, Vertragsmanagement und vieles mehr. Das ist auch sicher richtig. Aber das sind alles Aufgaben, die Sie wahrnehmen, um dem Unternehmen zu nutzen. Die Frage: »Warum sind wir da?« ist sehr einfach und kurz zu beantworten: Sie sind da, damit das Unternehmen Geld verdient.

Abb. 3.2: Warum sind wir da?

- Menschen pflegen, betreuen, entwickeln
- Beratung der FK
- Talente und passende Mitarbeiter finden und entwickeln
- Problemlösung
- Personalauswahl
- Administrative Aufgaben
- Unterstützung in kritischen Situationen
- Gesetze umsetzen (AR, Soz.-Vers.-Recht)
- Qualifizierung und Motivation

- Klärungsstelle
- Trennungsmanagement
- Kenntnisse aufbauen
- Unternehmenswert steigern
- Verlängerter Arm der Geschäftsleitung und der Mitarbeiter
- Berater für Organisationsentwicklung
- Lohn- und Gehaltsabrechnung
- Funktionieren des Unternehmens sicherstellen

Damit das Unternehmen Geld verdient!

Alle Ihre Aufgaben nehmen Sie in drei unterschiedlichen Rollen wahr, und es ist gut, diese zu reflektieren. Sie agieren:

- als Ordnungshüter oder Vertreter des hoheitlichen Auftrags, zum Beispiel wenn es um die Einhaltung gesetzlicher Vorgaben geht. Hierzu gehört sicherlich auch Ihre Funktion als fachlicher Experte, unter anderem in arbeits- und sozialversicherungsrechtlichen Fragen;
- als kundenorientierter Dienstleister, bei allen Leistungen, die Sie erbringen, zum Beispiel Personalbetreuung, -beschaffung, Aus- und Weiterbildung;
- als interner Berater, beispielsweise in der Implementierung und Umsetzung von Führungsinstrumenten und vielem mehr.

Alle drei Rollen haben ihre Zielsetzung und Handlungsausrichtung. Sie stellen unterschiedliche Anforderungen an Sie und Ihr Verhalten und sind leider nicht immer konfliktfrei zu vereinbaren. Häufig ist eine klare Abgrenzung zwischen den Rollen nicht möglich. In den wenigsten Positionen können Sie nur in der einen oder anderen Rolle agieren. Häufig ist der Übergang zwischen den Rollen fließend.

3.1.1 Der Personalreferent als Vertreter des hoheitlichen Auftrags

Auch heute noch wird die Aufgabe von Personalreferenten vielfach allein darin gesehen, ihren »hoheitlichen Auftrag« wahrzunehmen, das heißt, die Rolle des Ordnungshüters auszufüllen, der auf die Einhaltung von Formalitäten achtet. Formalitäten in diesem Sinne sind alle gesetzlichen Vorgaben und alle internen Vereinbarungen und Regeln. Diese gilt es bei fast allen Aufgaben und Handlungsfeldern einzuhalten, welche da sind: Personaleinstellung und -entlassung, Lohn- und Gehaltsabrechnungen, Zeiterfassung, Aus- und Weiterbildung und so weiter. Wichtig ist, dass moderne Personalabteilungen in ihrer Verantwortung als Experten für Personalfragen sicherstellen, dass all diese Vorgaben kompetent und sorgfältig erledigt werden. Gerade der hoheitliche Auftrag führt bei der Ausführung von Aufträgen oder Arbeiten und im Zusammenspiel mit den anderen Rollen leicht zu Konflikten. So sieht vielleicht nicht jede Führungskraft ein, dass man einen Mitarbeiter nicht einfach so, von jetzt auf gleich, auf die Straße setzen kann oder dass es bestimmte einzuhaltende Vorschriften hinsichtlich Überstunden gibt, auch wenn gerade viel zu tun ist. In all diesen Fragen sind Sie gefordert, den richtigen oder besten Lösungsweg zu finden, der es erlaubt, die Interessen zwischen Person und Gesetz zu befriedigen. Abbildung 3.3 verdeutlicht diese Rolle noch einmal.

Abb. 3.3: Gut beraten – halb verkauft: Maßnahmen gegen Konflikte

- Personalrechtliche Bestimmungen sind klar und werden eingehalten
- Steuerliche Bestimmungen sind klar und werden eingehalten
- Spielregeln werden aufgestellt und beachtet
- Managementvorgaben werden ernst genommen
- Der Umgang mit dem Betriebsrat wird gepflegt und zum gegenseitigen Nutzen ausgebaut
- Es erfolgt eine Dokumentation aller wesentlichen Informationen in der Personalakte
- Polizistenrolle: Überwachung der Einhaltung aller Gesetze und internen Regeln

3.1.2 Der Personalreferent als interner Dienstleister

Mit der Rolle des internen Dienstleisters sind alle Aufgabengebiete gemeint, mit denen Sie Unterstützungs- und Serviceleistungen für andere Bereiche anbieten, damit diese sich wiederum auf ihre Kernaufgaben konzentrieren können. Der Leiter der Produktenwicklung soll zum Beispiel dafür Sorge tragen, dass innovative Produkte im Unternehmen entwickelt werden, aber nicht seine Kraft oder zumindest nur einen Teil seiner Kraft in die Personalsuche investieren. Also erbringen Sie für ihn in diesem Bereich bestimmte Dienstleistungen: Stellenausschreibung, Bewerbungseingang, Bewerbervorauswahl, Absprachen mit dem Betriebsrat und so weiter.

In der Rolle des Dienstleisters sind Sie gefordert, insbesondere Routineabläufe immer wieder zu hinterfragen und zu optimieren. Dabei geht es zum einen darum, Ihre eigene Leistungsfähigkeit zu verbessern und sich diverse Aufgaben zu erleichtern, zum anderen aber auch darum, Ihren internen Kunden und Leistungsempfängern die Zusammenarbeit so leicht und reibungslos wie möglich zu machen und eine hohe Qualität und Schnelligkeit zu gewährleisten. Ziel ist, Ihre Leistungen so auszurichten, dass diese von den Abnehmern als wertvoll und unterstützend erlebt werden und gerne mit der entsprechenden Wertschätzung immer wieder nachgefragt werden.

Ihren Wert als Dienstleister und administrativer Experte können Sie noch stärker unter Beweis stellen, indem Sie den Blick über den Tellerrand wagen und Arbeitsabläufe im gesamten Unternehmen unter Effizienz- und Kostengesichtspunkten betrachten und neu überdenken. So können Sie einen direkten Beitrag zum Unternehmenswert leisten, wenn Sie zum Beispiel ein Konzept erarbeiten und implementieren, das alle Unternehmensbereiche administrativ unterstützt. Die Steigerung von Effizienz ist in jedem Fall ein hervorragendes Argument, um die Glaubwürdigkeit Ihrer Leistung zu erhöhen. Das wiederum ebnet Ihnen den Weg zur nächsten Rolle: zum internen Berater und letztendlich zum strategischen Partner der Führungskräfte und der Unternehmensführung zu werden.

3.1.3 Der Personalreferent als interner Berater

Als Experte für ein breites Spektrum an Fragen des Personalmanagements ist es das Ziel Ihrer Bemühungen, dass Unternehmensleitung, Führungskräfte und Mitarbeiter Sie in Ihrer Funktion als Berater ansprechen. Als interner Berater unterwegs zu sein heißt, den Partnern im Unternehmen Lösungen aufzuzeigen, Handlungsfelder proaktiv zu erkennen und zu handeln, bevor es zu einem Problem kommt. Ihre Kompetenz und Ihr Fachwissen sind gefragt, um die richtigen Schritte und Maßnahmen zu ergreifen und die am besten geeigneten Instrumente zu implementieren. Die Rolle als Berater bedeutet, dass Sie in einer horizontalen Beziehung mit Ihren Kunden stehen. Das heißt nicht einfach nur bestmöglich auszuführen (Rolle des Dienstleisters), sondern auch die richtige Lösung kritisch zu diskutieren. Denn man will Ihren Rat und nicht ein einfaches Abarbeiten.

Abb. 3.4: Ich tue es!

- »Ich kenne die Bedürfnisse des Kunden.«
- »Ich erfülle meinen Auftrag, indem ich die Vorstellungen des Kunden umsetze.«
- »Ich biete standardisierte, vergleichbare Produkte an.«
- »Ich bin kompetent und behalte den Überblick.«
- »Ich arbeite selbstständig, schnell, flexibel, geräuschlos und preiswert.«
- »Ich übernehme die Schuld für einen Misserfolg.«
- »Ich gehe einen dauerhaften Kontrakt ein.«
- »Ich bin verfügbar.«

Abb. 3.5: Ich sage, wie es geht!

- »Ich bin ein Denker.«
- »Meine Problemlösungen sind ›taylor-made‹.«
- »Ich habe Verständnis für meine Kunden.«
- »Ich besitze überdurchschnittliches Know-how.«
- »Ich habe viel Erfahrung.«
- »Ich nehme nur Einzelaufträge an.«
- »Mein Honorar ist fair und entspricht meinen Leistungen.«
- »Ich biete einen Mehrwert.«
- »Ich habe aussagekräftige Referenzen.«
- »Ich arbeite kreativ und unabhängig.«
- »Ich biete keine Leistung ohne Auftragserteilung.«

In allen drei Rollen erbringen Sie Leistungen für Management, Führungskräfte und Mitarbeiter. Und sehr häufig wechseln die Rollen, aus denen heraus Sie Ihre Leistung erbringen. Das zu wissen ist wichtig, um sich in jeder Situation richtig positionieren zu können und zu wissen, was gerade von Ihnen gefordert wird.

Serviceleistungen für das Management. Als Business-Partner des Managements und der einzelnen Unternehmensbereiche liegt Ihr Tätigkeitsschwerpunkt in der Umsetzung der Geschäftsstrategie auf der Ebene des HR-Managements. Ihnen unterliegt es, die Umsetzbarkeit der Strategie durch die im Unternehmen vorhandenen personellen Ressourcen zu prüfen und vorhandene Potenziale dementsprechend zu entwickeln und einzusetzen. Das heißt, Sie unterstützen das Management in der Umsetzung der Unternehmensstrategie durch Optimierung und Qualifizierung des Personals. Das erreichen Sie unter anderem mit dem Einsatz von Personalprojekten, -instrumenten und Qualifizierungsmaßnahmen sowie dem richtigen Einsatz der im Unternehmen vorhandenen Potenziale zum optimalen Nutzen des einzelnen Mitarbeiters und des gesamten Unternehmens. Positionieren Sie sich zum Beispiel als Experte für Prozesse der internen Kommunikation und für die Umsetzung neuer Geschäftsstrategien im Bereich quantitativer und qualitativer Personalplanung. Seien Sie präsent bei Strategieentwicklung und Gestaltung von Unternehmensprojekten. Darüber hinaus können Sie für das Topmanagement die Moderation von Meetings übernehmen und hier Ihre Kompetenzen in den Bereichen Problemlösungs-, Verhandlungs- und Umsetzungsmanagement unter Beweis stellen.

Serviceleistungen für Führungskräfte. Als Business-Partner der Führungskräfte beraten Sie diese in allen personalwirtschaftlichen Fragestellungen. Ihre kompetente Betreuung und Beratung umfasst alle Personalthemen von A wie Auswahl bis Z wie Zeugniserstellung: ob es darum geht, die Führungskräfte bei der Bewerberauswahl zu unterstützen, ihnen bei der Verordnung von disziplinarischen Personalmaßnahmen beizustehen, sie über den unternehmensinternen Prozess von Zielvereinbarungen zu informieren oder mit ihnen das Führen eines Trennungsgesprächs durchzusprechen und gegebenenfalls zu üben. Des Weiteren gehört es zu Ihrem Leistungsspektrum, die unternehmerischen Fähigkeiten der Führungskräfte auszubilden und sie so unter anderem in der Mitarbeiterbindung zu unterstützen. Strategischen Charakter bekommt Ihre Beratung und Unterstützung immer dann, wenn Sie den Führungskräften bei der Prozessoptimierung behilflich sind und mit ihnen gemeinsam an der Umsetzung der Unternehmensstrategie arbeiten.

Serviceleistungen für Mitarbeiter. Als Betreuer und Berater der Mitarbeiter setzen Sie sich für deren Interessen und Belange ein. Hierbei liegt Ihr Fokus auf der Personalentwicklung, der Eröffnung von Karriereperspektiven und der Mitarbeiterbindung. Darüber hinaus unterstützen und beraten Sie die Mitarbeiter in allen tariflichen und betrieblichen Angelegenheiten. In Ihrer neuen Rolle sollten Sie sich für das Engagement der Mitarbeiter verantwortlich fühlen und dem Unternehmen gegenüber entsprechend handeln. Dazu gehört auch, dass Sie den Führungskräften vermitteln, dass engagierte und motivierte Mitarbeiter – also solche, die wissen, dass ihre Arbeit geschätzt wird – wesentlich zum Unternehmenserfolg beitragen. Das heißt, Sie tragen die Verantwortung dafür, dass das Führungsverhalten und die Arbeitsbedingungen so gestaltet sind, dass Sie den Mitarbeitern helfen, die an sie gestellten Anforderungen bestmöglich zu erfüllen. Ist dies nicht der Fall, sollten Sie sich in Diskussionen mit dem Management als Sprachrohr der Mitarbeiter sehen.

3.1.4 Konfliktfelder zwischen der Rolle als Dienstleister, Berater und hoheitlichem Auftrag

Wir haben bereits darauf hingewiesen, dass die Gesamtheit Ihrer Aufgaben mit allen drei Rollen verbunden ist, sich diese aber leider nicht immer konfliktfrei verbinden lassen. Die deutlichsten Konfliktfelder liegen hier zwischen den Rollen Dienstleister/Berater und dem hoheitlichen Auftrag. Nehmen wir ein Beispiel aus dem Bereich der Personalbeschaffung, um den Wechsel der Rollen, aber auch mögliche Konfliktfelder deutlich zu machen.

Rolle des Beraters. In der Entwicklungsabteilung des Unternehmens soll ein neuer Ingenieur eingestellt werden. Die Position war immer mit einem Maschinenbauer besetzt. Nehmen wir an, dass sich die Anforderungen aufgrund der technischen Entwicklungen so verändert haben, dass ein Maschinenbauer nicht mehr über das optimale Profil verfügt. Nun ist es Ihre Aufgabe, die Führungskraft hinsichtlich der Besetzung der Position mit dem besten Mitarbeiter zu beraten und dafür zu gewinnen, zum Beispiel einen Informatiker einzustellen.

Rolle des Hüters des hoheitlichen Auftrags. Nehmen wir weiterhin an, dass die Führungskraft einen Kandidaten bevorzugt, der mehr Gehalt fordert, als es der zu besetzenden Position in Ihrem Unternehmen entspricht. Hier sind Sie als Fachmann und Hüter des hoheitlichen Auftrags gefordert, dafür Sorge zu tragen, dass tarifliche und gesetzliche Vorgaben oder unternehmensinterne Regeln eingehalten werden. Und zwar auch, wenn es der Führungskraft nicht gefällt.

Rolle des Dienstleisters. Als Dienstleister sind Sie gefordert, den gesamten Prozess der Personalanwerbung, -auswahl, -einstellung und -einarbeitung so zu gestalten, dass er zeitoptimiert und reibungslos abläuft und die Führungskraft nur in den relevanten Phasen involviert wird (zum Beispiel Mitwirken bei Vorstellungsgesprächen). Hierfür entwickeln und implementieren Sie alle notwendigen Instrumente und Prozesse. Auch dabei kann es zu Rollenkonflikten kommen, zum Beispiel wenn die Führungskraft die Anhörungszeit des Betriebsrats nicht abwarten und dem Kandidaten schon vorher eine Zusage geben will.

3.2 Wer sind unsere Kunden?
Wer sind unsere Auftraggeber?

Das Verständnis der internen Kundenorientierung hat sich inzwischen so weit verbreitet, dass es nicht mehr diskutiert werden muss. Dieses Verständnis der internen Kundenorientierung und eines grundsätzlich kundenorientierten Agierens wollen wir auch in keiner Weise infrage stellen. Es ist eine wesentliche Basis erfolgreicher und akzeptierter Personalarbeit (vergleiche Kapitel 2.3).

An dieser Stelle wollen wir uns aus einem anderen Blickwinkel mit der Frage »Wer sind unsere Kunden?« auseinandersetzen. In unseren Seminaren stellen wir auch immer diese Frage und erhalten unter anderem die in Abbildung 3.6 dargestellten Antworten.

Abb. 3.6: Wer sind meine Kunden?

• Führungskräfte	• zukünftige Mitarbeiter/Bewerber
• Mitarbeiter	• Betriebsrat
• Vorstand, Geschäftsführung	• Externe Behörden
• Schwester-/Tochterunternehmen	• Externe Leistungsanbieter
• externe Kunden	

Unter dem Aspekt des kundenorientierten Handelns sind diese Antworten völlig richtig. Aber fragen Sie sich an dieser Stelle doch bitte einmal: »Was kennzeichnet einen Kunden?«

Wenn Sie diese Frage beantworten, werden Sie zu dem Punkt kommen, dass Kunden für die Leistungen, die sie in Anspruch nehmen, bezahlen. Nirgendwo bekommen Sie als Kunde Leistungen kostenlos. Wenn Sie jetzt noch einmal Abbildung 3.6 betrachten und für sich die Frage beantworten, wer von den dort genannten Kunden für die erhaltenen Leistungen bezahlt, werden Sie wahrscheinlich schnell feststellen, dass die wenigsten der dort genannten Gruppen für Ihre Leistungen zahlen.

Abb. 3.7: Zahlende Kunden und Leistungsempfänger

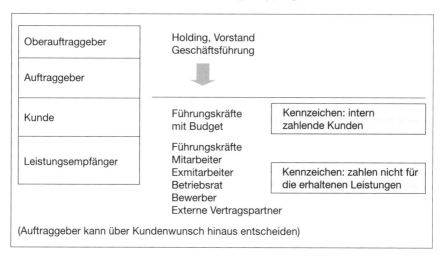

Bezahlt werden die Leistungen in den meisten Unternehmen durch die Unternehmensleitung. Nur wenn einzelne Fachbereiche oder Führungskräfte zum Beispiel im Rahmen einer Profit-Center-Organisation für die von Ihnen erhaltenen Leistungen wirklich zahlen, sind auch diese Kunden im oben gemeinten Sinne. Diese Gedanken bringen wir nicht ein, damit Sie Ihr Kundenverständnis grundlegend ändern, sondern damit Sie auf Basis dieser Gedanken einmal überlegen, von wem Sie eigentlich welche Aufträge erhalten und wer welche Leistungen von Ihnen fordert. Diese Gedanken führen zu der nächsten Frage: »Wer sind unsere Auftraggeber?« Sie werden wahrscheinlich zu dem Ergebnis kommen, dass das Management Ihr Auftraggeber ist. Diese Gedanken sind wichtig, damit Sie für sich klären können, wer Ihnen denn eigentlich welche Aufträge gibt beziehungsweise welche Arbeit auf Ihrem Schreibtisch liegen darf und wie Sie sich in diesen Fragen positionieren.

Selbstverständlich sind mit Ihrer Position, mit Ihrer Anstellung, bestimmte »Arbeits«-Aufträge verbunden. Aber Sie wissen wahrscheinlich noch besser als wir, wie oft im Alltag jemand kommt und sagt: »Machen Sie mal«. Diese »Machen Sie mal«- oder »Wenn wir nicht wissen, wer es macht, geben wir es in die Personalabteilung«-Aufträge werden immer wieder dazu führen, dass zum einen Ihr Schreibtisch zu voll ist, zum anderen – und das ist viel entscheidender – Ihre eindeutige Positionierung immer wieder ins Wanken gerät. Wollen Sie die in Kapitel 2 beschriebene Positionierung der Personalarbeit in Ihrem Unternehmen erreichen, erfordert dies auch Klarheit in den Fragen:

- Wer sind unsere Kunden?
- Wer sind unsere Auftraggeber?
- Von wem nehmen wir welche Aufträge an?
- Wann sagen wir wozu auch Nein?

Ihr Auftraggeber ist in jedem Fall die Unternehmensleitung. Und damit werden auch die Antworten auf die dritte und vierte Frage klarer. Sie leiten sich letztendlich aus Ihren Überlegungen zu Kapitel 2 ab. Aus den Unternehmenszielen haben Sie die Ziele für die Personalarbeit abgeleitet, und diese definieren letztendlich den Auftrag, den Sie übernommen haben. Sie beschreiben, was und wie Sie etwas tun, und definieren damit auch die Grenzen Ihres Aufgabenbereichs. Natürlich wird es immer wieder Anliegen geben, die über diesen Auftrag hinausgehen. Das ist auch völlig in Ordnung und nicht vermeidbar. Mit der gewonnen Klarheit hinsichtlich Ihrer eigenen Positionierung können Sie jetzt aber mit den Auftraggebern klären, ob und wie dieses Anliegen übernommen wird.

3.2.1 Gute Leistung hat ihren Preis: Ein Bewusstsein für Preis und Leistung schaffen

In den unterschiedlichsten Lebensbereichen können wir immer wieder feststellen: »Was nichts kostet, ist auch nichts wert«. Vielleicht ist genau dieser Punkt ein kritischer Aspekt in der oft mangelhaften Wertschätzung der Personalarbeit. Jeder kann sich jederzeit bedienen, Arbeit abladen und Leistung einfordern. Und zwar ohne etwas dafür zu bezahlen.

Eine tatsächliche Bezahlung der abgenommenen Leistungen ist nur über die Ausrichtung der Personalabteilung als Profit-Center möglich. Sie erfordert von Auftraggebern beziehungsweise Kunden, dass Sie Leistungen der Personalabteilung in bestimmten Mengen und zu wettbewerbsfähigen Preisen abnehmen. Dabei können zwei Gestaltungsformen unterschieden werden:

- Eine zentral ausgerichtete Personalabteilung definiert ihr Leistungsangebot, setzt die erforderlichen Kapazitäten fest und legt am Jahresende die angefallenen Kosten nach einem festgelegten Schlüssel auf die Abnehmer der Leistungen um.

- In einem dezentralen System werden Produkte und Abnahmemenge im Voraus gemeinsam mit dem Kunden, zum Beispiel durch Service-Level-Agreements (SLAs), definiert. Der Preis der Leistungen wird dabei idealerweise unter Marktbedingungen anhand von Benchmarks definiert.

Ein solches Profit-Center-System erfordert, dass ein anerkannter und akzeptierter Benchmark-Prozess erfolgt. Das heißt, dass eine saubere und umfassende Analyse der einzelnen Dienstleistungen unter Berücksichtigung aller unternehmensspezifischen Rahmenbedingungen erfolgt und hierfür im Vergleich zu adäquaten Unternehmen interne Preise festgesetzt werden. Durch das Festlegen von Preis und Leistung im Rahmen eines SLA erreichen Sie eine ganz andere Wertschätzung der von Ihnen erbrachten Leistungen. Wichtig ist dafür natürlich die hohe Servicequalität der Personalabteilung, die einen hohen Grad an Kundenorientierung aufweisen sollte.

Noch ein Gedanke ist hier wichtig: Durch die Festlegung des Preises für die Leistung im Rahmen von SLAs wird Ihrem Vertragspartner ein Kostenbewusstsein für die Leistungen der Personalabteilung vermittelt. Anders als in einer zentral ausgerichteten Personalabteilung kann der Kunde hier zum einen direkt nachvollziehen, wo die Kosten verursacht wurden, zum anderen kann er aber auch die Ergebnisse und Wirkungen dieser Leistungen nachvollziehen. Der Eindruck, dass die Personalabteilung lediglich Kosten für etwas verursacht, was man selbst gar nicht in Anspruch nimmt, wird somit direkt von Anfang an vermieden. Der Gedanke, dass die Kunden dann keine Leistungen mehr abnehmen, weil es ihnen vielleicht zu teuer ist, ist völlig unberechtigt, wenn Sie im »Was« und »Wie« dem Kunden die Leistungen bieten, die ihn letztendlich erfolgreicher machen. Natürlich schafft die Bepreisung der einzelnen Personaldienstleistungen auch ein Kostenbewusstsein dahingehend, dass mit den Ressourcen der Personalabteilung schonender umgegangen wird. Denn jeder Bereichsverantwortliche muss mit den Leistungen der Personalabteilung haushalten, um sein Budget nicht zu überschreiten. Das heißt, er wird darauf bedacht sein, mit der Personalabteilung insofern zusammen zu arbeiten, dass er eine seinen Bedürfnissen angepasste Leistung erhält. Ein positiver Effekt dieses Kostenbewusstseins ist, dass die Personalabteilung nicht mehr als betriebsinterner »Bauchladen« genutzt wird, aus dem sich jeder nach Belieben bedient. Eine solche Motivation zur Kooperation kann Ihnen in der Personalabteilung letztlich dazu verhelfen, kundenorientierte Leistungen zu erbringen, die die Wertschätzung durch den Auftraggeber begünstigen.

Im Zusammenhang mit dem Preis für Ihre Leistungen wollen wir einen weiteren Gedanken einbringen. Natürlich werden Sie jetzt nicht zur Unternehmensleitung gehen können und einfordern, als Profit-Center aufgestellt zu werden. Vor diesem Hintergrund ist es wichtig, darüber nachzudenken, was denn eigentlich alternative Formen der Bezahlung im Unternehmen sind. Das heißt, welche Form der Anerkennung kann intern als Bezahlung für erbrachte Leistungen gesehen werden? Abbildung 3.8 verdeutlicht Formen der internen Bezahlung, die in unseren Seminaren von Teilnehmern zusammengetragen wurden.

Abb.: 3.8: Formen der internen Bezahlung

• Anerkennung	• Verantwortungsrahmen
• Status/Ansehen	• Entscheidungsfreiheit
• Titel	• Einfluss/Mitspracherechte
• Incentives	• Spaß
• Positionierung	• Budgetfreiheit
• Ressourcen	• Gefragtwerden
• Externe Unterstützung	• Beförderung
• Gehaltsgestaltung	

Abbildung 3.8 macht deutlich, dass der Begriff »Bezahlung« nicht zu wörtlich genommen werden sollte. Es gibt viele Möglichkeiten, die Leistungen der Personalabteilung zu honorieren. Wichtig ist dabei nur, dass dies überhaupt geschieht.

3.3 Kundenerwartungen erkennen und erfüllen

Akzeptanz und die verdiente Wertschätzung Ihrer Leistungen für Unternehmen, Führungskräfte und Mitarbeiter werden Sie dann erhalten, wenn Sie die richtigen Leistungen zur richtigen Zeit und in der richtigen Qualität erbringen. Das heißt, wenn Ihre Kunden mit Ihren Leistungen zufrieden, vielleicht sogar davon begeistert sind. Damit Sie Ihre Leistungen optimal auf die Bedürfnisse Ihrer Kunden ausrichten können, wollen wir Ihnen kurz verdeutlichen, woraus sich Kundenzufriedenheit ergibt.

Hierfür nutzen wir ein sehr bekanntes Unternehmen: *Aldi*. Die erste Frage ist: »Was erwarten Sie, wenn Sie zu *Aldi* gehen?« Vielleicht: Ware in Kartons, gute Qualität, gutes Preisleistungsverhältnis, Parkplätze und vieles andere mehr. Die zweite Frage ist: »In welchem Umfang erhalten Sie das, was Sie erwarten, wenn Sie bei *Aldi* einkaufen?« Die Mehrzahl unserer Seminarteilnehmer gibt hier einen Wert von 95 Prozent an. Abbildung 3.9 verdeutlicht dies.

Abb. 3.9: Erwartung und Erfüllungsgrad: Kundenzufriedenheit am Beispiel Aldi

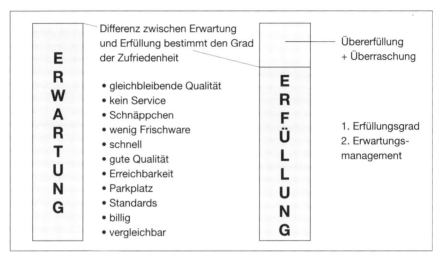

Das Entscheidende an diesem Beispiel ist, dass *Aldi* tatsächlich eine Kundenzufriedenheit von circa 95 Prozent hat. Kundenzufriedenheit ergibt sich aus der Differenz zwischen Erwartung und der Erfüllung dieser Erwartung. Wenn wir bekommen, was wir erwarten, sind wir zufriedene Kunden. Würden wir bei *Aldi* leise Musik und ein schönes Ambiente erwarten, wären wir wahrscheinlich enttäuscht und unzufrieden mit dem, was wir vorfinden, und würden dort nicht mehr einkaufen. Wichtig für die kundenorientierte Ausrichtung Ihrer Personalarbeit ist eine weitere Frage: »Wer hat bei *Aldi* die Erwartungen der Kunden geschaffen?« Es war *Aldi* selbst. *Aldi* hat definiert, was wir erwarten können, wenn wir dort einkaufen gehen, und was nicht. Und *Aldi* sorgt dafür, dass wir das auch vorfinden. Nicht umsonst hat der Discounter in seinem Marktsegment den höchsten Kundenanteil.

Was heißt das aber nun für Ihre Personalarbeit und die von Ihnen zu generierende interne Kundenzufriedenheit?

1. Ihre Kunden sind dann zufrieden, wenn Sie das, was ihnen versprochen wurde, auch bekommen. Wenn Sie einem internen Kunden sagen: »Die Stellenanzeige wird in zwei Tagen geschaltet« und sie dann aber tatsächlich erst in sieben Tagen geschaltet wird, ist dieser zu Recht unzufrieden und hat folglich wenig Vertrauen in Ihre Leistungsfähigkeit.

2. Die Erwartungen und damit die Zufriedenheit Ihrer Kunden können Sie beeinflussen, indem Sie sehr klar definieren, was man von Ihnen erwarten kann und was nicht.
3. Ihre Versprechen in Ihre Leistungsfähigkeit müssen Sie hart einhalten. Im Fall einer Minderleistung entsteht Unzufriedenheit. Im Fall eines Übertreffens können Sie Ihre Kunden begeistern. Sie sollten sich aber auch nicht ständig übertreffen. Denn das bedeutet, dass Sie Ihre Leistungsfähigkeit nicht richtig eingeschätzt haben und auf Dauer ein höheres Erwartungsniveau etablieren, das Sie dann vielleicht nicht halten können.

An diesem Punkt sind Sie gefordert, abteilungsintern Ihre Leistungsfähigkeit und das, was Sie ihren Kunden versprechen können, zu definieren. Die Definition Ihrer Leistungsbereiche bezieht sich auf alle Handlungsfelder. Abbildung 3.10 macht dies deutlich.

Abb. 3.10: Servicequalität von Personaldienstleistungen

Die Abbildung zeigt, dass eine hohe Gesamtservicequalität nur durch eine hohe Qualität in allen Leistungsfeldern erreicht werden kann: Produktqualität, Prozessqualität, Kontaktqualität und Ergebnisqualität.

Die **Qualität der Produkte** zeichnet sich maßgeblich dadurch aus, dass diese den Bedürfnissen der Kunden gerecht wird, vor allem auch dann, wenn diese Bedürfnisse sich ändern. Die interne Kundenbefragung (siehe Kapitel 2.3.1) ist das zentrale Instrument für die Erreichung einer hohen Kundenorientierung und letztlich auch einer hohen Produktqualität. Produktqualität ist zum Beispiel Anwendbarkeit, Verständlichkeit, Nutzen für den Einsatz,

Verfügbarkeit, fachliche Richtigkeit. Sie können einen fachlich hervorragenden zwanzigseitigen Beurteilungsbogen entwickeln. Wenn alle, die damit arbeiten, ihn aufgrund seiner Länge und Unübersichtlichkeit ablehnen, haben Sie keine Produktqualität erreicht.

Die **Prozessqualität** orientiert sich an der Erreichung messbarer Größen, die zum Beispiel im Rahmen von Service-Level-Agreements (siehe Kapitel 3.3.1) mit dem Kunden vereinbart wurden. So ist beispielsweise der prozentuale Wert des Einhaltens vereinbarter Fristen ein Indikator für die Qualität eines Dienstleistungsprozesses. Wichtige Kriterien sind hier Schnelligkeit, Einfachheit, Reibungslosigkeit, Störungsfreiheit und so weiter.

Die **Kontaktqualität** gibt in gewisser Weise Aufschluss über die Art Ihrer Zusammenarbeit mit den einzelnen Abteilungen im Unternehmen. Hier spielen zum Beispiel Aspekte wie Erreichbarkeit, Ansprechbarkeit, Freundlichkeit und Kompetenz eine wichtige Rolle. Anhand von Kundenbefragungen können Kriterien der Kontaktqualität quantitativ erfasst werden: zum Beispiel »Sind die einzelnen Verantwortlichen für verschiedene Leistungen stets für den Kunden zu erreichen?« »Werden Anfragen bei Abwesenheit des jeweiligen Verantwortlichen an einen anderen kompetenten Mitarbeiter der Personalabteilung weitergeleitet?« Die quantitative oder auch qualitative Beantwortung solcher Fragen erlaubt eine Aussage über die Kontaktqualität (vergleiche Muster 2.6 auf der CD).

Die **Ergebnisqualität** orientiert sich vor allem am Nutzen der im Einzelnen erbrachten Leistungen. Hat das, was wir getan haben, dazu beigetragen, unsere Ziele zu erreichen? Aus Sicht der Unternehmensleitung und der Shareholder werden dies primär quantitative Zahlenwerte sein. Ergebnisqualität lässt sich an weiteren Aspekten messen. Dies ist zum Beispiel der Erfüllungsgrad folgender Kriterien: Umsetzbarkeit, Produktivitätssteigerung, Optimierungssicherung, Kostensenkung, Gewinnsteigerung, Strategieverbesserung, Wertschöpfung, Rentabilität, Mitarbeiterzufriedenheit und Leistungssteigerung. Hier wird also nach definitiven Ergebnissen gefragt, die aus der Wirksamkeit der einzelnen Personaldienstleistungen resultieren. Dementsprechend zeichnet sich in der heutigen Zeit angepasstes Personalwesen nicht mehr durch das aus, was getan wird, sondern dadurch, welche Wirkungen erzielt werden. Dieser Wandel im Verständnis des Personalwesens bedeutet, dass es mit all seinen Tätigkeiten das Unternehmen dabei unterstützt, dessen Nutzwert für Kunden und Investoren zu erhöhen (vergleiche Kapitel 2).

Wenn Sie Qualitätslevels und Versprechen definieren, ist es wichtig, unterschiedliche Perspektiven einzunehmen und aus jeder Perspektive zu fragen: »Was sind die Erwartungen?«, »Wie und wann erfüllen wir die Perspektiven?« Dabei mag es durchaus vorkommen, dass die unterschiedlichen Perspektiven zu einem unterschiedlichen Qualitätsverständnis führen. In diesen Fällen müssen Sie Prioritäten setzen. Abbildung 3.11 verdeutlicht die Perspektiven.

Abb. 3.11: Erwartungen aus unterschiedlichen Perspektiven

Prozessperspektive	Finanzielle Perspektive
• Abläufe • Prozesse • Instrumente	• Budgets • Kosten • Bemühungen müssen finanziell messbar sein
Kundenperspektive	Mitarbeiterperspektive
• Service • Schnelligkeit • Erreichbarkeit	• Management, Führungskräfte • Mitarbeiter, Bewerber • Betriebsrat, Mittler

Neben dem oben beschriebenen Perspektivenwechsel müssen Sie letztendlich auch die Erwartungen der unterschiedlichen Zielgruppen gegeneinander abgleichen. Tabelle 3.1 gibt einen Überblick über die möglichen Erwartungshaltungen von drei wesentlichen Zielgruppen.

Tabelle 3.1: Zielgruppenbezogene Erwartungshaltungen an HR-Qualität und -Leistungen

Erwartungshaltungen von:		
Führungskräften	**Mitarbeitern**	**Betriebsrat**
• Zielerreichung • Fachliche und soziale Kompetenzen bei Mitarbeitern • Schnell/reibungslos • Eigene Entlastung • Ressourcen • Arbeitsklima • Nicht: Einmischen in Managementaufgaben	• Fortbildung (hilft mir und wahrt meinen Marktwert) • Mach mich besser und meinen Chef/Kunden zufrieden • Verschaff mir Entlastung • Karriereplanung • Entwicklungsmöglichkeiten • Arbeitsplatzgestaltung • Gehalt/Kompensation	• Wertschätzung, Achtung und Einbeziehung • Information • Entscheidungen zum Wohle des Mitarbeiters • Informationen für betroffene Mitarbeiter (Transparenz) • Gerechtigkeit • Einhaltung der Forderungen des BetrVG

Beim Lesen der Übersicht fällt vielleicht auf, dass nicht alle genannten Erwartungen spontan von Vertretern der jeweiligen Zielgruppe genannt werden. Diese nicht beim ersten Nachfragen genannten Erwartungen nennen wir »Below-the-Line«-Erwartungen. Es sind die Erwartungen, die zwar deutlich auf die Zufriedenheit und mehr noch, auf die Begeisterung von Kunden wirken, diesen oft aber selbst nicht präsent sind. An einem weiteren Unternehmensbeispiel, diesmal *McDonald's*, wollen wir diesen Gedanken verdeutlichen. Abbildung 3.12 zeigt die Antworten der Kunden auf die Frage, was sie erwarten, wenn sie zu *McDonald's* gehen. Stellen Sie sich jetzt einmal ein Elternpaar vor, das am Samstagvormittag mit den drei Kindern im Alter von drei bis acht zum Einkaufen geht. Gegen 13.00 Uhr kehrt unsere Familie nach einigem »Ich habe Durst, ich muss Pipi, ich will Karussell fahren, ich kann nicht mehr laufen« etwas erschöpft bei *McDonald's* ein. Dass die Eltern diesen Besuch trotz der vielleicht strittigen Ernährungsqualität genießen, liegt an ihren »Below-the-Line«-Erwartungen: 20 Minuten Ruhe. Hier können die Kinder spielen, schreien und schmieren, und die Eltern müssen sich 20 Minuten nicht um sie kümmern. Sie werden immer wieder gerne kommen.

Abb. 3.12: Unausgesprochene Erwartungen: Lösen Sie das Kundenproblem –
Beispiel McDonald's

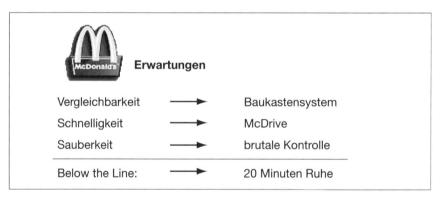

Mit regelmäßigen internen Kundenbefragungen (vergleiche Kapitel 2) sowie Evaluationen der Wirksamkeit von Personaldienstleistungen (vergleiche Kapitel 2) gewinnen Sie aussagekräftige Ergebnisse über die Produkt-, Prozess-, Kontakt- und Ergebnisqualität. Mit dem Streben nach Erreichung einer möglichst hohen Gesamtservicequalität können Sie nicht nur Ihre Kunden zufrieden stellen, sondern auch den hohen Stellenwert der Personalleistungen für das gesamte Unternehmen unter Beweis stellen. Dazu ist es aber unbedingt notwendig, die Kriterien der Ergebnisqualität in Form von Reports regelmäßig an die Unternehmensleitung und ins Unternehmen zu kommunizieren, damit das schon mehrfach erwähnte Image, zum Beispiel des reinen Kostenverursachers, relativiert oder ganz beseitigt werden kann. Vor der Kundenbefragung müssen Sie selbstverständlich definieren, welche Qualität Sie leisten wollen, was also Ihre Versprechen sind. Ein Weg hierfür ist die Definition von Service-Level-Agreements.

Checkliste 3.1 auf der CD können Sie nutzen, um bei der Ableitung Ihrer Qualitätsstandards zu überprüfen, ob Sie alle Perspektiven und Zielgruppen beachtet haben.

3.3.1 Klar definierte Leistungsspektren: Service-Level-Agreements

Um die nötige Qualität von Leistungen exakt zu spezifizieren, empfehlen wir, auch für den HR-Bereich Service-Level-Agreements (SLAs) zu entwickeln. Ihre SLAs sind dann eine unternehmensinterne Vereinbarung zwischen der Personalabteilung und den Empfängern der Personalleistungen, die eine messbare Beschreibung der zu erbringenden Personaldienstleistungen, einschließlich der angestrebten Qualität und den dazu notwendigen Messgrößen, beinhaltet. Es ist letztendlich eine Abstimmung unter den Vertragspartnern, was erwartet werden kann und was in welcher Form erbracht werden kann und muss. Erste Hinweise bezüglich den Erwartungen der Kunden, den so genannten Service-Level-Requirements, können Sie beispielsweise wiederum aus der internen Kundenbefragung gewinnen.

Die beteiligten Parteien eines SLA verpflichten sich wechselseitig zu:

- Leistungen einer bestimmten Art und eines bestimmten Umfangs,
- Leistungen einer definierten Qualität sowie
- entsprechenden Mitwirkungsleistungen.

Neben der Chance, eine maximale Kundenzufriedenheit zu erreichen, bietet die präzise und nachvollziehbare Definition von Leistungen im Sinne von SLAs dem Unternehmen folgende Vorteile:

- Kosten für in Anspruch genommene Personaldienstleistungen können verursachungsgerecht den einzelnen Kundenabteilungen zugerechnet werden.
- Die transparente Darstellung der verursachten Kosten für die einzelnen Personalleistungen führt zu einem bewussteren Umgang mit diesen Ressourcen.

- Durch die Vereinbarung von SLAs wird die Aufgabenteilung so präzise formuliert, dass sich Reibungsverluste verringern.
- Die Personalleistungen werden speziell am Bedarf des internen Kunden ausgerichtet, sodass sich Prozessketten optimieren lassen und somit Kosten eingespart werden können.
- (Teil-)Leistungen können abgetrennt und ausgelagert werden.

3.3.2 Die Entwicklung von Service-Level-Agreements

SLAs können Sie nicht einfach schnell nebenbei entwickeln und einführen. Die Einführung von SLAs ist ein bereichsübergreifendes Projekt, das auf ein professionelles Projekt- und Verwirklichungsmanagement angewiesen ist. Das Projektmanagement muss dafür Sorge tragen, dass einerseits der Prozess inhaltlich vorankommt und andererseits die Akzeptanz, die Beteiligung und das Commitment der entsprechenden Personen erreicht werden.
Für die Entwicklung von SLAs empfiehlt sich ein stufenweises Vorgehen:

1. Schritt
»Wer leistet was für wen?« lautet hier die zentrale Fragestellung. Klären Sie anhand der internen Kundenbefragung die Service-Level-Requirements. Bestimmen Sie dann den Umfang der zu erbringenden Leistungen. Moderierte Workshops können hier hilfreich sein, die Wünsche und Vorstellungen des Leistungsempfängers zu konkretisieren.

2. Schritt
Grenzen Sie in diesem Workshop die einzelnen SLAs voneinander ab: »Was ist wichtig?« und »Was wird von der Leistung ausgeschlossen?«

3. Schritt
Definieren Sie Kriterien, anhand derer die Einhaltung der SLAs überprüft werden kann: »Woran erkennen wir, dass eine Leistung erbracht wurde?« Dies können beispielsweise fest definierte Antwortzeiten auf eine Anfrage innerhalb eines vereinbarten Zeitraums sein.

4. Schritt
Legen Sie die Kosten für die einzelnen Leistungen fest und verankern Sie diese im SLA.

Folgende Leitfragen können Ihnen bei der Entwicklung eines Service-Level-Agreements behilflich sein:

- Welche Service-Levels sind wirklich erforderlich?

- Über welche Leistungsressourcen verfügen die Mitarbeiter der Personalabteilung?
- Welches Leistungsniveau der Service-Levels kann anhand dieser Ressourcen erreicht werden?
- Welche Vereinbarungen werden von wem getroffen? Sollte die Rechtsabteilung in den Vereinbarungsprozess einbezogen werden?
- Wie funktioniert der Einkauf der Personalleistungen in administrativer Hinsicht?
- Welche direkten und indirekten Kosten sind zu beachten?
- Welche Chancen und Risiken bringt der Prozess mit sich?
- Sind die Bewertungskriterien für alle Beteiligten klar und transparent?

Abb. 3.13: Konstruktion eines Service-Level-Agreements

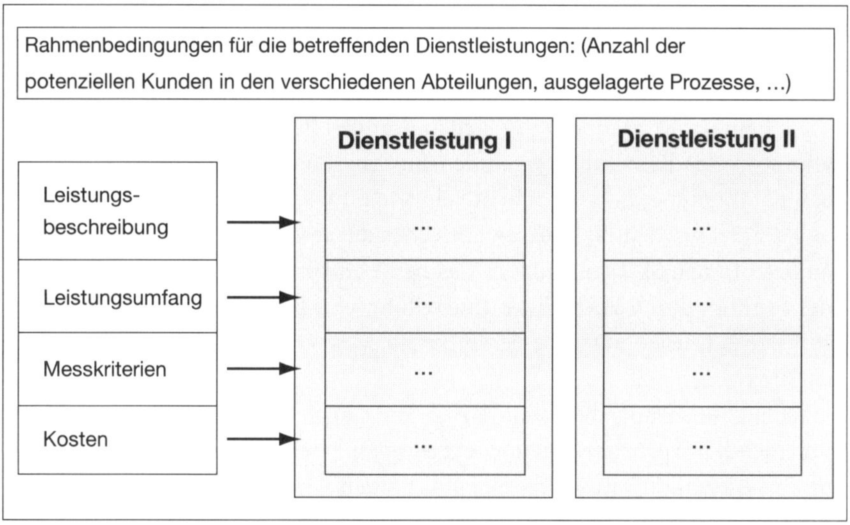

Wir empfehlen für die Entwicklung von SLAs im ersten Schritt die Durchführung von abteilungsinternen Workshops. Diese geben Ihnen die Möglichkeit, sich in der Personalabteilung unter den Kollegen erst einmal selbst zu positionieren, bevor Sie ins Gespräch mit Ihren Partnern beziehungsweise internen Kunden gehen. Über die Aspekte, die Sie im Vorfeld abteilungsintern prüfen sollten, gibt Ihnen Checkliste 3.2 auf der CD Auskunft.

Die Abstimmung der SLAs sollte wie beschrieben in gemeinsamen Workshops erfolgen. Es wird Ihnen wenig nützen, wenn Sie im »stillen Kämmerlein« hinter verschlossenen Türen SLAs definieren, die von Kunden und

Leistungsempfängern nicht akzeptiert werden, als nicht wertvoll oder sinnvoll erlebt werden, weil sie an deren Bedürfnissen vorbei gehen.

3.3.3 Service-Level-Management

Service-Level-Agreements werden häufig auch als »Spielregeln der Zusammenarbeit« bezeichnet. Wie bei jedem Spiel gilt auch hier »Fair Play«! So sollten alle Beteiligten bedenken, dass sich ein SLA immer auf die Anforderungen bezieht, die sich aus den aktuellen Rahmenbedingungen des Unternehmens ergeben. Ändern sich diese Rahmenbedingungen, so müssen die SLAs im Sinne des »Fair Play« entsprechend angepasst werden.

Wächst die Anzahl der Mitarbeiter eines Unternehmens beispielsweise nach Fusionen, so wirkt sich dies automatisch auf die Anzahl der Anfragen nach Personalleistungen aus. Für die bestehenden SLAs wird dies wiederum bedeuten, dass sich zum Beispiel die Antwortzeiten auf Anfragen verlängern, weil sich die zeitliche Auslastung der HR-Mitarbeiter automatisch erhöht hat.

Da dies eine Konsequenz aus sich ändernden Rahmenbedingungen ist und nicht etwa das Resultat mangelnden Einsatzes oder fehlender Expertise der Personalabteilung, müssen Schritte eingeleitet werden, die von allen Beteiligten getragen werden. So müssen entweder die vereinbarten Antwortzeiten in den betroffenen SLAs angepasst, das heißt entsprechend verlängert werden, oder es muss durch zusätzliche Einstellung von Personal im HR-Bereich sichergestellt werden, dass die vereinbarten Messkriterien nach wie vor erfüllt werden können.

Achten Sie darauf, die vereinbarten SLAs auch unabhängig von solch einschneidenden Veränderungen wie Fusionen oder Stellenabbau regelmäßig auf ihre Aktualität hin zu überprüfen. Fragen wie »Entsprechen die Service-Levels noch den aktuellen Anforderungen?« und »Entspricht das den Service-Levels zugrunde gelegte Know-how immer noch den aktuellen Trends?« sind Beispiele für regelmäßige Überlegungen, die bezüglich der Aktualität der vereinbarten SLAs angestrengt werden sollten. Nur so können SLAs dauerhaft eine hohe Kundenzufriedenheit erreichen und die Bedeutung und den Wert der HR-Arbeit im Unternehmen verankern.

Die Implementierung einer turnusmäßigen internen Kundenbefragung in das Service-Level-Management kann in diesem Zusammenhang dazu beitragen, sich abzeichnende Änderungen der Wünsche und Bedürfnisse von Kunden frühzeitig zu erkennen, um diese in neue Vereinbarungen einfließen zu lassen. Im Rahmen von moderierten Workshops sollten dabei auch aktuelle und unternehmensinterne Themen wie Change-Management Beachtung finden, da sich gerade diese Veränderungsprozesse direkt auf die künftigen Anforderungen an das Personal auswirken. Hier kommt es vor allem darauf an, die Veränderungen frühzeitig und proaktiv durch das Anpassen von Service-Levels und SLAs voranzutreiben und zu unterstützen.

Abb. 3.14: Service-Level-Management

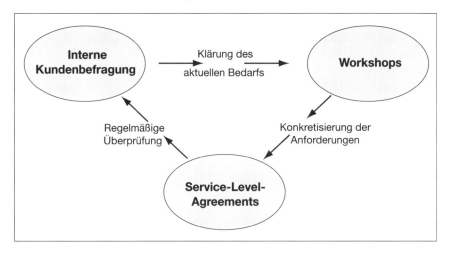

3.4 Mit einem gestärkten Selbst- und Rollenverständnis HR-Excellence erreichen

Die in diesem Kapitel beschriebenen Gedanken und Vorgehensweisen sollen dazu beitragen, dass Sie Ihre Rolle und Verantwortung nicht nur auf einer neuen Basis reflektieren und neu ausrichten, sondern auch, dass Sie ein neues Selbstverständnis für Ihre Bedeutung und mögliche Wirksamkeit gewinnen. Gemeinsam mit den Überlegungen aus Kapitel 2 und der hochqualitativen und am Bedarf Ihrer Zielgruppen orientierten Ausrichtung Ihrer Personalarbeit, zum Beispiel an SLAs, ist das der Weg, auf dem Sie HR-Excellence erreichen können. Hinsichtlich der Entwicklung von Personalbereichen auf dem Weg zum echten Business-Partner können vier Stufen unterschieden werden. Abbildung 3.15 verdeutlicht diese.

HR-Excellence erreichen Sie mit folgenden Schritten:

1. Schritt: Klären und Abgleichen von HR und Unternehmenszielen
• Durchdringen und Hinterfragen der wirklichen Unternehmensstrategie;

- strukturierte Einzelinterviews mit der ersten und zweiten Ebene;
- Klären der übereinstimmenden und widersprüchlichen Erwartungen;
- Definition der HR-Ziele;
- Kundensegmentierung;
- Feedback der HR-Ziele an die erste und zweite Ebene;
- Überprüfung der HR-Funktionen und -Organisation auf Übereinstimmung mit den proklamierten Zielen.

2. Schritt: Umsetzung der HR-Strategie auf der operativen Ebene
- Commitment aller HR-Mitarbeiter;
- »One face to the customer«;
- Kommunikation von Service-Standards in alle Bereiche;
- Festlegen von Verträgen: Service-Level-Agreements;
- konsequentes Einhalten der Vereinbarungen und SLAs – machen Sie den Kunden klar, dass HR kein Bauchladen ist;
- gemeinsame Entwicklung der Planung mit den Bereichen, inklusive Manpower, Zeitplan und Messgrößen;
- Festlegen der Reporting-Standards und -Häufigkeiten an die Bereiche.

3. Schritt: Permanente Überprüfung der HR-Strategie
- Überprüfen Sie kontinuierlich, ob die HR-Sicht dem realen Bedarf der Bereiche (noch) entspricht und
- ob die definierten Standards eingehalten werden.
- Reichern Sie HR-Leistungen durch externes Know-how und Benchmarking an.
- Machen Sie nicht den Job der operativen Bereiche!
- Etablieren Sie Self-Administration-Systeme.
- Qualifizieren Sie Ihre BeraterInnen, um wirkliche Beratung anbieten zu können.
- Messen Sie kontinuierlich den HR-Added-Value.
- Lösen Sie den Blick von internen Problemen: »Kenne meine Branche, verstehe mein Geschäft«.
- Implementieren Sie dauerhaftes »Trend-Scouting«.

Abb. 3.15: Neue Positionierung und Selbstverständnis:
Die HR-Entwicklungskurve

- **Basic**
  Grundlegende HR-Prozesse und administrative Abläufe laufen robust
- **Advanced**
  HR bietet durch seine Beratungen Mehrwert, die HR-Prozesse sind
  zielgruppenspezifisch und elaboriert
- **Master**
  HR wird als Partner der Unternehmensentwicklung genutzt
- **Excellence**
  HR gestaltet die Beziehungen zwischen Managern, Mitarbeitern und der
  gesamten Organisation. HR-Verantwortung trägt nicht mehr nur der
  HR-Bereich oder das Management

4 Verkauf von Personalleistungen: Tools und Wege zum Erfolg

Kapitel 2 verdeutlichte die Bedeutung der klaren Ausrichtung des HR-Managements auf die Unternehmensziele und -strategie. In Kapitel 3 stand die erfolgreiche Positionierung des Personalmanagements und seiner Mitarbeiter als interne Dienstleister, Berater und Vertreter des hoheitlichen Auftrags im Vordergrund. Damit ist die Basis für die erfolgreiche Vermarktung der Personalleistungen im Unternehmen geschaffen. Auch wenn es sich bei den Personalleistungen um interne und notwendige Leistungen handelt, können Sie nicht davon ausgehen, dass sich diese von selbst vermarkten. Klassische Leistungen wie Vertragsmanagement, Lohn- und Gehaltsabrechnung und auch Leistungen um die Themen Einstellung und Entlassung werden vielleicht noch automatisch von Ihren Kunden abgefragt. Anders sieht es aber bei Leistungen aus, die ein modernes mehrwertorientiertes Personalmanagement kennzeichnen. Um Ihre Kunden für diese Leistungen zu gewinnen, müssen Sie Ihre Leistungen letztendlich wie ein Verkäufer am externen Markt anbieten. Gerade der Gedanke des »aktiven Verkaufens« ist für viele Verantwortliche im Personalbereich neu und nicht unbedingt positiv besetzt. Aber nur weil im HR-Management aus »edlen Motiven« heraus gehandelt wird, finden die Angebote nicht zwingend auch gleich begeisterte Abnehmer. Häufig wissen die internen Kunden gar nicht, was die Personalabateilung alles macht. Und allein das ist oft schon die Basis mangelnder Wertschätzung der HR-Arbeit im Unternehmen.

In diesem Kapitel wollen wir Ihnen bedeutsame Aspekte näher bringen, die es Ihnen ermöglichen, Ihre Leistung im Unternehmen erfolgreich zu vermarkten.

4.1 Was bieten wir an?

Es macht keinen Sinn, irgendetwas anzubieten oder die Instrumente und Maßnahmen, die gerade neu sind und in Fachpresse und auf Kongressen heiß diskutiert werden, oder das, was die Personalabteilung gerade wichtig findet. Ihr Leistungsangebot muss sich daran orientieren, einen Mehrwert für Unternehmen, Führungskräfte und Mitarbeiter zu bieten. Wie in Kapitel 2 verdeutlicht, sind Unternehmensziele und -strategie eine wesentliche Orientierungsgröße für die Festlegung der angebotenen Leistungen. Auf diese wollen wir an dieser Stelle nicht weiter eingehen. Weitere zu beachtende Größen sind:

- die Unternehmenskultur und
- der Kundenbedarf.

Beide Einflussgrößen wollen wir an dieser Stelle kurz betrachten.

4.1.1 Unternehmenskultur

Die Unternehmenskultur definiert letztendlich das »Wie« der Zusammenarbeit und Kommunikation im Unternehmen und das, was das Handeln der Einzelnen bei der Erbringung ihrer Leistung leiten und ausrichten soll. Die Unternehmenskultur ist verankert in geschriebenen und ungeschriebenen Regeln, die die Zusammenarbeit bestimmen. Beide müssen nicht zwingend konform sein. Es ist durchaus möglich, dass die gedruckten Kulturaussagen nicht mit der gelebten Kultur übereinstimmen. Stärker handlungsleitend werden immer die ungeschriebenen Regeln sein; sie sind gelebte Kultur. Die Unternehmenskultur wird sehr stark von der Hierarchie in einem Unternehmen geprägt. Hierarchie in diesem Sinne meint, wie stark die Vertikalität zwischen Unternehmensleitung und/oder Führungskräften und Mitarbeitern gelebt wird. Dass das Maß an Hierarchie zu einer sehr unterschiedlichen Kultur und damit zu sehr unterschiedlichen Möglichkeiten für das Personalmanagement führt, verdeutlicht Abbildung 4.1.

Das Modell unterscheidet zwischen einer sehr hohen Vertikalität, das heißt, die Führung steht eindeutig über den Mitarbeitern, eine wirkliche Mitsprache der Mitarbeiter ist nicht erwünscht, und einer niedrigen Vertikalität. Hier ist das aktive und selbstständige Mitdenken und Mithandeln der Mitarbeiter erwünscht. Zwei weitere Variabeln, die das Modell beschreiben, sind auf der einen Seite »Effizienz« und auf der anderen Seite »Anstand«. Effizienz meint, dass wenig Aktion vonseiten der Führung zu viel Reaktion bei den Mitarbeitern führt. Anstand beantwortet die Frage, inwieweit die Mitarbeiterinteressen beachtet werden. Dabei schließen sich Anstand und Effizienz nicht aus. Wir haben diese Trennung gewählt, um unterschiedliche Kulturen in ihren Schwerpunkten zu verdeutlichen.

Was bedeutet das Zusammenspiel der unterschiedlichen Variablen nun für die Unternehmenskultur, und welche Auswirkung hat das auf das HR-Management?

Abb. 4.1: Unternehmenskulturen: Einfluss der Vertikalität auf das HR-Management

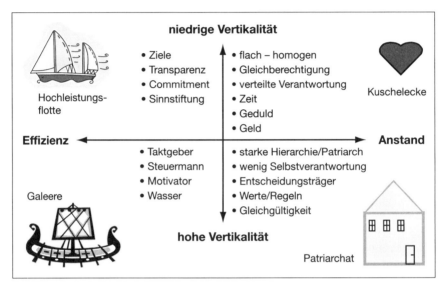

Im »**Galeerenmodell**« wird autoritär geführt. Mitarbeiter sollen Anweisungen schnell und fehlerfrei befolgen. Geschieht das nicht, wird eher mit Sanktion als mit Motivation gearbeitet. Die Führungskraft kennt das Ziel und den Weg dorthin, sie diskutiert dies nicht mit den Mitarbeitern und stellt sich selbst auch nicht infrage. Auch wenn es auf den ersten Blick so scheint, als wäre eine solche Kultur heute nicht mehr möglich, ist das ein Irrtum. Wir finden nach wie vor viele Unternehmen und in Unternehmen einzelne Bereiche, in denen genau auf diese Art und Weise geführt wird. Dieser Führungsstil ist vor allem dann leicht aufrecht zu erhalten, wenn es wenig Arbeitsplatzalternativen (»Wasser«) gibt und es sich bei den Aufgaben eher um einfache und sich wiederholende Aufgaben handelt. Damit sind nicht nur Arbeiten am Fließband gemeint, auch Vertriebsaufgaben, Call-Center-Aufgaben oder verschiedene Innendienstaufgaben gehören dazu. Was bedeutet diese Unternehmens- oder Führungskultur für Ihr HR-Management? Es ist schnell ersichtlich, dass bestimmte Instrumente und Maßnahmen nicht umsetzbar sind: Die fachliche Qualifizierung der Mitarbeiter und auch Beurteilungsverfahren sind hier möglich; Mitarbeitergespräche, Feedback- und Befragungsverfahren aber schon undenkbar.

Ähnlich stellt sich das »**Patriarchat**« dar. Auch hier besteht eine hohe Vertikalität, jedoch wird der Beachtung der Mitarbeiterinteressen ein höherer Wert beigemessen. Meist haben die Unternehmenseigentümer (oder auch die »Bereichsfürsten«) selber hohe Leistungen und Erfolge erbracht, was ihnen die Achtung ihrer Mitarbeiter einbringt. Die Beachtung der Mitarbeiterinteressen äußert sich zum Beispiel in bestimmten Regeln wie: »Wir haben noch nie einem Mitarbeiter gekündigt!« oder »Jedes Mitarbeiterkind bekommt bei uns einen Ausbildungsplatz.« Ihre Möglichkeiten, in dieser Kultur moderne Instrumente des HR-Managements zu implementieren, sind ähnlich eingeschränkt wie in der »Galeerenkultur«.

Anders stellen sich Ihre Möglichkeiten in den beiden Modellen dar, die durch eine niedrige Vertikalität gekennzeichnet sind. In beiden Kulturen wird auf die Mitsprache und Einbeziehung der Mitarbeiter viel Wert gelegt. In der »**Kuschelecke**« besteht das Defizit primär darin, dass die Führung keine oder kaum Steuerung übernimmt und die Mitarbeiter letztendlich zu umfassend einbezogen werden. Das schwächt auf Dauer die Leistungsfähigkeit der Mitarbeiter. Eine Kultur, die durch die »**Hochleistungsflotte**« gekennzeichnet ist, wird moderne HR-Instrumente wie Cafeteriasysteme, Zielvereinbarung, Feedbackverfahren und so weiter bei Ihnen einfordern, da diese Instrumente die Leistungsfähigkeit der Führung und der Mitarbeiter steigern.

Ihre Möglichkeiten im HR-Management werden darüber hinaus durch die »Reife« des Unternehmens beeinflusst. Mit »Reife« meinen wir, wie erfahren und vertraut Mitarbeiter und Führungskräfte zum Beispiel mit einer offenen Kommunikation sind. Folgendes Beispiel soll diesen Gedanken verdeutlichen:

Beispiel 1: Mitarbeitergespräche/Feedbackprozess

Ein Unternehmen stellt im Rahmen eines Projekts zur Forcierung der Kundenorientierung fest, dass hinsichtlich der Kommunikation zwischen Führungskräften und Mitarbeitern ein deutliches Defizit besteht. Es finden kein konstruktiver und ehrlicher Austausch und kein Feedback in die eine oder andere Richtung statt. Da in der Verbesserung der internen Kommunikation ein wesentlicher Erfolgsfaktor für das Erreichen einer hohen externen Kundenorientierung gesehen wird, beschließt das Unternehmen, Mitarbeitergespräche einzuführen. Bis zu diesem Punkt ist an dem Vorgehen nichts zu kritisieren. Der Fehler passiert bei der Entwicklung des

Instruments »Mitarbeitergespräch«. Mit dem Anspruch, jetzt alles zu beachten, was in der Literatur diskutiert wird und wichtig erscheint, wird ein Mitarbeitergespräch entwickelt, welches verschiedene Bausteine vereint: Mitarbeiterbeurteilung, direktes, im Gespräch erfolgendes Führungskräftefeedback und eine Zielvereinbarung. Für ein Unternehmen, welches bisher keine Gesprächs- und Feedbackkultur hatte, ist das eine deutliche Überforderung. Weder die Führungskräfte noch die Mitarbeiter haben je gelernt, offen und vertrauensvoll miteinander zu reden und aus konstruktivem Feedback zu lernen. Das Ergebnis ist, dass trotz Schulung viele Führungskräfte ihren Mitarbeitern kein ehrliches Feedback geben können und die meisten Mitarbeiter in keinem Fall kritische Aspekte gegenüber ihren Führungskräften ansprechen werden. Beide Gruppen haben nicht die nötige Reife, sie konnten es bisher nicht lernen.

Nutzen Sie die Chance zu hinterfragen, welche Unternehmenskultur Ihr Unternehmen kennzeichnet. Gehen Sie dazu die einzelnen Unternehmensbereiche durch. Vielleicht wird Ihnen bei diesem Schritt schon deutlich, warum die Zusammenarbeit mit manchen Führungskräften einfach und reibungslos ist, während Sie bei anderen immer wieder auf Widerstand stoßen. Hierfür können Sie die Abbildung 4.2 nutzen.

Abb. 4.2: Die eigene Unternehmenskultur: Kulturcheck

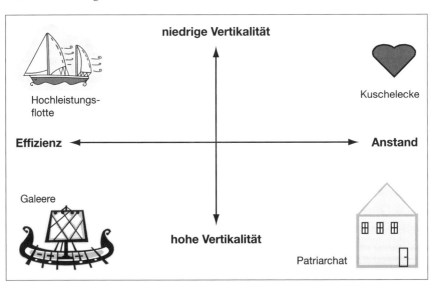

4.1.2 Kundenbedürfnisse gezielt erfassen

Was wollen und was brauchen unsere Kunden eigentlich, welche Themen sind für sie aktuell, welche zukünftig relevant? Diese Fragen können nur von den Zielgruppen selbst beantwortet werden. Welchen Bedarf diese haben, können Sie über verschiede Wege ermitteln:

- interne Kundenbefragung,
- strukturierte Interviews mit den Führungskräften und
- Anwesenheit in den von Ihnen betreuten Abteilungen.

Interne Kundenbefragung

Neben der in Kapitel 2 dargestellten Zufriedenheitsabfrage können Sie eine Kundenbefragung auch nutzen, um aktuelle und zukünftige Bedarfe Ihrer Kunden zu erfassen. Lassen Sie Nutzen, Notwendigkeit und Bedeutung bereits vorhandener Instrumente und Leistungen einschätzen, und geben Sie darüber hinaus Raum für freie Aussagen zu zukünftigem Bedarf. Checkliste 4.1 auf der CD stellt eine Vorlage für Ihr Vorgehen dar.

Strukturierte Interviews mit Führungskräften

Eine weitere Möglichkeit, Bedarfe zu erfassen, ist das direkte Gespräch mit den Führungskräften. Entwickeln Sie einen Leitfaden für diese Interviews, damit Sie wirklich alle für Sie wichtigen Informationen erfassen. Diesen Weg können Sie zum Beispiel wählen, wenn interne Kundebefragungen in Ihrem Unternehmen noch nicht durchgeführt wurden und vielleicht eher mit Skepsis betrachtet werden. Eine Vorlage für einen Interviewleitfaden bietet Muster 4.2 auf der CD.

Anwesenheit in den von Ihnen betreuten Abteilungen

Frühzeitig können Sie Bedarfe erkennen, wenn Sie einen intensiven Kontakt zu den von Ihnen betreuten Bereichen pflegen. Eine Möglichkeit ist zum Beispiel, dass Sie bei Abteilungsbesprechungen anwesend sind. Allein durch das Zuhören werden Sie Handlungsfelder frühzeitig erkennen und proaktiv agieren können. Wichtig ist ein regelmäßiger persönlicher Kontakt. Pflegen Sie Ihre internen Kunden genauso, wie ein Vertriebsmitarbeiter seine externen Kunden betreut und pflegt. Ein rein telefonischer Kontakt ist sicherlich nicht ausreichend. Gehen Sie auf Führungskräfte und Mitarbeiter zu und fragen Sie nach, welche Themen gerade wichtig für sie sind. Dieses Vorgehen wird der Forderung »one face to the customer«am besten gerecht.

4.1.3 Das eigene Angebot definieren

Zentral ist, dass Sie nicht einfach eine gute Idee umsetzen, sondern Ihre Leistungen, wie beschrieben, an den drei Variablen Unternehmensziele, Unternehmenskultur und Kundenbedarfe ausrichten. Wir empfehlen Ihnen, einen internen Workshop durchzuführen, in dem Sie die zusammengetragenen Daten auswerten und daraus Ihr Leistungsspektrum oder das genaue »Was« und »Wie« einer neuen Leistung definieren. Einen solchen Workshop nennen wir »Black-Box-Workshop«, da hier wirklich nur Vertreter des Personalbereichs ihre zukünftigen Leistungen definieren. Gehen Sie nach dem Workshop nicht los und entwickeln Sie ein dreißigseitiges Konzept oder beginnen Sie nicht sofort mit der Umsetzung Ihrer Ideen. Es könnte sein, dass Ihnen auf halbem Weg das Management einen Strich durch die Rechnung macht, weil die Notwendigkeit der von Ihnen vorgeschlagenen Leistung doch nicht akzeptiert wird. Dann waren all Ihre Investitionen umsonst. Oder Sie stellen am Ende fest, dass bei den Nutzern Ihrer Leistung die gewünschte Begeisterung ausbleibt.

Entwickeln Sie nach dem Workshop ein maximal zehn Charts umfassendes Grobkonzept und geben Sie dieses zur Abstimmung beziehungsweise Freigabe ins Management. Alle weiteren Schritte erfolgen erst, nachdem Sie die Freigabe und das Budget vom Management erhalten. Abbildung 4.3 verdeutlicht dieses Vorgehen.

Ein weiterer wesentlicher Erfolgsfaktor bei der Platzierung Ihrer Leistungen ist, wie in Kapitel 3 beschrieben, dass Sie Ihre Versprechen auch einhalten. Neben anderen Aspekten heißt das für Sie, dass Sie bei Ihren Angeboten auch auf Ihre abteilungsinternen Ressourcen achten. Sie werden wenig langfristigen Erfolg haben, wenn Sie immer wieder Aktionen anstoßen, diese mit viel Aufwand nach vorne treiben und die Aktivität in diesem Projekt dann aufgrund von Überlastung nicht aufrecht erhalten können. Nehmen wir zum Beispiel die Einführung eines Mitarbeiterbeurteilungssystems: Mit viel Aufwand wird es entwickelt und implementiert. Doch bereits bei der zweiten Durchführung wird die konsequente Auswertung der Ergebnisse und das Ableiten von notwendigen Personalentwicklungsmaßnahmen vernachlässigt und läuft schleppend. Erst nach Monaten bekommen Führungskräfte und Mitarbeiter Feedback und Angebote von der Personalabteilung. Die mit der Mitarbeiterbeurteilung verbundenen Belastungen sind mit den in der Personalabteilung vorhandenen Ressourcen nicht leistbar. Auch wenn solche Ereignisse verständlich sind, führen sie nur zur Stärkung negativer Vorurteile und schlechter Leistungseinschätzungen durch Ihre Kunden. Die Devise lautet also: lieber weniger, aber das richtig und nachhaltig.

Abb. 4.3: Personalentwicklung Schritt für Schritt: Kein Handeln ohne Auftrag!

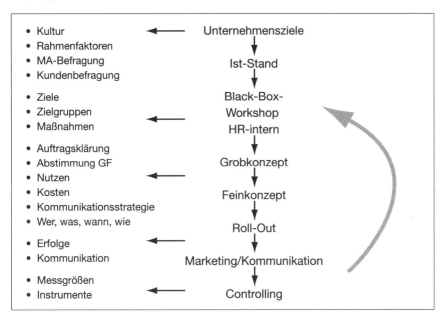

4.2 Tu Gutes und sprich darüber: Kommunikationswege und -instrumente

Wenn Sie Ihre Leistungen erfolgreich im Unternehmen verkaufen und verankern wollen, müssen Ihre Kunden auch wissen, was Ihr Leistungsspektrum umfasst. Das heißt, es müssen kontinuierlich Informationen über Ihre Standardleistungen und über besondere Maßnahmen oder Angebote für alle Führungskräfte und Mitarbeiter verfügbar sein. Dies erfordert mehr als die Kommunikation über Sonderaktionen. Zur Verfügung stehen Ihnen hier alle üblichen Informations- und Kommunikationskanäle des Unternehmens:

- Regelmäßige Beiträge in der unternehmensinternen Mitarbeiterzeitschrift. Berichten Sie über Erfolge und aktuelle Projekte.
- Halbjährlich eigene Newsletter oder Rundschreiben, die über aktuelle Personalthemen informieren. In Newslettern können Sie zum Beispiel Aktivitäten der Personalabteilung des vergangenen halben Jahres aufzeigen, wie zum Beispiel die Anzahl der eingegangenen Bewerbungen, der Neueinstellungen und so weiter.

- E-Mails: Mit ihnen können Sie zielgruppenspezifische Angebote und Informationen versenden, Informationen über Veränderungen und Neuerungen weitergeben.
- Intranet: Stellen Sie eine gute Präsenz der Personalabteilung im Intranet sicher. Hier sollten vor allem das gesamte Leistungsspektrum der Personalabteilung sowie die jeweiligen Ansprechpartner für die unterschiedlichen Belange der Mitarbeiter vorgestellt werden. Die Information über News und Erfolge ist auch hier selbstverständlich.
- Aushänge können Sie zum Beispiel gut für kurzfristige oder punktuelle Informationen nutzen. Auch gut gestaltete Plakate können Sie zur Werbung im Unternehmen einsetzen. So können Sie auf Plakaten beispielsweise zur Teilnahme an Mitarbeiterbefragungen aufrufen oder über erfolgreiche Umsetzungen von Ideen des Vorschlagswesens informieren. Diese Plakate sollten an Stellen im Unternehmen platziert werden, die für alle Mitarbeiter zugänglich sind, wie zum Beispiel in der Kantine oder in der Eingangshalle.
- Alle Auftritte und Veranstaltungen von HR.

Abbildung 4.4 gibt einen guten Überblick über die internen Kommunikationskanäle, die Sie nutzen können.

Abb. 4.4: Erfolgreiches HR-Marketing: Integrierter Einsatz aller internen Kommunikationsinstrumente

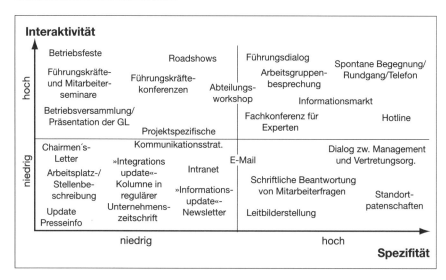

Berichten Sie über Ihre Erfolge. Wenn ein Projekt erfolgreich bearbeitet wurde, sollten Sie dies auch im Unternehmen kommunizieren. Betreiben Sie ein positives Selbstmarketing. Denn dies wirkt der vielfach verbreiteten Meinung entgegen, die Personalabteilung verursache bloß Kosten und leiste neben ihren administrativen Aufgaben nicht viel Positives. Hier gilt der Satz: »Tu Gutes und sprich darüber.«

Tabelle 4.1 stellt die Vorteile und Restriktionen ausgewählter Kommunikationswege dar.

Tabelle 4.1: Vor- und Nachteile ausgewählter Kommunikationswege

	Vorteile	Nachteile
Direkte, persönliche Kommunikation	• Überzeugend • Direktes Feedback • Zusätzliche Erläuterungen • Direkte Erfolgskontrolle • Individuelle Botschaften • Positive Emotionen • Vertraulichkeit	• Zeitaufwändig • Unterschiedliche Gesprächsverläufe • Qualität des Vermittlers • Negative Emotionen • Mangelnde Beweisbarkeit
Vermittelte Kommunikation durch Papiermedien	• Nachvollziehbar • Beweisfähig • Niedriger Aufwand pro Empfänger • Gleicher Informationsstand • Schnelle Information bei großen Zielgruppen	• Keine Differenzierungsmöglichkeit • Dialogmöglichkeiten begrenzt • Hoher Abstimmungsaufwand • Papierflut
Vermittelte Kommunikation durch elektronische Medien	• Schnelle Information großer Zielgruppen über große Distanzen • Dialog begrenzt möglich • Große Informationsmengen, die selektiv abgerufen werden können	• Kommunikationspartner benötigen spezielle Empfangseinrichtungen und spezielle Bedienungskenntnisse • Hohe Kosten für Infrastruktur

Checkliste 4.3 auf der CD können Sie nutzen, um zum einen Ihre heute bereits genutzten Kommunikationskanäle darzustellen und davon ausgehend weitere, für Sie sinnvolle Kommunikationskanäle auszuwählen und zu etablieren.

4.3 Die Bedeutung von Netzwerken und Freunden

In allen Handlungsbereichen, intern oder extern, spielen Kontakte und Netzwerke eine wichtige Rolle, wenn Dinge vorangebracht werden sollen. Dies gilt auch für Ihre Personalarbeit. Mitgliedern Ihrer internen Netzwerke und unternehmensinternen »Freunden« kommt eine besondere Bedeutung zu. Diese können nämlich als positive Fürsprecher für die Leistungen der Personalabteilungen wirksam werden und somit dazu beitragen, dass diese Leistungen verstärkt in Anspruch genommen werden.

Netzwerke, die für diese Aspekte besonders nützlich sind, sind Kontakte zu ehemaligen Projektpartnern, mit denen Sie besonders erfolgreiche Projekte bearbeitet haben. Denn Fürsprecher für Ihre Leistungen sind nur dort zu finden, wo die Beteiligten Ihre Leistung als besonders gut im Vergleich zu anderen erlebt haben.

Insbesondere die Kriterien der Kontakt-, Prozess- und Produktqualität werden hier relevant für das Fürsprech- und Empfehlungsverhalten ehemaliger Projektpartner. Das heißt für Ihre aktuellen Projekte:

Vor allem bei solchen Funktionsträgern, die eventuell in ihrem Sinne effektive Fürsprache in anderen Abteilungen und Bereichen betreiben können, lohnt es sich, vor allem die Kriterien der Kontaktqualität besonders ernst zu nehmen. Erkundigen Sie sich beispielsweise lieber einmal mehr nach dem Entwicklungsstand des Projekts als einmal zu wenig. Investieren Sie viel Energie, um einen potenziellen Fürsprecher von der Qualität Ihrer Leistungen zu überzeugen. Ihr Einsatz macht sich schon dann bezahlt, wenn der Projektpartner nach erfolgreichem Projektabschluss anderen Kollegen von der positiven Zusammenarbeit mit Ihnen berichtet.

Bei Ihren Bemühungen, den aktuellen Projektpartner als potenziellen Fürsprecher besonders zuvorkommend zu behandeln, ist jedoch auch Vorsicht geboten: Ist die betreffende Person zugänglich für Ihren intensiven Einsatz oder wird das häufige Kontaktieren als zeitraubend und unnötig empfunden? Entwickeln Sie ein Gespür für die Persönlichkeit und Vorzüge ihres jeweiligen Projektpartners. Beachten Sie dabei auch die Gesamtsituation, in der er oder sie sich zurzeit befindet. Steht er oder sie aufgrund vieler verschiedener Projekte unter Stress und Zeitdruck, so werden kurze und effektive Reports und Gespräche mehr geschätzt werden als intensive und umfangreiche Gespräche. Ist Ihr gemeinsames Projekt andererseits ein besonderes Anliegen Ihres Projektpartners, dem er oder sie viel Zeit und Aufmerksamkeit widmet, wird häufiger und intensiver Kontakt eher als positiv empfunden werden.

Freunde und Netzwerkkontakte haben nicht nur eine besondere Bedeutung für die Vermarktung Ihrer Leistungen, sondern können auch für einzelne Prozessschritte Ihrer Projekte Schlüsselfunktionen übernehmen. Budgetverantwortliche und Mitarbeiter der Arbeitnehmervertretung können Ihnen so manchen Prozessschritt erleichtern, wenn sie Ihnen wohl gesonnen sind. Netzwerkverbindungen zu Vertretern dieser Interessengruppen werden dann nützlich, wenn es um die Ausgestaltung der Leistung und der mit ihr verbundenen Prozesse geht. So müssen Sie bei einzelnen Schritten, die der Zustimmung der oben genannten Interessenvertreter bedürfen, sicherlich weit weniger Überzeugungsarbeit leisten, wenn man mit Ihrer Leistung bereits gute Erfahrungen gemacht hat. Auf der Basis »freundschaftlicher« Beziehungen zu entscheidungsbefugten Funktionsträgern wird Ihnen in einem gemeinsamen Projekt ein höheres Maß an Vertrauen und eine höhere Kompetenzvermutung entgegengebracht. Seien Sie sich dessen bewusst und halten Sie sich umso mehr an die Formalitäten. So sollten Sie auch in einem solchen Projekt unbedingt alle Vereinbarungen schriftlich fixieren und die vorgeschriebenen Kommunikationswege einhalten.

Abb. 4.5: Verkauf von internen Leistungen: Kundensortierung –
In wen investieren wir wie viel?

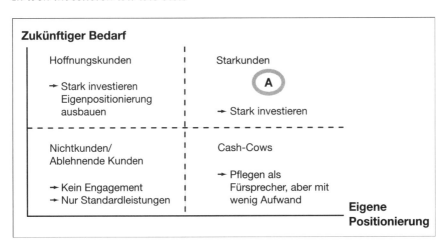

Betrachten Sie Ihre Freundschafts- und Netzwerkkontakte, die Sie zu den relevanten Schlüsselpersonen von Projekten haben, lediglich als Türöffner. Ihr kompetenter Einsatz ist in diesen Projekten genauso gefragt wie in anderen Projekten. Nur geht es hier nicht darum, neue Fürsprecher für die Leistungen der Personalabteilung zu gewinnen, sondern die bisher wohl gesonnenen Kontakte und Freundschaften nicht zu enttäuschen.

Aus dem Nutzen einer Mehrinvestition an Zeit und Mühe in aufgeschlossene und interessierte interne Partner kann eine weitere Empfehlung abgeleitet werden: Investieren Sie in Ihre Potenzialkunden und lassen Sie diejenigen, die kein Interesse zeigen und immer »Nein« sagen, eher in Ruhe. Ihre Investition lohnt sich hier nicht, und Überreden bringt Ihnen auch nicht den gewünschten Erfolg. Besser ist es, die ablehnenden internen Kunden über die Erfolge in anderen Bereichen neugierig zu machen, sodass sie das Gefühl haben, sie würden etwas verpassen, wenn sie Ihre Leistungen ablehnen. Sie fragen dann irgendwann ganz von selbst nach. Auch hierbei kommen Netzwerkpartner und Freunde als Träger einer Mund-zu-Mund-Propaganda wieder zum Tragen.

Das in Abbildung 4.5 dargestellte Kundenportfolio können Sie für Ihre eigenen Kunden erstellen. Dann wissen Sie besser, bei wem sich welche Investitionen lohnen.

4.4 Einbinden von Entscheidern und Interessengruppen

Durch das frühe und vorausschauende Einbinden von Entscheidern und Interessengruppen in die Entwicklung und Konzeption einzelner Projekte machen Sie sich die Arbeit in vielerlei Hinsicht leichter.

Ein Beispiel einer Interessengruppe ist die Arbeitnehmervertretung. Durch das Betriebsverfassungsgesetz wird ihr eine relativ starke Position zugesprochen, wenn es zum Beispiel um die Förderung, Entwicklung und Beurteilung des Personals geht. Dabei muss die Arbeitnehmervertretung schon per Gesetz über die meisten Personalaktivitäten informiert werden. Bei bestimmten Maßnahmen sind Sie darüber hinaus auf die Zustimmung der Arbeitnehmervertretung angewiesen. Vor diesem Hintergrund macht es Sinn, die Arbeitnehmervertretung von vornherein in Entwicklungs- und Konzeptionsphasen Ihrer Projekte einzubinden. Laden Sie die Arbeitnehmervertretung explizit zur Teilnahme an Ihren Arbeitsgruppen und Workshops ein. Dadurch können Sie zum einen die frühzeitige und umfassende Information der Arbeitnehmervertretung sicherstellen, und zum anderen begünstigen Sie deren Zustimmung zu dem von Ihnen geplanten Projekt. Nehmen Sie alle Anregungen auf und diskutieren Sie unterschiedliche Meinungen, bis eine von allen getragene Vereinbarung gefunden ist. Durch die intensive Einbindung der Arbeitnehmervertretung in die Konzeption und Entwicklung der Projekte erreichen Sie zudem das Commitment der Arbeitnehmer. Vernachlässigen Sie jedoch die rechtzeitige Einbindung der Arbeitnehmervertretung, so kann das unter Umständen dazu führen, dass diese sich übergangen fühlt und allein aus diesem Grund ihre Zustimmung unnötig lange hinauszögert oder verweigert. Zudem vermeiden Sie, dass irgendwann im Verlauf eines Projektes ein Einspruch der Arbeitnehmervertretung das Projekt zum Stillstand bringt.

Die Einbindung der jeweiligen Entscheidungsträger, wie zum Beispiel Abteilungsleiter, in die Konzeptionsphase Ihrer Projekte hat den Vorteil, dass diese dann eher bereit sind, der Durchführung des Projekts zuzustimmen und sich selbst aktiv einzubringen. Sie sichern sich zusätzlich ab, tatsächlich am Bedarf der Betroffenen zu arbeiten, und binden sie konstruktiv ein. Wirken Sie daher frühzeitig auf deren (wenn auch nur sporadische) Teilnahme an Arbeitsgruppen zur Konzeption der Projekte hin. Dies führt dazu, dass die Entscheidungsträger sich über ihre Mitarbeit mit dem Projekt identifizieren und es unterstützen und positiv vermarkten. Geben Sie dem Entscheidungsträger dabei ausreichend Raum, Bedenken und Wünsche hinsichtlich der Konzeption zu äußern.

Ein Beispiel aus der Praxis soll Ihnen eine Variante erfolgreicher Zusammenarbeit von Personalentwicklung, Unternehmensleitung und Arbeitnehmervertretung verdeutlichen:

Beispiel 2: Einführung eines Führungskräftefeedbacks

In einem mittelständischen Dienstleistungsunternehmen wurde unter anderem aufgrund der Ergebnisse einer Mitarbeiterbefragung, bei der sich die Mitarbeiter eine Möglichkeit der Beurteilung ihrer Vorgesetzten wünschten, die Implementierung eines 360°-Feedbacks geplant. Dazu wurde ein externes Beratungsunternehmen beauftragt, die Konzeption und Entwicklung dieses Instruments zu übernehmen.

In der Mitarbeiterzeitung des Unternehmens wurde zunächst seitens der Unternehmensleitung und des Beratungsunternehmens ein Aufruf zur Teilnahme an einer Arbeitsgruppe zur gemeinsamen inhaltlichen Entwicklung des 360°-Feedbacks veröffentlicht. Ferner wurden der Betriebsrat und die einzelnen Führungskräfte, die mittels des 360°-Feedbacks beurteilt werden sollten, in einem Anschreiben explizit zur Teilnahme an dieser Arbeitsgruppe eingeladen. So fanden sich schließlich die Personalleitung und zwei Vertreter des Betriebsrats sowie zwei Führungskräfte und vier Mitarbeiter zu einer Arbeitsgruppe zusammen. Diese traf sich regelmäßig zu Workshops, die durch einen Berater des externen Beratungsunternehmens moderiert wurden. Hier wurden gemeinsam die organisatorische Konzeption des Feedbackverfahrens sowie die inhaltliche Gestaltung des Befragungsinstruments erarbeitet.

Die Konstellation der Arbeitsgruppe ermöglichte eine rechtzeitige Beachtung von Bedenken aller am Prozess beteiligten Personen. So konnte der Betriebsrat beispielsweise seine Bedenken bezüglich der Anonymität der Feedbackgeber in die

Konzeption mit einbringen und die Führungskräfte erhielten im Rahmen der Workshops einen fundierten Einblick in die Verfahrensmethodik. Bedenken und Ängste konnten frühzeitig aufgenommen und reduziert werden. Die Mitarbeiter konnten bei der inhaltlichen Gestaltung des Befragungsinstruments darauf hinweisen, welche Kriterien aus ihrer Sicht besonders wichtig für die Beurteilung ihrer Vorgesetzten wären.

So konnte nach etwa drei Monaten ein Feedbackinstrument auf den Weg gebracht werden, das von allen Seiten Zustimmung und Akzeptanz erfuhr. Für diese Akzeptanz waren nicht zuletzt die Netzwerke und Freundschaften der an der Arbeitsgruppe beteiligten Personen ausschlaggebend. So zeigte sich, dass die einzelnen Teilnehmer der Arbeitsgruppe ihren Kollegen vom positiven Fortgang einzelner Projektschritte berichteten.

Das Beispiel macht deutlich, dass die Beteiligung der unterschiedlichen Entscheider und Interessengruppen an der Konzeptions- und Entwicklungsphase neben deren Commitment einen weiteren Vorteil hatte: das Einbeziehen der unterschiedlichen Sichtweisen in eine Arbeitsgruppe wirkte sich positiv auf die inhaltliche Gestaltung der einzelnen Projekte aus. Nach dem »Vier Augen sehen mehr als zwei«-Prinzip können die interessenspezifischen Bedenken und Wünsche bei der Konzeption berücksichtigt werden.

4.5 Der Personalreferent als Verkäufer

Zum Verkaufen gehört auch ein Verkäufer. Dies ist vielleicht nicht unbedingt die Aufgabe und Rolle, die Sie sich bei Ihrer Entscheidung, Personalreferent zu werden, vorgestellt haben. Aber diese Rolle anzunehmen und aktiv in die Rolle des Verkäufers zu schlüpfen, gehört heute zum erfolgreichen Vermarkten der HR-Leistungen.

Verkaufen heißt in erster Linie, Kontakt zum Kunden zu halten, seine Bedarfe zu erkennen und entsprechend zu reagieren. Auch ein Mitarbeiter im Vertrieb muss viele Kunden besuchen und Kontakte pflegen, bis einer der Kunden seine Leistung einkauft. Für den erfolgreichen Vertrieb Ihrer Leistungen können Sie die externen Zahlen für Kundebesuche und erfolgtes Geschäft durchaus auf Ihre Arbeit übertragen.

Verkaufen ist für Mitarbeiter des Personalbereichs häufig sehr unangenehm. Sie wollen aufgrund ihrer guten Leistungen und Produkte akzeptiert werden. Sie wünschen sich, dass ihre Kunden den Nutzen der HR-Leistungen von selbst erkennen und sie gerne nutzen. Leider konfrontiert die Realität Mitarbeiter des Personalbereichs häufig mit anderen Haltungen und einem fehlenden Interesse der Kunden. Hindernisse oder Blockaden beim Verkauf aufseiten der Personaler werden in Abbildung 4.7 wiedergegeben.

Abb. 4.6: HR-Leistungen erfolgreich verkaufen: Vom ersten Kontakt bis zum gemeinsamen Projekt

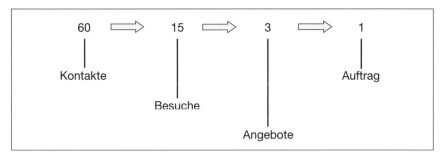

Abb. 4.7: Warum wir auch mit guten Ideen scheitern: Hemmnisse beim Verkauf von HR-Leistungen

- »Der Köder muss dem Fisch, nicht dem Angler schmecken.«
- Hohe Inhaltsorientierung blockiert verkäuferische Talente und Ambitionen
- Angst, z.B. beim potenziellen Kunden einen negativen Eindruck zu machen, Erwartungen nicht zu erfüllen oder nicht erfolgreich zu sein
- Bildungsauftrag
- Förderung um der Förderung willen
- Selbstfindung und Selbstverwirklichung unterstützen
- Persönlicher Idealismus
- Geringe Beachtung betriebswirtschaftlicher Aspekte
- Fehlende Einschätzung der Kundenstruktur und des Kundenbedarfs

Es ist hilfreich, sich einmal mit der eigenen verkäuferischen Haltung auseinanderzusetzen und folgende Fragen zu beantworten:

- Sehen Sie sich selbst als Verkäufer?
- Betreiben Sie systematische Akquisition?
- In welchem Verhältnis steht Ihr Akquisitionsaufwand zum Nutzen?
- Gelingt es Ihnen, bei bestehenden Kunden Zusatzgeschäfte (Cross-Selling) abzuschließen?
- Wie viele Ihrer Kunden empfehlen Sie weiter?

- Gelingt es Ihnen bei der Akquisition, Ihr Produkt/Ihre Leistungen überzeugend darzustellen?
- Werden Sie bei der Akquisition von Führungskräften und Kollegen unterstützt?

Verkaufen hat nichts Schlechtes oder Anrüchiges an sich. Leistungen zu verkaufen heißt auch nicht, vom inhaltlichen Anspruch zurücktreten zu müssen. Verkaufen heißt aber, das anzubieten, was der Kunde braucht, und nicht das, was ich für richtig und wichtig halte. Dabei sollen Sie Ihre Kunden durchaus für Nutzen und Risiken sensibilisieren und sie hinsichtlich der besten Lösung beraten. Abbildung 4.8 gibt den Beratungsprozess wieder.

Abb. 4.8: Verkauf und Beratung: Vom Bedarf zum Erfolg

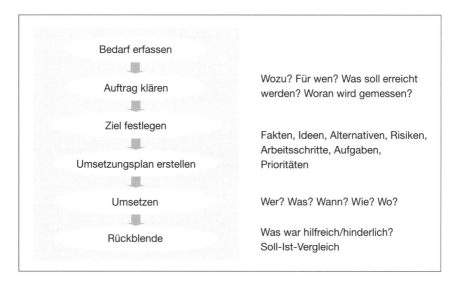

Wie ein Verkäufer sollten auch Sie nie unvorbereitet in ein Gespräch gehen. Verschaffen Sie sich vorher einen Überblick über das Tätigkeitsspektrum des Kunden/der Abteilung und aktuelle Themen im Bereich. Fragen Sie sich auch, wer Ihr Gesprächspartner ist, was ihm wichtig ist, was seine Persönlichkeit kennzeichnet und wie die bisherige Zusammenarbeit verlaufen ist.

Mit der Bedarfsanalyse erfragen Sie, was der Kunde will und braucht (Bedarf, Interessen, Wünsche, Motive, Befürchtungen). Aus den gewonnenen Informationen und den verfügbaren Leistungen wählen Sie die für den Kunden passenden Komponenten (Produkte und Leistungen) aus. Wichtig ist es, dabei auch Alternativen vorzustellen und nicht nur die eine richtige Lösung anzubieten. Lassen Sie Ihren Kunden mitentscheiden, wobei Sie dessen Blick auf für ihn sinnvolle Lösungen richten (Nutzen, Vorteile, Leistungssteigerung, Kosten-Nutzen-Aspekte). Wichtig ist, dass es Ihnen gelingt, Nutzen, Gewinn und Vorteile des empfohlenen Vorgehens aus Kundensicht zu vermitteln. Die wichtigsten Kompetenzen, die Sie hierfür brauchen, sind Fragen und Zuhören. Abbildung 4.9 verdeutlicht dies.

Abb. 4.9: Kompetent verkaufen und beraten

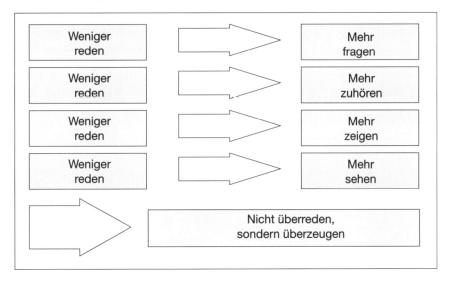

5 Die Bedeutung der Personalarbeit für die Mitarbeitermotivation und -bindung

»In der freien Marktwirtschaft ist es wie auf der Straße: Die Schnelleren überholen die Langsamen. Auf die Überholspur kommt aber nur, wer dafür sorgt, dass sich seine Mitarbeiter sämtlich als Unternehmer fühlen und auch entsprechend handeln dürfen. Die beste Motivation ist immer noch, den Menschen Eigenverantwortung zuzugestehen.«
Erich Sixt, Vorstandsvorsitzender der Sixt AG

Herr Sixt ist ganz offensichtlich der Meinung, dass ein Unternehmen im Wettbewerb nur die Nase vorne haben kann, wenn es über motivierte Mitarbeiter verfügt. Seiner Ansicht nach profitiert eine Organisation davon, wenn alle Mitglieder – gleich einem Unternehmer – eigenverantwortlich handeln dürfen, denn dann seien sie bestens motiviert und würden eine den persönlichen Interessen übergeordnete Perspektive einnehmen.

Unstrittig ist sicher, dass die Motivation der Mitarbeiter, mit hohem Einsatz ihre Aufgaben wahrzunehmen, für die Leistungsbereitschaft des Einzelnen sowie für die Leistungsbereitschaft eines Teams, einer Abteilung und damit letztlich für die des Unternehmens steht. Gerade bei sehr großen Unternehmen finden sich für wenig motivierte Mitarbeiter viele »Schlupflöcher«: Mangelnde Motivation eines Einzelnen macht sich am deutlichsten in kleinen Teams, aber auch noch in der Leistungsfähigkeit einer ganzen Abteilung bemerkbar. Im Großen und Ganzen geht mangelnde Motivation aber unter. Vor diesem Hintergrund stellt sich immer die Frage: Was können Sie tun, um einen Beitrag zur Motivation der Mitarbeiter Ihres Unternehmens zu leisten? Mit dieser Frage geht eine andere einher: Wer trägt die Verantwortung für die Motivation der Mitarbeiter?

Fest steht, dass Motivation durch viele Faktoren beeinflusst wird. Durch

- den Mitarbeiter selbst und die Motivation, die er mit seinen Bedürfnissen, seinen Zielen und Werten mitbringt;
- die Führungskraft und die Möglichkeiten, die sie ihren Mitarbeitern über ihren individuellen Führungsstil bietet;

- das Unternehmen und seine Kultur, welche dem Mitarbeiter mehr oder weniger die Möglichkeit schafft, sich mit seiner Leistungskraft und Motivation einzubringen;
- die Personalarbeit mit den Instrumenten und Möglichkeiten, die sie den Führungskräften und den Mitarbeitern bietet.

All diese Aspekte wirken zusammen, und die Auseinandersetzung mit ihnen hat schon viele Bücher gefüllt. Aus diesem Grund steht für uns in diesem Kapitel die Frage im Vordergrund, was Sie als Personalreferent tun können, um die Motivation von Mitarbeitern und Führungskräften positiv zu unterstützen.

5.1 Was Sie über Mitarbeitermotivation wissen sollten

Warum verhalten sich Menschen auf eine bestimmte Art und Weise? Was treibt sie an, etwas Bestimmtes zu tun? Im Bereich der Arbeits- und Organisationspsychologie haben sich vor allem drei Ansätze herauskristallisiert, die in den letzten Jahrzehnten einen besonderen Einfluss auf das Thema Mitarbeitermotivation in Unternehmen ausgeübt haben:

- die Theorie der Bedürfnispyramide nach Maslow,
- Herzbergs Zwei-Faktoren-Theorie sowie
- die drei Grundmotive nach McClelland.

Einen jüngeren Ansatz stellt das REISS-PROFIL nach Prof. Dr. Stephen Reiss dar, das die 16 Lebensmotive eines Menschen in ihrer individuellen Bedeutsamkeit für den Einzelnen erfasst. In diesem Kapitel möchten wir Ihnen vor allem einen Einblick in die Arbeit mit dem REISS-PROFIL vermitteln, mit dem wir in den vergangenen Jahren viele positive Erfahrungen gesammelt haben. Zunächst geben wir Ihnen einen Überblick über die »Klassiker« unter den Motivationstheorien.

5.1.1 Maslows Theorie hierarchischer Bedürfnisse

Abraham Maslow entwickelte 1954 eine Bedürfnistheorie, die heute nach wie vor bedeutsam ist, wenn Sie der Frage nachgehen, was Mitarbeiter motiviert. Die viel diskutierte, hierarchisch gegliederte Bedürfnispyramide ist in Abbildung 5.1 dargestellt.

Abb. 5.1: Bedürfnispyramide nach Maslow

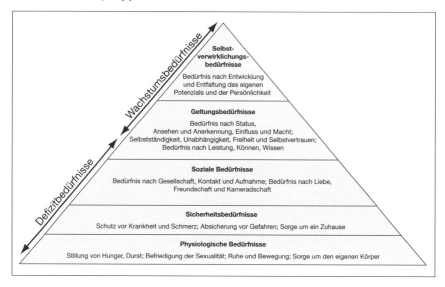

Die Pyramide setzt sich aus fünf Bedürfnisklassen zusammen:

- Die physiologischen Bedürfnisse sind körperliche Grundbedürfnisse, deren Befriedigung das Überleben sichert, wie zum Beispiel Essen, Trinken, Körperpflege et cetera.
- Die Sicherheitsbedürfnisse, ebenfalls als Grundbedürfnisse zu werten, sorgen für den Schutz des eigenen Lebens vor äußeren Gefahren wie zum Beispiel Krankheiten, Unfällen, Angriffen und so weiter. In unserer Gesellschaft drückt sich die Absicherung zum Beispiel durch den Bezug eines festen Gehalts, die Vorsorge durch verschiedene Unfall- und Krankenversicherungen, das Schaffen geordneter, kontrollierbarer Lebensumstände et cetera aus. Sicherheit, Stabilität, Ordnung und Schutz werden angestrebt.
- Die sozialen Bedürfnisse sind gekennzeichnet durch das Bedürfnis nach Gruppenzugehörigkeit, Freundschaft, Bestätigung der eigenen Person durch andere und Kommunikation. Generell geht es darum, von anderen angenommen zu werden, sich an andere Menschen zu binden. In der modernen Arbeitswelt steht der soziale Austausch mit Kollegen etwa in der Zusammenarbeit, in der Kaffeepause oder bei gemeinsamen Ausflügen im Vordergrund.
- Die Geltungsbedürfnisse beinhalten den Wunsch nach Respekt und Anerkennung. Diese Bedürfnisse entstehen aus dem Wunsch nach Stärke, Leistung und Kompetenz. Um eine Befriedigung der Geltungsbedürfnisse zu

erlangen, streben Menschen unter anderem nach Prestige, Status, Ruhm und Macht.

- Das Bedürfnis nach Selbstverwirklichung steht an der Spitze der Bedürfnispyramde. Darunter wird das Streben nach persönlicher Weiterentwicklung verstanden. In Bezug auf die Arbeitswelt spricht man davon, dass der Mensch einer »erfüllenden Betätigung« nachgehen möchte. Er drängt nach »vollem Sein«, welches sich durch Heiterkeit, Freundlichkeit, Mut, Ehrlichkeit, Liebe, Güte und so weiter ausdrücken soll.

Die vier unteren Bedürfnisklassen werden als Defizitbedürfnisse bezeichnet. Werden diese Bedürfnisse nicht befriedigt, entsteht ein Gefühl der Entbehrung. Bei den Wachstumsbedürfnissen, also den oberen zwei Bedürfnissen, geht Maslow davon aus, dass ein Mensch das Gefühl hat, sich als Individuum weiterzuentwickeln, wenn er diese höheren Bedürfnisse befriedigt.

»Erst kommt das Fressen, dann kommt die Moral!«
aus der Dreigroschenoper von Bertholt Brecht

Maslow nahm an, dass ein Bedürfnis nur so lange motiviert und das Handeln beeinflusst, wie es unbefriedigt bleibt. Sein grundlegendes Prinzip der relativen Vorrangigkeit besagt, dass in der Regel die Befriedigung unterer Bedürfnisse Voraussetzung dafür ist, dass überhaupt höhere Bedürfnisse verfolgt werden. Diese relative Vorrangigkeit leuchtet ein: Je grundlegender die Bedürfnisse sind, umso mehr dient deren Befriedigung der Selbsterhaltung. Höhere Bedürfnisse können leichter aufgeschoben werden, da sie weniger wichtig für das reine Überleben sind. Ihre Wertigkeit für das Individuum in der persönlichen und kulturellen Weiterentwicklung und dem Streben nach Selbstverwirklichung ist jedoch nicht nur für den Einzelnen, sondern für die ganze Gesellschaft von Bedeutung.

5.1.2 Herzbergs anreiztheoretischer Ansatz

Ein weiterer humanistischer Ansatz wurde 1959 von Frederick Herzberg entwickelt: die so genannte Zwei-Faktoren-Theorie. Demnach lässt sich Motivation nicht durch eine Dimension beschreiben, sondern drückt sich auf zwei voneinander unabhängigen Dimensionen aus.

Herzberg ging in seiner Theorie davon aus, dass »nicht unzufrieden sein« noch lange nicht »zufrieden sein« bedeutet. Deshalb unterscheidet er zwischen Hygienefaktoren oder Dissatisfaktoren, die er als zu stillende Grundbedürfnisse (zum Beispiel Entlohnung, Arbeitsbedingungen) versteht. Diese müssen befriedigt werden, um Arbeitsunzufriedenheit zu verhindern. Die Erfüllung dieser Bedürfnisse allein reicht aber noch nicht aus: Sie hilft zwar, Unzufriedenheit abzubauen, ist aber nur begrenzt zur Leistungssteigerung geeignet. Es ist vor allem die Berücksichtigung so genannter Motivatoren oder Satisfaktoren (zum Beispiel Anerkennung, Verantwortung), die zu Arbeitsmotivation führen kann.

Abb. 5.2: Herzbergs Zwei-Faktoren-Theorie I: Motivationsmodell

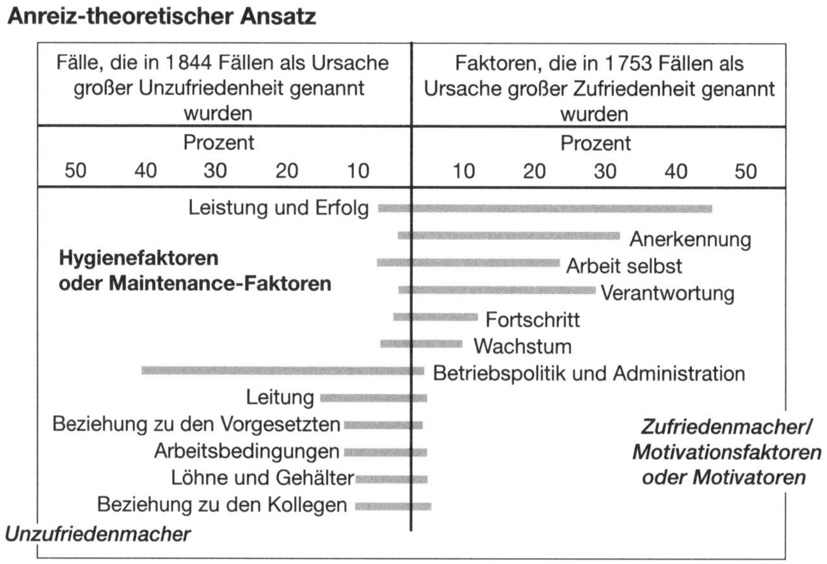

Anreiz-theoretischer Ansatz

Fälle, die in 1844 Fällen als Ursache großer Unzufriedenheit genannt wurden	Faktoren, die in 1753 Fällen als Ursache großer Zufriedenheit genannt wurden
Prozent	Prozent
50 40 30 20 10	10 20 30 40 50

Leistung und Erfolg

Hygienefaktoren oder Maintenance-Faktoren

Anerkennung

Arbeit selbst

Verantwortung

Fortschritt

Wachstum

Betriebspolitik und Administration

Leitung

Beziehung zu den Vorgesetzten

Arbeitsbedingungen

Löhne und Gehälter

Beziehung zu den Kollegen

Zufriedenmacher/ Motivationsfaktoren oder Motivatoren

Unzufriedenmacher

Quelle: Walter Schmidt: *Praktische Personalführung und Führungstechnik*, Frankfurt am Main 1999

Grundsätzlich ist der Gedanke, Hygiene- und Motivationsfaktoren zu unterscheiden, für die Gestaltung von personalwirtschaftlichen Maßnahmen sehr wertvoll. Bedenken wir zum Beispiel, dass das Gehalt zu den Hygienefaktoren und nicht zu den Motivatoren gezählt wird und deshalb Gehaltserhöhungen nur bedingt eine Leistungssteigerung bewirken; ein Aspekt, den Sie im Alltag sicher schon mehrfach erleben konnten. Nach Herzberg wäre die Berücksichtigung der Motivatoren viel effektiver.

Je nach Rahmenbedingung können unterschiedliche Faktoren als Hygiene- oder Motivationsfaktoren wirksam sein. So mag »Sicherheit des Arbeitsplatzes« für junge Menschen eher als Hygienefaktor, für ältere möglicherweise als Motivator wirken.

Abb. 5.3: Herzbergs Zwei-Faktoren-Theorie II: Motivationsmodell

Zufriedenmacher/Motivatoren	Unzufriedenmacher/Hygiene-Faktoren
Motivation wird durch Motivatoren erreicht:	Das Vorhandensein von Unzufrieden-
• Anerkennung	machern führt zu:
• Wachstum	• reduzierter Motivation
• Selbstständigkeit	• schlechtem Betriebsklima
• …	• schlechten Löhnen und Gehältern
	• schlechter Teamstimmung
	• …
Soll die Motivation gesteigert werde, müssen Anreizfaktoren gesetzt werden	Sollen Unzufriedenmacher beseitigt werden, muss an Faktoren wie Klima, Unternehmens- und Führungskultur gearbeitet werden
Motivatoren und Unzufriedenmacher sind nach Herzberg weitgehend unabhängig voneinander	

Tabelle 5.1: Überblick über die drei Grundmotive nach McClelland

Die Grundmotive und ihre Attribute	Typologisierende Eigenschaften
Das Bedürfnis nach Leistung • Ziele setzen und erreichen wollen • Begeisterung in der Arbeit und an der Effizienz • Streben nach Innovation • Befriedigung bei Zielerreichung	**Ein leistungsorientierter Mitarbeiter schätzt …** • rasches Feedback • Anerkennung und Belohnung guter Leistungen • Übertragen von Verantwortung • ein leistungsorientiertes Klima
Das Bedürfnis nach Macht • eine Position durch Überlegenheit gegenüber anderen Personen gewinnen wollen • Erlangung von Einfluss, Stärke • Streben nach Prestige, Status, was gerne durch Statussymbole ausgedrückt wird	**Ein machtorientierter Mitarbeiter schätzt …** • eine klar definierte, z.B. hierarchische, Struktur • klare Überlegenheit über andere Personen (z.B. in Freundschaften, Partnerschaft etc.) • eine starke Strukturierung und Formalisierung • den Erwerb prestigeträchtiger Positionen, Titel etc.
Das Bedürfnis nach Zugehörigkeit • Bestandteil einer Gruppe sein • Zeit mit anderen verbringen • Förderung des kollegialen Austauschs, des Arbeitsklimas • Streben nach sozialer Anerkennung, Akzeptanz	**Ein zugehörigkeitsorientierter Mitarbeiter schätzt …** • interaktionsorientiertes Klima • konfliktarme Situationen • Vertrauen, Akzeptanz • zwischenmenschliche Beziehungen • wenn er als liebenswürdig, angenehm und gefällig wahrgenommen wird

5.1.3 Die Grundmotive nach McClelland: Leistung – Macht – Zugehörigkeit

David McClelland entwickelte 1953 eine Theorie, in der er von drei Grundmotiven ausging. Nach seiner Auffassung erklärt sich menschliches Verhalten aus dem Zusammenspiel des Strebens nach Leistung, Macht und Zugehörigkeit:

- das Leistungsmotiv als Begeisterung für die Arbeitstätigkeit an und für sich und Zielsetzung als Bedürfnis;
- das Machtmotiv als treibendes Interesse, anderen Personen gegenüber überlegen zu sein;
- das Zugehörigkeitsmotiv als Streben danach, sozial eingebunden zu sein, wie etwa das Bedürfnis nach Gruppenzugehörigkeit.

5.1.4 Das Aufwand-Ertragsmodell der Mitarbeitermotivation

Das Aufwand-Ertragsmodell der Motivation bietet eine leicht nachvollziehbare Erklärung dafür, warum Mitarbeitermotivation einen spezifischeren und individuelleren Ansatz benötigt, als ihn die genannten Theorien, die wesentliche Fortschritte in der Mitarbeitermotivation geleistet haben, benötigen. Die genannten Theorien verleiten noch zu sehr dazu, für die unterschiedlichsten Mitarbeiter ein gleiches oder zumindest doch sehr ähnliches Vorgehen in der Wahl der Motivationsanreize zu wählen. Das Aufwand-Ertragsmodell macht deutlich, dass es im Grunde genommen keine einheitliche Lösung für alle geben kann. Vielmehr sind Unternehmen gefordert, vielfältige Rahmenbedingungen zu schaffen, die es dem einzelnen Mitarbeiter erlauben, sich auf das zu konzentrieren, was für ihn ein Anreiz ist beziehungsweise was ihm die Möglichkeiten schafft, seine eigene, intrinsische Motivation einzubringen.

Eine wesentliche Grundannahme dabei ist, dass Menschen auf Dauer nicht durch von außen gesetzte – extrinsische – Motivationsanreize wie Prämienvergütung oder Tantiemenverträge zu höherer Leistung und höherem Engagement zu bewegen sind. Dies kann nur gelingen, wenn ihre innere – intrinsische – Motivation angesprochen wird, zum Beispiel durch Anerkennung und Förderung. Das heißt gleichzeitig, dass ein Unternehmen und seine Führungskräfte nur die Rahmenbedingungen schaffen können, in denen die Mitarbeiter ihre Motivation einbringen können. Natürlich können Mitarbeiter auch durch Sanktionen zu Leistung bewegt werden, und dies ist auch

ab und an notwendig. Aber ein Handeln durch externe Reize wie die Andro-
hung von Strafe bewirkt nur für kurze Zeit eine Motivation. Sobald der externe Anreiz, egal ob er positiv oder negativ ist, nicht mehr besteht, verschwindet auch die Motivation.

Das Aufwand-Ertragsmodell geht davon aus, dass die meisten Menschen
einen bestimmten Aufwand verspüren, wenn sie arbeiten gehen. Das sind die
Dinge, die eher als lästig oder unangenehm empfunden werden oder über die
man sich ärgert. Beispiele sind: Wegzeiten, finanzieller Aufwand, Zeit, An-
strengung, Ärger mit Kollegen, Stress und vieles mehr. Wir würden diesen
Aufwand sicher nicht in Kauf nehmen, wenn wir durch die Arbeit nicht auch
einen Ertrag hätten. Ertrag meint dabei nicht das Gehalt, das Sie beziehen,
sondern alle positiven Aspekte, die Sie durch die Arbeit gewinnen: Kontakt
zu Kollegen, Spaß, Lernenkönnen, Ansehen und Status, Anerkennung, persönliche Entwicklung, Macht und vieles mehr. Fragen Sie sich ruhig einmal,
was Ihr Aufwand und Ihr Ertrag sind, wenn Sie arbeiten gehen. Die Abbildungen 5.4 und 5.5 machen dies deutlich.

Abb. 5.4: Das Aufwand-Ertragsmodell I

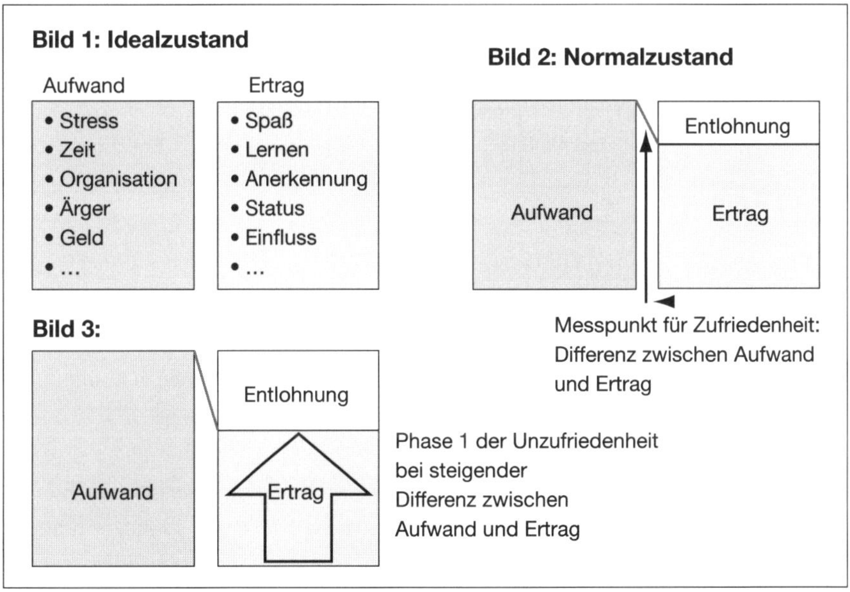

Bild 1: Idealzustand

Aufwand	Ertrag
• Stress	• Spaß
• Zeit	• Lernen
• Organisation	• Anerkennung
• Ärger	• Status
• Geld	• Einfluss
• ...	• ...

Bild 2: Normalzustand

Entlohnung

Aufwand   Ertrag

Messpunkt für Zufriedenheit:
Differenz zwischen Aufwand
und Ertrag

Bild 3:

Entlohnung

Aufwand   Ertrag

Phase 1 der Unzufriedenheit
bei steigender
Differenz zwischen
Aufwand und Ertrag

Ideal ist es, wenn Aufwand und Ertrag ausgeglichen sind (Bild 1, Abbildung 5.4). Dann besteht maximale Zufriedenheit mit der Arbeit. Dies ist
aber in vielen Beschäftigungsverhältnissen nicht dauerhaft gegeben. Das

ist nicht kritisch, solange die Differenz zwischen beiden nicht zu groß ist und gut durch das Gehalt – die Entlohnung – ausgeglichen wird. Auch dann besteht noch Zufriedenheit (Bild 2, Abbildung 5.4). Seine Zufriedenheit bemisst ein Mitarbeiter an der Differenz zwischen Aufwand und Ertrag. Wird diese zu groß, zum Beispiel weil die Arbeitsbedingungen, die Aufgaben, der Chef oder die Kollegen nicht stimmen, empfindet der Mitarbeiter Unzufriedenheit (Bild 3, Abbildung 5.4). Diese Unzufriedenheit wird er versuchen abzubauen. Im ersten Schritt wird er immer versuchen, seinen Ertrag wieder zu erhöhen. Das heißt, er wird versuchen, das zu bekommen, was seine Bedürfnisse befriedigt. Vielleicht wünscht er sich eine spannendere Aufgabe, um etwas Neues zu lernen, oder eine Weiterbildung. Vielleicht will er wieder einmal intensiv im Team arbeiten, vielleicht wünscht er aufgrund langer Arbeitszeiten mehr Freiraum für seine Familie. Kann er dies nicht erreichen, steigt die empfundene Unzufriedenheit weiter.

Abb. 5.5: Das Aufwand-Ertragsmodell II

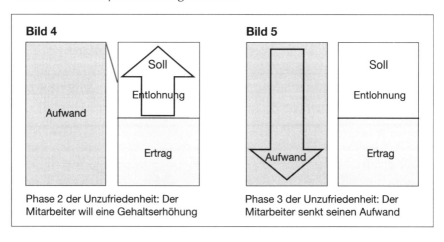

Erst im zweiten Schritt wird der Mitarbeiter mehr Gehalt verlangen (Bild 4, Abbildung 5.5) – sozusagen als Schmerzensgeld für seine Unzufriedenheit. Selbst wenn er dies erhält, wird ihn das nicht für lange Zeit zufrieden stellen. Viele Studien und die Praxis haben mittlerweile gezeigt, dass Geld nur ein sehr kurzfristiger Motivator ist.

Werden seine Forderungen nicht erfüllt, wird der Mitarbeiter im dritten Schritt versuchen, seinen Aufwand zu reduzieren, also schlicht weniger zu leisten (Bild 5, Abbildung 5.5). Nach unseren Erfahrungen sind Mitarbeiter in diesem Punkt sehr kreativ. Leistungsreduktion erfolgt zum Beispiel durch langsameres Arbeiten, mehr Pausen und mehr Gespräche mit Kollegen oder Familie und Freunden am Telefon. Anwesenheitszeit kann vor diesem Hintergrund nicht mit Leistungszeit gleichgesetzt werden. Zwei reale Beispiele, die sehr gut verdeutlichen, wie weit Aufwandsreduktion gehen kann, sind: ein Mitarbeiter, der während seiner Arbeitszeit seine Promotion schreibt, und ein Mitarbeiter, der vom Arbeitsplatz aus einen florierenden Anhängerhandel betreibt.

Damit es in Ihrem Unternehmen nicht so weit kommt, sollten Sie sich fragen: Was empfinden unsere Mitarbeiter als Ertrag, und wie kann ich die Rahmenbedingungen schaffen, damit der Ertrag als möglichst hoch empfunden wird? Der zentrale Ansatzpunkt für eine langfristige Mitarbeitermotivation ist der Ertrag, und dieser ist sehr individuell.

Welche Möglichkeiten Sie haben, den individuellen Ertrag Ihrer Mitarbeiter zu erhöhen, verdeutlicht der nachfolgende Ansatz des REISS-PROFILS mit der Theorie der 16 Lebensmotive.

5.1.5 Eine moderne Motivationstheorie: Das REISS-PROFIL

»Wenn man wissen möchte, was Menschen tun werden, muss man zuerst herausfinden, was sie wirklich wollen – und dann davon ausgehen, dass sie diese Wünsche und Bedürfnisse in ihrem Handeln auch befriedigen werden.« (Prof. Dr. Steven Reiss)

Abb. 5.6: Die Grundfrage: Was motiviert Menschen wirklich?

- Was macht Menschen im Berufs- und Privatleben dauerhaft zufrieden und leistungsfähig?

- Welche Werte beeinflussen Menschen in ihrem Handeln?

- Warum ist Menschen etwas besonders wichtig, wohingegen etwas anderes völlig bedeutungslos erscheint?

Jeder Mensch bildet sich im Laufe seines Lebens durch Motive, Werte, Erziehung, Bildung, Erfahrungen und vieles mehr sein persönliches Bild von der Welt – sozusagen seine individuelle Landkarte. Diese Landkarte beschreibt für ihn, wie die Welt ist, was richtig und was falsch ist, was man tut, was man lässt und so weiter. Sie prägt seine Wahrnehmung der Umwelt und anderer Personen. Menschen betrachten ihr Umfeld sozusagen durch ihre »individuelle Brille«, die häufig ganz selbstverständlich als die einzig richtige »Brille« oder Betrachtungsart erachtet wird. Diese »Brille« wird wesentlich durch das eigene Motivprofil geprägt. Die wissenschaftlichen Untersuchungen von Prof. Steven Reiss, die der Frage nachgingen, warum Menschen etwas (immer wieder) tun und was Menschen im Berufs- und Privatleben glücklich macht, kamen zu folgenden Ergebnissen: Ausgehend von insgesamt 500 Motivbegriffen fand Reiss heraus, dass sich alle menschlichen Verhaltensweisen auf 16 existenzielle Bedürfnisse und Werte zurückführen lassen. Jeder Mensch wird von diesen 16 Bedürfnissen und Werten, die Reiss als Lebensmotive oder auch als Endzweck des Handelns bezeichnet, beeinflusst.

Menschen unterscheiden sich nach Reiss darin, wie und in welche Richtung, beschrieben in starker beziehungsweise schwacher Ausprägung, die einzelnen Motive ausgeprägt sind und welche Bedeutung und Kraft demnach einem Motiv im Leben eines Menschen zukommt. Das Motivprofil eines Menschen ist individuell und so unverwechselbar wie ein Fingerabdruck. Die 16 Lebensmotive bilden den »Endzweck« menschlichen Handelns und sind über den Lebensverlauf relativ stabil. Menschen werden immer versuchen, in ihrem Handeln das Bedürfnis zu befriedigen, welches hinter einem stark ausgeprägten Motiv liegt. Gelingt ihnen dies, sind Menschen in diesem Sinne »glücklich«.

Ein einmal befriedigtes Motiv entfaltet umgehend wieder neue motivierende Kraft und veranlasst zu erneutem Handeln, zur erneuten Motivbefriedigung. Die eigentlichen Handlungen zur Motiverfüllung können dabei von Person zu Person entsprechend ihren Möglichkeiten und ihrem Umfeld sehr unterschiedlich sein. Die einzelnen Motive sind in Tabelle 5.2 dargestellt.

Um die gegensätzlichen Motivausprägungen ausdrücken zu können, werden diese mit positiven und negativen Zahlenwerten in einem Bereich von -2 bis +2 beschrieben. Die verschiedenen Ausprägungen signalisieren, wie in der oben abgebildeten Grafik gezeigt, unterschiedliche »Bedürfnisrichtungen« ein und desselben Motivs. Hierbei ist es elementar, zu verstehen, dass es keine richtigen und falschen Ausprägungen gibt. Aus Gründen der Übersichtlichkeit und des einfacheren Verständnisses wird das Ergebnisprofil grafisch mit unterschiedlichen Farbdarstellungen abgebildet. Die individuellen Motivwerte in einem Ergebnisprofil beschreiben dabei, wie nahe der Kandidat dem Durchschnitt der Bevölkerung kommt (hellgrauer Bereich) beziehungsweise wie stark er vom Durchschnitt abweicht. Bei einem Ergebniswert von $< -0,80$ (dunkelgrau dargestellt) beziehungsweise $> +0,80$ (mittelgrau dargestellt) spricht man von einer signifikanten Abweichung.

Tabelle 5.2: Die 16 Lebensmotive und ihre Bedeutung

In schwacher Ausprägung zu verstehen als Streben nach.../Hang zu...	Lebensmotiv	In starker Ausprägung zu verstehen als Streben nach.../Hang zu...
... Geführtwerden und klaren Arbeitsaufgaben, Dienstleistung, Assistieren und Unterstützen	Macht	... Einfluss, Erfolg, Leistung, Verantwortung, Gestalten, Entscheiden, Kontrolle
... Team- und Gruppenzugehörigkeit, Verbundenheit	Unabhängigkeit	... Freiheit, Autarkie, Selbstgenügsamkeit, Selbstbestimmung, Selbstständigkeit
... praktischem Handeln, geistiger Ruhe	Neugier	... Wissen, Wahrheit, intellektueller Auseinandersetzung
... selbstbewusstem Auftreten	Anerkennung	... sozialer Akzeptanz, Zugehörigkeit, positivem Selbstwert, Bestätigung
... Flexibilität, Veränderung	Ordnung	... Klarheit, Struktur, Stabilität, Organisation, Planung
–	Sparen	... Anhäufung materieller Güter, Sammeln, Eigentum, Aufbewahren
... Ergebnis- und Nutzenorientierung	Ehre	... Loyalität, Moralität, Prinzipientreue, Regeleinhaltung
... eigenem Vorteil	Idealismus	... sozialer Gerechtigkeit, Fairness, gesellschaftlicher Verbesserung
... Zeit für sich selbst, Alleinsein, sozialer »Ruhe« und Zurückgezogenheit	Beziehungen	... Freundschaft, Nähe zu anderen, Spaß mit anderen
–	Familie	... Familienleben, Erziehung eigener Kinder, Pflegen, Kümmern
... Bodenständigkeit, Genügsamkeit, Bescheidenheit	Status	... Prestige, öffentlicher/gesellschaftlicher Aufmerksamkeit, Ansehen

In schwacher Ausprägung zu verstehen als Streben nach.../Hang zu...	Lebensmotiv	In starker Ausprägung zu verstehen als Streben nach.../Hang zu...
... Harmonie, Kooperation	Wettbewerb	... Konkurrenz, Kampf, Wettbewerb, Vergleich
–	Sinnlichkeit	... Schönheit, Sexualität, Erotik
–	Essen	... Nahrungsaufnahme, Freude am Essen
... körperlicher Ruhe	Körperliche Aktivität	... Bewegung, Fitness, körperlicher Kraft
... Risiko, Unternehmungslust, Ausprobieren von Neuem	Ruhe	... Entspannung, emotionaler Stabilität, Sicherheit

Abb. 5.7: Ein Ergebnisprofil: Die 16 Lebensmotive

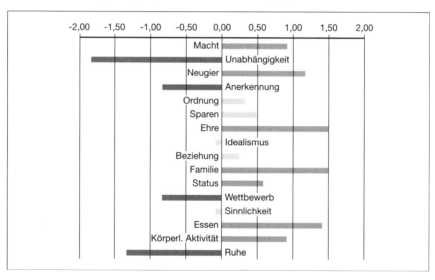

Um eine professionelle Anwendung des REISS-PROFILS und vor allem den optimalen Nutzen der Ergebnisse zu gewährleisten, wird das Instrument von zertifizierten REISS-PROFIL-Mastern angewendet und ausgewertet. Als Experten gelten Psychologen oder ausgebildete REISS-PROFIL-Master. Der REISS-PROFIL-Fragebogen umfasst 128 Fragen, wird aber auch in einer Kurzform – ohne die Motivdimensionen Sinnlichkeit, Familie und Körperliche Aktivität – mit 104 Fragen angeboten. Anwender können den Test online ausfüllen. Nähere Informationen hierzu finden Sie auch unter www.grow-up.de.

5.1.5.1 Welche Einsichten gewinnen Sie durch das REISS-PROFIL?

Generell gilt: Je stärker ein Motiv ausgeprägt ist, desto mehr wirkt es sich auf die Persönlichkeit eines Menschen aus und desto mehr wird es in seinem Verhalten wirksam. In der Gesamtinterpretation kommt es neben den Ausprägungen der einzelnen Motive auf die Mischung der Motive und ihre jeweiligen Ausprägungen an. Einzelne Motive geben bereits Aufschluss darüber, was ein Mensch an Arbeitsbedingungen und Inhalten benötigt, um dauerhaft motiviert zu sein. Hinsichtlich der Motivkombination ist der Informationsgewinn noch größer. So kann es sein, dass einem einzelnen Motiv vielleicht keine große Bedeutung zukommt, sich die Motivkombination je nach Kontext und konkreter Situation im Unternehmen oder in einer Position jedoch als positiv oder kritisch herausstellt. Die Analyse der Bedeutung eines Motivprofils für eine bestimmte Situation oder Aufgabe erlaubt es, aus der Auswertung konkrete Handlungsempfehlungen und zielführende Maßnahmen abzuleiten, zum Beispiel einem Mitarbeiter mit hohem Neugiermotiv regelmäßige Fortbildungsmaßnahmen, Fachliteratur, Kongresse oder Erfahrungsaustausch anzubieten oder ihm komplexe Themen zu übertragen, bei denen er seine kognitiven Fähigkeiten einbringen kann.

Entscheidend ist, dass sich jeder Mensch in seinem beruflichen und privaten Umfeld Handlungsfelder und Wege sucht, um seine Motive zu befriedigen. Daraus ergeben sich für Unternehmen wichtige Konsequenzen: Der Abgleich zwischen Umfeld und Anforderungen eines Arbeitsplatzes und der individuellen Motivstruktur von Mitarbeitern ermöglicht, Platzierungsentscheidungen, Arbeitsplatzbedingungen und das Führungsverhalten so zu gestalten, dass eine maximale Ausprägung von Engagement und Leistungsbereitschaft der Mitarbeiter erreicht wird. Jeder Mensch will seine Motive befriedigen. Gelingt ihm das durch sein Handeln am Arbeitsplatz nicht, wird er seine Motivation im privaten Umfeld einbringen, in Nebentätigkeiten, Vereinsposten oder anderem besonderen Engagement.

Beispiel 1: Eigenschaften der Mitarbeiter

Ein Mitarbeiter liebt die Interaktion mit anderen Menschen, zu erkennen in einem eher schwachen »Unabhängigkeits- und Wettbewerbsmotiv« und in einem starken »Beziehungsmotiv«. Dieser Motivation kann er nicht nur im Privatleben, zum Beispiel in der Vereinsarbeit nachgeben, sondern mit der richtigen Aufgabe auch im Beruf. Gerne übernimmt dieser Mitarbeiter die Organisation von Teammeetings oder anderen Events. Ganz selbstverständlich tritt er auch in Konflikten als Schlichter oder Kommunikator auf, was Kollegen mit anderer Motivausprägung eher schwerfallen würde. Er sieht sich »für die Stimmung im Team« verantwortlich. Kann der Mitarbeiter seine kommunikativen und einbeziehenden Eigenschaften beruflich und privat nicht verwirklichen, wird ihn zunehmend das Gefühl beschleichen, dass ihm etwas fehlt. Unzufriedenheit und manchmal sogar Krankheit sind die Folge.

5.2 Einfluss und Gestaltungsmöglichkeiten der Personalarbeit

Da es Ihr Job ist, im Interesse Ihres Unternehmens zu handeln, müssen Sie versuchen, den Leistungswillen Ihrer Mitarbeiter in Richtung der Unternehmensziele zu fördern. Sie haben Einfluss darauf, wie Sie diese Aufgabe umsetzten: Möchten Sie Ihre Mitarbeiter manipulieren, um möglichst gut von deren Potenzialen zu profitieren? Oder streben Sie als Vermittler zwischen dem Unternehmen und den einzelnen Mitarbeitern einen Konsens an, von dem beide Seiten profitieren? Natürlich wissen wir, dass Ihnen in der Praxis als Personalreferent oftmals die Hände gebunden sind. Dennoch tragen Sie Verantwortung für die Personalarbeit, die Sie mitgestalten. Wie unschwer zu erkennen ist, plädieren wir für eine am humanistischen Menschenbild orientierte Personalarbeit.

Zu Beginn des Kapitels haben wir bereits angeführt, dass Mitarbeitermotivation durch verschiedene Faktoren beeinflusst wird. Als Personalverantwortlicher können Sie auf alle Faktoren Einfluss nehmen:

- die Motivationsstruktur, die der Mitarbeiter mitbringt: Die Motive eines Mitarbeiters können Sie nicht verändern. Sie können aber bei der Personalauswahl darauf achten, dass Anforderungsprofil (hier die Aspekte des Wollens) und Motivationsprofil des Mitarbeiters gut zusammenpassen.
- Führungskultur, -stil und -kompetenz: Hier haben Sie einen zentralen Einfluss über die Ausbildung der Führungskräfte in Ihrem Unternehmen.
- Unternehmenskultur und Personalinstrumente: Als Berater und Partner des Managements können Sie hinsichtlich betrieblicher Rahmenbedingungen und Möglichkeiten wesentliche Akzente setzen.

Welche Handlungsmöglichkeiten Sie haben, verdeutlichen die nachfolgenden Kapitel.

5.2.1 Das REISS-PROFIL gezielt einsetzen

Großen unternehmerischen Nutzen erweisen das REISS-PROFIL und die Theorie der 16 Lebensmotive bei Platzierungsentscheidungen, bei der Gestaltung von betrieblichen Rahmenbedingungen, bei der Ausbildung von Führungskräften und in Fragen der Zusammenarbeit. Im Einzelnen ermöglichen die Erkenntnisse aus den individuellen REISS-PROFILEN von Mitarbeitern:

- Personalauswahl- und Platzierungsentscheidungen unter zusätzlicher Berücksichtigung der individuellen Motivationsstruktur von Bewerbern zu treffen (siehe 5.2.1.1);
- Arbeitsinhalte und -bedingungen so zu gestalten, dass sie Mitarbeitern in der Befriedigung ihrer motivationalen Bedürfnisse entgegenkommen;
- Anreiz- und Belohnungs- sowie Personalsysteme zu entwickeln, die aufgrund ihrer Abstimmung auf die motivationalen Bedürfnisse der Mitarbeiter eine wirklich motivierende Wirkung entfalten (siehe 5.2.1.2);
- Konflikte effizient zu klären (siehe 5.2.1.3);
- optimale Teamzusammensetzungen zu erreichen und Aufgaben in Teams unter Berücksichtigung der individuellen Motivationsstruktur von Teammitgliedern zu vergeben;
- eine Verbesserung in der Kommunikation und Zusammenarbeit von Teams, Abteilungen und im ganzen Unternehmen zu erzielen (siehe 5.2.1.4) sowie
- das Führungsverhalten von Vorgesetzten weiterzuentwickeln und im Hinblick auf die Mitarbeitermotivation zu optimieren (siehe 5.2.1.5).

5.2.1.1 Gezielte Personalauswahl- und Platzierungsentscheidungen

Der Nutzen der Theorie der 16 Lebensmotive beginnt bei der Erstellung des Anforderungsprofils (vergleiche Kapitel 7). Ihr Wissen um die Bedeutung der Motivation für eine langfristige Leistungsbereitschaft sensibilisiert Sie, den Aspekten des Wollens besondere Aufmerksamkeit zu schenken. Die Frage ist, welche Motive muss ein Mitarbeiter mitbringen, um die Aufgaben einer Position mit den gegebenen Rahmenbedingungen gut erfüllen zu können. Im zweiten Schritt hilft Ihnen die Theorie der 16 Lebensmotive bei der Formulierung Ihrer Stellenausschreibung (vergleiche Kapitel 8). Wenn Sie gezielt benötigte Motive ansprechen, bewerben sich auch die richtigen Kandidaten. »Selbstständigkeit« und »Teamarbeit« sind zum Beispiel die entgegengesetzten Ausprägungen des »Unabhängigkeitsmotivs«. Wird in einer Stellenbeschreibung der »selbstständige Teamplayer« gesucht, wird sich jeder irgendwie angesprochen fühlen. Dass REISS-PROFIL ermöglicht also, die relevanten Motive zu benennen, um die Auswahl zu fokussieren. Durch die zielgerichtete Ausschreibung einer Stelle reduziert sich das Bewerbungsaufkommen um ein Vielfaches, was sich in einem deutlich reduzierten Gesprächs- und Reflektionsaufwand niederschlägt und den gesamten Auswahlprozess verkürzt. Schließlich hilft Ihnen das REISS-PROFIL zu entscheiden, ob der Kandidat mit seinem Motivationsprofil zu der Position passt (vergleiche Kapitel 7), denn das REISS-PROFIL ermöglicht einen Abgleich zwischen Soll- und Ist-Motivationsprofil.

Stellen wir uns beispielsweise folgende Situation vor: In einem Unternehmen ist die Position eines Abteilungsleiters neu zu besetzen. Ein geeigneter Bewerber sollte neben der fachlichen Qualifikation auch die passende »innere« Motivation für diese Führungsaufgabe mitbringen. Gesucht wird jemand, der sich verantwortungsbewusst und entscheidungsfreudig einbringt, zielorientiert Aufgaben überträgt und über die eigene Leistungs- und Erfolgsorientierung sowie sein permanentes Verlangen nach guten Arbeitsergebnissen hinaus das Mitarbeiterteam kontinuierlich an die vorgegebene Zielerreichung heranführt. Gleichzeitig darf sich ein geeigneter Bewerber nicht unnötig vor Konfrontationen und Konflikten scheuen, wenn er die notwendigen Veränderungsprozesse erfolgreich vertreten soll. Dabei sollte er in belastenden und stressreichen Situationen in der Lage sein, einen kühlen Kopf zu bewahren und möglichst ruhig zu bleiben.

Das REISS-PROFIL eines Bewerbers trifft eindeutige Aussagen zu seiner Motivation, diese Führungsaufgabe zu übernehmen. Am aussagekräftigsten sind bei der Besetzung dieser Abteilungsleiterfunktion die Motive »Macht«, »Anerkennung«, »Rache« und »Ruhe« sowie in gewissem Maße auch die Motive »Unabhängigkeit« und »Beziehungen«. Ein stark ausgeprägtes »Machtmotiv« eines Bewerbers deutet sowohl auf ein hohes Führungsinteresse hin als auch auf eine ausgeprägte Leistungsorientierung. Gleichzeitig kennzeichnet ein schwach ausgeprägtes »Anerkennungsmotiv« einen kritikfähigen, selbstbewussten Menschen, der in Verbindung mit einem gering positiv ausgeprägten »Wettbewerbsmotiv« in Konfliktsituationen gut bestehen kann. Schließlich sollte dem »Ruhemotiv« besondere Aufmerksamkeit geschenkt werden. Ist das »Ruhemotiv« schwach ausgeprägt, kennzeichnet dies den Bewerber als einen äußert stressresistenten und gleichzeitig auch risikobewussten Menschen. Die Motive »Unabhängigkeit« und »Beziehungen« spielen insoweit eine Rolle, als dass es diese Führungsaufgabe erfordert, den Kontakt und die Zusammenarbeit mit anderen Menschen positiv zu gestalten. Aus diesem Grund sollte einem Bewerber der Umgang mit

Menschen Spaß machen, was sich in einem starken »Beziehungsmotiv« ausdrückt. Gleichzeitig ist es für Führungskräfte nicht immer gut, wenn sie eine zu enge Bindung zu den Mitarbeitern anstreben, da dies in einigen Führungssituationen zu inneren Konflikten führen kann. Daher ist es wichtig, dass ein geeigneter Bewerber nicht zu sehr auf die Arbeit im Team angewiesen ist, sondern selbstständiges Arbeiten vorzieht. In diesem Fall liefert ein starkes »Unabhängigkeitsmotiv« einen guten Hinweis.

Das in Abbildung 5.8 abgebildete Ergebnisprofil zeigt das Profil eines Bewerbers, dem die Erfüllung dieser Position aufgrund seiner Motivausprägungen nicht immer leicht fallen würde.

Abb. 5.8: Ergebnisprofil eines Bewerbers: Die 16 Lebensmotive

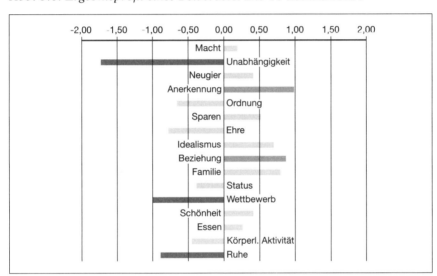

Das »Machtmotiv« ist nicht überdurchschnittlich ausgeprägt, was die Motivation der eigenen Leistungserbringung und die Ansprüche an die Leistungserbringung der Mitarbeiter deutlich reduziert und somit den oben genannten Anforderungen an einen geeigneten Kandidaten widerspricht. Zudem könnte die hohe Teamorientierung sowie das stark ausgeprägte »Anerkennungs- und Familienmotiv« zu inneren Konflikten bei dem Kandidaten führen. Besetzt man die Position mit diesem Kandidaten, erhält man zwar eine Führungskraft, die sich um ihre Mitarbeiter kümmert und von diesen gemocht werden will, dafür zögert die Führungskraft aber vor alleinigen Entscheidungen und tritt höchstwahrscheinlich in ständige Diskussion mit den Mitarbeitern, um die Harmonie im Team nicht zu gefährden. Dadurch wird es dem Kandidaten nicht gelingen, die Mitarbeiter in die gewünschte Richtung zu steuern. Stattdessen besteht die Gefahr, dass es sogar zu Rückdelegation kommt und die Führungskraft Aufgaben ausführt, die gar nicht in ihren Bereich fallen. Besetzt man die Stelle mit diesem Kandidaten, verspricht das für das Unternehmen nicht unbedingt großen Erfolg für die Wahrnehmung der Führungsaufgabe und für den Kandidaten selber keine große Bedürfnisbefriedigung und damit keine langfristige Motivation. Hierauf weisen die Konflikte hin, die aufgrund der Abweichungen zwischen Soll- und Ist-Motivationsprofil vorprogrammiert sind.

5.2.1.2 Betriebliche Rahmenbedingungen und Personalinstrumente für gezielte Motivation auf der Grundlage der 16 Lebensmotive schaffen

Bei diesem Aspekt spielen die Unternehmenskultur und die Gestaltungsmöglichkeiten, die sie erlaubt, eine große Rolle. Dabei geht es keinesfalls darum, viel Geld in die Hand zu nehmen, sondern eher darum, welche Flexibilität und auch Individualität möglich ist. Vielleicht ist es Unternehmenskultur, allen Mitarbeitern einer bestimmten Gruppe für gute Leistungen eine Prämie zu zahlen. Aber warum sollten alle Mitarbeiter eine Prämie motivierend finden? Unter Beachtung der Erkenntnisse der Theorie der 16 Lebensmotive ist es zum Beispiel denkbar, ein unternehmensinternes »Cafeteriasystem« entsprechend den 16 Lebensmotiven zu gestalten.

Cafeteriasysteme sind eine bisher vorwiegend in den USA eingesetzte Lohnform, bei der der Mitarbeiter aus einer Palette von Sozialleistungen innerhalb eines bestimmten individuellen Budgets die für ihn am besten passende Leistung selbst wählen kann. Diese Vorgehensweise ermöglicht, dass Zusatzleistungen mit den individuellen Bedürfnissen der Mitarbeiter optimal abgestimmt werden. So bewertet ein statusmotivierter Youngster das Angebot, ein Cabrio als Firmenwagen zu fahren, als sehr positiv, weil er seinen beruflichen Erfolg gerne zeigt und es ihm gefällt, die Blicke attraktiver Frauen auf sich und sein Gefährt zu ziehen. Ein familienmotivierter Mitarbeiter wird sich im Gegensatz zum Youngster im Stillen denken: »Was soll ich denn damit?« Er kann das Auto für seine persönlichen Zwecke nicht verwenden und müsste sich mit oder ohne firmeneigenen Dienstwagen privat ein anderes Auto anschaffen. Er wünscht sich einen Van für seine drei Kinder. Bei einem Cafeteriasystem entscheidet der Mitarbeiter selbst, ob als Dienstwagen ein Cabrio oder ein Van mit viel Stauraum finanziert wird. Das Cafeteriasystem gibt lediglich das Budget für das Incentive vor. Vergleichbare Projekte wurden auf Grundlage des REISS-PROFILS bereits konzipiert und mit großem Erfolg umgesetzt.

Beispiel 2: Einführung eines Cafeteriasystems

Ausgangslage für dieses Projekt war die Neustrukturierung des unternehmensinternen Bonussystems mit Berücksichtigung der Theorie der 16 Lebensmotive. In der Konzeptionsphase wurden zusammen mit der Geschäftsleitung und Führungskräften verschiedene Incentives definiert, die dazu dienen, unterschiedliche Motive zu befriedigen. Hierzu zählen neben Geldleistungen zum Beispiel Bonusleistungen in Form von Freizeit und vergünstigten Buchungsmöglichkeiten für Ferienwohnungen und -häuser, welche besonders Mitarbeiter mit einem starken Familienmotiv ansprechen. Für Angestellte mit einem hohen Idealismusmotiv wird die Möglichkeit geboten, den Bonus direkt an eine von ihnen bestimmte Hilfsorganisation zu spenden. Mitarbeiter mit einem starken Neugiermotiv können sich dagegen dafür entscheiden, an einer zusätzlichen Fortbildungsmaßnahme teilzunehmen. Das Ergebnis ist ein ganzer »Incentive-Katalog«, aus dem sich Mitarbeiter entsprechend ihrem Bonus Leistungen »aussuchen« können. Je nach Motivprofil sind die Vorzüge verschieden – und genau das ist der Vorteil dieses Systems, denn für jeden ist etwas Ansprechendes dabei.

Sie im Personalbereich tragen dafür Sorge, dass Führungskräfte entsprechend den Motiven der einzelnen Mitarbeiter gezielt Anreize setzen und Belohnungen geben können. Ermöglichen Sie, gute Leistungen eines statusorientierten Mitarbeiters mit Privilegien beziehungsweise Statussymbolen zu belohnen und bieten Sie ihm Geld statt Freizeit. Mitarbeitern mit Kindern, für die die Familie einen sehr hohen Wert hat, kann stattdessen mehr Freiraum für wichtige familiäre Ereignisse gewährt werden.

Wenn ein Mitarbeiter ein starkes Essensmotiv hat, bedeutet dies nicht, dass er zu viel isst, sondern dass seine Führungskraft ihm zum Beispiel mit einem Essensgutschein für ein ausgezeichnetes Restaurant eine Freude bereiten kann, weil gutes Essen eine Leidenschaft von ihm ist. Umgekehrt wird sich ein Mitarbeiter mit einem ausgeprägten Motiv körperlicher Bewegung mehr für ein Incentive in Form einer Mitgliedschaft in einem Fitnessclub begeistern als über einen Restaurantbesuch. Er sehnt sich nach einem langen Tag am Schreibtisch am allermeisten nach Bewegung und danach, sich einmal richtig auszupowern. Gefragt ist nicht unbedingt viel Geld, sondern eher etwas Kreativität und Flexibilität. Tabelle 5.3 zeigt verschiedene Möglichkeiten für einige im betrieblichen Umfeld wichtige Motive auf.

Überlegen Sie anhand der Beispiele in Tabelle 5.3, welche Möglichkeiten Sie in Ihrem betrieblichen Umfeld haben, um Anreize zu setzen beziehungsweise für Mitarbeiter mit verschiedenen Motiven die richtigen Rahmenbedingungen und ein motivierendes Umfeld zu schaffen.

Tabelle 5.3: Mitarbeiter gezielt motivieren – Womit Sie Anreize bieten können

Motivaus-prägung	Motivationsanreizbeispiele	Eigene betriebliche Möglichkeiten
Macht niedrig	• Übertragung von unterstützenden Tätigkeiten • Geben von viel Anleitung und Feedback • Keine Forderung nach dem Treffen schwieriger Entscheidungen	•
Macht hoch	• Treffen von Zielvereinbarungen • Übertragen von fachlicher Verantwortung, z.B. für Projekte und Anleitungsaufgaben • Fördern der beruflichen Entwicklung/Karriereplanung • Kontrolle in größeren Abständen	•
Unabhängigkeit niedrig (= hohe Teamorientierung)	• Ermöglichen von enger Zusammenarbeit mit anderen • Übertragung teambildender Aufgaben • Enge Abstimmungsmöglichkeit geben	•
Unabhängigkeit hoch	• Übertragung von Aufgaben und Tätigkeiten, die selbstständig und alleine erledigt werden können • Gewährung von Selbstbestimmung und Freiraum, wo möglich	•
Neugier niedrig	• Übertragung von Arbeiten, bei denen praktisches Wissen und Erfahrung gefragt sind • Übertragung von umsetzenden Aufgaben	•
Neugier hoch	• Anbieten von regelmäßigen Fortbildungsmaßnahmen • Übertragung von komplexen Aufgaben, bei denen analytische Fähigkeiten eingebracht werden können • Angebot von Fachzeitschriften und Internet • Intellektuellen Austausch ermöglichen	•
Ordnung niedrig	• Kein Verlangen von detailorientiertem Arbeiten • Ermöglichen von viel Flexibilität, z.B. durch wechselnde Aufgaben • Aufgaben, die viel Flexibilität erfordern	•
Ordnung hoch	• Übertragung von Aufgaben, bei denen strukturiertes und detailorientiertes Arbeiten gefordert ist • Vorgeben klarer Regeln und Handlungsrichtlinien • Respektieren des persönlichen Arbeits- und Regelsystems • Vermeidung von zu häufigem Einstellen auf neue Gegebenheiten	•

Motivausprägung	Motivationsanreizbeispiele	Eigene betriebliche Möglichkeiten
Beziehung hoch	• Übertragung von kommunikativen und integrativen Aufgaben • Förderung von Zusammenarbeit und Austausch • Ermöglichung von Teilnahme an gesigen Veranstaltungen, z.B. Betriebssportgemeinschaft	•
Beziehung niedrig	• Kein Zwang zur Teilnahme an gemeinsamen Aktivitäten, z.B. Betriebsfesten • Unterstützung durch Kommunikationsseminare	•
Familie hoch	• Vermeidung der Übertragung von Aufgaben, die viel räumliche Mobilität erfordern • Gewährung von Freiraum für familiäre Ereignisse • Integration der Familie in betriebliche Veranstaltungen	•
Status hoch	• Belohnung durch Statussymbole und Privilegien • Anerkennung öffentlich aussprechen	•
Wettbewerb niedrig	• Kein Einfordern »kämpferischer« Verhaltensweisen • Schaffen eines harmonischen Umfeldes	•
Wettbewerb hoch	• Einsetzen des Mitarbeiters in Bereichen, die Konfliktfähigkeit, Durchsetzungsorientierung und Wettbewerbsdenken erfordern, z.B. in schwierigen Verhandlungen	•
Ruhe niedrig	• Übertragung von herausfordernden Aufgaben	•
Ruhe hoch	• Vermeidung von Überlastung des Mitarbeiters • Keine Forderung nach schnellen Veränderungen • Keine Forderung nach Eingehen von Risiken aufseiten des Mitarbeiters	•

5.2.1.3 REISS-PROFIL: Zusammenarbeit fördern und Konflikte vermeiden

In der Zusammenarbeit, im Zusammenleben und in Beziehungen erscheinen Missverständnisse und Konflikte fast unvermeidbar. Immer wieder einmal steht man vor einem anderen Menschen und fragt sich fassungslos oder ungläubig, wie jemand so denken oder handeln kann, wie er es tut. Man kann es nicht verstehen, nicht nachvollziehen und auch nicht nachempfinden. Die Motivationstheorie von Reiss bietet einen neuen Blickwinkel und ein neues Verständnis für diese Art von Schwierigkeiten und Konflikten im Alltag.

In einem unserer Seminare wurde beispielsweise einmal die Rolle einer Kollegin innerhalb der Abteilung thematisiert. Die Kollegin fiel dadurch auf, dass sie immer allein zur Mittagspause ging und sich alleine an einem Tisch setzte. Einige kreideten ihr dieses Verhalten als arrogant an, während andere »die Arme« zu retten versuchten und sich zu ihr setzten, um die Kollegin in ein Gespräch zu verwickeln – ohne Erfolg. Bei der Analyse der REISS-PRO-FILE und der Diskussion in der Gruppe stellte sich heraus, dass die »eigenbrötlerische« Kollegin im Gegensatz zu allen anderen Mitarbeitern ihrer Abteilung ein niedriges Beziehungsmotiv hatte und die Mittagspause ohne Gesellschaft als angenehm und entspannend empfand. Nachdem die Kollegen Einblick in ihre unterschiedlichen Motive und Bedürfnisse gewonnen hatten, konnten sie das Verhalten der Kollegin verstehen und akzeptieren, ohne ein schlechtes Gewissen zu haben, die Kollegin auszuschließen.

Abb. 5.9: Zusammenarbeit fördern und Konflikte vermeiden: Die Wahrnehmungsfalle »Self-Hugging« – Selbstbezogenheit

- Menschen neigen dazu, andere durch die Brille der eigenen Interessen, Werte und Wünsche zu sehen.

- Bedürfnisse und Motive, die den eigenen entgegengesetzt ausgeprägt sind, können emotional nicht verstanden werden.

- Daher fällt es schwer zu verstehen, dass andere nicht genauso empfinden wie man selbst.

Im Alltag fehlt oft das Verständnis dafür, dass andere Menschen auch andere Motive, Interessen und Wünsche haben als man selbst. Häufig weiß man zwar »vom Kopf her«, dass sie unterschiedliche Werte und Ziele verfolgen, aber im Grunde genommen begreift man nicht wirklich, wie es sein kann, dass andere nicht genau so denken, fühlen und handeln wie man selbst.

Reiss unterscheidet für die Zusammenarbeit und das Zusammenleben vor allem drei kritische Bereiche der Selbstbezogenheit (»Self-Hugging«):

- Missverstehen: Konfusion entsteht aus dem Unverständnis heraus, dass sich andere Menschen wirklich anders verhalten. Als wenig leistungsorientierter Mensch kann man einfach nicht nachvollziehen, warum ein Workaholic immer arbeitet, und als »Beziehungstyp« ist es einem unbegreiflich, warum der Introvertierte sich nicht für gesellige Veranstaltungen begeistern kann.

- Selbstillusion: Wie selbstverständlich geht man davon aus, dass man selbst die besten, vernünftigsten und vor allem die »richtigen« Werte und Motive hat. Dabei müssen diese selbstverständlich auch für die anderen gelten.
- »Wertetyrannei« steht für den unguten (Dauer-)Versuch, andere mehr oder minder nachdrücklich zu überreden, zu überzeugen oder sonst irgendwie dahin »biegen« zu wollen, ihre »falschen« Motive, Bedürfnisse und Werte aufzugeben. Ob Eltern den Berufswunsch ihres Kindes, Partner die Hobbys ihres Lebensgefährten oder die Teammitglieder den Arbeitsstil des Kollegen nicht akzeptieren – in diesen und vielen anderen Fällen wird die Wertetyrannei früher oder später jede Beziehung angreifen.

Viele Konflikte lassen sich mithilfe des REISS-PROFILS vermeiden, zum Beispiel dass sich ein Ordnungsfanatiker mit einem eher chaotisch (»flexibel«) veranlagten Menschen das Büro teilt – hier ist Ärger miteinander vorprogrammiert.

Durch die Bereiche der »Selbstbezogenheit« kommt es im Arbeitsalltag immer wieder zu Missverständnissen oder auch Konflikten. Das REISS-PROFIL hilft dabei, zum Beispiel in Teams mögliche Konfliktquellen zu erkennen und diesen zukünftig vorzubeugen.

Beispiel 3: Ehrenmotiv

Zu einem Mitarbeiterteam gehören Kollegen, deren Ausprägungen für das »Ehrenmotiv« deutlich auseinandergehen. Während Mitarbeiter mit einem »dunkelgrauen« Ehrenmotiv getroffene Vereinbarungen und Entscheidungen durchaus flexibel sehen und diese auch ohne ein allzu großes schlechtes Gewissen abändern können, wenn sich deren Grundlage geändert hat, ist es den Kollegen mit einem »mittelgrauen« Ehrenmotiv eher unangenehm, einmal getroffene Absprachen nicht einzuhalten. Gerade in Teamsituationen ist das »Ehrenmotiv« kritisch zu beachten, da hier besonders die persönlichen Moralvorstellungen der Mitarbeiter eine Rolle spielen. Unterschiedliche Ansichten in Bezug auf Prinzipientreue und das Einhalten von Regeln können schnell zu explosiven Situationen führen. Dann hilft nur eine offene Kommunikation, um gegenseitiges Verständnis für die unterschiedlichen Einstellungen zu erreichen.

5.2.1.4 Teamwork mit dem REISS-PROFIL

Es ist naheliegend, dass die Motive, die dem Verhalten des Einzelnen zugrunde liegen, vor allem auch in der Teamarbeit ihre Wirkung zeigen. Sei es, dass sich die Teammitglieder gegenseitig ergänzen und sogar gegenseitig zu Spitzenleistungen antreiben oder dass Reibereien entstehen. Für Mitarbeiter, die über ein starkes Unabhängigkeitsmotiv und zusätzlich über ein schwaches Beziehungsmotiv verfügen, ist Teamarbeit häufig ein Gräuel. Umgekehrt gibt es andere Typen, die sich gar nicht vorstellen können, nicht mit anderen zusammenzuarbeiten. Dies sollten Sie berücksichtigen.

Abb. 5.10: Teams optimal zusammensetzen und steuern

- Wer kann welche Rolle im Team übernehmen?

- Wer kann welche Aufgaben erfüllen?

- Wie können Vorurteile und Missverständnisse untereinander reduziert werden?

Bei der Zusammenstellung eines Teams können Sie auch die jeweiligen Ausprägungsgrade der einzelnen Motive beachten und so ein ausgewogenes Teamprofil erzielen. Ein Team braucht im Grunde genommen viele verschiedene Persönlichkeiten, damit die unterschiedlichen Rollen und Aufgaben im Team gut abgedeckt werden. Ziel der Arbeit mit der Theorie der 16 Lebensmotive ist es, die verschiedenen Aufgaben und Rollen an die richtigen Mitarbeiter zu verteilen. So sollte das Teammitglied, das über ein hohes Macht- und Leistungsmotiv verfügt, die Teamleitung übernehmen, um das Leistungsniveau im Team auf hohem Niveau zu halten und das Team zu steuern. Ein Mitarbeiter mit hohem Wettbewerbsmotiv sollte für Aufgaben eingesetzt werden, die Konfliktfähigkeit, Durchsetzungsorientierung und Wettbewerbsdenken erfordern (schwierige Verhandlungen et cetera). Mitarbeitern mit hohem Beziehungsmotiv sollten kommunikative Aufgaben, zum Beispiel Außenkontakte, Arbeit mit Kunden und anderen Ansprechpartnern übertragen werden. Ein ordnungsmotivierter Mitarbeiter kann die Controllingarbeiten für das Team übernehmen.

Abb. 5.11: Das Teamprofil – Ein Beispiel

Vor dem Hintergrund der Motivprofile von Teammitgliedern wird deutlich,
- wem es leichter fällt, eine bestimmte Rolle zu übernehmen
- wem es leichter fällt, bestimmte Aufgaben zu erledigen
- wie einzelne Mitarbeiter optimal gesteuert und geführt werden können

Teammatrix	NN 1	NN 2	NN 3	NN 4	NN 5	NN 6	NN 7	NN 8
Macht	+	0	0	0		-		
Neugier						+		+
Beziehungen	0	0	+	+	0			
Ordnung		0	0	+				
Ruhe		+						
Zu beachten		Familie	Unabh.	Status				Anerk.

Wem würden Sie welche Rolle in dem oben dargestellten Team geben?
Teamleiter: _____
Controller: _____

5.2.1.5 Das Führungsverhalten im Hinblick auf die Mitarbeitermotivation optimieren

Hinsichtlich der Mitarbeitermotivation ist es eine zentrale Aufgabe für Führungskräfte, zu wissen oder herauszufinden, was welchen Mitarbeiter motiviert. Erst danach kann die Führungskraft entscheiden, welche Rahmenbedingungen und Aufgaben für welchen Mitarbeiter die richtigen sind, um seine Leistungsbereitschaft und Zufriedenheit zu erhalten oder zu steigern. Führungskräfte müssen erkennen, dass jeder Mitarbeiter in seinen Werten und Motiven individuell ist, und das bedeutet, anders als die Führungskraft selbst. Dann wird auch verständlich, warum ein bestimmtes Führungsverhalten den einen Mitarbeiter motiviert und begeistert, bei einem anderen Gleiches noch lange nichts bewirken muss. Beim Thema Motivation ist »gleiche Behandlung« das Ende der »Gleichbehandlung«! Im Rahmen der Führungskräfteausbildung können Sie dafür Sorge tragen, dass Führungskräfte dies lernen und so in der Lage sind, jeden Mitarbeiter ganz bewusst anders zu behandeln und entsprechend wirksame Anreize anzubieten.

5.2.2 Motivation ermöglichen

Der Wert einer motivierten Belegschaft wird schon lange als strategischer Wettbewerbsfaktor angesehen. Denn das Unternehmen kann nur auf die Ressourcen seiner Mitarbeiter zurückgreifen, um Innovationen zu entwickeln und Strategien umzusetzen. Jeder Mitarbeiter entscheidet für sich, wie stark er sich für die Erreichung der Unternehmensziele engagiert. Entscheidend sind dafür die Möglichkeiten und Rahmenbedingungen, die er vorfindet. Alle Motivationstheorien haben einen elementaren Beitrag dazu geleistet, dass das Thema Mitarbeitermotivation den Stellenwert einnimmt, den es braucht, um langfristig die Leistungsbereitschaft der Mitarbeiter zu erhalten. Betrachtet man die vorgestellten Theorien im Vergleich, bieten sie in unterschiedlichem Umfang eine direkte, handlungsorientierte Hilfestellung im Alltag. Ausgehend davon, dass die Kenntnis um die Motive des Einzelnen einen elementaren Baustein für die Motivation und die Bindung der Angestellten an ein Unternehmen darstellt, bleiben die Motivationstheorien von Maslow, Herzberg und McClelland zu ungenau, um aus ihnen Handlungen ableiten zu können. Im Vergleich finden wir Überschneidungen zwischen der Bedürfnistheorie von Maslow und der Theorie der 16 Lebensmotive. Allerdings bauen die Motive von Maslow aufeinander auf: Erst wenn die niedrigeren befriedigt sind, strebt der Mensch nach Befriedigung der höheren Motive. Niemand wird bezweifeln, dass, wenn wir hungern, wir uns nicht mit unserer Selbstverwirklichung auseinandersetzen. Diese Situation haben wir in unseren Unternehmen aber nicht. Vor diesem Hintergrund fehlt die Auseinandersetzung mit der Bedeutung der einzelnen Motive für das Individuum und damit die Ableitung konkreter Handlungsempfehlungen. Die Grundmotive nach McClelland unterscheiden nur drei Motive. Betrachtet man die vielfältigen Probleme, Fragen und Herausforderungen, die sich Unternehmen hinsichtlich der Leistungsbereitschaft von Mitarbeitern stellen, ist hier die Differenzierung zu gering. Die Theorie von Herzberg gibt wesentliche Anregungen dazu, auf welche Faktoren sich ein Uternehmen konzentrieren sollte, wenn es Motivation erzeugen will. Fraglich mit Blick auf die Theorie von Reiss ist, ob team- und beziehungsmotivierte Menschen ihre Kollegen wirklich nur im Sinne eines Hygienefaktors erleben. Im Vergleich der Theorien bietet die Theorie der 16 Lebensmotive die größte Differenzierung und betont als einzige Theorie wirklich das Individuum. Über diese beiden Aspekte erlaubt sie es, sehr konkrete Handlungsempfehlungen für Gruppen und Individuen abzuleiten, was für die betriebliche Arbeit ein wesentlicher Erfolgsfaktor ist. Auf diese Weise kann die Integration des REISS-PROFILS in die Personalpolitik erheblich zur Verbesserung der Mitarbeitermotivation beitragen.

6 Personalplanung

So wie die Beschaffungs-, Investitions-, Finanzierungs- und Absatzplanung für den Unternehmenserfolg wichtig sind, so ist dies auch eine gute Personalplanung. Sie ist Teil einer effektiven Personalstrategie. Wie bei allen Aufgaben sind auch für die Personalplanung die Unternehmensziele und die Rahmenfaktoren, unter denen das Unternehmen agiert, Ausgangs- und Orientierungspunkt. Legt das Management zum Beispiel als Unternehmensziel fest, die Qualität der Produkte zu verbessern, wirkt sich dieses Ziel auf die von Ihnen zu leistende Personalplanung aus. Denn Sie müssen dafür Sorge tragen, dass ausreichend Mitarbeiter mit den richtigen Qualifikationen zur richtigen Zeit eingesetzt werden können. Personalplanung ist ein gleichberechtigter Teilbereich der gesamten Unternehmensplanung. Sie erfordert eine gute Kommunikation im Unternehmen, damit die Bedarfe zeitnah aufeinander abgestimmt werden können.

Um auf zukünftige Anforderungen reagieren zu können, benötigen Sie eine hohe Aufmerksamkeit für Veränderungen und Flexibilität. »Heute schon an morgen denken!« – in diesem Sinne ist Personalplanung die in die nahe, mittlere und ferne Zukunft gerichtete, strategische Perspektive des Human-Resource-Management mit dem Ziel, zukünftige Erfordernisse zu erkennen und zielführende Maßnahmen einzuleiten und umzusetzen. Folgende Fragen müssen beantwortet werden:

- Wann benötige ich wo wie viele Mitarbeiter mit welcher Qualifikation?
- Woher bekomme ich sie?
- Wie qualifiziere ich sie, wenn nötig?

Personalplanung sorgt für eine bessere Verfügbarkeit des Produktionsfaktors Arbeit und für eine rationale Basis für Besetzungsentscheidungen. Es sollen Personalengpässe, Fehlbesetzungen und unnötige Personalkosten vermieden sowie die Kompetenzen, Motivation und Leistung der Mitarbeiter gesteigert werden. Zusätzlich soll eine bessere Nutzung von Arbeitskräfteressourcen sowohl innerbetrieblich als auch außerbetrieblich erreicht werden. Gelingt es Ihnen, diese Zielsetzungen mit Mitarbeterinteressen wie zum Beispiel mehr Sicherheit des Arbeitsplatzes, besseren Arbeitsbedingungen, einer besseren Planbarkeit der eigenen beruflichen Entwicklung, der Vermeidung von negativen Auswirkungen bei technischen und organisatorischen Veränderungen und einem sicheren, anforderungs- und leistungsgerechten Entgelt in Einklang zu bringen, haben Sie hervorragende Arbeit geleistet.

Abb. 6.1: Ablauf einer systematischen Personalplanung

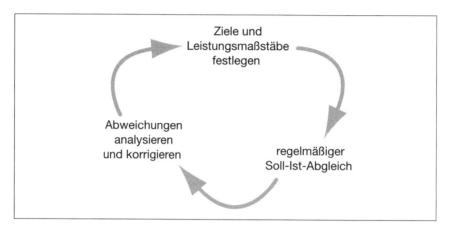

Die Ausgangsbasis und Orientierungspunkte der Personalplanung werden von verschiedenen Faktoren beeinflusst. Neben dem Faktor Unternehmensziele und -strategie beeinflusst ebenso das Umfeld der Branche und des Marktes die Personalplanung. Weitere beeinflussende Faktoren einer guten Personalplanung können sein:

- gesetzliche Vorschriften wie zum Beispiel das Betriebsverfassungsgesetz, welches ein Informations- und Beratungsrecht des Betriebsrates beinhaltet;
- Schutzgesetze wie Schwerbehindertengesetz, Mutter- und Jugendschutzgesetz;
- Tarifverträge und Arbeitszeitverordnungen;
- Einzelvereinbarungen in Arbeitsverträgen;
- die Personalstruktur;
- die Aufbau- und Ablauforganisation;
- Fehlzeiten und Fluktuation.

Die Risiken, die bei der Personalplanung auftreten können, sollten nicht unterschätzt werden. Es kann sein, dass

- Rahmenbedingungen falsch eingeschätzt werden, zum Beispiel durch den Verlust eines Großkunden;
- ergriffene Maßnahmen nicht die erwartete Wirkung zeigen;
- menschliche Unzulänglichkeiten für falsche Prognosen sorgen oder
- durch die saisonalen Schwankungen der Beschäftigung und strukturellen Veränderungen Unsicherheiten auftreten.

Es ist heute wichtiger denn je, den Personalbestand und die Personalstruktur den Erfordernissen Ihres Unternehmens gezielt anzupassen sowie den Personaleinsatz effektiv zu gestalten und zu planen. Abbildung 6.1 veranschaulicht Ihnen den Ablauf einer systematischen Personalplanung.

6.1 Von der Bedarfs- bis zur Nachfolgeplanung: Formen, Aufgaben und Ziele der Personalplanung

Anders als bei der Planung von Produktportfolios oder Investitionen neigen viele Unternehmen bei der Personalplanung dazu, die Dinge einfach auf sich zukommen zu lassen. Durch eine kontinuierliche Personalplanung können Sie als Personalreferent frühzeitig Notwendigkeiten der Personalentwicklung erkennen und Maßnahmen zum Personalabbau oder der Personalbeschaffung ergreifen. Im ersten Schritt stellen wir die wesentlichen Teilbereiche der Personalplanung vor, die in diesem Kapitel detaillierter beschrieben werden. Die Personalplanung unterscheidet zwischen:

Personalbedarfsplanung

Sie ermittelt den erforderlichen Personalbedarf sowie die zukünftig zu erwartende Überdeckung, Deckung beziehungsweise Unterdeckung in quantitativer, qualitativer, zeitlicher und räumlicher Hinsicht.

- Personalbestandsplanung: Sie hat die Aufgabe, den aktuellen Personalbestand, die autonomen und initiierten Personalveränderungen sowie den zukünftigen Personalbestand zu ermitteln.
- Personalbeschaffungs- und -abbauplanung: Sie legt fest, wie viele Personen auf den internen und externen Arbeitsmärkten unter Verwendung bestimmter Beschaffungs- und Abbauwege bis zum Planungshorizont beschafft beziehungsweise abgebaut werden sollen.
- Personaleinsatzplanung: Sie bestimmt, welche Personen vakanten Stellen zugeordnet werden sollen. Ziel ist es, Mitarbeiter so einzusetzen, dass

eine optimale Passung zwischen den Anforderungen der Position und dem Kompetenzprofil der Person erreicht wird.

- Personalfreisetzungsplanung: Mit ihr kann aufgrund des negativen Saldos aus Bedarf und Bestand erkannt werden, wie viele Personen nicht mehr weiterbeschäftigt werden können. Sie erlaubt frühzeitige Überlegungen, was mit diesen Personen geschehen soll.
- Personalentwicklungs-, -bildungs- und Nachfolgeplanung: Sie ermittelt, bei welchen Personen bis zum Planungshorizont die fachlichen, methodischen und sozialen Qualifikationen weiterentwickelt werden sollen und für welche Positionen beziehungsweise Aufgaben sie entwickelt werden sollen.

Personalkostenplanung

Kosten werden nach Art, Höhe und Zeitpunkt geplant in Bezug auf:

- Personalbeschaffung (zum Beispiel: Werbung, Anzeigen, Auswahlverfahren),
- Personaleinsatz (Gehälter, Personalnebenkosten) und
- Personalentwicklung (PE-Maßnahmen, Weiterbildung).

Um bei der Personalplanung differenzierter vorgehen zu können, geben wir Ihnen einige Hilfestellungen in Form von Unterscheidungsmerkmalen der Personalplanung:

Planungsobjekte der Personalplanung

Die Planungsobjekte unterscheiden zwischen der individuellen und der kollektiven Planung:

Bei der **Individualplanung** steht jeder einzelne Mitarbeiter im Mittelpunkt der Personalplanung. Sie bezieht sich beispielsweise auf die berufliche Entwicklung, die Fortbildungserfordernisse beziehungsweise die Nachfolge zum Beispiel für Führungspositionen. Die Unternehmen haben ein berechtigtes Interesse, Schlüsselpositionen mit Mitarbeitern zu besetzen, die aus ihrer Sicht dafür geeignet sind. Eine Individualplanung sollte nicht ohne die Information, Beteiligung und Mitbestimmung der von der Planung betroffenen Mitarbeiter erfolgen. Um den Werdegang einzelner Personen zu planen, muss jedoch zuvor eine Kollektivplanung für das gesamte Unternehmen vorgenommen werden.

Die **Kollektivplanung** bezieht sich auf die Personalgesamtheiten eines Unternehmens, beispielsweise auf die gesamte Belegschaft, eine Abteilung oder eine Gruppe. Sie umfasst nicht nur quantitative Aspekte wie Stundenwerte, Kopfzahlen beziehungsweise Kosten, sondern schließt auch qualitative Merkmale ein, beispielsweise die Ausbildungsart, das Alter beziehungsweise die Erfahrung der Mitarbeiter.

Obwohl eine erfolgreiche qualitative Personalplanung nur auf Basis einer guten quantitativen Personalplanung erfolgen kann, möchten wir Ihnen anhand der eigenständigen Definitionen die theoretischen Unterschiede der verschiedenen Planungsinhalte erläutern.

In **quantitativer Hinsicht** ermitteln Sie die Anzahl der Mitarbeiter, die sich zum Planungszeitpunkt in einem bestimmten Tätigkeitsfeld befinden, und die Anzahl der Mitarbeiter, die in einem bestimmten Zeithorizont in einem bestimmten Tätigkeitsfeld benötigt werden. Sie stellen sich die Fragen: »Wie viele Mitarbeiter sind an diesem Platz?« und »Wie viele Mitarbeiter brauche ich an diesem Platz?«

In **qualitativer Hinsicht** ermitteln Sie auf der einen Seite, welche Anforderungen Sie an den Arbeitsplatz beziehungsweise der Arbeitsplatz an die Mitarbeiter stellt, und auf der anderen Seite, welche Qualifikationen die Mitarbeiter haben beziehungsweise benötigen, um zu einem bestimmten Zeitpunkt die Anforderungen an einem Arbeitsplatz umfassend zu erfüllen. Sie fragen sich: »Welche Qualifikationen haben meine Mitarbeiter?« und »Welche Qualifikationen muss der geeignete Mitarbeiter aufweisen?«

In **räumlicher Hinsicht** prognostizieren Sie den Personalbedarf sowohl quantitativ als auch qualitativ für unterschiedliche Organisationseinheiten. Sie fragen sich: »Wo finde ich qualifizierte Mitarbeiter?« und »Wo brauche ich qualifizierte Mitarbeiter?«

In **zeitlicher Hinsicht** ermitteln Sie das Arbeitszeitvolumen, das für einen gegebenen Personalbestand zukünftig benötigt wird. Sie fragen sich: »Wann benötige ich den Mitarbeiter?« und »Wie lange benötige ich den Mitarbeiter?« Im Gegensatz zu den Planungshorizonten geht es bei dieser Definition darum, dass hier lediglich der genaue Zeitpunkt und der Zeithorizont angesprochen werden. Bei der Definition der Planungshorizonte spielen dann alle hier genannten Punkte (qualitative, quantitative, räumliche und zeitliche Planung) wieder eine Rolle.

Planungshorizonte der Personalplanung

Die Länge des Planungshorizontes hängt in der Regel von den Bedingungen der Branche und den hergestellten Gütern oder Dienstleistungen ab. Der Lebenszyklus der Produkte und das Innovationstempo spielen dabei ebenfalls eine entscheidende Rolle.

Wir stellen Ihnen drei verschiedene Zeiträume vor, die Sie als Planungshorizonte heranziehen können:

Bei der **kurzfristigen Personalplanung** handelt es sich um eine Planung, die in einem Horizont von etwa einem Jahr stattfinden kann. Grundsätzlich kann die kurzfristige Planung für jede Ebene des Unternehmens stattfinden. Häufiger kommt sie aber in den Bereichen der Routinetätigkeiten bei den Arbeitern oder Angestellten vor. Dies liegt daran, dass hier eine höhere Fluktuation stattfindet, auf die schnell reagiert werden muss. Diese Reaktionen können sich auf die verschiedenen Arten der Personalplanung auswirken. Nachfolgend finden Sie einige Beispiele, bei denen Sie die kurzfristige Personalplanung anwenden können:

- Es kann zu einer kurzfristigen Einsatzplanung im Rahmen eines Job-Rotation-Programms kommen.
- Es kann zu einer kurzfristigen Personalfreisetzung kommen, wenn gerade ein wichtiger großer Kunde abgesprungen ist.
- Eine kurzfristige Personalbeschaffungsplanung kann notwendig werden, wenn gerade ein Großauftrag eingegangen ist.
- Zu einer kurzfristigen Personalnachfolgeplanung kommt es immer dann, wenn ein Mitarbeiter seinen Arbeitsplatz verlässt. Dies kann bei komplettem Ausscheiden aus dem Unternehmen geschehen, aber auch bei einer Beförderung oder Versetzung des Mitarbeiters. Je früher ein Ausscheiden bekannt ist, um so eher können Sie mit der Planung der Neubesetzung beginnen.

Die **mittelfristige Personalplanung** bezieht sich auf einen Zeitraum von ein bis drei Jahren. In diesen Planungshorizont fallen in der Regel alle größeren personalrelevanten Projekte und Maßnahmen. Auch die mittelfristige Planung kann auf alle Ebenen des Unternehmens bezogen werden. Häufig wird sie aber in den Bereichen des mittleren und unteren Managements angewendet. Diesen mittelfristigen Planungszeitraum sollten Sie nutzen, wenn Sie zum Beispiel

- personalwirtschaftliche Programme, wie zum Beispiel Bildungsprogramme, etablieren wollen oder
- neue Auszubildende einstellen wollen.

Die **langfristige Personalplanung** geht über den Zeitraum der mittelfristigen Planung hinaus. In der betrieblichen Praxis findet aber insgesamt selten eine Personalplanung statt, die über fünf Jahre hinausgeht. Auch dieser Planungshorizont kann auf alle Ebenen des Unternehmens bezogen werden. Häufig wird er bei Führungskräften und im Topmanagement genutzt, da in den unteren Ebenen schnellere Reaktionen notwendig sind. Die langfristige Personalplanung ist als Zielplanung anzusehen, bei der Sie grundlegende Entscheidungen beachten sollten, wie zum Beispiel bei

- einer langfristigen Führungsnachwuchsplanung oder
- der Entscheidung zur Einstellung sowie Übernahme von Auszubildenden.

Abb. 6.2: Übersicht der einzelnen Planungsarten im Zusammenhang von Planungshorizont, -objekt und -inhalt

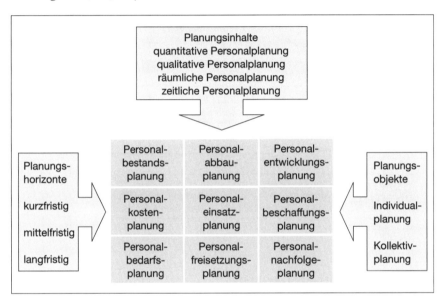

Für Ihre unternehmensbezogene Personalplanung tragen sie alle Informationen aus den verschiedenen Planungsformen (Planungsobjekte, Planungsinhalte, Planungshorizonte) zusammen und bereiten sie für Ihre Planung auf. Prüfen Sie auf jeden Fall alle Informationen auf Richtigkeit und Zuverlässigkeit und halten Sie sie schriftlich fest. Diese Informationen benötigen Sie zum Beispiel auch, um den Betriebsrat über die Planungsabsichten zu informieren und um für alle Beteiligten denselben Informationsstand zu gewährleisten. Bei aufwändigen Planungsprozessen ist eine computergestützte Planung sinnvoll. Insgesamt sollte der Aufwand für die Planung in einem angemessenen Verhältnis zur Aussagefähigkeit und Anwendbarkeit des Planes stehen.

Die bis hier aufgeführten Planungsaspekte sind als Grundgedanken auf alle nachfolgenden Planungsarten gleichermaßen anzuwenden (vergleiche Abbildung 6.2).

Zur Bewältigung der Kernaufgaben der Personalplanung ist es wichtig, die unterschiedlichen Teilfunktionen und Instrumente wie in Abbildung 6.3 zu klassifizieren.

Abb. 6.3: Instrumente der Personalplanung

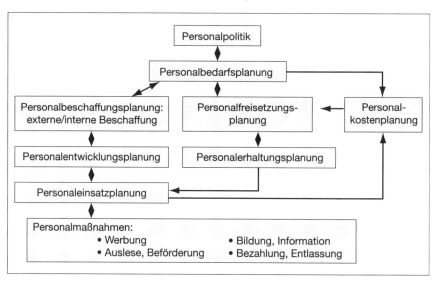

6.1.1 Personalbedarfsplanung

Die Personalbedarfsplanung ist das Kernstück des Personalplanungssystems. Auf ihr basiert eine der wichtigsten Aufgaben des Personalmanagements. Sie soll eine kontinuierliche Personalbesetzung sichern und muss den Personalbedarf daher permanent an die veränderten Gegebenheiten im und um das Unternehmen herum anpassen. Sie verfolgt das Ziel, eine langfristige und zweckvolle Personalstruktur zu erreichen. Dabei werden gegenwärtige und zukünftige Personalbestände in qualitativer und quantitativer, räumlicher und zeitlicher Hinsicht ermittelt.

Planungsfehler sind bei der Bedarfsplanung immer besonders schwierig zu beseitigen. Wird der Personalbedarf zu niedrig angesetzt, muss ein Personalengpass kurzfristig überbrückt werden, was nicht nur schwierig, sondern meist auch mit qualitativen Einbußen verbunden ist. Wird er dagegen zu hoch angenommen und entsprechend viel Personal eingestellt, kommt es zu einer Überdeckung des Personals, die wieder abgebaut werden muss. Daraus ergeben sich nicht nur soziale Härten für die betroffenen Mitarbeiter, sondern auch hohe Zusatzkosten für das Unternehmen, die zum Beispiel durch Aufhebungsverträge und Sozialpläne hervorgerufen werden. Die Personalbedarfsplanung soll ermitteln, wie hoch der Personalbedarf des gesamten Unternehmens oder auch einzelner Abteilungen in der Zukunft tatsächlich sein wird. Die Ermittlung des erforderlichen Personalbedarfs unterstützt das Unternehmen bei der Erreichung seiner Ziele und ist Ausgangspunkt für weitere Planungsschritte, die sich direkt aus der Personalbedarfsplanung ergeben wie zum Beispiel Personalbeschaffungsplanung, Personaleinsatzplanung und Personalentwicklungsplanung.

6.1.1.1 Ermittlung des Bruttopersonalbedarfs

Mit der Bruttopersonalbedarfsplanung ermitteln Sie die Anzahl aller Personen einer Personenkategorie, die zur Leistungserbringung insgesamt benötigt werden. Die Qualität Ihrer Planung hängt wesentlich von der Qualität Ihrer erfassten Daten ab. Zur Feststellung des Bruttopersonalbedarfs (Soll-Personalbestand) gibt es verschiedene Methoden wie zum Beispiel

- Schätzverfahren,
- Kennzahlenmethode,
- Personalbemessungsmethode oder
- Stellenplanmethode.

6.1.1.2 Schätzverfahren

Eine Personalbedarfsplanung nach dem Schätzverfahren erstellen Sie durch interne oder externe Befragungen. In diesem Fall liegt keine konkrete Planung vor, sondern eine Zugrundelegung der Unternehmensziele und Erfahrung der jeweiligen Linienverantwortlichen. In der Regel wird diese Schätzung mit der so genannten Doppelzählung vom Gesamtpersonalverantwortlichen geprüft und bei Bedarf entsprechend korrigiert. Eine andere Möglichkeit ist die systematische Befragung mehrerer Personen. Dieser Personenkreis (Experten) kann zusätzlich durch externe Personen wie Lieferanten oder Unternehmensberater erweitert werden.

Bei Schätzverfahren sehen wir den Nachteil, dass selten vom Soll-Personalbedarf ausgegangen wird, sondern vom Ersatz- oder Neubedarf. Das hat zur Folge, dass der Bedarf ermittelt wird, der zur Deckung der Fehlzeiten benötigt wird, aber ohne den angestrebten Einsatzbedarf mit einzubeziehen. Außerdem sind die Bezugsgrößen unbestimmt, da sie von der Erfahrung und der subjektiven Einschätzung der Vorgesetzten und Planer abhängig sind.

6.1.1.3 Kennzahlenmethode

Hier werden mithilfe von Kennzahlen betriebswirtschaftliche Größen in Relation zueinander gesetzt. Diese könnten der Absatz, die Produktionsmethoden, die Arbeitsorganisation oder auch die Anzahl und Verfügbarkeit der Mitarbeiter sein. Die Kennzahlen helfen dabei, Trends vorherzusagen und angemessene Ziele zu setzen.

Die Ermittlung des Personalbedarfs durch die Kennzahlenmethode setzt eine stabile Beziehung zwischen dem Personalbedarf und den Einwirkungsfaktoren auf denselben voraus. Diese Beziehungen werden in Kennzahlen ausgedrückt. Verändert sich die Einflussgröße, zum Beispiel der Absatz, kann der Personalbedarf rechnerisch ermittelt werden. Die am meisten verwendete Kennzahl ist die Arbeitsproduktivität. Sie kann in Mengen- sowie in Wertgrößen ausgedrückt werden. Man errechnet sie beispielsweise, indem man die Produktionsmenge durch die Beschäftigungszahl teilt. Ein hoher Informationsgrad einer Kennzahl ermöglicht die Planung und Kontrolle betrieblicher Abläufe.

Rechenbeispiel 1:
Bruttopersonalbedarfsplanung nach der Kennzahlenmethode

Ausgangsdaten für 200X	
Produktionsmenge	500 000 Einheiten
Ø Personalbestand in der Produktion	200 Mitarbeiter
Gearbeitete Wochen	46 Wochen
Ø Stundenzahl je Mitarbeiter	40 Stunden/Woche
Gesamtstundenzahl je Mitarbeiter	1 840 Stunden/Jahr
Gesamtstundenzahl aller Mitarbeiter in der Produktion	368 000 Stunden/Jahr
Produktionsmenge je Arbeitsstunde	1,36 Einheiten
Plandaten für 200Y	
Geplante Produktionsmenge	520 000 Einheiten
Geplante Produktivitätssteigerung	5 %
Geplante Produktivität	1,43 Einheiten
Erforderliche Arbeitsstundenzahl	363 636 Stunden
Arbeitszeitverkürzung auf 38 Stunden/Woche, bezogen auf 46 Wochen, resultieren je Mitarbeiter	1 748 Stunden/Jahr
Bruttopersonalbedarf:	
= 363 636 Std. / 1 748 Std. =	208 Mitarbeiter

Vorteil der Kennzahlenmethode ist, dass sie relativ einfach und genauer als eine Schätzung ist. Von Nachteil ist jedoch, dass eine Kennzahl bei Veränderungen täuschen kann, da Hochrechnungen meistens ungenau sind und die Marktentwicklung oft nur unzureichend berücksichtigt wird. Außerdem sind die Pläne rein quantitativ. Sie berücksichtigen in keiner Weise die notwendigen Qualifikationen der Mitarbeiter. Die Anwendung dieser Methode ist nur dann effizient, wenn die Produktivität des Arbeitsplatzes genau ermittelt werden kann (zum Beispiel Produktanzahl pro Stunde Arbeitszeit). Um die von Ihnen benötigten Kennzahlen zu ermitteln, gibt es zum einen die Möglichkeit, die zu schätzende Größe zu beobachten und zu prüfen, ob sich eine bestimmte Entwicklung oder ein Trend erkennen lässt, an dem Sie sich orientieren können. Zum anderen ist eine mathematische Methode möglich, bei der reale Daten der Vergangenheit ausgewertet werden und den realen Zusammenhang wiedergeben.

6.1.1.4 Stellenplanmethode

Stellenpläne und die dazu gehörigen Stellenbeschreibungen bilden die Grundlage für die Ermittlung des Bruttopersonalbedarfs sowohl in quantitativer als auch in qualitativer Hinsicht. In der Stellenbeschreibung werden die Aufgaben, Kompetenzen, Verantwortung und Anforderungen für die jeweilige Stelle sowie Beziehungen zu anderen Stellen beschrieben.

Abb. 6.4: Stellenplan Abteilung Verkauf

Stellenplan Abteilung Verkauf				
Stellenart	Tarifgruppe	Personalbestand	Stellenbestand	Differenz
Abteilungsleiter	–	1	1	
Gruppenleiter	T9	5	4	+1
Sachbearbeiter	T6-8	13	12	+1
Bürohilfen	T2-3	4	3	+1
Summe		23	20	

Die Stellenplanmethode setzt voraus, dass der Stellenbesetzungsplan regelmäßig in die Zukunft fortgeschrieben wird. Für die Aktualisierung des Stellenplans sind unter anderem folgende Fragen zu beantworten:

- Ist das Verhältnis von Unter- und Überstellung noch sinnvoll?
- Ist die Aufgabenverteilung logisch?
- Sind bestimmte vorhandene Stellen noch logisch?
- Müssen eventuell neue Stellen eingerichtet werden?

Am besten geeignet ist die Stellenplanmethode für den Verwaltungs- und Dienstleistungsbereich. In der Abbildung 6.4 sehen Sie ein Beispiel für einen Stellenplan.

6.1.1.5 Qualitative Personalbedarfsplanung

Mit den bisher beschriebenen Methoden lässt sich sehr gut der quantitative, aber oftmals schlecht der qualitative Personalbedarf messen. Mithilfe der qualitativen Personalbedarfsplanung werden auch die Kenntnisse, Fähigkeiten und Verhaltensweisen ermittelt, über die das Personal in Zukunft bis zu einem festzulegenden Planungshorizont verfügen muss. Hierzu werden die dafür notwendigen Anforderungen aus den zukünftigen Aufgaben abgeleitet (zur Methode der Anforderungsanalyse vergleiche Kapitel 7).

Folgende Schritte empfehlen sich für die qualitative Personalbedarfsplanung:

- Zuerst sind die zukünftigen Leistungen zu definieren. Hierzu werden Szenarien des Unternehmensumfeldes erstellt und strategische Ziele der Unternehmung festgelegt.
- Im zweiten Schritt werden Prognosen für die zukünftigen Tätigkeitsfelder und Aufgaben des Unternehmens erstellt, die von den Umfeldszenarien und strategischen Zielsetzungen und Plänen der Unternehmung geprägt sind.
- Im dritten Schritt werden die in den zukünftigen Tätigkeitsfeldern zu bewältigenden Aufgaben ermittelt.
- Im vierten Schritt sind die Anforderungen an das Verhalten und/oder an die Kenntnisse und Fähigkeiten des Personals abzuleiten.
- Im fünften Schritt werden dann die in Punkt vier ermittelten Anforderungen und Aufgaben zu neuen Stellen oder Berufsbildern gebündelt.
- Im sechsten Schritt wird der quantitative Bedarf je Berufsbild oder Stelle abgeschätzt.
- Der siebte Schritt besteht aus Prämissenkontrollen, die die Fortgeltung der strategischen Unternehmensziele sowie Prognosen von Umfeld und Tätigkeitsfeldern überprüfen.

6.1.2 Ermittlung des Nettopersonalbedarfs

Der Bruttopersonalbedarf beschäftigt sich mit der Ermittlung des Einsatzbedarfs, das heißt mit der Personalmenge, die unter optimalen Umständen benötigt wird. Da alle Beschäftigten aber irgendwann einmal durch Krankheit oder Urlaub ihrer Beschäftigung nicht nachgehen können, führt dies zwangsläufig dazu, dass auch Reservebedarf kalkuliert werden muss. Es ist deshalb unumgänglich, zu ermitteln, wie hoch der Nettopersonalbedarf zum Planungszeitpunkt tatsächlich ist. Wie dieser ermittelt wird, zeigen wir Ihnen nachfolgend anhand eines Soll-Ist-Vergleichs.

Um den Bruttopersonalbedarf im Planungshorizont zu errechnen, wird der **Einsatzbedarf,** der sich aus dem für die Aufgabenerfüllung notwendigen Personaleinsatz in Abhängigkeit von zum Beispiel Absatzplan, Produktionsplan, Dienstleistungsangebot, Tarifvertrag und Organisation ergibt, mit dem **Reservebedarf,** der von den zu erwartenden Ausfällen des Personals aufgrund von zum Beispiel Urlaub, Arbeitsunfähigkeit, sonstigen Fehlzeiten, Einarbeitungszeiten und Freistellungen abhängt, addiert. Dieses unten aufgeführte Schema zur Berechnung des Reservebedarfes müssen Sie je nach Firmensitz und gültigem Kalendarium aktualisieren. Die unten errechneten Anwesenheitstage einer Arbeitskraft von 201,5 sind nicht eins zu eins zu übernehmen, da ja schon die Zahl von Feiertagen, die auf Wochentage fallen, von Bundesland zu Bundesland variiert. Die Höhe der Krankheits- und Urlaubstage sollten Sie individuell aus den Gepflogenheiten und Statistiken Ihres Unternehmens in die Berechnung mit aufnehmen. Die Angabe von Zeiten für Wehrdienst oder Mutterschutz empfiehlt sich immer dann, wenn im Unternehmen signifikant mehr Männer als Frauen oder mehr Frauen als Männer tätig sind.

Rechenbeispiel 2: Ermittlung des Reservebedarfs beziehungsweise der Jahresarbeitszeit einer Arbeitskraft

Feste jährliche Arbeitszeit:
365 Tage
– 52 Samstage
– 52 Sonntage
– 10 Feiertage
= 251 Arbeitstage
Weitere Abwesenheit (z. T. Erfahrungswerte):
Tariflicher Urlaub   30 Tage
Sonderurlaub   1 Tag

Weiterbildung	1,5 Tage
Krankheit/Kuren	15 Tage
Freistellung für Betriebsräte	0,5 Tage
Sonstiger Urlaub (zum Beispiel Schwerbehinderte)	0,5 Tage
Mutterschutzurlaub	0,5 Tage
Wehrdienst	0,5 Tage
Weitere Abwesenheit gesamt	49,5 Tage
Anwesenheitstage einer Arbeitskraft	201,5 Tage

Reservebedarf: 19,7 % des Bruttobedarfs: 49,5 x 100 / 251 = 19,7 %

Ausgehend vom Ergebnis des Bruttopersonalbedarfs zum Planungszeitpunkt, werden von diesem Wert der Ist-Personalbestand subtrahiert, Personalabgänge addiert und Personalzugänge subtrahiert.

Tabelle 6.1: Ermittlung des Nettopersonalbedarfs

Ermittlung des Nettopersonalbedarfs
EINSATZBEDARF + RESERVEBEDARF

= BRUTTOPERSONALBEDARF zum Planungshorizont t_x (Soll-Personalbedarf)
– PERSONALBESTAND zum Planungszeitpunkt t_0 (Ist-Personalbestand)
+ ABGÄNGE Personal im Planungszeitraum t_0 bis t_x
    vom Arbeitnehmer veranlasst
a) **sichere Abgänge**, u. a.
    Pensionierungen
    Einberufung zur Bundeswehr
b) **statistisch zu ermittelnde Abgänge**, u. a.
    durch Tod
    durch Kündigung seitens des Arbeitnehmers
    von der Unternehmung veranlasste Abgänge, u. a.
        Beförderung und Versetzung in andere Teile der Unternehmung
        Kündigungen
        Beurlaubungen
– ZUGÄNGE Personal im Planungszeitraum t_0 bis t_x
    bereits feststehende Zugänge
        Rückkehr von der Bundeswehr
        Beförderung, Versetzung aus anderen Teilen der Unternehmung
        Rückkehr nach Beurlaubung, Mutterschutz, Krankheit
        vorgesehene Zugänge

= **NETTOPERSONALBEDARF** >0: Beschaffungsbedarf (Unterdeckung) <0: Abbaubedarf (Überdeckung)

Der nun ermittelte Nettopersonalbedarf gibt Auskunft darüber, ob die Anzahl der vorgesehenen Stellen zum Bedarf passt, mehr Stellen besetzt werden müssen oder ob im Verhältnis zu den Stellen sogar zu viel Personal vorhanden ist. Je nachdem, ob es sich um einen positiven oder negativen Wert handelt, muss entweder Personal beschafft oder abgebaut werden. Diese Berechnung sagt jedoch nur etwas über den rein mengenmäßigen Personalbedarf aus, nicht aber über den qualitativen.

6.1.3 Personalbestandsplanung

Die Personalbestandsplanung hilft dabei zu ermitteln, auf welchem Niveau sich das tatsächliche Leistungsprofil der tatsächlichen Mitarbeiter zu einem bestimmten Zeitpunkt in einer Abteilung oder Niederlassung befindet.

Den quantitativen Ist-Personalbestand können Sie in der Regel aus Kennzahlen der Personalabteilung erkennen. Das heißt zum Beispiel: Wie sieht mein Ist-Personalbestand anhand

- der Struktur der Beschäftigten wie zum Beispiel Berufs-, Tätigkeits-, Tarifgruppen aus?
- der Art der Beschäftigten wie zum Beispiel Arbeiter, Angestellter, Auszubildender aus?
- des Geschlechts aus?
- des Alters aus?
- der Staatsangehörigkeit aus?

Neben den fest angestellten Vollzeitarbeitnehmern muss bestimmt werden, wie Teilzeitbeschäftigte, Leiharbeitnehmer und Langfristurlauber, zu denen zum Beispiel auch Mitarbeiter in der Ausübung ihres Grundwehrdienstes gezählt werden können, in den aktuellen Personalbestand eingehen sollen.

Da die Personalplanung für die Zukunft erfolgt, ist es wichtig zu wissen, wie der quantitative Personalbestand zu einem Stichtag tatsächlich aussieht. Im Zeitraum zwischen Ist- und zukünftigem Personalbestand ergeben sich vielfach Veränderungen durch Austritte, Todesfälle oder Neueintritte, die entsprechend berücksichtigt werden müssen. Bei diesen Personalveränderungen unterscheidet man zwischen denen, die vom Arbeitgeber beeinflussbar sind, und denen, die nicht oder nur bedingt durch ihn beeinflussbar sind.

Bei den vom Arbeitgeber beeinflussten Personalveränderungen handelt es sich zum Beispiel um die Übernahme von Auszubildenden und die Abgänge aufgrund von Entlassungen oder länger andauernden Weiterbildungen (zum Beispiel Studium, MBA).

Bei Personalveränderungen, auf die der Arbeitgeber keinen oder nur bedingten Einfluss hat, geht es beispielsweise um Zugänge durch Arbeitsantritt aufgrund früher abgeschlossener Arbeitsverträge, Rückkehr von Mitarbeitern aus der Bundeswehr, dem Zivildienst oder Mutterschutz und Abgänge durch Austritte wegen Kündigung, Pensionierung oder Todesfällen.

Bei einer globalen Personalbestandsermittlung für das gesamte Unternehmen brauchen innerbetriebliche Beförderungen und Versetzungen nicht berücksichtigt zu werden. Der zukünftige Personalbestand kann in tabellarischer Form bei ausschließlich quantitativer Betrachtung ermittelt werden. Er enthält nur bereits veranlasste, erkannte oder erwartete Personalveränderungen.

Neben der Personalbestandsplanung unterliegt der Stellenbestand Veränderungen durch Kapazitätsvergrößerungen oder Betriebsverkleinerungen. Das Ergebnis dieser Veränderungen bezeichnet man als zukünftigen Stellenbestand. Auch diese Größe muss bei der zukünftigen Personalbestandsplanung mit berücksichtigt werden.

Personalbestandsplanung wird häufig an der Quantität des Personalbestandes gemessen. Es kann aber auch der qualitative Personalbestand ermittelt werden. Hier können Sie verschiedene Ziele verfolgen. Von anderen Planungsfeldern unabhängig sind die Ermittlung und Differenzierung der aktuellen Qualifikationen der Mitarbeiter. Hierfür können Sie verschiedene Methoden der Personalforschung einsetzen, wie zum Beispiel Testverfahren, laufende Beobachtungen und laufende Befragungen des Personals, Ansätze der Leistungsbeurteilung, Mitarbeitergespräche und Assessment-Center.

Die Festlegung erwünschter Bestandsstrukturen am Planungshorizont kann dagegen nur in Kombination mit der Personalbedarfs-, -beschaffungs- und -freisetzungsplanung erreicht werden.

6.1.4 Personaleinsatzplanung

In der Personaleinsatzplanung werden die Aufgaben im Zuständigkeitsbereich den vorhandenen Mitarbeitern in qualitativer, quantitativer, zeitlicher und räumlicher Hinsicht zugeteilt. Dazu gehört die Planung der Vertretung, das heißt, wer übernimmt welche Aufgaben und Befugnisse, wenn ein Mitarbeiter abwesend ist. Einarbeitung neuer Mitarbeiter, Arbeitsorganisation, Zuteilung von Arbeitsplätzen und Arbeitsmitteln, Nachfolgeplanung im eigenen Bereich: Damit Sie diese Verteilungen planen können, müssen Sie wissen, wie welche Abteilung wann besetzt ist beziehungsweise wo Fehlzeiten überbrückt werden müssen. Um dies zu erfahren, möchten wir Ihnen einige Möglichkeiten der Berechnung mit an die Hand geben.

Berechnung der Fehlzeitenquote. Um den Ausfall von Arbeitsstunden oder -tagen in einer Abteilung oder einer Arbeitsstelle feststellen zu können, wird der Anteil der gesamten Fehlzeiten an der Soll-Arbeitszeit als Fehlzeitenquote nach der Formel in Tabelle 6.2 errechnet.

Tabelle 6.2: Errechnung der Fehlzeitenquote

Errechnung der Fehlzeitenquote
Fehlzeiten (Tage/Stunden) x 100 : Soll-Arbeitszeit (Tage/Stunden)
= **Fehlzeitenquote (%)**

Um die Aussagekraft der Kennzahl zu verbessern, können Sie die Formel nach den verschiedenen Ursachen differenzieren und somit die einzelnen Teilquoten berechnen. Um zum Beispiel die Krankheitsausfallquote zu berechnen, setzen Sie entsprechend der Berechnung der Fehlzeitenquote für »Fehlzeiten« den »Krankheitsausfall« ein. Als Ergebnis erhalten Sie die Krankheitsausfallquote in Prozent.

Berechnung der Krankenquote. Ist es Ihnen jedoch wichtig, die gesamte Krankenquote gemessen am Personalbestand zu erfahren, also nicht wie bei der Berechnung der Fehlzeitenquote nach Stunden oder Tagen, sondern nach Köpfen, können Sie diese wie in Tabelle 6.3 berechnen.

Tabelle 6.3: Errechnung der Krankenquote

Errechnung der Krankenenquote
Anzahl der Kranken x 100 : Durchschnittlichen Personalbestand
= **Krankenquote (je Periode) (%)**

Berechnung der Ist-Arbeitszeit. Weiterhin ist die Kenntnis der effektiven Arbeitszeit unerlässlich. Denn die vertraglichen Arbeitszeiten weichen in der Praxis von den effektiven Arbeitszeiten ab. Die tatsächlich geleistete Arbeitszeit in einer Periode können Sie nach dem Schema in Tabelle 6.4 ermitteln:

Tabelle 6.4: Errechnung der Ist-Arbeitszeit

Errechnung der Ist-Arbeitszeit
Vertragliche Arbeitszeit (Soll-Arbeitszeit) – Ausfallzeiten (bezahlte und unbezahlte) + Mehrarbeitszeiten
= **Ist-Arbeitszeit**

Die Ist-Arbeitszeit ist die Grundlage der Personalbedarfsermittlung.

Berechnung der Soll-Arbeitszeit. Handelt es sich um Betriebe mit gleitenden Arbeitszeiten, berechnet man die Soll-Arbeitszeit wie in Tabelle 6.5:

Tabelle 6.5: Errechnung der Soll-Arbeitszeit

Errechnung der Soll-Arbeitszeit
Vertragsarbeitszeit – Feiertage, die auf Wochenenden fallen – allgemeine (für alle Beschäftigten zutreffende)   bezahlte und/oder unbezahlte Freistellungen – Minderarbeitszeit + Mehrarbeitszeit
= **Soll-Arbeitszeit**

Sie können diese Berechnungen als Gesamtrechnungen – in Tagen oder Stunden – oder als Durchschnittsrechnung je Mitarbeiter vornehmen.

Rechenbeispiel 3: Errechnung der Soll-Arbeitszeit

Sie entwickeln für einen Bereich Ihres Unternehmens ein neues Arbeitszeitmodell und möchten dafür genau errechnen, wie lange die Mitarbeiter im Durchschnitt anwesend sind. In diesem Bereich sind die Arbeitsplätze üblicherweise von Montag bis Freitag besetzt. In einem Jahr mit 260 Tagen entfallen neun Feiertage, an denen im Unternehmen nicht gearbeitet wird. Zwei Wochen des Jahres macht das Unternehmen Betriebsferien, wofür die Mitarbeiter zehn Tage ihres jährlichen Urlaubsanspruches einsetzen. Die sicherzustellende Soll-Arbeitszeit pro Jahr beträgt somit:

260 Tage
– 9 Feiertage

– 10 Tage Betriebsferien
= 241 Tage á 8 Stunden
= 1 928 Stunden/Jahr

Da der Urlaubsanspruch der Mitarbeiter 30 Arbeitstage à acht Stunden beträgt, stehen ihnen noch 20 Tage = 160 Stunden außerhalb der Betriebsschließung zur Verfügung. Für die Fortbildung der Mitarbeiter setzen Sie im Durchschnitt drei Arbeitstage à acht Stunden = 24 Stunden pro Jahr an. Der Krankenstand im vergangenen Jahr betrug in diesem Bereich 3,5 Prozent. Da Krankheitstage an Feiertagen, die auf Arbeitstage fallen, nicht nachgewährt werden, beträgt der für die Umrechnung der Krankheitsquote in Stunden benötigte Bezugswert:

260 Tage
– 9 Feiertage
= 251 Tage à 8 Stunden
= 2 008 Stunden/Jahr

Die Krankheitsquote von 3,5 Prozent dieser 2 008 Stunden/Jahr entspricht 70,28 Stunden/Jahr. Es ergibt sich also für die durchschnittliche Anwesenheitsquote:

1 928 sicherzustellende Jahressoll-Arbeitszeit
– (160 + 24 + 70,28) innerhalb des Arbeitszeitsystems zu vertretende
  Abwesenheitszeiten
: 1 928   sicherzustellende Jahressoll-Arbeitszeit
= 0,868112 durchschnittliche Anwesenheitsquote

Das heißt für Sie, dass die Mitarbeiter im Durchschnitt in diesem Bereich zu 86,8 Prozent der sicherzustellenden Jahressoll-Arbeitszeit verfügbar sind.

Ein Beispiel für eine gelungene Personaleinsatzplanung ist das Textilhaus *Beck* in München. Bereits vor 20 Jahren hatte *Beck* das Unternehmensziel, die Wettbewerbsfähigkeit und Kundenorientierung zu verbessern sowie die hohen Personalkosten an die Schwankungen der Kundenfrequenzen anzupassen, das heißt das Personal tatsächlich nur so einzusetzen, wie Bedarf besteht. Ziel war ein individuelles Arbeitszeitmodell. Vor Einführung des neuen Arbeitszeitmodells wurden die Mitarbeiter befragt, welche Wünsche sie an ein Arbeitszeitsystem haben. Zur Ermittlung der Bedarfe wurden zunächst die Arbeitsabläufe und ihre Organisation analysiert. Über zwei Jahre wurden die Kaufgewohnheiten der Kunden analysiert. Dafür wurde an jeder Kasse die Kaufkundenfrequenz gemessen und die Verteilung pro Stunde für alle Wochentage pro Monat und Jahr festgestellt sowie nach Abteilungen und Stockwerken differenziert. Aus der Analyse der Kundengewohnheiten konnten exakte Planungsgrundlagen für den optimalen Personaleinsatz abgeleitet werden. Im folgenden Jahr wurde dann die Personaleinsatzplanung nach Monaten, Tagen und Stunden eingeführt. Zusammen mit den Abteilungsleitungen erstellte die Geschäftsleitung für jeden Monat einen groben Umsatzplan, von dem, unter Einsatz der Planungshilfsmittel, der Personaleinsatzplan abgeleitet wurde. Immer eine Woche im Voraus wurde daraufhin die Feinplanung gemacht und an Veränderungen wie zum Beispiel Umsatzzuwachs, Wetterveränderungen und Erkrankungen von Mitarbeitern angepasst. Die Anwesenheit der Verkäuferinnen wird im Team abgesprochen, wobei vorhandene Plus- und Minusstunden mithilfe eines elektronischen Zeiterfassungssystems berücksichtigt werden können. Nach Einführung der individuellen Arbeitszeit kehrte sich das Verhältnis von Vollzeit zu Teilzeit von circa 65 Prozent auf 35 Prozent innerhalb eines Jahres um. Da die Zielsetzung nicht die Reduktion der Personalkosten war, wurde das frei gewordene Personalkostenbudget für die Einstellung weiterer flexibler Teilzeitmitarbeiter genutzt. Damit konnten 10 Prozent mehr Mitarbeiter beschäftigt werden. Durch die Steigerung von Kompetenz und Flexibilität sowie durch Einbeziehung der Mitarbeiter in die Lösungsfindung kam es zu einer erheblichen Steigerung der Mitarbeitermotivation und zu einer Verbesserung des Betriebsklimas. Noch heute, über 20 Jahre nach der Einführung der individuellen Arbeitszeit (IAZ) symbolisiert das Kaufhaus *Beck* ein innovatives Unternehmen, welches zugleich Kunden- und Mitarbeiterbedürfnisse in den Vordergrund stellt. Die IAZ hat sich inzwischen auch in für den Einzelhandel schwierigen Zeiten bewährt. Die IAZ bietet die Möglichkeit, sich hochflexibel an den Markt und an neue Ladenöffnungszeiten anzupassen und stellt damit einen wesentlichen Faktor zur Beschäftigungssicherung dar.

6.1.5 Personalentwicklungs- und Nachfolgeplanung

Die Aufgaben der Personalentwicklungsplanung sind auf die Zukunft gerichtet. Mit ihr sollen Sie sicherstellen, dass alle Mitarbeiter des Unternehmens ihren aktuellen und zukünftigen Aufgaben entsprechend qualifiziert sind. Das heißt die Personalentwicklungsplanung dient dazu, neben dem quantitativen auch den qualitativen Personalbedarf zu decken. Die Personalentwicklungsplanung kann sich auf bestimmte Mitarbeitergruppen oder auf einzelne Mitarbeiter beziehen. Sie ermöglicht die früh- und rechtzeitige Anpassungsqualifikation hinsichtlich veränderter Anforderungen, die höhere Qualifizierung für weiterführende Positionen, die gezielte Planung konkreter

Entwicklungsschritte für einzelne Mitarbeiter oder auch eine karriereorientierte Entwicklung mit dem Ziel der Mitarbeiterbindung. Ihre Personalentwicklungsplanung sollte immer personenbezogen im Rahmen des Personalbedarfs des Unternehmens erfolgen. Ausgangspunkt für die Planung von Qualifizierungsmaßnahmen ist das individuelle Potenzial der Mitarbeiter. Erst die Potenzialeinschätzung ergibt mit Blick auf ein bestimmtes Entwicklungsziel die notwendigen Hinweise zur Festlegung der erforderlichen Fördermaßnahmen (Seminare, Sonderaufgaben, Projektarbeit und so weiter). Haben Sie das Entwicklungspotenzial erkannt und das Entwicklungsziel definiert, werden im Rahmen der Personalentwicklungsplanung Art, Umfang und Zeitpunkt der vereinbarten Qualifizierungsmaßnahmen für den jeweiligen Mitarbeiter oder Mitarbeitergruppen festgelegt. Eine qualitativ hochwertige Personalentwicklungsplanung bedeutet ein nutzenorientiertes Vorgehen, also weg vom »Gießkannenprinzip – breites Angebot für alle« hin zu ziel- und bedarfsorientierten Fördermaßnahmen. Mögliche Hilfsmittel der Bedarfsanalyse sind zum Beispiel Zielvereinbarungsgespräche, Ergebnisse aus Potenzialanalysen, Ergebnisse aus 180°- bis 360°-Feedbacks und Mitarbeiterbeurteilungen. Die Bedarfsanalysen ermöglichen den erforderlichen Soll-Ist-Abgleich und die Ableitung der richtigen Personalentwicklungsmaßnahmen. Weiterführende Informationen zur Personalentwicklung finden Sie in Kapitel 12.

Abb. 6.5: Strategisch zielorientiertes Vorgehen der Personalentwicklungsplanung

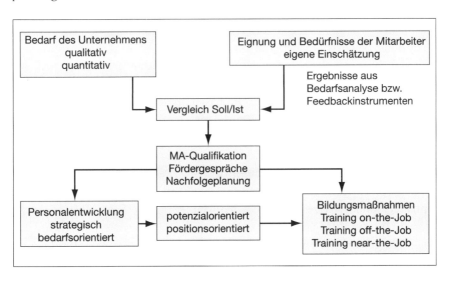

6.1.6 Personalbeschaffungsplanung

Wenn Sie im Unternehmen einen zu deckenden Personalbedarf feststellen, müssen Sie den Zeitpunkt der Stellenbesetzung, die Aufgaben und Anforderungen der Stelle, die geeigneten Beschaffungswege, die am besten geeigneten Personalauswahlinstrumente, Vergütung und Vertragsgestaltung planen, um den Bedarf durch Mitarbeiter aus den eigenen Reihen oder dem externen Arbeitsmarkt zu decken. Mögliche Hilfsmittel hierfür sind zum Beispiel eine Personalbeschaffungsplanung, eine Aufgaben- und Anforderungsbeschreibung und allgemeine Personalanforderungen. Fragen zur Personalbeschaffungsplanung finden Sie in Checkliste 6.1 auf der CD.

Vertiefende Informationen zum Personalmarketing, Personal-Recruiting und zur Personalauswahl finden Sie in den Kapiteln 8 und 9. Die Personalbeschaffungsplanung soll gewährleisten, dass die benötigten Mitarbeiter zum richtigen Zeitpunkt zur Verfügung stehen. Das heißt Sie müssen Kündigungszeiten, Einarbeitungszeiten, Besonderheiten des Arbeitsmarktes sowie interne Abstimmungsprozesse in Ihre Planung einkalkulieren und frühzeitig agieren. Berücksichtigen Sie, dass Auswahlprozesse oft länger dauern, je höher die Anforderungen an neue Mitarbeiter sind.

6.1.7 Personalkostenplanung

Um dem hohen Anteil der Personalkosten an den Gesamtkosten des Unternehmens Rechnung zu tragen, sollten Sie der Personalkostenplanung im Interesse der Wirtschaftlichkeit besondere Aufmerksamkeit widmen. Auf der Basis einer bewusst erarbeiteten Personalbedarfs-, -einsatz-, -entwicklungs- und -beschaffungsplanung lassen sich Personalkosten genauer planen. Im Rahmen Ihrer Personalkostenplanung sollten Sie einige Punkte berücksichtigen, zum Beispiel jährliche Lohn- und Gehaltssteigerungen. Informationen hierzu finden Sie in Checkliste 6.2 auf der CD.

6.1.8 Personalfreisetzungsplanung

Unter Personalfreisetzung versteht man die ersatzlose Streichung besetzter Stellen und die Wahl einer oder mehrerer Verwendungsalternativen für das stellenlos gewordene Personal. Häufig wird der Begriff Personalfreisetzung mit Entlassung gleichgesetzt. Dieser Punkt ist aber nur einer von verschiedenen Verwendungsalternativen für das nicht mehr benötigte Personal in der Folge von Freisetzung.

Eine Personalfreisetzungsplanung wird vor allem dann wichtig, wenn das Ergebnis einer Nettopersonalbedarfsplanung negativ ausfällt, also eine Personalüberdeckung besteht. Dann kommt es zu der Frage, was mit dem überschüssigen Personal geschehen soll: »Können wir die Mitarbeiter an anderen Stellen sinnvoll und ihren Qualifikationen entsprechend einsetzen, oder müssen wir uns auf Dauer von diesen Mitarbeitern trennen?« Je früher Sie das freizusetzende Personal identifizieren, also festgestellt haben, welche Stellen wegfallen, umso mehr Verwendungsalternativen stehen Ihnen zur Verfügung, und es muss nicht zwangsläufig zu Entlassungen kommen. Im Fall des frühzeitigen Erkennens können Sie oft noch mit beschäftigungserhaltenden und sozial verträglichen Maßnahmen arbeiten. Folgende Anpassungsweisen stehen Ihnen hier zur Verfügung:

- Einstellungsstopps unter gleichzeitiger Ausnutzung der Fluktuation;
- Nichtverlängerung befristeter Verträge;
- vorzeitige beziehungsweise gleitende Pensionierung;
- Rückführung freigesetzten Personals in selbstständige private Existenzen;
- Ausgliederung von Unternehmensbereichen, die nicht an der eigentlichen Wertschöpfungskette beteiligt sind;
- Teilzeitbeschäftigung;
- vorübergehende Arbeitszeitverkürzung;
- Urlaubsgestaltung und -planung durch Verlegung oder unbezahlten Urlaub;
- durch eine strategische Umsetzung kann versucht werden, von Freisetzung bedrohte Stellen in wieder vakante Stellen zu verwandeln;
- Abbau von Überstunden.

Warten Sie im Gegensatz dazu solange bis die Freisetzungsursache eingetreten ist, müssen Sie sofort reagieren und haben kaum die Möglichkeit, auf anderem Wege als durch Beendigung oder Veränderung bestehender Arbeitsverhältnisse die Soll-Zahlen zu erreichen. Hier stehen Ihnen folgende Verwendungsalternativen zur Verfügung:

- Entlassung,
- Massenentlassung,
- Aufhebungsverträge mit Abfindung,
- Entlassung, aber Weiterbeschäftigung des Mitarbeiters auf Provisionsbasis, gegen Stücklohn oder Auftragshonorar,
- Versetzung,

- Abbau von Überstunden,
- Einführung von Kurzarbeit,
- Outplacement (Entschließen Sie sich für eine der Arten der Entlassung, haben Sie mit Outplacement eine Möglichkeit, den Mitarbeiter bei der Suche nach einer seinen Eignungen entsprechenden Aufgabe in einem anderen Unternehmen zu unterstützen.).

6.2 Die Rolle des Betriebsrats

Die meisten personalwirtschaftlichen Veränderungen in Unternehmen werden durch die Personalplanung vorbereitet und eingeleitet. Frühe Kenntnisse über die Planungen im Personalbereich ermöglichen deshalb dem Betriebsrat, frühzeitig eine beratende Einflussnahme auszuüben, um die Interessen der Beschäftigten bezüglich Arbeitsplatzsicherheit, Einkommen und humaner Arbeitsbedingungen zu schützen. Hierbei geht es auch darum, mittels eigener Überlegungen zur Personalplanung aus Sicht der Beschäftigten Alternativen auszuarbeiten und in die Beratungen einzubringen.

Leider ist aus unserer Erfahrung die Zusammenarbeit zwischen Betriebsrat und Unternehmensleitung nicht immer so, dass gemeinsam »an einem Strick gezogen wird«. Das führt dann schnell dazu, dass dem Betriebsrat nicht oder zu spät personalplanerische Sachverhalte mitgeteilt werden. Zum Teil wird auch ganz gezielt versucht, den Betriebsrat in diesem sensiblen Mitbestimmungsfeld mangels Information daran zu hindern, kritische Fragen zu stellen und eigene Konzepte zu erarbeiten. Letztendlich nutzen tut dies aber nichts. Denn die Betriebsräte haben ein Unterrichtungs- und Beratungsrecht. Das bedeutet, dass Sie auf jeden Fall den Betriebsrat über bevorstehende Personalplanungen unterrichten müssen und dieser dann auch das Recht hat, Ihnen beratend zur Seite zu stehen. Dieses ist im Betriebsverfassungsrecht geregelt. Nach § 92 Absatz 1 BetrVG hat der Arbeitgeber den Betriebsrat rechtzeitig und umfassend, das heißt unter Vorlage aller Unterlagen und Informationen, über die Personalplanung zu unterrichten und mit ihm die geplanten Maßnahmen zu beraten. »Rechtzeitig« heißt, dass sich der Betriebsrat vor Durchführung der Maßnahmen noch beraten kann, eventuell Bedenken anmelden und Impulse geben kann. Zu den beratenden Maßnahmen gehören insbesondere die der Personalbeschaffung wie zum Beispiel der Einsatz von Leiharbeitern, der Personalentwicklung wie zum Beispiel Schulungsmaßnahmen (Vergleiche auch § 96 BetrVG Förderung der Berufsausbildung, § 97 BetrVG Einrichtungen und

Maßnahmen der Berufsausbildung und § 98 BetrVG Durchführung betrieblicher Bildungsmaßnahmen), des Personalabbaus wie zum Beispiel bei Maßnahmen bei Betriebsänderungen nach § 111 BetrVG oder des Personaleinsatzes. Achten Sie darauf, dass es sich nach § 92 Absatz 2 BetrVG nur um ein »Vorschlagsrecht« des Betriebsrates handelt, nicht um ein Mitbestimmungsrecht. Dieses Vorschlagsrecht bezieht sich auf die Einführung und Durchführungsmaßnahmen der Personalplanung. Es kann sich hierbei um die Systematik einer Personalplanung oder den Einsatz von technischen Hilfsmitteln handeln. Des Weiteren kann der Betriebsrat vorschlagen, wie im Rahmen der Personalplanung zum Beispiel die Weiterbildung von Arbeitnehmern betrieben werden soll. Die Personalplanung bezieht sich auf den gegenwärtigen und künftigen qualitativen und quantitativen Personalbedarf, allerdings sind Fragen der Personalbedarfsplanung, insbesondere ob der Personalbestand vergrößert oder verkleinert wird, nicht beratungspflichtig.

Für Sie kann es nur von Vorteil sein, mit dem Betriebsrat zu arbeiten anstatt gegen ihn. Etablieren Sie eine transparente Kommunikation und nutzen sie die positiven Effekte der Zusammenarbeit. Kämpfen bringt in der Regel keine Seite weiter. Es kostet nur Energie, Geld und Zeit.

6.3 Die richtige Perspektive einnehmen

Vor dem Hintergrund der zumeist theoretischen Grundgedanken der Personalplanung müssen Sie für Ihr Unternehmen die Entscheidung treffen, welche Schritte der Personalplanung für Ihr Unternehmen richtig und wichtig sind. Ziel dabei ist immer »der richtige Mitarbeiter zur richtigen Zeit am richtigen Platz«. Das, was hilfreich und zielführend ist, richtet sich nach den Unternehmenszielen, aber auch nach der Phase, in der sich Ihr Unternehmen gerade befindet: Ein Unternehmen, das sich in der Aufbau-, Wachstums- oder Expansionsphase befindet, muss seine Prioritäten anders setzen als ein Unternehmen, das sich in einer Konsolidierungs- oder sogar Personalabbauphase befindet. Checkliste 6.3 auf der CD soll Ihnen einige Denkanstöße geben, mithilfe derer Sie die Unternehmenssituation analysieren und anschließend auf die für Sie notwendige Personalplanung übertragen können.

6.3.1 Personalplanung in der Aufbau-, Wachstums- und Expansionsphase

Befindet sich Ihr Unternehmen in einer Aufbau- und Wachstumsphase, haben Sie als Personalreferent gute Möglichkeiten, mit einer durchdachten Personalplanung wesentlich zum Unternehmenserfolg beizutragen. Auch jetzt dreht sich alles um die Fragen:

- Wo stehen wir und wo wollen wir hin?
- Wann brauchen wir welche Mitarbeiter wo?
- Welche Qualifikationen brauchen wir? Haben wir diese, können wir diese ausbilden oder müssen wir sie am Arbeitsmarkt beschaffen?
- Welche Chancen ergeben sich aus dem Wachstum für Mitarbeiter des Unternehmens?

Ein gezielte Planung und die richtige und kreative Kombination der Instrumente des Personalmarketings, der Rekrutierung, der Personalauswahl und Personalentwicklung sind jetzt Ihre Erfolgsfaktoren.

6.3.2 Personalplanung in der Konsolidierungsphase

Befindet sich Ihr Unternehmen in einer Konsolidierungsphase, bedeutet das für Sie hinsichtlich der Personalplanung noch keine Ruhepause. Auch hier ist eine gute, vorausschauende Planung wichtig. Machen Sie sich Gedanken darüber, was Sie zur Motivation, Leistungsfähigkeit, Flexibilität und Veränderungsfähigkeit der Mitarbeiter des Unternehmens beitragen können, und nutzen Sie hierfür die Instrumente der Personalentwicklung. Es lässt sich nicht immer vorhersehen, wann sich die Gegebenheiten wieder ändern. Hier helfen frühzeitig erstellte, vorausschauende Konzepte. Außerdem ist nichts schlimmer als ein eingefahrenes, stagnierendes Unternehmen.

6.3.3 Personalplanung in der Personalabbauphase

Veränderungen der Märkte, betriebliche Neustrukturierungen, Fusionen und Übernahmen und nicht zuletzt finanzielle Anforderungen haben ihre Auswirkungen auf die Beschäftigungssituation und führen in vielen Fällen zum Abbau von Personal. Aus Sicht des Unternehmens sollte ein Personalabbau sorgfältig vorbereitet und konsequent umgesetzt werden. Nur so können die damit verbundenen Potenziale (zum Beispiel der Kostensenkung) genutzt sowie die damit einhergehenden Konflikte und menschlichen Probleme gelöst werden.

Ist Ihr Unternehmen von einem Personalabbau bedroht, handeln Sie nicht voreilig. Meist tritt diese Situation nicht von heute auf morgen ein. Wichtig ist, Signale frühzeitig zu erkennen und dann sorgfältig zu planen, damit Sie keine bösen Überraschungen erleben. Was ist der Auslöser des notwendigen Personalabbaus und welche Maßnahmen sind jetzt sinnvoll? Je nach Anlass, Dauer und Ausmaß der Freisetzungen bieten sich, wie oben beschrieben, unterschiedliche Maßnahmen an.

Wenn es in Ihrem Unternehmen zu Personalfreisetzungen kommt, müssen Sie einige Punkte beachten: Kündigungsmodalitäten des Arbeitsrechts bezüglich Befristung (vergleiche § 14 TzBfG), Auswahl (Sozialauswahl), Entgeltzahlung (vergleiche zum Beispiel § 612 BGB) sowie Rechte und Pflichten nach Beendigung des Arbeitsverhältnisses müssen genau eingehalten werden. Hierfür sollten Sie sich unbedingt immer über die aktuelle Gesetzeslage informieren – diese verändert sich regelmäßig und erlaubt es Ihnen leider nicht, sich auf »alten Paragrafen« auszuruhen. Kommt es hier zu einem Fauxpas, kann es für Ihr Unternehmen zu einem erheblichen Imageverlust bei Kunden und Eignern kommen. Am besten holen Sie sich hierfür die Hilfe eines Arbeitsrechtlers.

Sobald Ihre Mitarbeiter spüren, dass Köpfe rollen, kann es bei den verbleibenden Mitarbeitern zu Motivationsverlust kommen (siehe Kapitel 5). Durch eine transparente Vorgehensweise vermeiden Sie, dass sich unnötige Ängste aufbauen und Demotivation entsteht. Tragen Sie zu einer offenen und ehrlichen Kommunikation bei. Jede »Lüge«, sei sie noch so gut gemeint, wird irgendwann erkannt und trägt zu mehr Misstrauen und Demotivation bei.

7 Der richtige Mitarbeiter am richtigen Platz

In Kapitel 6 haben wir die verschiedenen Facetten der Personalplanung vorgestellt. Alle beschriebenen Vorgehensweisen zur Personalplanung erfolgen mit dem Ziel: »der richtige Mitarbeiter zur richtigen Zeit am richtigen Platz«. Die Methoden der Personalplanung geben aber keine Antwort darauf, welches der richtige Mitarbeiter und welches der richtige Platz ist.

Nehmen wir folgendes Beispiel: In Ihrem Unternehmen gehen zwei ältere Teamleiter in den Ruhestand. Ihre Personalplanung hat es Ihnen erlaubt, den Bedarf rechtzeitig zu erkennen und die Positionen intern neu zu besetzen. Ausgewählt wurden zwei junge, erfolgreiche Mitarbeiter, denen beiden in ihrer bisherigen Position sehr gute Leistungen attestiert wurden, sodass man meinte, sie könnten die neue Führungsaufgabe übernehmen. Während der eine Mitarbeiter sich schnell in seine neue Rolle einfindet und bereits nach kurzer Zeit ein bemerkenswertes Leistungsniveau erreicht, steckt sein Kollege in Schwierigkeiten: Er kommt mit den Erwartungen an seine Führungsrolle nicht zurecht und vermag sein neues Aufgabenfeld nur mittelmäßig zu bewältigen. Die Analyse der Situation macht deutlich, dass nur der erfolgreiche Mitarbeiter über die für die effektive Ausübung der Führungsrolle benötigten Kompetenzen verfügt. Sein erfolgloser Kollege verfügt über diese Kompetenzen offensichtlich nicht und kann die Anforderungen der neuen Stelle dementsprechend nicht erfüllen. Hier ist es also nur in einem Fall gelungen, den richtigen Mitarbeiter an den richtigen Platz zu befördern.

Unser Beispiel zeigt, wie wichtig es ist, darauf zu achten, dass ein Mitarbeiter den spezifischen Anforderungen einer Position im Unternehmen genügt. Nur wenn eine Passung zwischen den Kompetenzen des Mitarbeiters und den Anforderungen der Stelle besteht, sind eine erfolgreiche Wahrnehmung der Aufgaben und damit ein positiver Beitrag zur Zielerreichung des Unternehmens möglich.

Der richtige Mitarbeiter am richtigen Platz heißt, dass Sie immer zwei Variablen beachten müssen: die Stelle mit ihren Aufgaben und Anforderungen und den Mitarbeiter mit seinem Können und Wollen. Beide Variablen sollten vor einer Neubesetzung überprüft werden:

1. Stellen sollten regelmäßig daraufhin überprüft werden, ob sie in ihrer bestehenden Form noch notwendig sind oder hinsichtlich der Aufgabeninhalte oder organisatorischen Einordnung einer Veränderung bedürfen. Wichtig ist auch zu prüfen, ob die Rahmenbedingungen einer Stelle zu den Aufgaben passen, also die für die erfolgreiche Bewältigung der Aufgaben benötigte Entscheidungskompetenz beziehungsweise Verantwortung umfassen. Hat ein Mitarbeiter nicht genügend Entscheidungsfreiheit, wird er trotz vorhandener Kompetenzen nicht in der Lage sein, sehr gute Leistungen zu erbringen.
2. Mitarbeiter (bereits im Unternehmen vorhandene genauso wie am Arbeitsmarkt angeworbene) müssen dahingehend überprüft werden, ob sie die für die Aufgaben und Verantwortung notwendigen fachlichen wie zwischenmenschlichen Kompetenzen mitbringen beziehungsweise diese erwerben können und ob sie über die zur Stelle passende Motivation verfügen. Bei Stellenbesetzungen mit externen Kandidaten sollte ferner darauf geachtet werden, dass der Kandidat hinsichtlich seiner Werte und Persönlichkeit zur Kultur des Unternehmens passt. Beachten Sie diese Aspekte nicht, wird sich bewahrheiten, was bereits viele Unternehmen so erlebt haben: »We hire them for their competencies, we fire them for their personality.«

Abb. 7.1: Kriterien für eine »saubere« Stellenbesetzung

In diesem Kapitel soll es um die Voraussetzungen einer guten Stellenbesetzung gehen. Wir legen die Grundlagen für spätere Kapitel, die sich detailliert mit den Fragen der Personalauswahl und Personalentwicklung befassen. Dafür werden wir uns zunächst dem Sinn und Nutzen von Stellenbeschreibungen widmen. Darauf aufbauend werden wir verschiedene Verfahren der Anforderungsanalyse beschreiben und Ihnen eine praxisnahe, ohne großen Aufwand durchführbare Vorgehensweise zur Erstellung eines dynamischen Anforderungsprofils vorstellen. Im dritten Abschnitt dieses Kapitels möchten wir Ihnen einen Einblick in das so genannte Kompetenzmanagement geben, das ein integriertes, dynamisches System des Personalmanagements darstellt und Grundlage für eine zielgerichtete Entwicklung und Qualifizierung von Mitarbeitern und damit auch für die Besetzung von Stellen ist.

Abb. 7.2: Basis erfolgreicher Personalsuche: Von den Positionszielen zu den Anforderungen

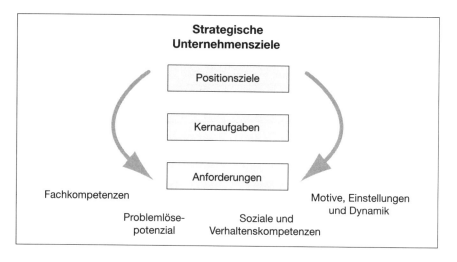

Abb. 7.3: Gegenüberstellung von Bewerber und Unternehmen: Best Match

Für Bewerber und Unternehmung gehören Besetzungsentscheidungen zu den wichtigsten Wahlhandlungen	
Bewerber	**Unternehmen**

• sozialer Hintergrund
• Fähigkeiten, Fertigkeiten + Kenntnisse
• Interessen,
  Bedürfnisse + Werte + Motive
• Entwicklungspotenzial +
  allg. erfolgsrelevante Merkmale
	• Firmenkultur, Branche
	• Anforderungen der Position
	• Unternehmensleistungen/
	  Sozial- und Zusatzleistungen
	• Ziele und Strategien

Bewerber und Unternehmen müssen in vielerlei Hinsicht zueinander passen!	

7.1 Stellenbeschreibungen: Sinn und Nutzen

Die Grundlage dafür, den richtigen Mitarbeiter am richtigen Platz zu positionieren, liegt im Auswahlverfahren. Eine erfolgreiche Personalgewinnung beginnt im besten Fall mit einer Stellenbeschreibung. Sie ist die Basis für die genaue Beschreibung der Ziele, Aufgaben und Anforderungen der Stelle.

Eine Stellenbeschreibung ist zum einen ein Hilfsmittel der Personalorganisation, indem sie zur Gestaltung der Aufbau- und Ablauforganisation beiträgt und Funktionen wie Verantwortungsbereiche eindeutig festlegt. Zum anderen dient die Stellenbeschreibung auch als Führungsinstrument, da sie als Informationsgrundlage bei der Personalbeschaffung fungiert, Orientierungshilfe bei der Einarbeitung und Beurteilung bietet und zur Ermittlung von Qualifikationslücken beiträgt.

Die Stellenbeschreibung wird vielfach auch Arbeitsplatzbeschreibung genannt. Streng genommen sind die beiden Begriffe jedoch nicht synonym zu verwenden. Eine Arbeitsplatzbeschreibung beschränkt sich im Regelfall auf die sehr detaillierte Vorstellung sämtlicher Aufgaben, die einer Stelle zugeordnet werden. Beispielsweise umfasst sie eine genaue Anleitung, wie bestimmte Formulare und Berichtsvorlagen ausgefüllt werden müssen. Eine Stellenbeschreibung ist hingegen weniger detailreich und nennt jenseits der Aufgaben weitere wichtige Merkmale der Stelle.

7.1.1 Inhalt einer Stellenbeschreibung

In einer Stellenbeschreibung werden die Zielsetzung der Stelle (abgeleitet aus den Unternehmenszielen), die zu erreichenden Ergebnisse, ihre Eingliederung in den Organisationsaufbau und die wichtigsten Beziehungen zu anderen Stellen sowie die Haupt- und Sonderaufgaben und Befugnisse des Stelleninhabers durch genaue Formulierung beschrieben. Viele Stellenbeschreibungen umfassen auch eine Beschreibung der für die Erfüllung einer Stelle notwendigen Kompetenzen. Eine umfassende Stellenbeschreibung bietet das Beispiel 1:

Beispiel 1: Stellenbeschreibung

1. Bezeichnung der Position: »Teamleiter Kundenbetreuung«.
2. Ziele: Beratung und Betreuung der Kunden unter wirtschaftlichen Gesichtspunkten hinsichtlich der bedarfsgerechten Nutzung der innovativen und kompetenten Dienstleistungen des Unternehmens.

3. Aufgaben und Verantwortung:
   - Beraten und Unterstützen des Kunden bei System- und Anwendungswechsel bezüglich der technischen Kommunikation sowie der Integration neuer Anwendungssysteme und Merkmale in die Kundenanwendung.
   - Unterstützen bei der Erarbeitung von Lösungsvorschlägen in Umstrukturierungsprozessen der Kunden und deren Umsetzung.
   - Erstellen von Angeboten (gegebenenfalls mit der Abstimmung im Vertrieb) für die technische Anbindung und Abwicklung der Aufträge.
   - Kundengespräche und -schriftwechsel zur Sicherstellung der Datenqualität, -vollständigkeit, -aktualität und -sicherheit.
   - Erarbeiten von Lösungsvorschlägen für Kunden zum Erreichen von Datenqualität, -vollständigkeit, -aktualität und -sicherheit sowie Beratung und Unterstützung des Kunden bei der Umsetzung.
   - Koordination und Mentoring der Mitarbeiter im Team.
   - Interner Koordinator für Sonderaktionen der Kunden.
   - Schulung von Mitarbeitern.

Checkliste 7.1 auf der CD zeigt ein einfaches und übersichtliches Beispiel für eine Stellenbeschreibung für einen Leiter Personalbetreuung.

Eine Stellenbeschreibung wird sowohl vom Stelleninhaber als auch von seinem Vorgesetzten unterschrieben. Dies geschieht in der Regel am ersten Arbeitstag des neuen Mitarbeiters. Mit der Unterschrift bezeugen beide Parteien, dass sie den Inhalt der Beschreibung zur Kenntnis genommen haben und der neue Mitarbeiter über seine Aufgaben, Rechte und Pflichten informiert ist.

7.1.2 Vorteile einer Stellenbeschreibung

Eine Stellenbeschreibung bietet dem Stelleninhaber Orientierung und ermöglicht dem neuen Mitarbeiter, sich schnell in sein neues Aufgabengebiet einzuarbeiten. Doch nicht nur dem Stelleninhaber, auch dem Unternehmen insgesamt bieten Stellenbeschreibungen zahlreiche Vorteile:

- Sie schaffen eine bessere Übersicht über die Aufgaben- und Verantwortungsverteilung innerhalb eines Bereiches und innerhalb des Unternehmens.
- Doppelarbeiten und unklare Zuständigkeiten werden vermieden.
- Sie sind die informatorische Grundlage für Personalplanung, Personaleinsatz, Personalentwicklung, Leistungsbeurteilung und Lohn- und Gehaltsfestsetzung.

- Sie sind die Grundlage für aussagekräftige Stellenanzeigen.
- Sie erleichtern die Einarbeitung neuer Mitarbeiter.

Bestimmt erkennen Sie bereits an dieser Stelle, wie wichtig eine gut gemachte Stellenbeschreibung ist. Gehen Sie bei der Erstellung der Beschreibung oberflächlich vor, rächt sich dies vielfach, da alle Vorgänge, die auf das Dokument zurückgreifen, entsprechende Qualitätseinbußen haben werden.

7.1.3 Schwierigkeiten im Zusammenhang mit Stellenbeschreibungen

Wo es Vorteile gibt, fehlt es meistens auch nicht an Nachteilen. So auch im Zusammenhang mit Stellenbeschreibungen. Deshalb möchten wir Ihnen an dieser Stelle einige Tipps zum Umgang mit Schwierigkeiten geben. Potenzielle Nachteile von Stellenbeschreibungen sind:

- Fokussierung des Mitarbeiters auf die beschriebenen Tätigkeiten;
- zeit- und arbeitsaufwändige Erhebung;
- regelmäßige Überarbeitung notwendig;
- ungenügende Basis für Mitarbeiterbeurteilungen, Auswahl- und Entwicklungsentscheidungen, insbesondere dann, wenn die Stellenbeschreibung keine Aussage zu fachlichen und überfachlichen Kompetenzen enthält und nicht regelmäßig aktualisiert wird.

7.1.3.1 Fokussierung des Mitarbeiters auf beschriebene Tätigkeiten

Es besteht die Gefahr, dass ein Mitarbeiter die Beschreibung seiner Stelle als feste Aufgabenbeschreibung versteht und deshalb nur die Tätigkeiten wahrnimmt, die in der Stellenbeschreibung aufgeführt sind. Folge ist der so genannte Dienst nach Vorschrift. Ein anderer Mitarbeiter fühlt sich möglicherweise durch die Stellenbeschreibung eingeengt, weil sie ihm (auf den ersten Blick) wenig Raum für Eigeninitiative lässt. Das wirkt demotivierend.

Um der ersten Gefahr vorzubeugen, sollten Stellenbeschreibung nicht nur Aufgaben, sondern unbedingt auch die Ziele der Position umfassen. In der internen Kommunikation sollten sie lediglich als Orientierungsrahmen für die vom Mitarbeiter auszuführenden Tätigkeiten, aber nicht als erschöpfende Aufgabenbeschreibung kommuniziert werden. Dass weitere Aufgaben durch seinen direkten Vorgesetzten auf ihn übertragen werden können – beispielsweise zeitlich befristete Projektaufgaben –, sollte der Stelleninhaber wissen. Um zu vermeiden, dass die Stellenbeschreibung als allzu einschränkend empfunden wird, sollte sie keine zu detaillierten Aufgabenbeschreibungen enthalten. Werden die Tätigkeiten etwas allgemeiner formuliert, lässt dies dem Unternehmer, den Vorgesetzten und letztlich den Stelleninhabern angemessen Raum für situative Anpassungen.

7.1.3.2 Zeit- und arbeitsaufwändige Erhebung

Eine formale Beschreibung sämtlicher Stellen eines Unternehmens ist je nach Größe der Organisation in der Tat sehr zeitaufwändig. Stellen müssen in das Organisationsgefüge eingeordnet, Unter- und Überstellungen sowie horizontale Beziehungen zwischen Stellen geklärt, Aufgaben und Kompetenzen zugeordnet werden. Das lässt sich nicht im Handumdrehen erledigen. Verwenden Sie zu wenig Zeit auf das Verfassen von Stellenbeschreibungen, resultieren hieraus ungenaue Beschreibungen, die keine ausreichende Informationsgrundlage für ein effektives Personalmanagement darstellen. Wie Sie ohne allzu großen Aufwand zu hochwertigen Stellenbeschreibungen kommen, beschreiben wir in diesem Kapitel unter 7.1.4.

Tabelle 7.1: Vier Schritte zur Stellenbeschreibung

1. Erstellung der Aufgabenbeschreibung durch den Stelleninhaber.
2. Überprüfung und gegebenenfalls Ergänzung/Korrektur der Aufgabenbeschreibung des Mitarbeiters durch den Vorgesetzten.
3. Ergänzen von Zielen, organisatorischer Einordnung, Verantwortungsbereichen und Anforderungen (ggf. in Zusammenarbeit mit der Personalabteilung).
4. Austausch über die Stellenbeschreibung und Feinabstimmung in einem Mitarbeitergespräch (ggf. in Zusammenarbeit mit der Personalabteilung).

7.1.3.3 Regelmäßige Überarbeitung notwendig

Eine Stellenbeschreibung ist immer nur eine Momentaufnahme. Da die Unternehmensstruktur vieler Unternehmen heutzutage einem mehr oder minder häufigen Wandel unterzogen ist, bedarf es einer regelmäßigen Aktualisierung der Stellenbeschreibungen. Tun Sie das nicht, können Sie auf Stellenbeschreibungen auch verzichten, denn sie haben dann keinen Wert und Nutzen. Je nach Veränderungsgeschwindigkeit sollten die Stellenbeschreibungen alle zwei bis drei Jahre, auf jeden Fall aber nach Reorganisationen auf ihre Aktualität hin überprüft werden. Eine gute Möglichkeit zur

Überprüfung der Stellenbeschreibung ist das jährliche Mitarbeitergespräch zwischen dem Mitarbeiter und seiner Führungskraft. Gemeinsam können sie die Stellenbeschreibung analysieren und bei Bedarf um neue Ziele, Aufgaben, Zuständigkeiten und so weiter ergänzen beziehungsweise weggefallene Tätigkeiten streichen. Ein weiterer wichtiger Zeitpunkt zur Aktualisierung ist ein Wechsel des Positionsinhabers. Überprüfen Sie vor der Suche nach einem neuen Mitarbeiter, ob die Stellenbeschreibung noch die aktuellen Gegebenheiten wiedergibt.

7.1.3.4 Ungenügende Basis für Mitarbeiterbeurteilungen, Auswahl- und Entwicklungsentscheidungen

Je nach Gestaltung der Stellenbeschreibung bietet diese zwar vielleicht eine sehr genaue Beschreibung der Aufgaben. Das allein reicht aber nicht, um Veränderungen in der Position bei Veränderungen der Rahmenbedingungen wiederzugeben oder um neue Positionsanwärter auszuwählen oder auf die Position hinzuentwickeln. Für diese Zielsetzung ist es zum Beispiel wichtig, die Positionsziele zu beschreiben, zwischen Kern- und Nebenaufgaben zu unterscheiden und den Zusammenhang zwischen einzelnen Tätigkeiten und Positions- oder Unternehmenszielen zu verdeutlichen. Auch eine Anforderungsbeschreibung ist hierfür erforderlich.

7.1.4 Wie wird es gemacht? In vier Schritten zur fertigen Stellenbeschreibung

Die nachfolgenden vier Schritte beschreiben, wie Sie eine Stellenbeschreibung erstellen. Bei diesem Vorgehen werden der Stelleninhaber selbst sowie sein Vorgesetzter stark in die Verantwortung genommen.

7.1.4.1 Erstellung der Beschreibung durch den Stelleninhaber

Niemand kennt eine Stelle besser als der jeweilige Stelleninhaber. Deshalb sollte er auch die Beschreibung seiner Aufgaben selbst vornehmen. Geben Sie ihm dafür ausreichend Zeit, sodass er keine Tätigkeiten vergisst. Bitten Sie den Stelleninhaber, seine Aufgaben in übersichtlicher Form aufzuschreiben. Am besten geben Sie ihm ein vorgefertigtes Formular wie Checkliste 7.2 auf der CD an die Hand, das er nur noch ausfüllen muss.

7.1.4.2 Überprüfung und gegebenenfalls Ergänzung/Korrektur durch den Vorgesetzten

Nachdem der Stelleninhaber alle seine Aufgaben zu Papier gebracht hat, sollte die Übersicht vom direkten Vorgesetzten auf Vollständigkeit und Richtigkeit hin überprüft werden. Bei Bedarf hat er entsprechende Ergänzungen oder Korrekturen vorzunehmen. Es könnte beispielsweise sein, dass der Mitarbeiter unbeliebte Tätigkeiten eher weglässt oder eine Aufgabe vergisst, da sie während des Zeitraumes der Niederschrift nicht anfällt. Ferner sollte der Vorgesetzte die übrigen Aspekte der Stellenbeschreibung ergänzen (beispielsweise Angaben zu den Positionszielen, zur organisatorischen Einordnung oder zu Befugnissen), sofern dies nicht bereits vorher durch die Personalabteilung geschehen ist. Checkliste 7.3 auf der CD kann dem Vorgesetzten (aber auch Ihnen selbst) noch einmal einen Überblick über alle zu beachtenden Gesichtspunkte verschaffen.

7.1.4.3 Austausch über die Stellenbeschreibung in einem Mitarbeitergespräch

Der Stelleninhaber und sein Vorgesetzter sollten anschließend im Rahmen eines Mitarbeitergesprächs die Stellenbeschreibung noch einmal diskutieren, feinabstimmen und verabschieden. Bei Unstimmigkeiten sollten diese gemeinsam mit der Personalabteilung geklärt werden.

7.1.4.4 Unterschrift von Stelleninhaber und Vorgesetztem

Nach der endgültigen Abstimmung der Stellenbeschreibung wird diese durch den Stelleninhaber und seinen Vorgesetzten unterschrieben. Beide erkennen damit den Inhalt der Stellenbeschreibung an.

Die Vorteile der beschriebenen Vorgehensweise liegen auf der Hand:

- Die Informationen zum Inhalt der Stelle kommen vom Positionsinhaber selbst, der seine Aufgaben am besten kennt und somit am leichtesten Auskunft über den gegenwärtigen Inhalt des Arbeitsplatzes geben kann.
- Der Stelleninhaber und sein Vorgesetzter setzen sich kritisch mit den Stelleninhalten auseinander und gewinnen somit ein gemeinsames Verständnis der Ziele und Aufgaben der betrachteten Position.
- Es wird gewährleistet, dass auch unbeliebte Aufgaben erledigt werden, die von der Führungskraft entsprechend verfügt und in die Stellenbeschreibung aufgenommen werden können.

- Es wird überprüft, was getan wird und ob dies noch sinnvoll strukturiert ist. So können gegebenenfalls Aufgaben und Prozesse aktualisiert werden.

Wird eine Stelle neu geschaffen, gibt es noch keinen Stelleninhaber, den man zu seinen Aufgaben befragen könnte. In diesem Fall sollte der Leiter der Organisationseinheit, der diese neue Stelle zugeordnet ist, beauftragt werden, eine grobe Stellenbeschreibung anzufertigen. Diese muss kontinuierlich verfeinert werden, sobald die Stelle besetzt ist.

7.1.4.5 Ihre Rolle als Personalreferent bei der Erstellung von Stellenbeschreibungen

Ihre Rolle und Verantwortung bei der Erstellung von Stellenbeschreibungen ist die des Beraters sowie die des Prozessbegleiters. Ihre Aufgabe ist es,

- sicherzustellen, dass für jede Stelle Ihres Unternehmens eine aktuelle Stellenbeschreibung existiert. Diese müssen Sie verwalten, pflegen und bei Bedarf aktualisieren;
- zu überprüfen, ob alle Beteiligten die Aufgabe korrekt ausführen können;
- den Mitarbeitern und Führungskräften mit Rat und Tat zur Seite zu stehen und beide im Prozess der Erstellung einer Stellenbeschreibung zu begleiten;
- Formulare und benötigtes Methoden-Know-how bereitzustellen sowie
- die fertige Stellenbeschreibung fachlich zu überprüfen und zu aktualisieren. Nur so können Sie vermeiden, Relikte vergangener Zeiten zu verwalten. Wenn Sie sich jährlich das Update zukommen lassen, haben Sie gleichzeitig Kontrolle über den aktuellen Stand.

7.2 Die richtige Basis schaffen: Anforderungsanalysen und zielorientierte Anforderungsprofile

Um eine neue oder frei gewordene Stelle in Ihrem Unternehmen mit dem richtigen Mitarbeiter zu besetzen und um die richtigen Beförderungsentscheidungen treffen zu können, müssen Sie die Anforderungen, die in der jeweiligen Position an den Stelleninhaber gestellt werden, kennen. Immer wieder beobachten wir, dass sich Unternehmen für den Schritt der Anforderungsanalyse nicht genügend Zeit nehmen. Es erscheint zu aufwändig und zu teuer, zu zeitintensiv, und überhaupt »ging es bisher auch ohne« beziehungsweise »die Führungskraft weiß schon, was und wen sie braucht«.

Ohne aktuelles Anforderungsprofil liegt Ihnen bei der Besetzungsentscheidung aber kein gültiger Maßstab vor, an dem die Bewerber gemessen werden können. Die Folgen sind nicht nur ein erschwerter Auswahlprozess (»Nach wem suchen wir überhaupt?«), sondern sehr häufig auch Fehlbesetzungen, da Besetzungsentscheidungen aus dem Bauch heraus oder auf der Basis veralteter Anforderungsvorstellungen getroffen werden müssen. Und diese Fehlbesetzungen sind teuer: Im Durchschnitt fallen Kosten in anderthalbfacher Höhe des Jahreseinkommens des Stelleninhabers an (Kosten für Abfindung, Suche eines Nachfolgers und Neubesetzung). Opportunitätskosten für entgangene Erlöse, Reibungsverluste, unzufriedene Kollegen, Wissensverlust und so weiter während der Phase der Neubesetzung kommen noch hinzu.

Um den richtigen Mitarbeiter zu finden, ist es von großer Wichtigkeit, die genauen Anforderungen der Position zu kennen. Denn wenn Sie nicht wissen, wonach Sie suchen, werden Sie alles mögliche, nur nicht den richtigen Mitarbeiter finden.

Zu den Anforderungen zählen bestimmte formale Voraussetzungen wie ein bestimmter Schul-/Ausbildungs- oder Studienabschluss, die fachliche Qualifikationen, Verhaltenskompetenzen und Persönlichkeitsmerkmale (vergleiche Abbildung 7.4).

Abb. 7.4: Die Kompetenzpyramide

Für alle drei Bereiche ermittelt die Anforderungsanalyse jene Fähigkeiten, die notwendig sind, damit der Mitarbeiter die Aufgaben der Stelle erfolgreich erfüllen kann. Ziel der Anforderungsanalyse ist die Erstellung eines positionsspezifischen Anforderungsprofils, das sämtliche Anforderungen an den Stelleninhaber benennt und als Basis für Besetzungsentscheidungen, Bewertungsmaßstab in Interviews und Auswahlverfahren, aber auch als Grundlage für notwendige Qualifizierungsmaßnahmen genutzt werden kann.

Mit Kunden führen wir eine Anforderungsanalyse häufig im Rahmen eines Workshops durch. Hierbei werden Schritt für Schritt folgende Fragen erarbeitet:

1. Schritt:
Ziele der Position: »Es soll erreicht werden, dass ...«
2. Schritt:
Aufgaben: »Was muss jemand tun, um diese Ziele zu erreichen?«
3. Schritt:
Können und Wollen: »Was muss jemand können und wollen, um die Aufgaben erfolgreich zu erfüllen?«

Im obigen Beispiel der Stellenbeschreibung für die Position des »Teamleiters Kundenbetreuung« sind in der Diskussion folgende Aspekte als für diese Position erfolgskritische Anforderungen erarbeitet worden:

- Studium der Betriebswirtschaft oder der Informatik (FH), jeweils mit Kenntnissen aus dem anderen Fachbereich oder vergleichbare, in der Praxis erworbene Qualifikation sowie hohes Fachwissen in Prozessabläufen;
- sehr hohes Fachwissen in Kommunikationsschnittstellen (XML et cetera);
- sicheres und verbindliches Auftreten bei Kundenbesuchen;
- sehr hohe Auffassungsgabe für die Situation/Abläufe des Kunden;
- hohe analytische Fähigkeiten;
- Präsentationssicherheit und Verhandlungsgeschick;
- Schulungssicherheit in unternehmenseigenen Produkten beziehungsweise Abläufen;
- gute IT-Anwenderkenntnisse (Microsoft Office ©).

Tabelle 7.2 zeigt Ihnen die wichtigsten Aufgaben und Vorteile eines solchen Anforderungsprofils:

Tabelle 7.2: Anforderungsprofile – Aufgaben und Vorteile

- Das Anforderungsprofil bildet die Grundlage für Besetzungs- und Qualifizierungs- bzw. Personalentwicklungsentscheidungen.
- Sie können sich zu jeder Zeit ein genaues Bild machen, welche Anforderungen an den Positionsinhaber bzw. Bewerber gestellt werden.
- Es ermöglicht Ihnen eine gezielte und schnellere Bewerberansprache, Selektion und Auswahl – so können Sie zum Beispiel bereits bei der Vorauswahl ohne großen Zeitaufwand nach Muss-Anforderungen selektieren.
- Es ermöglicht einen effizienten Vergleich zwischen den Erwartungen des Unternehmens und den konkreten Bewerberqualifikationen.
- Es ist Basis für die Erstellung von Interviewleitfäden und Auswahlverfahren.
- Es vermeidet Abstimmungsprobleme zwischen mehreren an der Stellenbesetzung Beteiligten, da ein klares Profil vorliegt, das im besten Fall gemeinsam erarbeitet wurde.
- Sie erhalten die Flexibilität, Kompromisse einzugehen. Dabei können Sie genau festlegen, an welcher Stelle Kompromisse eingegangen werden, um später mit Qualifizierungsmaßnahmen gezielt gegenzusteuern und Defizite abzubauen.
- Es treten Synergieeffekte für Sie auf: Das einmal erstellte Anforderungsprofil – das selbstverständlich hin und wieder sich verändernden Rahmenbedingungen angepasst werden muss – kann sowohl für die Personalauswahl und Einarbeitungszwecke als auch für Karriereentwicklungspläne verwendet werden.
- Das Anforderungsprofil bildet eine wertvolle Basis für und eine Ergänzung zum Stellenprofil. Sie können beide miteinander kombinieren und verfügen dann über eine umfassende Beschreibung einer Position.
- Es bildet die Basis für einen Soll-Ist-Abgleich für wirklich gezielte und wirkungsvolle Qualifikationsmaßnahmen.

7.2.1 Wie wird ein Anforderungsprofil erstellt?

Zur Erstellung eines Anforderungsprofils gilt es, sehr genau und umfassend zu analysieren, welche Fähigkeiten der Kandidat haben muss, um die Anforderungen einer Stelle optimal zu erfüllen. Dafür bieten sich Ihnen zwei grundverschiedene Vorgehensweisen: Bottom-up und Top-down. Beim Bottom-up-Ansatz werden die Anforderungen aus den konkreten Aufgaben einer Tätigkeit abgeleitet. Das Top-down-Verfahren zeichnet sich hingegen dadurch aus, dass aus den Unternehmenszielen und -strategien die Ziele der jeweiligen Position abgeleitet werden. Aus den identifizierten Positionszielen werden anschließend die Aufgaben und Anforderungen einer Stelle abgeleitet.

7.2.1.1 Die Analyse von Stellenbeschreibungen

Eine erste Bottom-up-Zugangsmöglichkeit zur Anforderungsanalyse bietet sich Ihnen mit der Stellenbeschreibung. Wie Sie im ersten Abschnitt dieses Kapitels erfahren haben, gewährt die Stellenbeschreibung einen detaillierten Überblick über alle Aufgaben, die einer Position zugeordnet sind. Aus dem Tätigkeitskatalog werden Sie bereits einige der Anforderungen erkennen, die ein Stelleninhaber erfüllen muss, um erfolgreich zu sein. Ein Nachteil der Stellenbeschreibung ist jedoch, dass sie gegebenenfalls nicht zwischen wichtigen und weniger wichtigen Aufgaben unterscheidet. Damit ist es auch nicht möglich, auf Basis der Stellenbeschreibung zwischen Muss- und Wunschanforderungen zu differenzieren. Es wird Ihnen somit schwer fallen, zu entscheiden, welche Fähigkeiten ein Ausschlusskriterium bei der Besetzung bilden.

Hier kann Ihnen gegebenenfalls der Positionsinhaber selbst helfen. Niemand kennt seine Aufgaben so gut wie er. Auch die unmittelbare Führungskraft steht als Informant zur Verfügung, wird aber wohl nicht in der Lage sein, sämtliche Aufgaben ihres Mitarbeiters zu benennen, geschweige denn nach Wichtigkeit oder Zeitumfang zu priorisieren. Bitten Sie den Stelleninhaber um eine Auflistung seiner täglichen Aufgaben, wobei er diese in Kern- und Nebentätigkeiten differenzieren und jeweils den zeitlichen Umfang einschätzen sollte. Zusätzlich kann er die aus seiner Sicht benötigten Qualifikationen nennen.

7.2.2 Die Critical-Incident-Technique (CIT)

Eine alternative Bottom-up-Vorgehensweise zur Anforderungsanalyse ist die Critical-Incident-Technique (CIT), die ursprünglich zur Leistungsbeurteilung konzipiert wurde. Grundgedanke der CIT ist, dass die Kenntnis des tatsächlichen Verhaltens in einer beruflichen Situation den eher subjektiven Eindrücken und Meinungen über das Verhalten vorzuziehen ist. Die CIT erfasst aber nicht das Verhalten in jeder nur denkbaren beruflichen Situation. Vielmehr konzentriert sie sich auf die so genannten »kritischen Ereignisse«, das heißt all jene Situationen, in denen das Verhalten eines Mitarbeiters besonders förderlich oder hinderlich ist, um die Positionsziele zu erreichen.

Das hier vorgestellte Verfahren hilft Ihnen bei der Fokussierung auf die wirklich wichtigen Aufgaben einer Position, und es gewährleistet, dass Sie die zentralen Anforderungen an den Kandidaten ermitteln können. Die CIT läuft in drei Schritten ab:

1. Sie definieren die erfolgsrelevanten »kritischen« Arbeitssituationen. Darunter sind die Situationen zu verstehen, in denen sich leistungsstarke und erfolgreiche von den weniger leistungsstarken beziehungsweise weniger erfolgreichen Mitarbeitern in ihrem Verhalten unterscheiden. Dazu können beispielsweise die erfolgreiche Bearbeitung von Kundenbeschwerden oder die Aufstellung komplexer Konzepte zählen. Pro Stelle sollten Sie etwa acht bis zehn solcher erfolgskritischer Arbeitssituationen ermitteln. Als Input können Ihnen die Aussagen und Beschreibungen derzeitiger Stelleninhaber dienen. Um das Bild zu vervollständigen und möglichst genaue Informationen vorliegen zu haben, sollten Sie den unmittelbaren Vorgesetzten, interne und externe Kunden und sonstige Experten aus der Fachabteilung ebenfalls befragen. Dies kann sowohl schriftlich in Form von Fragebögen als auch mündlich im Rahmen eines Gesprächs oder Interviews erfolgen.

2. Sie analysieren und beschreiben für jede identifizierte erfolgskritische Situation die Verhaltensweisen, die den erfolgreichen Mitarbeiter kennzeichnen, und solche, die den weniger erfolgreichen Mitarbeiter charakterisieren. Die auf diese Weise ermittelten Verhaltensunterschiede zwischen den beiden Mitarbeitergruppen bilden die Grundlage für das Anforderungsprofil der Position.

3. Sie beschreiben für das Anforderungsprofil im Personalauswahlprozess das gewünschte Verhalten, das der Positionsanwärter zeigen sollte. Das Anforderungsprofil ist die Basis Ihrer Besetzungsentscheidung. Die im Prozess ermittelten kritischen Situationen können Sie zum Beispiel für Assessment-Center-Simulationen oder Rollenspiele im Rahmen von Auswahlinterviews nutzen.

Tabelle 7.3: Vor- und Nachteile der CIT

Vorteile:
- Die Auswahl des Kandidaten basiert auf erfolgskritischem, positionsrelevantem Verhalten.
- Das Verfahren ermöglicht die Beobachtung unterschiedlichster Schlüsselqualifikationen.
- Die konkrete Durchführung der CIT kann verschiedenen Bedürfnissen flexibel angepasst werden.

Nachteile:
- Der Erfolg des Verfahrens ist abhängig von der Gründlichkeit, mit der es angewandt wird.
- Mögliche Beobachtungsfehler können das Ergebnis verzerren.

7.2.3 In drei Schritten zum dynamischen Anforderungsprofil

Die bisher vorgestellten Verfahrensweisen der Anforderungsanalyse haben den Nachteil, dass sie sich auf die Beschreibung aktueller Anforderungen einer Position beschränken. Dies kann in Zeiten vielfältiger Veränderungsprozesse jedoch von Nachteil sein. Ändern sich die Ziele und damit auch die Anforderungen einer Position, kann nur darüber spekuliert werden, ob das Potenzial des derzeitigen Stelleninhabers ausreicht, auch zukünftig unter veränderten Rahmenbedingungen erfolgreich zu agieren.

Aus diesem Grund empfiehlt sich der Top-down-Ansatz bei der Anforderungsanalyse. Den Ausgangspunkt bilden in diesem Verfahren die Unternehmensziele und -strategien, aus denen wiederum für jede Position die konkreten Positionsziele und die damit verbundenen Aufgaben abgeleitet werden. Dies gewährleistet, dass ausschließlich wertschöpfende Aufgaben, das heißt Aufgaben mit einem direkten Bezug zu den Unternehmenszielen und -strategien, für die Ermittlung konkreter Anforderungen genutzt werden.

Der Top-down-Ansatz der Anforderungsanalyse vollzieht sich in drei Schritten (vergleiche Abbildung 7.5).

Abb. 7.5: Anforderungsanalyse in drei Schritten

Positionsziele	**Kernaufgaben**	**Anforderungen**
• Warum leisten wir uns diese Position? • Was ist ihr Wertschöpfungsbeitrag? • Welche Ziele sollen in dieser Position erreicht werden?	• Welche Kernaufgaben müssen erledigt werden, um die Ziele zu erreichen? • 4 – 6 Kernaufgaben mit zugehörigen Teilaufgaben • Direkter Bezug zu den Positionszielen	• Was muss der Positionsinhaber können und wollen, um die Aufgabe erfolgreich zu erfüllen? • Fachkompetenz • Verhaltenskompetenz • Persönlichkeit (Motivation, Werte)

7.2.3.1 Schritt 1: Ableitung der Positionsziele

Identifizieren Sie die Ziele, die in dieser Position erreicht werden sollen. Wichtig ist, dass Sie sich dabei auf wertschöpfende Ziele beziehungsweise die wichtigsten Ziele beschränken. Fragen Sie sich: Warum besetzen wir diese Position? Welchen Beitrag leistet sie zum Unternehmenserfolg? Welche Ziele sollen in dieser Position erreicht werden? Beginnen Sie die Formulierung der Positionsziele immer mit: »Es soll erreicht werden, dass…«. Unserer Erfahrung nach zwingt diese Formulierung zur Konzentration auf das Wesentliche. Beschränken Sie sich auf drei bis fünf (Haupt-)Ziele. Wenn Sie mehr Ziele ermitteln, überprüfen Sie, ob Sie sich wirklich noch auf der Ebene der Ziele befinden oder bereits Kernaufgaben der Stelle beschreiben.

Beispiel 2: Positionsziele

Ein Positionsziel für einen Vertriebsmitarbeiter lautet: Es soll erreicht werden, dass die A-Kunden kontinuierlich über mindestens zwei Kontakte pro Monat betreut werden.

7.2.3.2 Schritt 2: Ableitung der Kernaufgaben

Im zweiten Schritt ermitteln Sie vier bis sechs Kernaufgaben zu jedem Positionsziel. Kernaufgaben sind wesentliche, zur Ausübung der Tätigkeit notwendige Aufgaben, die jemand gut erfüllen muss, um das jeweilige Positionsziel zu erreichen. Gewisse Aufgaben können also weggelassen werden. Zur Unterscheidung können Sie sich fragen: Was muss jemand tun, um die Ziele der Position zu erreichen?

Kernaufgaben des Vertriebsmitarbeiters für die Erreichung des oben beschriebenen Positionsziels: Kundenanalyse, Erstellen von Kontaktlisten, Pflegen von telefonischen Kontakten, Kundenbesuche vor Ort.

7.2.3.3 Schritt 3: Definition der Anforderungen/Kompetenzen

Im dritten Schritt leiten Sie aus den Aufgaben konkrete Anforderungen ab, also das, was der Positionsinhaber können und/oder wollen muss, um die definierten Kernaufgaben gut zu erfüllen und damit die Positionsziele sicher zu erreichen. Es müssen fachliche Fähigkeiten, Verhaltenskompetenzen und Persönlichkeitsmerkmale formuliert werden. Fragen Sie also danach, was der Stelleninhaber können und wollen muss, um erfolgreich zu sein. Die Formulierungen können Sie mit den Worten »kann…« oder »will…« beginnen. Denken Sie hier noch einmal an das Zitat vom Anfang des Kapitels: »We hire them for their competencies and fire them for their personalities.«

Es sind selten die fachlichen, sondern vielmehr die schwer veränderbaren Persönlichkeitsmerkmale und die Motivation, die zu Unstimmigkeiten mit Mitarbeitern und im letzten Schritt zur Trennung führen.

Anforderungen an einen Vertriebsmitarbeiter aus der Aufgabe »Kundenbesuche vor Ort« sind: ist kontaktstark, kann zuhören und sich auf den Gesprächspartner einstellen, will überzeugen.

Wenn Sie eine Anforderungsanalyse durchführen, dann:

- laden Sie wichtige Entscheidungsträger, die zu der Position etwas sagen können, ein;
- moderieren Sie den Prozess;
- achten Sie darauf, dass in allen Schritten sehr diszipliniert gearbeitet wird:
  - erst Ziele (nicht Fähigkeiten): »Es soll erreicht werden dass ...«;
  - dann Aufgaben (nicht Kompetenzen): »etwas tun«;
  - dann Können und Wollen.
- Je sorgfältiger und disziplinierter Sie hier arbeiten, desto weniger Arbeit und Missverständnisse haben Sie in allen weiteren Schritten.

In den Abbildungen 7.6 bis 7.8 finden Sie die einzelnen Schritte der Anforderungsanalyse noch einmal veranschaulicht.

Abb. 7.6: Praxisbeispiel: Workshop zur Anforderungsanalyse I: Welche Aufgaben müssen erfüllt werden, um die Ziele zu erreichen?

Ziel 1: Standortbetrieb auf hohem Niveau sicherstellen	Ziel 2: Kompetenter Ansprechpartner
Qualitätsmanagement durch: • Stichproben • Mitarbeitergespräche • Schulungen • Erstellen und Auswerten von Statistiken • Einleiten von Maßnahmen	• Fragen richtig beantworten • aktiv offene Fragen aufgreifen (ansprechbar/aufmerksam) • frühzeitig Anforderungen erkennen • sich selbst informieren/schulen/Wissen auffrischen • Ehrlichkeit, Offenheit, Fairness leben • berechenbar und nachvollziehbar handeln • Feedbackkultur aufbauen • Informationen geben (thematische Vorträge) • Fehler erkennen

Abb. 7.7: Praxisbeispiel: Workshop zur Anforderungsanalyse II

- Welche Skills für welche Arbeit kennen?
- Kennen der Mitarbeiter-Skills
- Mitarbeiterfähigkeiten erkennen ○ ○ ○
- Anforderungen aus Tätigkeiten erkennen ○ ○
- Prioritäten richtig setzen ○ ○ ○ ○
- Tätigkeitsgebiete kennen
- entscheiden können ○ ○ ○ ○ ○
- Durchsetzungsvermögen ○ ○
- Flexibilität in der Prozesssteuerung ○
- Abhängigkeiten und Zusammenhänge erkennen (analytische Fähigkeiten) ○ ○
- Produktionsstände bewerten können
- Arbeitsqualität bewerten können ○ ○
- eskalieren können
- Einbindung in den Gesamtprozess kennen
- Interpretation von Statistiken ○ ○
- Werkzeuge des Tagesgeschäfts beherrschen (Outlook etc.) ○ ○

○ = Bedeutung der Anforderung

Abb. 7.8: Anforderungsprofil eines Kundenbearbeiters

Positionsziel 1	Kernaufgaben zum Positionsziel	Anforderungen »Wollen und Können«
Als Teamleiter den Standortbetrieb auf hohem Niveau sicherstellen	• Mitarbeitereinsatz-planung • Qualitäts- und Fortschrittskontrolle • Feedback an Abteilungsleiter • Evtl. nachjustieren	• will überzeugen • kann ziel- und nutzenorientiert argumentieren • kann gut zuhören • will die Bedürfnisse des Kunden zu dessen Zufriedenheit erfüllen • kann gegenüber kritischen Kunden souverän auftreten • kann delegieren • entscheidungs- und durchsetzungsfähig

7.2.4 Kriterien für ein gutes Anforderungsprofil

Mit der zuvor beschriebenen Dreischritt-Anforderungsanalyse kennen Sie nun ein Verfahren, mit dessen Hilfe Sie ohne großen Aufwand positionsspezifische Anforderungsprofile Top-down erstellen können. Damit Sie ein wirklich gutes Anforderungsprofil erhalten, sollten Sie diese Regeln beachten:

Tabelle 7.4: Regeln zur Beachtung des Anforderungsprofils

- Formulieren Sie jobnah!
- Gehen Sie von den Positionszielen aus und denken Sie mittel- bis langfristig!
- Halten Sie Ihr Anforderungsprofil flexibel!
- Beachten Sie persönliches, methodisches und fachliches Know-how!
- Gewichten Sie die Aspekte des »Wollens« hoch. Sie entscheiden deutlicher über Zufriedenheit und Leistungsbereitschaft als fachliches »Können«.

7.2.4.1 Formulieren Sie jobnah!

Anforderungsprofile werden häufig zu allgemein gehalten, sei es, um sie weniger anfällig für Veränderungen zu machen, oder aus dem Unvermögen heraus, notwendige Kompetenzen adäquat zu beschreiben. Damit Anforderungsprofile sinnvoll und nützlich sind, müssen sie konkret und handlungsrelevant sein. Sie müssen unmittelbar und konkret Informationen darüber liefern, welche Qualifikationen und Fähigkeiten ein Mitarbeiter mitbringen oder erwerben muss. Abstrakte Eigenschaftsbeschreibungen wie »kundenorientiert« helfen Ihnen nicht weiter, denn was heißt »kundenorientiert« in Ihrem Unternehmen? Beschreiben sie Kompetenzen so, wie sich jemand am Ende verhalten soll, zum Beispiel: Der kommunikativkompetente Bewerber:

- spricht klar, deutlich und verständlich (sprachliche Kompetenz),
- stellt sich auf seinen Gesprächspartner ein,
- erarbeitet sich Informationen durch Fragen und macht von offenen Fragen Gebrauch (kann fragen),
- hört seinem Gesprächspartner aufmerksam zu (kann zuhören),
- vermittelt seine Vorstellungen/komplexe Inhalte verständlich und eingängig und
- bringt plastische und anschauliche Beispiele.

7.2.4.2 Denken Sie mittel- bis langfristig!

Orientieren Sie sich bei der Erstellung des Anforderungsprofils konsequent an den Positionszielen und nicht nur an den derzeitigen Aufgaben. Das Umfeld kann sich sehr schnell ändern, sodass unter Umständen schon bald ganz andere Aufgaben und Anforderungen von Bedeutung sind. Stellen Sie sicher, dass die von Ihnen formulierten Positionsziele strikt an der Unternehmensstrategie ausgerichtet sind und auf diese Weise Veränderungen und Neuerungen ausreichend berücksichtigt werden. Wenn Sie von den Positionszielen ausgehen, können Sie bei Veränderungen der Position einfach Ziele ergänzen oder herausnehmen und hierfür Aufgaben und Anforderungen anpassen. So haben Sie das Anforderungsprofil schnell aktualisiert und immer an den für diese Position wesentlichen Leistungsfaktoren ausgerichtet.

7.2.4.3 Halten Sie Ihr Anforderungsprofil flexibel!

Aufgrund der vielfältigen Veränderungsprozesse, denen Unternehmen heutzutage ausgesetzt sind, verändern sich auch die Ziele und somit die Aufgaben und Anforderungen einer Stelle im Laufe der Zeit. Aus diesem Grund muss das Anforderungsprofil regelmäßig hinsichtlich der aktuellen Stellenziele überprüft und bei Bedarf aktualisiert werden. Dies ist umso leichter möglich, je stärker Sie sich an die von uns beschriebene Dreischritt-Anforderungsanalyse halten. In diesem Fall gleicht Ihr Anforderungsprofil einem flexiblen Baukastensystem, in dem jedem Stellenziel bestimmte Kernaufgaben und konkrete Anforderungen zugeordnet sind. Fällt nun ein Positionsziel oder eine Kernaufgabe aufgrund von Umstrukturierungen weg, verschwinden ganz automatisch auch die dazugehörenden Anforderungen. Ebenso einfach ist die Ergänzung eines neuen Positionsziels. Die modulare Gestaltungsweise des Anforderungsprofils erspart Ihnen sehr viel Zeit und Mühe bei der Aktualisierung.

7.2.4.4 Kombinieren Sie methodisches und fachliches Know-how!

Anforderungsprofile müssen immer fachliche, methodische und persönliche Anforderungen enthalten. Dies kann nicht unbedingt von einer Person allein geleistet werden. Vor diesem Hintergrund sollten Sie zum Beispiel im Rahmen eines Workshops in Zusammenarbeit mit einem Vertreter der Personalabteilung und den Fachexperten entwickelt werden. Ihre Verantwortung ist es insbesondere, darauf zu achten, dass die persönlichen oder zwischenmenschlichen Kompetenzen ausreichend beachtet werden.

Die in einem Workshop zur Anforderungsanalyse herausgearbeiteten Aspekte des Können und Wollens werden inhaltlich zu Anforderungsdimensionen zusammengefasst. Die Anforderungsdimensionen können aber zum Beispiel auch mittels einer IT-gestützten Lösung, PaiRS, gewichtet werden. Hierbei wird in Paarvergleichen für jede Dimension eingeschätzt, wie wichtig sie für die erfolgreiche Positionswahrnehmung im Vergleich zu den anderen Dimensionen ist. Dadurch wird sichergestellt, dass die wirklich erfolgskritischen Dimensionen in der Anforderungsanalyse erfasst werden. Im obigen Beispiel wurde beim Zusammentragen der Schlüsselanforderungen im Workshop größter Wert auf fachliche Kompetenzen gelegt. Nach der Analyse mit PaiRS stellte sich heraus, dass Fachwissen nur »mittel-« wichtig war; erheblich erfolgskritischer war die Fähigkeit, Entscheidungen treffen zu können. Abbildung 7.9 veranschaulicht Ihnen die Ergebnisse grafisch.

Abb. 7.9: Die Aussagekraft des Anforderungsprofils steigern – PaiRS

Die Ergebnisse

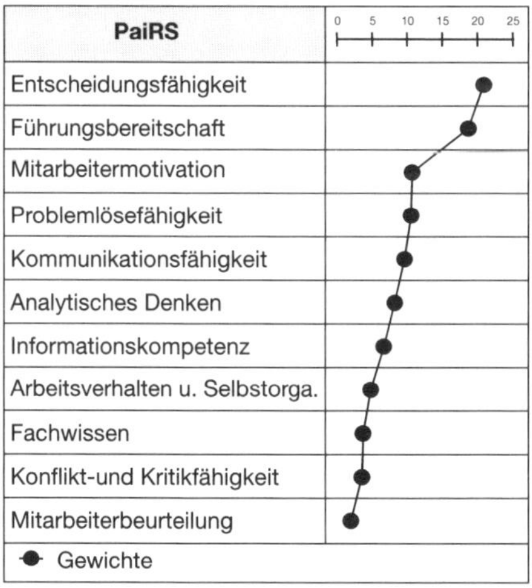

PaiRS	Dimension	Gewicht
Entscheidungsfähigkeit	Entscheidungsfähigkeit	20,9
Führungsbereitschaft	Führungsbereitschaft	18,69
Mitarbeitermotivation	Mitarbeitermotivation	10,72
Problemlösefähigkeit	Problemlösefähigkeit	10,69
Kommunikationsfähigkeit	Kommunikationsfähigkeit	9,75
Analytisches Denken	Analytisches Denken	8,34
Informationskompetenz	Informationskompetenz	6,65
Arbeitsverhalten u. Selbstorga.	Arbeitsverhalten u. Selbstorganisation	4,92
Fachwissen	Fachwissen	3,74
Konflikt- und Kritikfähigkeit	Konflikt- und Kritikfähigkeit	3,65
Mitarbeiterbeurteilung	Mitarbeiterbeurteilung	1,96

Gewichte

Die Ergänzung einer Anforderungsanalyse durch die Software PaiRS verhindert rein intuitive Entscheidungen und erlaubt die Beteiligung mehrerer Personen bei der Entscheidungsfindung bezüglich der Gewichtung der einzelnen Anforderungskriterien.

7.2.5 Was Sie darüber hinaus noch wissen müssen

Neben den beschriebenen Anforderungen sollten Sie noch einige weitere Aspekte beachten. Hierbei handelt es sich um formale Anforderungen und Rahmenbedingungen. Muss ein Kandidat zum Beispiel einen bestimmten Ausbildungs- oder Universitätsabschluss, eine bestimmte Berufserfahrung oder einen Führerschein haben? Diese und weitere Erwartungen an einen Stelleninhaber können Sie mit Checkliste 7.4 auf der CD erfassen.

Auch die Umfeldfaktoren einer offenen Stelle sollten Sie einer genauen Analyse unterziehen, um daraus mögliche besondere Anforderungen an den Positionsinhaber abzuleiten. Checkliste 7.5 auf der CD enthält einige Beispiele solcher Umfeldfaktoren.

Haben Sie Ihre Analyse abgeschlossen, können Sie sämtliche Informationen in ein umfassendes Anforderungsprofil übertragen, das unmittelbare Grundlage für die Stellenausschreibung ist. Verwenden Sie dafür die umfassende Checkliste 7.6 zur positionsbezogenen Anforderungsbeschreibung, die wir Ihnen auf der CD bereitgestellt haben.

7.3 Kompetenzmodelle – Grundlage zielgerichteter Fördermaßnahmen und Stellenbesetzung

Das im vorigen Abschnitt diskutierte Anforderungsprofil ist immer positionsspezifisch. Es vermittelt, über welche spezifischen Fähigkeiten ein Mitarbeiter verfügen muss, um in der betrachteten Position erfolgreich zu sein. Damit eignet es sich gut für Besetzungsentscheidungen, gezielte Anpassungsqualifizierungen und als Grundlage für die Leistungsbeurteilung des Stelleninhabers. Positionsziele lassen sich ohne großen Aufwand in ein Zielvereinbarungssystem übertragen, und Anforderungen an die Fach- oder Verhaltenskompetenz können für die Beurteilung durch den Vorgesetzten verwendet werden.

Positionsspezifische Anforderungsprofile können Sie nutzen, um zu fragen: »Welche unserer Mitarbeiter haben das Potenzial, diese Position erfolgreich zu besetzen?« Sie können die beschriebenen Anforderungsprofile auch für Positionsgruppen erstellen, wenn Sie wissen, dass für eine Gruppe von Positionen sehr ähnliche Anforderungen bestehen. Auch für diese Positionsgruppen können Sie zum Beispiel Potenzialanalysen durchführen.

Weniger geeignet ist diese Vorgehensweise jedoch, wenn es um positionsunabhängige Nachwuchskräfteprogramme geht. Hier steht der Gedanke, junge, leistungsfähige Mitarbeiter frühzeitig positionsunabhängig zu fördern, im Vordergrund. Für diese Zielsetzung definieren Unternehmen insbesondere für Führungspositionen positionsübergreifende Anforderungen, so genannte Kompetenzen. Kompetenzen weisen einen direkten Bezug zu den Unternehmenszielen und -strategien auf und ermöglichen die direkte Vergleichbarkeit zwischen verschiedenen Stellen einer Ebene und zum Teil auch über Hierarchieebenen hinweg. Ein Kompetenzmanagement verschafft Ihnen einen Überblick über die unternehmensweiten Anforderungen an die Mitarbeiter und nach einer Potenzialanalyse über die bereits aktuell vorhandenen Potenziale. Durch den kompetenzbasierten Vergleich der Ist- mit den Soll-Profilen lassen sich gezielt geeignete Fördermaßnahmen ableiten und Nachwuchs- und Karriereprogramme sinnvoll etablieren.

Tabelle 7.5: Vorteile und Zielsetzung des Kompetenzmanagements

- Verbesserung der quantitativen und qualitativen Besetzungsgüte von Stellen
- Langfristige Optimierung von Nachfolgeprozessen und Personalentwicklungsmaßnahmen
- Transparenz der Anforderungen: Die Erfolgsfaktoren für jeden Funktionsbereich sind bekannt, Mitarbeiter können anhand konkreter Anforderungskriterien ausgewählt, gefördert und vergütet werden
- Referenzmaß sind die besten Mitarbeiter einer Organisation, deren Handeln zum Maßstab gemacht wird
- Kompetenzen bieten Mitarbeitern Orientierung für die eigene Entwicklung im Unternehmen

Positionsübergreifende Kompetenzen bieten einen weiteren, nicht zu unterschätzenden Vorteil: Sie sorgen für ein höheres Maß an Flexibilität. Dies ist insbesondere heutzutage von großem Vorteil. Viele Unternehmen sind in den vergangenen Jahren sehr schlank geworden, indem sie zahlreiche Hierarchieebenen abgebaut haben. Zudem verändert sich das Stellengefüge von Unternehmen recht häufig, da kontinuierlicher Wandel oft auch die Veränderung der Organisationsstruktur impliziert. Aus diesem Grund ist es oft nicht mehr möglich, Nachwuchskräfte auf eine ganz bestimmte Position vorzubereiten. Möglicherweise existiert sie gar nicht mehr (in ihrer jetzigen Form), wenn sie neu besetzt werden muss. Werden Nachwuchskräfte hingegen in relevanten, positionsübergreifenden Kompetenzen geschult, sind sie vielfältig einsetzbar, da sie die für Führungspositionen erfolgsrelevanten übergreifenden Fähigkeiten mitbringen.

7.3.1 Die drei Phasen des Kompetenzmanagements

Wie Sie Abbildung 7.10 entnehmen können, durchläuft das Kompetenzmanagement drei Phasen.

Abb. 7.10: Die drei Phasen des Kompetenzmanagements

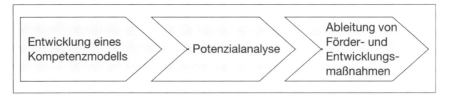

7.3.1.1 Entwicklung eines Kompetenzmodells

Ein Kompetenzmodell beziehungsweise -profil ist die Grundlage für die Analyse der Mitarbeiterleistungen und -potenziale. Es speist sich zum einen aus den Zielen und Kernaufgaben der jeweiligen Funktionsgruppe (zum Beispiel Schichtleiter Produktion, Vertriebsaußendienst), zum anderen aus den Unternehmenszielen, der Unternehmensstrategie, zentralen Unternehmenswerten und ausgewählten Potenzialindikatoren. Kompetenzen können identifiziert werden über die Analyse von erfolgreichen Stelleninhabern, die Befragung von Personen, die den Job oder die Funktionsgruppe gut kennen, oder die Berücksichtigung von Benchmarks. Unterschieden werden Standardkompetenzen oder Kernkompetenzen und Spezialkompetenzen. Standardkompetenzen sind Kernkompetenzen, die unternehmensweit über alle Positionen hinweg benötigt werden. Sie werden unter Berücksichtigung der Unternehmensstrategie, des Leitbilds und vorhandener Führungsgrundsätze bestimmt. Spezialkompetenzen sind hingegen jene Kompetenzen, die den spezifischen Anforderungen einzelner Positionen angemessen Rechnung tragen.

Tabelle 7.6: Vorzüge von Standardkompetenzen

- Verhalten ist an der Vision, den Strategien und Werten des Unternehmens ausgerichtet.
- Bilden den Maßstab, an dem eine große Zahl von Mitarbeitern gemessen werden kann – unabhängig von der jeweiligen Position, die ein Mitarbeiter bekleidet.
- Erleichtern die unternehmensweite Platzierung von Mitarbeitern und fokussieren die Personalentwicklung.
- Erlauben es einem Unternehmen, eine Kompetenzdatenbank zu betreiben, die ihm einen schnellen Einblick in die kollektiven Fähigkeiten seiner Mitarbeiter ermöglicht.
- Lassen eine Organisation flexibler sein, da Mitarbeiter vielfältig einsetzbar sind.

Sämtliche ermittelten Kompetenzen werden zu einem Kompetenzmodell zusammengestellt. Ein Beispiel dafür können Sie Abbildung 7.11 entnehmen.

Abb. 7.11: Beispiel für ein Kompetenzmodell

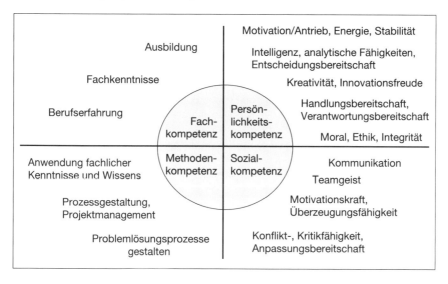

Bei der Entwicklung eines Kompetenzmodells sollten die Leitfragen in Tabelle 7.7 beachtet werden:

Tabelle 7.7: Fragen zur Entwicklung eines Kompetenzmodells

- Bildet das Kompetenzmodell die zentralen, derzeitigen und zukünftigen Anforderungen an Mitarbeiter und Führungskräfte ab?
- Enthält das Kompetenzmodell eine ausgewogene Mischung von verschiedenen Kompetenzgruppen?
- Managementkompetenzen (z.B. strategisches & visionäres Denken)
- Methodische Kompetenzen (z.B. Präsentationsvermögen)
- Führungskompetenzen (z.B. Motivationsorientierung)
- Soziale Kompetenzen (z.B. Kommunikationsfähigkeit)
- Existiert für jede Kompetenzdimension eine verständliche, beobachtbare Verhaltensbeschreibung?
- Existieren für jede Kompetenzstufe unterscheidbare Verhaltensbeschreibungen?

Aus Abbildung 7.12 können Sie beispielhafte Verhaltensbeschreibungen für die Kompetenzdimension Konfliktfähigkeit entnehmen.

Abb. 7.12: Verhaltensanker der Kompetenzdimension Konfliktfähigkeit

Kompetenz: Konfliktfähigkeit	Ausprägung				
	1	2	3	4	5
• Lässt sich auch bei persönlichen Angriffen nicht aus dem Gleichgewicht bringen. • Erkennt die Vielschichtigkeit von Konflikten, z. B. die verschiedenen Ebenen, auf denen Konflikte angesiedelt sein können. • Verfügt über verbale Strategien, in Konfliktgesprächen Probleme zu erfragen und den Standpunkt der Gegenseite zu ermitteln. • Erkennt die unterschiedlichen Interessen, die im Spiel sind. • Trägt Konflikte aus, neigt nicht zu einer Unterdrückung von Konflikten durch ausgeprägtes Harmoniestreben.					

7.3.1.2 Anforderungen an Kompetenzen

Damit die Kompetenzen von Mitarbeitern vielseitig einsetzbar sind und zur Wertschöpfung des Unternehmens beitragen, müssen sie einigen Voraussetzungen genügen.

Tabelle 7.8: Kompetenzanforderungen

- Kompetenzen müssen inhaltlich klar und präzise formuliert sein, damit alle Nutzer mit ihnen das gleiche assoziieren.
- Kompetenzen dürfen nicht zu allgemein formuliert sein, da sonst die Gefahr besteht, dass eine Kompetenz in Wirklichkeit zwei oder mehr Kompetenzen beinhaltet und das Ergebnis immer nur einen Durchschnitt der beobachteten Leistung über alle Kompetenzen hinweg darstellt.
- Kompetenzen müssen einen Vorhersagewert für reale Erfolge darstellen.
- Sie müssen vom Top- und Mittelmanagement akzeptiert werden.

Nur wenn alle diese Voraussetzungen erfüllt sind, werden Sie mit dem Kompetenzmodell sinnvoll arbeiten können.

Alles in allem ist das Kompetenzmanagement ein vielseitig einsetzbares Instrument, welches das Personalmanagement in Ihrem Unternehmen integriert und dynamisiert. Durch die konsequente Definition und Analyse vorhandener Kompetenzen im Kontext der Unternehmensstrategie und deren kontinuierlicher Anpassung an veränderte Rahmenbedingungen über gezielte Personalentwicklungs- und -fördermaßnahmen kann das Kompetenzmanagement einen nicht unerheblichen Wertschöpfungsbeitrag leisten. Mittelständischen Unternehmen empfehlen wir, mindestens einmal im Jahr eine Managementkonferenz einzuberufen, bei der die vorhandenen Mitarbeiterressourcen systematisch analysiert und verbindliche Maßnahmen vereinbart werden. Auch gilt es – wie im Falle der Stellenbeschreibungen und Anforderungsprofile –, das Kompetenzmodell in regelmäßigen Abständen auf seine Aktualität hin zu überprüfen und bei Bedarf zu aktualisieren. Eine Aktualisierung ist insbesondere dann notwendig, wenn sich die Unternehmensstrategie grundlegend ändert. Generell müssen Kompetenzmodelle aber weitaus seltener aktualisiert werden als Stellenausschreibungen und Anforderungsprofile.

8 Personalmarketing und Personal-Recruiting: Die Richtigen ansprechen und als Mitarbeiter gewinnen

»Personalmarketing« und »Personal-Recruiting« sind Schlagworte in aller Munde. Unternehmen wetteifern in Hochglanzprospekten mit höchst verlockenden Angeboten und attraktiven Karrierechancen um die besten Mitarbeiter. Es ist das Ziel eines jeden Unternehmens, sich von seiner Sonnenseite zu präsentieren, um möglichst perfekte Alleskönner und High Potentials als neue Mitarbeiter anzuwerben und möglichst viele Kunden anzusprechen. Wie auch im Produktmarketing ist die Neigung zu Superlativen unübersehbar, wenn es darum geht, die besten Mitarbeiter zu rekrutieren. Viel entscheidender für den langfristigen Unternehmenserfolg ist jedoch eine kontinuierliche strategische Ausrichtung und effektive Gestaltung Ihres Personalmarketings und Personal-Recruitings.

Abb. 8.1: Instrumente von Personalmarketing und -Recruiting

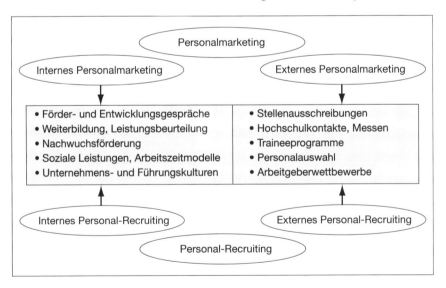

In diesem Kapitel widmen wir uns den zwei großen Bereichen Personal-marketing und -Recruiting. Beide sind auf den ersten Blick und auch in ih-rem Vorgehen zum Teil nur schwer voneinander zu trennen, da sie sich ähn-licher Instrumente bedienen (vergleiche Abbildung 8.1). Der Unterschied liegt in der Perspektive, die sie jeweils einnehmen: Personalmarketing ist auf lange Sicht angelegt, während Personal-Recruiting die konkrete Akquise und Rekrutierung neuer Mitarbeiter betrifft.

Anstelle von »Personalmarketing« könnte man auch von »Jobmarketing« sprechen, denn wörtlich genommen wird kein Personal vermarktet, sondern eine Arbeitsstelle beziehungsweise Ihr Unternehmen als Arbeitgeber. Neben dem Personalmarketing (Kapitel 8.1), das aus der Perspektive auf die lang-fristigen Unternehmensziele heraus Konzepte zur Platzierung des Unterneh-mens als attraktiver Arbeitgeber entwickelt, soll es in diesem Kapitel auch um die konkrete Rekrutierung (Kapitel 8.2) von neuen Mitarbeitern gehen.

8.1 Strategisches Personalmarketing

8.1.1 Heute schon an morgen denken: Die strategische Bedeutung des Personalmarketings

Effektives Personalmarketing bedeutet, eine Personalmarketingkonzeption zu entwerfen, die auf lange Sicht angelegt ist. Ausgangspunkt hierfür sind die Unternehmensziele und die daraus abgeleitete Personalbedarfsplanung (siehe Kapitel 6). Schließlich soll Personal in ausreichender Anzahl (quanti-tativ), mit benötigten Qualifikationen (qualitativ), zum richtigen Zeitpunkt und mit entsprechender Dauer (zeitlich) am Einsatzort (örtlich) vorhanden sein. Aufgabe des Personalmarketings ist auch die Berücksichtigung zukünf-tiger gesellschaftlicher Veränderungen, wie zum Beispiel die demografische Entwicklung. Der demografische Wandel spiegelt die zukünftigen Entwick-lungen am Arbeitsmarkt wider, und die Unternehmen müssen entsprechend reagieren (vergleiche Abbildung 8.2).

Auch wenn dies heute noch nicht so spürbar ist – auf dem Personalmarkt kommt es mehr und mehr zu einem Auseinanderklaffen zwischen Angebot und Nachfrage: Während es immer schwieriger wird, ungelernten oder we-nig qualifizierten Arbeitnehmern eine Beschäftigung zu sichern, werden hoch-qualifizierte Fach- und Führungskräfte händeringend gesucht. Diese Ent-wicklung, die schon seit Beginn der neunziger Jahre prognostiziert wurde und sich bis heute entsprechend vollzogen hat, wird sich in Zukunft wohl noch weiter zuspitzen. Dies betont die Notwenigkeit eines strategischen Personalmarketings. Personalmarketing bedeutet, Ihr Unternehmen als attraktiven Arbeitgeber auf dem internen und externen Personalmarkt so zu positionieren, dass genau die potenziellen Mitarbeiter, die Sie für Ihren Unternehmenserfolg brauchen, sich für Ihr Unternehmen interessieren, es als Arbeitgeber suchen und bereit sind, sich für dessen langfristige Ziele einsetzen. Im Prozess der Personalbeschaffung ist Personalmarketing somit zwischen Personalbedarfsplanung und Personalauswahl anzusiedeln (vergleiche Abbildung 8.3).

Abb. 8.2: Gekonntes Personalmarketing: Der demografische Wandel –
»Altersschere«

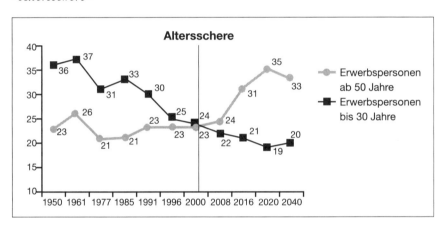

Abb. 8.3: Strategisches Personalmarketing

In allen Phasen des Personalmarketingprozesses spielen Sie als Personalreferent eine entscheidende Rolle. Überlegungen zum Personalmarketing sind durch die Analogie zwischen Absatz- und Personalmarkt geprägt. Somit ist auch die Vorstellung, was sich hinter dem Begriff Personalmarketing verbirgt, die eines marktbezogenen Denk- und Handlungskonzepts. »Der Kunde Mitarbeiter«, »das Unternehmen am Personalmarkt positionieren«, »als attraktiven Arbeitgeber darstellen« – solche und ähnliche Formulierungen verdeutlichen die direkte Anlehnung des Personalmarketings an das Marketing von Produkten und Dienstleistungen. Bei allen Parallelen dürfen Sie aber nicht vergessen, dass die Entscheidung für oder gegen ein Arbeitsplatzangebot weitaus komplexer ist als eine Entscheidung für oder gegen ein bestimmtes Produkt: Die Wahl einer Arbeitsstelle zieht für den »Kunden« weitreichende Folgen hinsichtlich seiner persönlichen, sozialen und ökonomischen Lebenslage und Entwicklung nach sich.

Heute ist auf fast inflationäre Weise die Rede von Personalmarketing, sobald um »Personal geworben« wird. Um zu verstehen, was Personalmarketing in Abgrenzung zur Personalwerbung bedeutet, ist es hilfreich, sich vor Augen zu führen, was Sie mit den Begriffen Werbung und Marketing verbinden. Generell ist Werbung ein Instrument zur Absatzsteigerung: Es geht darum, ein Produkt oder eine Marke bekannt zu machen, Interesse bei potenziellen Kunden zu wecken und die Zahl der Kauf- beziehungsweise Vertragsabschlüsse zu erhöhen. Marketing ist die zugrunde liegende Strategie und verfolgt das langfristige Ziel stabilen Gewinnzuwachses. Marketing betrifft die Kundenpflege, die Zufriedenstellung der Kundenbedürfnisse und die Aufgabe, Strukturen und Prozesse der aktuellen Dynamik auf dem Markt anzupassen, um Angebote langfristig erfolgreich abzusetzen. Analog verbirgt sich hinter Personalmarketing mehr, als sein Unternehmen als Arbeitgeber ins rechte Licht zu rücken, um zahlreiche »Kunden anzulocken«. Wenn hier von Personalmarketing die Rede ist, bedeutet dies:

- das Unternehmen aktiv, systematisch und positiv auf dem internen und externen Personalmarkt zu positionieren;
- zu analysieren, wie sich Strukturen und Aktivitäten des Unternehmens auf die Position des Unternehmens als Arbeitgeber am internen und externen Personalmarkt auswirken;
- kontinuierlich das Unternehmensumfeld (Arbeitsmarkt, gesellschaftliche Entwicklung, Wettbewerb und so weiter) zu beobachten, um frühzeitig die Personalmarketingstrategie anpassen zu können;
- geeignete potenzielle Mitarbeiter anzusprechen, auszuwählen und einzustellen, um sie dann als qualifizierte, motivierte Mitarbeiter an das Unternehmen zu binden.

Sinnvoll ist Personalmarketing nur, wenn es mit klaren Zielen erfolgt, das heißt wenn feststeht, was der angestrebte Soll-Zustand ist. Haben Sie den

Zielzustand formuliert, ist der erste Schritt auf dem Weg zur Strategie bereits getan. Im zweiten Schritt geht es darum festzustellen, wie es um die momentane Personalsituation und den aktuellen Stand des Personalmarketings bestellt ist (vergleiche Tabelle 8.1). Dies geschieht in Bezug auf die Umwelt des Unternehmens, die Kunden und Mitarbeiter, die aktuelle Situation Ihres Unternehmens und dessen Konkurrenz am Personalmarkt. Die Schlüsselfrage lautet deshalb, wie auch beim Personal-Recruiting: Wer wird gebraucht?

Tabelle 8.1: Schritt 1 – Übersicht Situationsanalyse zum aktuellen Stand des Personalmarketings

Schritt 1: Analyse Personalmarketing – Ist-Soll-Vergleich		
Werte/Kultur	**HR-Instrumente**	**Kommunikation**
Kulturanalyse	Erhebung von HR-Instrumenten	Kommunikationsinstrumente sichten
Werteanalyse	Mitarbeiterbefragungen	Vergleich mit definierten Werten
Unternehmensleitbilder	Imageanalysen	Nutzung überprüfen
Maßnahmen zur Umsetzung von definierten Werten im Unternehmen	Entscheidung darüber, welche Maßnahmen umgesetzt werden sollen	• Definition von Kommunikationszielen • Interne und externe Kanäle für den Transport von Werten und Instrumenten etablieren, z. B. Intranet • Ziel der Kommunikation definieren • Ausarbeitung beschlossener Maßnahmen • Intelligente Kommunikationsmodelle implementieren
Schritt 2: Evaluation		

8.1.2 Schritt 1: Wie sieht der Soll-Zustand aus?

Ein Konzept zum strategischen Personalmarketing ist die optimale Voraussetzung für eine effiziente Personalbeschaffung. Die hier vorgestellten Schritte beziehen sich deshalb auf die Entwicklung eines Konzeptes für das Personalmarketing, das gleichsam den Ausgangspunkt für einen erfolgreichen Personalbeschaffungsprozess darstellt.

Aus den Unternehmenszielen abgeleitete HR-Ziele dienen dazu, die Zielvorgaben für das Personalmarketing zu formulieren. In Ihrer Tätigkeit als Personalreferent haben Sie bestimmt schon die Erfahrung gemacht, dass vage Formulierungen wie »möglichst viele gute Bewerber« selten zum Erfolg führen. Die Effizienz Ihres Personalmarketingkonzepts hängt entscheidend davon ab, inwieweit es Ihnen gelingt, konkrete und messbare Ziele zu formulieren. Definierte Zielvorgaben ermöglichen Ihnen, die Effizienz Ihrer Personalmarketingmaßnahmen zu messen, indem Sie im Nachhinein überprüfen, inwieweit Sie Ihre Zielvorgaben erreicht haben. Ein formuliertes Ziel für den internen Personalmarkt könnte zum Beispiel lauten: »Fluktuationsrate im Vertrieb von 5 auf 1,5 Prozent senken«. Oder für den externen Personalmarkt: »Initiativbewerbungen für den Vertrieb von zehn auf 50 im Quartal steigern«. Ein übergeordnetes Personalmarketingziel könnte lauten: »Wir nehmen im Jahr 20XX an einem Wettbewerb »Attraktivster Arbeitgeber« teil und belegen einen der ersten zehn Plätze«.

Abb. 8.4 : Die Zielstruktur des Unternehmens

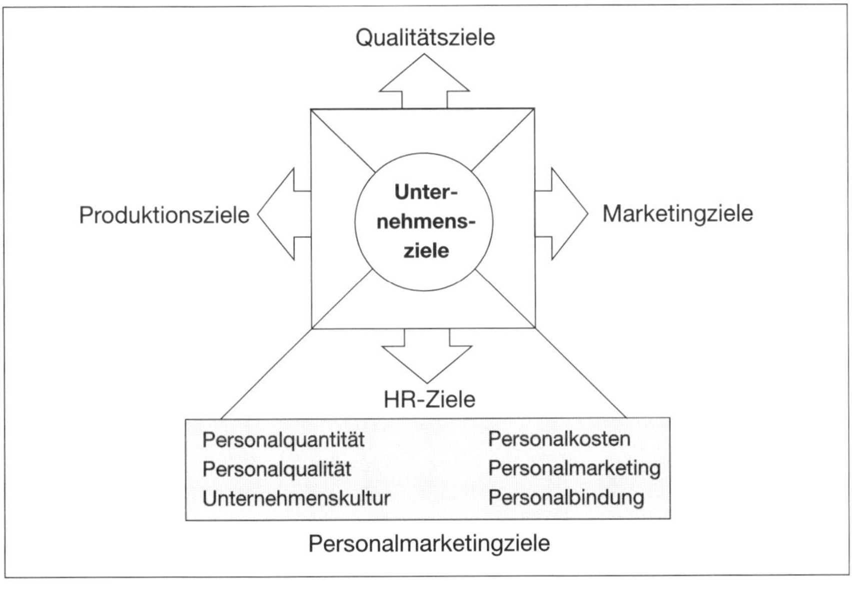

Abbildung 8.4 zeigt die Verzahnung der Personalpolitik mit den anderen Unternehmensbereichen. Diese ganzheitliche, systemische Sichtweise betont, dass das Unternehmen als Ganzes bei der Entwicklung eines strategischen

Personalmarketings gesehen werden muss. Der Einfluss von Unternehmens-philosophie und -kultur auf die Personalmarketingstrategie kann überdies den wünschenswerten Effekt haben, dass sich Ihr Personalmarketing von dem anderer Unternehmen deutlich unterscheidet, was im Sinne einer »Marke« die Einzigartigkeit Ihres Unternehmens betont. Der Weg zu konkreten Personalmarketingzielen führt, wie in Abbildung 8.4 ersichtlich, von den Unternehmenszielen über die HR-Ziele.

Checkliste 8.1 auf der CD verdeutlicht die mögliche Ableitung der Personalmarketingzielen aus den Unternehmenszielen. Eine entsprechende Übersicht können Sie für Ihr Unternehmen erstellen. Bei der Zielfindung gilt es zum einen, das Unternehmen als Ganzes, aber auch einzelne Zielgruppen zu betrachten. Für Führungskräfte und für Fachspezialisten eines bestimmten Bereiches mögen die Ziele sehr unterschiedlich sein. Dann ist es sinnvoll, bei der Zieldefinition zielgruppenspezifisch vorzugehen und separate Zielübersichten zu erstellen.

Für die Zieldefinition empfehlen wir Ihnen, mit wichtigen Entscheidungsträgern für den Bereich Personalmarketing einen mindestens eintägigen Workshop zu gestalten, in dem Sie Schritt für Schritt aus den Unternehmenszielen die HR-Ziele und daraus die Personalmarketingziele ableiten. Leichter ist es, wenn die HR-Ziele bereits definiert sind. Dann können Sie diesen Zwischenschritt einsparen. Fragen, die einen solchen Workshop leiten können, sind zum Beispiel:

- Welche Unternehmensvision ist formuliert?
- Was sind die zentralen kurz-, mittel- und langfristigen Unternehmensziele?
- Welche Anforderungen lassen sich aus den Unternehmenszielen für die Personalarbeit ableiten? Was bedeuten die Unternehmensziele für die Personalarbeit?
- Welche kurz-, mittel- und langfristigen HR-Ziele lassen sich ableiten?
- Was bedeuten die HR-Ziele für Gewinnung und Bindung der Mitarbeiter?
- Welche Personalmarketingziele lassen sich daraus ableiten?

Beispiel 1: Teilnahme an einem Unternehmenswettbewerb »Attraktivster Arbeitgeber«

Im Bereich Human Resources eines Unternehmens wurde in der Vergangenheit überwiegend operatives Personalmarketing umgesetzt. Vor dem Hintergrund der

Arbeitsmarktsituation und einer sehr geringen Fluktuation waren in diesem Bereich aufgrund des geringen Personalbedarfs nur noch begrenzte Aktivitäten notwendig. Die gewonnenen Ressourcen im HR-Bereich sollten genutzt werden, um ein stärker strategisch ausgerichtetes Personalmarketing zu etablieren. Ausgangspunkt hierfür war die Unternehmensvision »Employer of Choice«. Diese Unternehmensvision stellte als zentrale HR-Vision unmittelbare Anforderungen an alle HR-Aktivitäten. Die Vision »Employer of Choice« wurde zum tragenden Gedanken für die Personalmarketingstrategie erklärt. Zur Realisierung der Vision wurde im HR-Bereich eine Gruppe »Employer of Choice« gegründet. Ein Ziel hierbei war, ein aussagekräftiges Branding als Arbeitgeber auf dem internen und externen Arbeitsmarkt zu schaffen. Zur Umsetzung der Unternehmensvision wurde im ersten Schritt nachfolgendes Grobkonzept zur Situationsklärung entwickelt:

»Employer of Choice« soll das Erleben des Arbeitgebers bei den Mitarbeitern widerspiegeln. Hier sind gelebte und erlebte Kultur, Werte und Kommunikation mit- und untereinander die tragenden Aspekte, die in ihrer Auswirkung für das Unternehmen ein Branding als attraktiver Arbeitgeber bewirken. Dies sollte durch die strategischen Personalmarketingaktivitäten im Rahmen des Gesamtkonzepts auf dem externen Arbeitsmarkt in Breite und Tiefe kommuniziert werden.

Der Anspruch einer gelebten und erlebten Kultur und Zusammenarbeit im Sinne des »Employer of Choice« erforderte ein ganzheitliches Vorgehen in der Analyse und Optimierung in den Themenfeldern »Kultur und Werte« und »HR-Instrumente«. Hier erreichte Erfolge sollten dann über eine geeignete Kommunikationsstrategie transportiert und vertieft, das positive Erleben der Mitarbeiter untermauert und gestärkt werden.

Wie auch in diesem Beispiel deutlich geworden ist, benötigen Sie, wenn Sie Ihre Personalmarketingziele definiert haben, im zweiten Schritt die Beschreibung des Ist-Zustandes, um anschließend Ihre Personalmarketingstrategie und konkrete Maßnahmen ableiten zu können.

8.1.3 Schritt 2: Wie sieht der Ist-Zustand aus?

Bei der Analyse der momentanen Situation lassen sich fünf zentrale Analysebereiche unterscheiden, die für das Personalmarketing eine Rolle spielen:

- die Umwelt,
- die Kunden,
- die Mitarbeiter,
- das eigene Unternehmen und
- der Wettbewerb.

8.1.3.1 Die Situation der Unternehmensumwelt

Die das Unternehmen umgebende Umwelt bestimmt den Handlungsspielraum als Arbeitgeber in hohem Umfang, zum Beispiel durch rechtliche, politische und ökonomische Rahmenbedingungen. Eine besondere Rolle spielen diese für international operierende Unternehmen. Aber auch gesellschaftliche Phänomene wie demografischer Wandel (Wie viele potenzielle Bewerber mit entsprechender Qualifikation stehen überhaupt am Markt zur Verfügung?), Wertewandel, Globalisierung oder ganz einfach Standortfaktoren sind Aspekte, die beim Thema Personalmarketing eine entscheidende Rolle spielen. Die zunehmende Globalisierung zeigt sich zum Beispiel darin, dass die global vernetzte Welt im Gegensatz zu früher eine Abwanderung von Personal in andere Staaten erleichtert. Das hat zum Phänomen des »Brain-Drafts« geführt: Gut ausgebildete Leistungsträger entscheiden sich heute leichter, für bessere Karrierechancen ihre Heimat zu verlassen, um in für sie interessanten ausländischen Unternehmen zu arbeiten.

8.1.3.2 Die Situation der Kunden – Bewerber und Mitarbeiter

Wie im Produktmarketing, so ist es auch im Personalmarketing ein essenzieller Vorteil für Sie, die Wünsche und Bedürfnisse Ihrer Kunden zu kennen und Ihr Angebot darauf abzustimmen. Auf den Personalmarkt bezogen bedeutet dies, dass Sie nur die Nase vorne haben können, wenn Sie wissen, welche Erwartungen Bewerber und Mitarbeiter an ihren Arbeitgeber und ihre Tätigkeit stellen. Nur dann können Sie mit Ihren personalpolitischen Maßnahmen darauf reagieren und das Unternehmen im Wettstreit um die benötigten Mitarbeiter gegenüber der Konkurrenz positionieren.

Hier wirkt sich zum Beispiel der viel diskutierte Wertewandel auf die Situation des Personalmarkts aus. Waren früher Werte wie Gehorsam und Disziplin weit verbreitet, so haben sie über die Jahre an Bedeutung verloren. Dahingegen spielen Bedürfnisse wie Selbstverwirklichung, Eigenverantwortlichkeit und Balancing heute eine größere Rolle. Solche Veränderungen und Trends spielen für die gesamte Personalpolitik und im Besonderen für das Personalmarketing eine entscheidende Rolle.

Der renommierte Wissenschaftler, Gründer und Leiter des Instituts für Führung und Personalmanagement der Universität St. Gallen, Prof. Dr. Wunderer, hat sich in Zusammenarbeit mit der Zürcher Gesellschaft für Personal-Management (ZGP) mit aktuellen Trends in der Arbeitswelt befasst. In der Schweizer Studie wurde auch nach den Veränderungen gesellschaftlicher Werte gefragt. Drei Viertel der antwortenden Personalverantwortlichen erwarten einen Trend, dass immer weniger ihr Leben der Arbeit verschreiben, sondern umgekehrt handeln: Die Menschen wollen ihr Leben genießen und Spaß an der Arbeit haben. Einige Motive und Hintergründe für diese Entwicklung sind die höhere Bewertung immaterieller Werte, propagierter und vorgelebter Hedonismus in der Gesellschaft, abnehmende Identifikation mit Firma, Aufgaben und Gesellschaft, sinkendes Vertrauen und abnehmende Loyalität gegenüber Organisationen.

Die Bedürfnisse der bereits im Unternehmen Beschäftigten lassen sich gut mittels einer Mitarbeiterbefragung erheben. Planen Sie vor der Durchführung genau, welche Form der Mitarbeiterbefragung am besten geeignet ist, um die notwendigen Informationen für die Konzeption eines strategischen Personalmarketings zu gewinnen. Überprüfen Sie zum Beispiel, ob Sie alle Mitarbeiter oder nur bestimmte Zielgruppen ansprechen wollen: Sind Sie beispielsweise daran interessiert, vor allem die Bedürfnisse junger Mitarbeiter mit akademischer Laufbahn zu berücksichtigen, oder interessieren Sie sich hauptsächlich für die Erwartungen und Bedürfnisse von Frauen oder von Auszubildenden?

8.1.3.3 Die Situation im Unternehmen

Für die optimal zu Ihrem Unternehmen passende Personalmarketingstrategie benötigen Sie ein klares Bild von den Faktoren, die Ihr Unternehmen kennzeichnen. Nur so können Sie diese als Attraktivitätsfaktoren im Rahmen des Marketings nutzen oder dort, wo es notwendig ist, weiterentwickeln. Zur Unternehmensanalyse gehören neben »harten« Kennziffern wie etwa Personalbedarf (quantitativ/qualitativ), Personalstruktur (quantitativ/qualitativ), Vergütung und Sozialeistungen, sonstigen Stärken und Schwächen auch »weiche« Faktoren wie etwa Betriebsklima (vergleiche Kapitel 13), Unternehmensimage oder Bekanntheitsgrad des Unternehmens. Für das Personalmarketing ist es von besonderer Bedeutung, dass Sie berücksichtigen, in welcher Entwicklungsphase sich Ihr Unternehmen gerade befindet:

- Aufbauphase: Sie benötigen verstärkt externe Mitarbeiter. Definieren Sie genau, wann und wo (Standorte, national/international) welcher Personalbedarf besteht.
- Konsolidierungsphase: Neues Personal wird primär als Ersatz im Rahmen der Fluktuation benötigt. Ihr Hauptaugenmerk liegt auf der Bindung und Qualifizierung der vorhandenen Mitarbeiter.

- Abbauphase: In dieser Phase steht die Frage im Vordergrund, wie der notwendige Personalabbau sozialverträglich und kulturkonform vollzogen werden kann. Auch ehemalige Mitarbeiter sind Kunden.

Wichtig für Ihre Betrachtung ist auch, seit wann die aktuelle Phase schon andauert und wie die weitere Entwicklung des Personalbedarfs prognostiziert wird. Hier liegen die wesentlichen Ansatzpunkte für Ihre mittel- und langfristige Strategie. So kann es durchaus sein, dass Sie sich heute zwar in der Konsolidierungsphase befinden, aber unter Berücksichtigung der Unternehmensentwicklung und der demografischen Entwicklung in fünf Jahren ein erhöhter spezifischer Personalbedarf entsteht. Darauf müssen Sie Ihr Unternehmen durch Ihr Personalmarketing heute schon sukzessive vorbereiten.

Wichtig bei der Betrachtung der Unternehmenssituation sind auch Veränderungen beziehungsweise Entwicklungen in Produkten, Technologien und so weiter. Hierbei sollten Sie ein besonderes Augenmerk auf die Analyse des Personalbedarfs bei verschiedenen Berufsgruppen legen. Möglicherweise wird künftig eine andere Anzahl an Mitarbeitern mit spezieller Qualifikation benötigt als bisher. Prägnantes Beispiel für einen plötzlich auftauchenden spezifischen Personalbedarf war die Einführung von Informationstechnologie in Unternehmen. Dadurch entstand ein großer Bedarf an IT-Fachleuten, der nicht oder nur sehr schwer gedeckt werden konnte. Bei der Frage, welche Mitarbeiter mit welcher Qualifikation für Ihr Unternehmen zukünftig wichtig sind, wird die Verbindung zur Personalplanung noch einmal deutlich. Checkliste 8.2 auf der CD kann Ihnen bei der Situationsanalyse des eigenen Unternehmens helfen. Bei der Situationsanalyse ist es sinnvoll, für unterschiedliche Mitarbeiter- und Zielgruppen separate Analysen vorzunehmen.

8.1.3.4 Die Wettbewerbssituation

Mit wem konkurrieren Sie um die besten Mitarbeiter am Markt? Wenn Sie die für Sie interessanten Wettbewerber ausgewählt haben, geht es darum, die Kriterien, an denen Sie ein Benchmark durchführen wollen, festzulegen. Geklärt werden soll die Frage, was die Stärken und Schwächen Ihrer Wettbewerber hinsichtlich der Attraktivität für potenzielle Arbeitnehmer im Vergleich zu ihrem Unternehmen sind. Kriterien für den Benchmark können deren Arbeits- und Vertragskonditionen, Einstellungszahlen, das von Ihnen verwendete Qualifikationsprofil für Bewerber, Auswahlkriterien und -verfahren bei der Personalselektion, Stärken-Schwächen-Profil der Unternehmen, deren regionales Marktpotenzial, ihre Sozialleistungen, Unternehmenskultur und so weiter sein. Als Kriterien bei Arbeitgeberwettbewerben finden Sie zum Beispiel:

- **GREAT PLACE TO WORK®:** Vertrauensindex (Glaubwürdigkeit, Fairness, Respekt), Teamwork und Stolz der Mitarbeiter auf das Unternehmen, die Qualität der Beziehungen zwischen Mitarbeitern und Management, die Beziehungen der Mitarbeiter untereinander sowie zu ihrer Arbeitstätigkeit und dem Unternehmen insgesamt.
- **DEKRA AWARD:** Führung und Strategie, Mitarbeiterorientierung, Managementsysteme und -prozesse, Mitarbeiterzufriedenheit, Kundenzufriedenheit.
- **TOP JOB:** Vision und Führung, Entwicklung, Entlohnungskonzepte, Kultur und Kommunikation, Familien- und Sozialorientierung .

Auch ist das Wissen über die Personalmarketingaktivitäten der Wettbewerber von Vorteil: Wie lauten deren strategische Personalmarketingziele? Was sind geplante Personalmarketingaktivitäten und Events? Zur Situationsanalyse eines Wettbewerbers können Sie Checkliste 8.3 auf der CD verwenden. Für eine Auswertung Ihrer Situationsanalyse können Sie die Gegenüberstellung in Checkliste 8.4 nutzen. Bitte fügen Sie hier die von Ihnen verwendeten Kriterien ein.

8.1.4 Schritt 3: Vom Ist zum Soll – Die Personalmarketingstrategie

Nachdem Sie den Soll-Zustand mittels Festschreiben der Personalmarketingziele formuliert und den Ist-Zustand der momentanen Situation analysiert haben, geht es im dritten Schritt darum, die Ergebnisse zusammenzuführen und eine genau auf das Unternehmen abgestimmte Personalmarketingstrategie zu entwickeln.

Für diesen Schritt empfehlen wir Ihnen die Durchführung eines Workshops. Schritt für Schritt können Sie dabei Soll und Ist der einzelnen Aspekte einander gegenüberstellen und Ableitungen hinsichtlich der Notwendigkeit, etwas zu verändern, und der dazu erforderlichen Maßnahmen treffen. Folgende Fragen können Sie zum Beispiel nutzen:

- Welche Unterschiede bestehen zwischen Ist und Soll?
- Ist der Ist-Stand geeignet, unsere Ziele zu erreichen?
- Was müssen wir konkret ändern beziehungsweise verbessern, um unsere Ziele zu erreichen?

- Welche Instrumente können wir dafür nutzen?
- Verfügen wir über die erforderlichen Ressourcen und Kompetenzen, um die notwendigen Instrumente zum gewünschten Zeitpunkt zu entwickeln, zu etablieren und zu pflegen?
- Wie können wir einen vorhandenen Ressourcenmangel ausgleichen?
- Welche Schritte und Maßnahmen sind in diesem Punkt notwendig?
- Wer übernimmt die damit verbundenen Aufgaben und Verantwortung?
- Bis wann sollen die offenen Punkte bearbeitet sein?

Um die vereinbarten Maßnahmen bei der Realisierung im Blick zu behalten, können Sie Checkliste 8.5 auf der CD nutzen.

8.2 Internes und externes Personalmarketing – Das Unternehmen als attraktiven Arbeitgeber am internen und externen Arbeitsmarkt platzieren

Die gedankliche Trennung zwischen internem und externem Personalmarketing ist analog zur Teilung des Personalmarktes in intern und extern. Der interne Personalmarkt erfordert eindeutig andere Marketingmaßnahmen als der externe. Im Alltag lässt sich die strikte Zweiteilung nicht immer einhalten – hier müssen beide sogar zusammenfließen. Ein gern angeführtes Beispiel für gelungenes internes und externes Marketing wäre der zufriedene Mitarbeiter, der – ohne dass für »sein Unternehmen« Werbekosten entstehen – allein durch sein nach außen getragenes Commitment zum Arbeitgeber für diesen glaubwürdig Imagepflege betreibt oder gar neue Mitarbeiter anwirbt.

Personalmarketing ist dann erfolgreich, wenn das Unternehmen sowohl von den tatsächlichen als auch den potenziellen Mitarbeitern als attraktiver Arbeitgeber gesehen wird. Intern geht es dabei um den Aufbau einer Corporate Identity, eines »Wir-Gefühls« der Belegschaft, extern um ein Image, eine Darstellung des Unternehmens nach außen. Im Idealfall entspricht die Corporate Identity dem Unternehmensimage. Im Kontext des Personalmarketings kann extern zudem das Unternehmensimage von dem Arbeitgeberimage unterschieden werden, welches Ihr Unternehmen hat. Ein Beispiel, weshalb eine derartige Unterscheidung Sinn macht, wäre in einem Unternehmen zu sehen, dessen Unternehmensimage vorrangig aufgrund seiner innovativen Dienstleitung mit »Dynamik und Kreativität« besticht, das als Arbeitgeber aber aufgrund besonderer Gestaltung der Arbeitsverträge »Sicherheit« in den Vordergrund rückt.

Überlegen Sie für Ihre Corporate Identity, Ihr Unternehmens- und Arbeitgeberimage einmal, wie Sie das »Wir-Gefühl« Ihres Unternehmens beschreiben würden.

- Wie lauten unsere Unternehmensziele?
- Was ist typisch für unser Unternehmen?
- Welche Stärken hat unser Unternehmen als Arbeitgeber?
- Welche Schwächen hat unser Unternehmen als Arbeitgeber?
- Wie sehen wohl andere unser Unternehmen?

Bei einer etablierten Marke treten diese individuellen Einflussfaktoren in den Hintergrund. Die Assoziationen, die Sie mit der Marke *Mercedes* haben, werden sich wahrscheinlich in recht geringem Ausmaß von denen unterscheiden, die andere Menschen von *Mercedes* haben. Ziel ist natürlich eine positive Besetzung der jeweiligen Marke, das heißt positive Assoziationen. Genau dieser Effekt wird im Personalmarketing unter den Bezeichnungen Corporate Identity und positives Image angestrebt: Ihr Unternehmen soll positive Assoziationen wecken, die im Gedächtnis haften bleiben.

An dieser Stelle sei darauf hingewiesen, dass ein Image ein gutes Design braucht. Professionelle Anbieter aus den Bereichen Imagekonzeption und -design helfen Ihnen, die geeigneten gestalterischen Mittel zu nutzen, um Ihre erwünschten Imageassoziationen zu transportieren. Dieses Design taucht immer auf, wenn es um die Darstellung Ihres Unternehmens geht: Ob es sich um interne Schreiben, Werbeplakate, Ihren Internetauftritt oder andere Gelegenheiten handelt, um ein Image zu etablieren, ist es wichtig, dass alles aus einem Guss ist.

Um Ihre Corporate Identity im Unternehmen beziehungsweise Ihr Image nach außen zu kommunizieren und auf diesem Weg Personalmarketing und -Recruiting zu betreiben, stehen Ihnen verschiedene Kanäle der Ansprache zur Verfügung.

Im Gesamtpaket der Maßnahmen sind beide Personalmarketingbereiche untrennbar. Zum besseren Verständnis betrachten wir sie nachfolgend separat. Analog verfahren wir anschließend bei der Behandlung der internen und externen Personalrekrutierung.

8.2.1 Internes Personalmarketing

Internes Personalmarketing bezieht sich auf die Mitarbeiter, die bereits im Unternehmen sind. Für diese Gruppe soll das Unternehmen ein interessanter Arbeitergeber bleiben, mit dessen Unternehmenszielen sie sich identifizieren und für die es sich lohnt, sich einzusetzen. Idealerweise sind die Mitarbeiter stolz darauf, Mitglieder »ihres Unternehmens« zu sein. Solche Mitarbeiter sind deshalb Gold wert, weil sie einen positiven und vor allem sehr glaubwürdigen Eindruck Ihres Unternehmens auch nach außen vermitteln. Dadurch können sowohl potenzielle Mitarbeiter angesprochen werden, als auch neue Kundenbeziehungen entstehen.

Beim internen Personalmarketing lassen sich grundsätzlich sieben Bereiche unterscheiden, die zu beachten sind, wenn Sie der Frage nachgehen, was ein Unternehmen attraktiv macht:

1. die übertragenen Aufgaben, gefragte Kompetenzen und Verantwortungsübernahme,
2. die Aus- und Weiterbildungsmöglichkeiten,
3. mögliche Entwicklungs- und Karrierechancen,
4. die Anreizgestaltung (materiell und immateriell),
5. die Unternehmens- und Führungskultur,
6. das Betriebs- und Arbeitsklima sowie
7. die Rahmen- und Arbeitsbedingungen.

Beachten Sie bei Ihren Überlegungen zum internen Personalmarketing die Erkenntnisse der in Kapitel 5 vorgestellten Theorie der 16 Lebensmotive. Danach geht es weniger darum, einen der genannten sieben Aspekte zu optimieren, sondern vielmehr darum, die Gesamtmöglichkeiten so zu gestalten, dass Mitarbeiter mit den unterschiedlichsten Motiven für sich eine Bedürfnisbefriedigung erlangen.

8.2.1.1 Stolpersteine beim internen Personalmarketing

Die Kunst des internen Personalmarketings besteht darin, für jeden Mitarbeiter den passenden »Marketingmix« zu finden. Hier zeigt sich, dass die Schwierigkeiten des internen Personalmarketings im Detail stecken. Während Sie viele Mitarbeiter haben, die gar keine besonderen Ansprüche stellen und, solange die grundlegenden Rahmenbedingungen stimmen, auch jahrelang mit guter Zufriedenheit Ihre Aufgaben erfüllen, haben Sie auch anspruchsvolle Mitarbeiter: Sie erwarten, in ihrer Einzigartigkeit wahrgenommen und gefördert zu werden.

Mit grundlegenden Rahmenbedingung meinen wir Aspekte wie Vergütung und Sozialleistungen, Führung, Klima und Arbeitsbedingungen. Diese Faktoren müssen an allen Arbeitsplätzen stimmen, wenn die Motivation der Mitarbeiter aufrechterhalten werden soll. Aber gerade bei den schwer am Arbeitsmarkt anzuwerbenden Leistungsträgern können Sie davon ausgehen, dass diese sehr genau prüfen, ob ein Unternehmen ihre individuellen Bedürfnisse befriedigen kann. Ist das nicht der Fall, werden diese Mitarbeiter Ihr Unternehmen auch schnell wieder verlassen, denn sie finden immer einen neuen Arbeitsplatz.

Greifen wir an dieser Stelle das Beispiel des Kundenberaters auf, dem zweimal jährlich eine Weiterbildung geboten wird. Dies wird für Mitarbeiter mit einem hohen Macht- oder Neugiermotiv ein Attraktivitätsfaktor sein. Verfügen andere Kundenberater aber über andersartige Motive, werden sie zwar an den Weiterbildungen teilnehmen, diese stellen aber keinen besonderen Anreiz für sie dar. Es gilt also beim internen Personalmarketing darüber nachzudenken, was das Unternehmen grundsätzlich an »Leistungen« bieten sollte, um möglichst viele Mitarbeiter mit unterschiedlichsten Motiven anzusprechen und ihnen einen durch sie erlebten persönlichen Nutzen beziehungsweise eine Bedürfnisbefriedigung zu bieten. Ein passendes Beispiel aus der Praxis liefert das Cafeteriasystem aus Kapitel 5.

Hierbei geht es darum, dass jeder Mitarbeiter frei ist, seinen Entschluss, für Ihr Unternehmen zu arbeiten, jederzeit wieder rückgängig zu machen. In der Regel wissen Sie nicht, ob einer Ihrer Mitarbeiter über einen Arbeitsplatzwechsel nachdenkt oder nicht, diese Entscheidung kann tagtäglich neu getroffen werden. Ein negatives Ergebnis dieser Entscheidung kommuniziert der Betreffende in der Regel erst mit seiner Kündigung. Wichtig ist zu beachten, dass es immer wieder Phasen gibt, in denen sich eine Person mit beruflichen Fragen auseinandersetzt, wie zum Beispiel:

- Warum arbeite ich hier (oder noch hier)?
- Machen mir meine Aufgaben Spaß? Wozu mache ich sie?
- Wie erlebe ich die Zusammenarbeit mit Kollegen, Vorgesetzten, Mitarbeitern und Kunden?
- Was gefällt mir hier? Was fehlt mir hier?
- Wie viel ist meine Leistung, meine Arbeit wirklich wert?
- Wo sind für mich hier Entwicklungsmöglichkeiten?

Nach derartigen Überlegungen kann ein Mitarbeiter zu dem Schluss kommen, dass er seinen jetzigen Job nicht mehr ausführen möchte. Gutes internes Personalmarketing hat zum Ziel, solche Überlegungen zu einer positiven Antwort zu führen und den Mitarbeiter im Unternehmen zu halten. Das können Sie nicht allein leisten. Um zeitgerecht zu erkennen, welche Bedürfnisse der Mitarbeiter hat, was ihn motiviert und bindet, bedarf es der Aufmerksamkeit seitens der verantwortlichen Führungskraft. Sie stellen die Instrumente zur Verfügung, die geeignet sind, mit den Mitarbeitern vergleichbare Aspekte zu diskutieren. Anwendung finden hier Mitarbeitergespräche, Zielvereinbarungen, Entwicklungsgespräche, Beurteilungsgespräche und Mitarbeiterbefragungen. Mit Ausnahme der Mitarbeiterbefragung ist dann die Führungskraft vor Ort verantwortlich, im Rahmen der genannten Gespräche, aber selbstverständlich auch über ihr tägliches Führungshandeln, die Bedürfnisse der Mitarbeiter zu erfassen und zu beachten.

8.2.1.2 Die Rolle von Führungskräften im Kontext des internen Personalmarketings

Führungskräfte spielen eine Schlüsselrolle bei der Umsetzung des internen Personalmarketings. Geringes Qualitätsbewusstsein, unqualifizierte, desinteressierte Mitarbeiter, hohe Fehlzeiten- und Fluktuationsziffern und so weiter weisen fast immer auf Führungsfehler hin. Wenn es gilt, Unzufriedenheit zu vermeiden und für einen Mitarbeiter den individuell passenden Marketingmix zu steuern, dann bedeutet dies, dass Vorgesetze ihre Führungsaufgabe mit Fingerspitzengefühl wahrnehmen müssen. Abbildung 8.5 zeigt die Felder und notwendigen Variationen einer motivations- und bindungsorientierten Führungsarbeit im Sinne eines effizienten internen Personalmarketings.

Abb. 8.5: Die Felder der Führung im Kontext des internen Personalmarketings

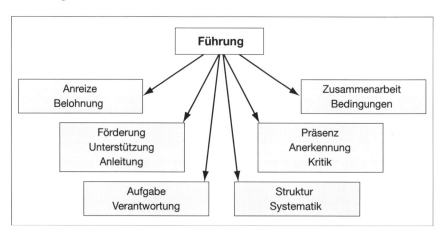

8.2.1.3 Instrumente des internen Personalmarketings

Das interne Personalmarketing betrifft:

- Unternehmenswerte, -kultur und -leitbilder;
- HR-Instrumente zur Potenzial- und Leistungseinschätzung, zur Qualifizierung und Mitarbeiterentwicklung;
- Arbeitsbedingungen, Vergütung, Sozialleistungen, Arbeitszeitregelungen und so weiter sowie
- die Kommunikation und wirksame Verankerung der vorgenannten Aspekte im Unternehmen.

Diese Übersicht macht bereits deutlich, dass alle HR-Maßnahmen und Instrumente auch Instrumente des internen Personalmarketings sind. Mit den einzelnen Aspekten wollen wir uns nachfolgend etwas näher beschäftigen.

1. Unternehmenswerte, Unternehmenskultur und Unternehmensleitbilder

Dieser Aspekt betrifft unter anderem die Fragen:

- Wie tun wir die Dinge bei uns im Unternehmen (Qualität, Engagement, Kommunikation und vieles mehr)?
- Was ist uns wirklich wichtig dabei (Werte)?
- Was betrachten wir als gut und richtig, was als falsch?
- Was kennzeichnet die Mitarbeiterführung bei uns, was ist dabei wichtig (Führungskultur)?
- Was kennzeichnet unsere Zusammenarbeit und Kommunikation (Offenheit, Transparenz, Schnelligkeit, Vertrauen et cetera)?

Für Ihr Image als Arbeitgeber ist dabei nicht das bunt gedruckte Hochglanzunternehmensleitbild entscheidend, sondern die gelebte Kultur. Sie prägt die Mitarbeiterzufriedenheit und Motivation. Selbstverständlich ist die Kommunikation – also die Frage, wie bringe ich die Kultur in die Köpfe der Mitarbeiter –, entscheidend. Viel wichtiger ist es aber, wie die definierten Werte gelebt werden. Erfassen können Sie dies am besten über eine Mitarbeiterbefragung (vergleiche Kapitel 12). Wollen Sie wissen, inwieweit die Führungskräfte des Unternehmens eine definierte Führungskultur (Führungsleitbild) leben, empfehlen wir die Durchführung eines Führungskräftefeedbacks.

Bei der Verzahnung von internem Personalmarketing und interner Personalrekrutierung geht es zum Beispiel hinsichtlich der Unternehmenskultur um die konsequente Arbeit an einer gelebten Unternehmenskultur, die interne Bewerbungen wünscht und unterstützt. Hierbei steht wiederum die interne Kommunikation im Vordergrund. Es reicht sicher nicht, den Mitarbeitern und Führungskräften einmal mitzuteilen, dass interne Bewerbungen erwünscht sind. Wichtig ist, die Botschaft immer wieder auf den unterschiedlichsten Kanälen zu kommunizieren. Nutzen Sie auch hierfür das Intranet, Mitarbeiterzeitungen und betriebliche Veranstaltungen. Berichten Sie über erfolgreiche interne Veränderungen und Entwicklungen durch die Bewerbung von Mitarbeitern. Nehmen Sie diesen Aspekt als wichtigen Teil in die Qualifizierung Ihrer Führungskräfte auf, damit Sie diese Mitarbeiter ermuntern und unterstützen, sich intern weiterzuentwickeln und sich die Position zu suchen, in die sie ihre Leistungen optimal einbringen können.

2. HR-Instrumente zur Potenzial- und Leistungseinschätzung, zur Qualifizierung und Mitarbeiterentwicklung

Das Thema Qualifizierung und Entwicklung spielt hinsichtlich der Mitarbeiterzufriedenheit für das Image des Unternehmens als attraktiver Arbeitgeber eine große Rolle. Dabei geht es sicher nicht darum, dass Mitarbeiter hin und wieder mal an einer Weiterbildung teilnehmen können, sondern vielmehr um eine systematische Personalentwicklung. Diese beginnt bei der Potenzialerkennung und reicht bis zur kontinuierlichen Potenzialförderung.

Ein professionelles Konzept, um internes Potenzial ausfindig zu machen und individuell passende Entwicklungsmöglichkeiten zu planen, kann folgende Elemente beinhalten:

- regelmäßige Leistungsbeurteilung (mindestens einmal im Jahr) mit Feedback an den Mitarbeiter in Form eines Mitarbeitergespräches;
- Dokumentation der Beurteilung zur Potenzialerfassung des Mitarbeiters und der weiteren Nutzung der Ergebnisse;
- Entscheidung zur Förderung von Potenzialträgern (wer in welche Richtung);
- Aufbau und Pflege eines internen Bewerberpools;
- Einrichten einer Versetzungswunschkartei;
- internes Wissensmanagement;
- Nachfolgeregelungen und Förderpool;
- bedarfsgerechte Qualifizierungsangebote.

3. Arbeitsbedingungen, Vergütung, Sozialleistungen, Arbeitszeitregelungen

Viele Unternehmen übersehen, dass auch die Rahmenbedingen, die Sie Ihren Mitarbeitern bieten, gezielt als Attraktoren im Personalmarketing eingesetzt werden sollten. Hierzu zählen flexible Arbeitszeiten wie die Gleitzeit, die Möglichkeiten für Frauen, den Wiedereinstieg nach der Schwangerschaft von zu Hause aus per »Home-Office« anzugehen, und variable Vergütungssysteme mit der Ausstellung von Prämien, die auf die Bedürfnisse des Mitarbeiters zugeschnitten sind. Vielleicht zeichnet sich Ihr Unternehmen gerade im Bereich der Sozialleistungen durch einen besonderen Service aus, wie zum Beispiel die Möglichkeit der Kinderbetreuung. Diese Rahmenbedingungen und viele andere Leistungen tragen wesentlich zur Attraktivität Ihres Unternehmens für potenzielle Mitarbeiter, aber auch zur Identifikation der bereits eingestellten Mitarbeiter bei.

4. Die Kommunikation und wirksame Verankerung der vorgenannten Aspekte im Unternehmen

Spannend ist immer wieder auch die Frage, wie transportieren wir Kultur, Werte und Angebote des HR-Managements. Im Grunde genommen stehen Ihnen hierfür alle unternehmensinternen Kommunikationswege offen. Einige wichtige wollen wir hier nennen. Prüfen Sie für Ihr Unternehmen, welches etablierte und gut angenommene Kommunikationswege sind. Auch diesen Aspekt – aus welchen Medien unsere Mitarbeiter ihre Informationen gewinnen – können Sie im Rahmen einer Mitarbeiterbefragung erfassen. Achten Sie gerade hinsichtlich des Aspektes Kommunikation und Information auf eine präzise Formulierung der Fragen. Gerne wird bei Unzufriedenheit die interne Information und Kommunikation kritisiert: »Ich erhalte nicht genug Informationen.« Fragen Sie Mitarbeiter dann aber, ob sie mehr Informationen zum Beispiel im Intranet lesen würden, kommt oft die Antwort »Nein – warum? Das brauche ich nicht.« Es geht also gar nicht so sehr um die Menge, sondern darum, Informationen so aufzubereiten, dass Mitarbeiter im eigenen Unternehmen sie gerne lesen. Mögliche Kommunikationskanäle sind:

- Intranet,
- Mitarbeiterzeitung,
- Aushänge,
- Rundschreiben,
- Infomails,
- Sonderdrucke,
- Mitarbeiterbroschüren,
- Mitarbeiterveranstaltungen, Betriebsversammlungen,
- Arbeitskreise, Besprechungen,
- Führungskräftekreise,
- Weiterbildungen.

8.2.2 Externes Personalmarketing

Externes Personalmarketing hat das Ziel, geeignete Mitarbeiter auf das Unternehmen aufmerksam zu machen, deren Interesse an einem Arbeitsplatz im Unternehmen zu wecken und sie zu einer Bewerbung zu bewegen. Im Großen und Ganzen lassen sich drei Hauptaufgaben des externen Personalmarketings formulieren:

1. die spezifische Attraktivität des Unternehmens nach außen hin darstellen und zielgruppenspezifisch vermitteln;
2. effektive Personalwerbungswege und -maßnahmen definieren und nutzen;
3. konkrete Einstiegsangebote zeitgerecht, bedarfs- und zielgruppengerecht entwickeln und formulieren.

8.2.2.1 Stolpersteine beim externen Personalmarketing

Beim externen Personalmarketing ist es wichtig, eine gute Außendarstellung als Arbeitgeber zu erreichen und diese zu verbreiten. Das Image ist das Fundament des gesamten Personalbeschaffungsprozesses und wird von diesem weitergetragen. Aus diesem Grund ist die Kopplung des Personalmarketings an die Personalrekrutierung so wichtig. Externes Personalmarketing muss den vorher definierten Zielen dienen. Eine »gute Außendarstellung« heißt dabei nicht, mit großen Versprechungen Traumjobs und Bedingungen anzupreisen, die sich in der Realität als nicht haltbar entpuppen. Damit sprechen Sie zwar interessante externe Potenziale an, Sie sind sie aber auch schnell wieder los. Ziel ist es, eine attraktive Realität zu schaffen (interne Aktivitäten) und diese entsprechend nach außen zu kommunizieren (externes Personalmarketing). Die Kommunikation erfolgt in aufeinander abgestimmten externen und internen Personalmarketingaktivitäten, die die Unternehmenskultur widerspiegeln.

8.2.2.2 Instrumente des externen Personalmarketings

Das Angebot, welches Sie für das interne Marketing entwickeln und intern vermarkten, vermarkten Sie genauso beim externen Marketing. Das heißt, hier geht es weniger um ein gesondertes Angebot, sondern um die gezielte Kommunikation an die richtigen Zielgruppen.

Wege des externen Marketings sind:

• Werbeanzeigen,

- Unternehmensinformationen in Form von Broschüren,
- Stellenausschreibungen in Zeitungen, Fachzeitschriften und im Internet,
- Teilnahme an Messen und Kongressen,
- Zusammenarbeit mit Schulen und Hochschulen,
- Lehrer, Praktiker,
- Praktika für Schüler und Studenten,
- Vergabe von Diplomarbeiten,
- Teilnahme an Rekrutierungs- und Ausbildungsmessen,
- Mitarbeiter werben Mitarbeiter.

8.2.2.3 Das Zusammenwirken von internem und externem Personalmarketing

Beim externen Marketing haben wir bereits darauf hingewiesen, dass Sie hier Ihre internen Angebote vermarkten. Das heißt, internes und externes Personalmarketing müssen ineinanderfließen (vergleiche Checkliste 8.6 auf der CD). Genauso müssen sie eng verzahnt sein mit der Personalentwicklung und den übrigen Bereichen der Personalarbeit. Woher sollen sonst die Informationen kommen, die das Personalmarketing nach innen und außen tragen soll?

Beispiel 2: Zusammenspiel im Personalmarketing

Ein Unternehmen hat drei zentrale Bereiche im Personalwesen: Personalservices, Personalentwicklung und Personalmarketing. Alle drei Bereiche arbeiten so wenig zusammen, dass der Bereich Personalentwicklung ein eigenes Projekt »interne Vermarktung der Personalentwicklungsleistungen« aufsetzt. Zentrale Frage ist, wie die Führungskräfte und Mitarbeiter besser über die Angebote informiert werden können und die Stellung der Personalentwicklung im Unternehmen verbessert werden kann.

Diese Investition könnte sicher eingespart werden, wenn das Personalmarketing seine Kernaufgaben erfüllt und die Bereiche konstruktiv und intensiv zusammenarbeiten. Hier wurde allem Anschein nach irgendetwas falsch verstanden.

Checkliste 8.6 auf der CD gibt eine Anleitung, wie Sie bei der Verknüpfung des internen und externen Marketings vorgehen können.

Beim externen Personalmarketing stellt die Zusammenarbeit mit der Personalplanung ebenfalls einen entscheidenden Erfolgsfaktor dar. Je besser Sie etwa ihren zukünftigen Personalbedarf bestimmen können, umso besser sind Sie in der Lage, externes Personalmarketing effektiv zu gestalten. Hier kann wieder auf die Analogie zum Produktmarketing zurückgegriffen werden. Natürlich müssen Sie wissen,

- was die positiven und negativen Eigenschaften ihres Angebots sind;
- welchen »Typ« Sie als Mitarbeiter brauchen und gewinnen möchten;
- wie umfangreich der Gesamtpersonalbedarf sein wird;
- was Sie der Konkurrenz voraushaben und
- wie die aktuelle Gesamtsituation auf dem Personalmarkt ist.

Bei der Beantwortung dieser Fragen ist eine gründliche Auseinandersetzung im Rahmen der Ist-Analyse (vergleiche Kapitel 8.1.3) unerlässlich. Da sich besonders beim externen Personalmarketing die Umweltbedingungen schnell ändern, ist es nötig, seiner Zeit immer ein bisschen vorauszusein und sich mit folgenden Fragen auseinanderzusetzen:

- In welche Richtung tendieren neueste Personalmarktentwicklungen?
- Welche Chancen und Schwierigkeiten könnten zukünftig eine Rolle spielen, an die heute kaum jemand denkt?
- Was verbinden Hochschulabsolventen/Facharbeiter/Männer/Frauen/Auszubildende und so weiter vermutlich in Zukunft gedanklich mit einem attraktiven Job?
- Welchen Lifestyle haben unsere Mitarbeiter der Zukunft?

Sich frühzeitig und kontinuierlich mit derartigen Fragen auseinanderzusetzen, bringt Ihnen nicht nur auf dem externen Personalmarkt einen entscheidenden Wettbewerbsvorteil gegenüber konkurrierenden Unternehmen. Auch Ihr internes Personalmanagement werden Sie auf diese Weise bereichern und weiterentwickeln.

8.2.2.4 Zukunftstrends im Personalmarketing

Im Wettbewerb um kompetente und leistungsstarke Mitarbeiter sind Unternehmen gefordert, auf veränderte Bedürfnisse und Werte zu reagieren. Solche Tendenzen zu erkennen ist entscheidend, um bereits frühzeitig mit einer entsprechenden eigenen Strategie punkten zu können. Um für High Potentials attraktiv zu sein, müssen Sie etwas anbieten, sonst geraten Sie in die Situation, sich mit der zweitbesten Wahl zufrieden geben zu müssen. Hier geben sicher große Konzerne und Unternehmen den Trend vor. Ein Teil der Möglichkeiten, die Arbeitnehmern angeboten werden kann, ist sicher durch das zur Verfügung stehende Budget definiert. Viel mehr als durch die finanziellen Möglichkeiten wird das Personalmarketing aber durch die Unternehmenskultur bestimmt – und die ist keine Frage der Unternehmensgröße. Gerade in Branchen mit einem engen Arbeitsmarkt geht es darum, sich gegenüber Wettbewerbern abzugrenzen und durch die Pflege der »Ressource Mensch« Motivation und Leistungsbereitschaft zu erhalten.

Das, was Arbeitgeber attraktiv macht, ändert sich mit den Werten verschiedener Generationen. Projekte wie zum Beispiel die in Zusammenarbeit mit dem Bundesministerium für Arbeit durchgeführte Langzeitstudie zur »Work-Life-Balance als Motor für wirtschaftliches Wachstum und gesellschaftliche Stabilität« machen deutlich, dass heute nicht nur die gute Bezahlung, sondern »eher weiche Faktoren« wie eben ein Gleichgewicht zwischen Beruf und Privatleben (Work-Life-Balance) wichtige Werte sind. Wichtige moderne Gestaltungsfaktoren des internen und externen Personalmarketings und der Mitarbeiterbindung sind:

- flexible Arbeitszeitmodelle (zum Beispiel Gleitzeit, Teilzeit, Telearbeit und Job-Sharing, Arbeitszeitkonten, Sabbatical-Programme);
- systematische Personalentwicklung und Weiterbildungsangebote (zum Beispiel individuelle Entwicklungs- und Karrieremöglichkeiten, Traineeprogramme);
- Unterstützung der Vereinbarkeit von Beruf und Familie (zum Beispiel unternehmensgeführte Kinderkrippen und Kindergärten, Unterstützung bei der Suche nach Kinderbetreuungsmöglichkeiten);
- Sport- und Fitnessangebote in eigenen Studios;
- präventive Check-up-Untersuchungen.

Betrachten wir einmal exemplarisch die Wirkung von Sabbatical-Programmen. Hier hat der Arbeitnehmer die Möglichkeit, für einen längeren Zeitraum unbezahlten Urlaub zu nehmen. Die mögliche Zeitspanne variiert hierbei in Abhängigkeit des jeweiligen Angebots seitens des Arbeitgebers und den individuellen Wünschen des Arbeitnehmers zwischen ein bis zwei Monaten bis zu einem Jahr. Dieses Modell soll besonders dazu geeignet sein, Motivation und Kreativität zu steigern und einem Burnout vorzubeugen.

Als positive Effekte der vorgestellten Zusatzangebote werden zumeist ein niedrigerer Krankenstand, höhere Arbeitszufriedenheit und Motivation, ein verbessertes Betriebsklima, gesenkte Fluktuationsrate sowie eine stärkere Identifikation mit dem Unternehmen angeführt. Der Nutzen für das Unternehmen kann schwer allein durch finanzielle Kennzahlen ausgedrückt werden. Weiche Faktoren wie langfristige Motivation, Leistungsbereitschaft, Loyalität und Stimmung im Unternehmen müssen mit beachtet werden. Entscheidend für den langfristigen Erfolg personalpolitischer Zusatzangebote ist, ob sie überzeugend in die Unternehmenskultur eingegliedert sind und tatsächlich gelebt werden. Wird dieser Trend vom Unternehmen nicht nur als vorübergehende Mode begriffen, sondern den Mitarbeitern wirklich ein Mehrwert geboten, profitieren langfristig beide Seiten.

8.3 Interne oder externe Personalrekrutierung?

Bei der Personalrekrutierung ernten Sie letztendlich die Früchte Ihres Personalmarketings. Wie beim Personalmarketing unterscheiden wir auch hier zwischen interner und externer Personalrekruitierung. Oft entstehen innerhalb von Unternehmen hitzige Debatten, ob nun die interne oder die externe Rekrutierung der »richtige Weg« sei, um vakante Stellen zu besetzen. Aber weder das eine noch das andere Vorgehen ist immer richtig. Wir kennen durchaus die Situation, dass in Unternehmen zum Beispiel im Zusammenhang mit einer übergeordneten Personalabbaustrategie die Vorgabe besteht, dass vakante Positionen nur mit internen Bewerbern besetzt werden können. Dies führt häufig zur Nichtbesetzung oder zu einer schlechten Besetzung einer Position, da kein geeigneter interner Bewerber vorhanden ist. Intern heißt es dann: »Den mussten wir nehmen.« oder »Der wurde zu uns entsorgt.« – sicherlich nicht die beste Lösung. Letztendlich muss immer im speziellen Einzelfall entschieden werden, welche Wahl diejenige ist, die einen größeren Erfolg bei der Besetzung durch den »optimalen Kandidaten« verspricht. In den folgenden Kapiteln wird thematisiert, was Voraussetzungen, Vor- und Nachteile der jeweiligen Rekrutierungsform sind.

Die einfache Frage »Wer wird gebraucht?« liegt dem strategischen Personal-Recruiting zugrunde und ist oft gar nicht so leicht zu beantworten. Sie beinhaltet eine Fülle an Überlegungen, mit denen Sie sich bei der Personalbeschaffung auseinandersetzen müssen:

• Welche Mitarbeiter braucht Ihr Unternehmen kurzfristig, um die Unternehmensziele zu erfüllen (das heißt Produkte oder Dienstleistungen in ausreichender Menge und Qualität, um sie dem Kundenbedarf entsprechend anzubieten)?
• Welche Mitarbeiter braucht Ihr Unternehmen, um langfristig erfolgreich zu sein (zum Beispiel um strategischen Wettbewerbsvorteil aufzubauen oder zu erhalten)?
• Welche Mitarbeiter sind Potenzialträger und High Potentials Ihres Unternehmens?
• Welche Potenziale müssen Sie von extern für sich gewinnen?

Personalbeschaffung bezeichnet, wie der Name nahe legt, den Beschaffungsprozess im Personalwesen. Synonym wird für den Beschaffungsvorgang die englische Bezeichnung Personal-Recruiting verwendet. Ihre Aufgabe ist es, zu erkennen, welche Mitarbeiter für das Unternehmen wichtig sind, wie Sie diese richtig ansprechen und für sich gewinnen. Hierbei zählt nicht die Masse an Bewerbern, sondern vor allem die »Richtigen« anzusprechen. Die Richtigen sind die, die am besten zu Ihrem Unternehmen passen und die nötigen Qualifikationen und Potenziale mitbringen (vergleiche Abbildung 7.3).

Ziel der Personalbeschaffung ist es, kontinuierlich dafür zu sorgen, dass der festgestellte Personalbedarf zeitnah und zuverlässig gedeckt wird. Zur Personalbeschaffung im weiteren Sinne zählen alle Teilprozesse vom Feststellen des Personalbedarfs bis zur Personalauswahl, sodass die Personalrekrutierung zwischen Personalbedarfsplanung und Personalauswahl anzusiedeln ist.

Betrachtet man Personalbeschaffung als Summe aller Vorgänge des Anwerbens, des Auswählens, des Vorbereitens von Mitarbeitern für aktuell oder künftig zu besetzende Positionen, so lautet die übergeordnete Zielsetzung, den richtigen Mitarbeiter der richtigen Stelle zuzuführen.

Die Bewerber lassen sich aus Ihrer Sicht hierbei nach der ABC-Methode in drei Kategorien einteilen:

- A-Bewerber entsprechen voll Ihren Anforderungen. Wenn deren Anzahl nicht Ihre Bewältigungskapazitäten übersteigt – was natürlich dennoch ein wünschenswerter Fall ist –, sollten Sie alle A-Bewerber zur weiteren Auswahl einladen. Eine zügige Einladung ist als entscheidender Wettbewerbsvorteil gegenüber konkurrierenden Arbeitgebern von Vorteil. A-Bewerbern sollten Sie erst eine Absage erteilen, wenn die Stelle endgültig neu besetzt ist.
- B-Bewerber entsprechen im Großen und Ganzen Ihren Anforderungen, weichen allerdings in der einen oder anderer Hinsicht von Ihrem Anforderungsprofil ab. Da B-Bewerber nicht so gut in das gesuchte Profil passen wie A-Bewerber, sollten Sie B-Kandidaten nicht zur weiteren Auswahl einladen, solange Sie über ausreichend viele A-Bewerber verfügen. Eine Absage erteilen Sie auch den B-Bewerbern erst, wenn der richtige Kandidat für die Stelle gefunden ist und seine Zusage sicher ist.
- C-Bewerber entsprechen nicht Ihren Anforderungen. Entsprechend werden ihnen ihre Bewerbungsunterlagen mit einem ablehnenden Schreiben zurückgesandt.

Abbildung 8.6 stellt diese Filterfunktion im Hinblick auf Ihr Ziel, nämlich die optimale Besetzung der freien Stelle, dar.

Abb. 8.6: Personalselektionsfunktion des Beschaffungsprozesses

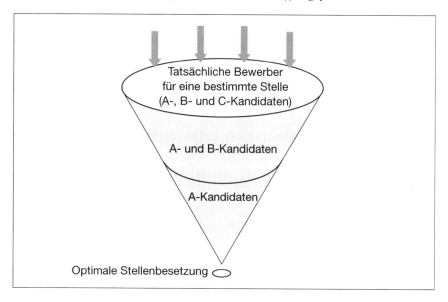

Je detaillierter Ihre Vorstellung davon ist, wen Sie brauchen, umso besser können Sie beim Personalrekrutierungsprozess Ihre Ansprüche klar formulieren und an potenzielle Anwärter kommunizieren. Grundsätzlich hängt der Bedarf von verschiedenen Faktoren ab:

- Größe und Art des Unternehmens: Wo viele Mitarbeiter beschäftigt sind und ein großer Personalersatzbedarf vorliegt, steigt die Notwendigkeit einer systematischen und kontinuierlichen Personalrekrutierung.
- Befindet sich Ihr Unternehmen in der Aufbau-, Konsolidierungs- oder in der Abbauphase? Die Phase, in der sich Ihr Unternehmen befindet, ist maßgeblich für die Dringlichkeit und Intensität Ihrer Personalbeschaffungsmaßnahmen.
- Je höher das Qualifikationsniveau der zu besetzenden Funktionen (zum Beispiel Ingenieure oder seltene Fachbereiche), desto wichtiger ist ein systematisches Vorgehen und die Verzahnung mit dem Personalmarketing.
- Konkurrenzdruck durch andere Unternehmen der Branche (zum Beispiel allgemeine Imageprobleme, Standortprobleme, unattraktive Bezahlung, Arbeitsplatzunsicherheit oder sonstige unattraktive Jobmerkmale).
- Berücksichtigung interindividueller Leistungsunterschiede: Es muss nicht nur eine benötigte Anzahl an Mitarbeitern, sondern auch die geforderte Qualität der Leistung rekrutiert werden.

8.3.1 Vor- und Nachteile interner Rekrutierung

Haben Sie dank Ihres internen Personalmarketings einen gut gepflegten internen Bewerberpool, auf den Sie zurückgreifen können, bieten Ihnen interne Rekrutierungen folgende Vorteile:

- Förderung von Motivation und Bindung durch Veränderungs-, Entwicklungs- und Aufstiegschancen für die Mitarbeiter;
- geringe Personalanwerbungs- und Einarbeitungskosten;
- schnellere Einarbeitung, da die Mitarbeiter mit den grundlegenden Abläufen im Unternehmen und der Unternehmenskultur vertraut und »sozialisiert« sind;
- Erhalt von wertvollem Wissen im Unternehmen;
- Festigung der Unternehmenskultur;
- Etablierung einer transparenten Personalpolitik, die Leistungsbereitschaft betont und belohnt.

Die interne Personalbeschaffung birgt aber auch Risiken, die Sie jeweils gegen die Vorteile abwägen müssen:

- Werden Positionen mit Mitarbeitern besetzt, denen »man mal etwas Gutes tun will«, »die man schon so lange kennt« oder »die eine besondere Beziehung zu xy haben«, wird das Instrument der internen Personalrekrutierung missbraucht und nutzlos.
- Es besteht immer die Gefahr, dass Mitarbeiter weggelobt werden.
- Frischer Wind und ein anderes Denken von außen fehlen, sodass das Unternehmen »im eigenen Saft« kocht und sich langsamer weiterentwickelt.
- Wenn Sie dem Wunsch eines Mitarbeiters auf berufliche Veränderung nicht entsprechen, kann dies Frust und Demotivation hervorrufen. In solch einem Fall hilft es, Ihre Entscheidungsgründe transparent vorzulegen und mögliche Alternativen aufzuzeigen.
- Entwicklung eines destruktiven Konkurrenzkampfs unter einzelnen Mitarbeitern anstelle eines fairen, leistungssteigernden internen Wettbewerbs.
- Vorgesetzte wollen Mitarbeiter nicht abgeben beziehungsweise verlieren und behindern interne Wechsel.

8.3.1.1 Kanäle der internen Ansprache: Von direkt bis indirekt

Die Kanäle der internen Ansprache können sowohl formeller als auch informeller Natur sein. Sie unterscheiden sich nicht von den Kommunikationskanälen des internen Personalmarketings, was wiederum die enge Verzahnung von beiden verdeutlicht. Der Erfolg der internen Rekrutierung steht in direktem Zusammenhang mit Ihrem internen Personalmarketing. Ihr internes Personalmarketing bewirkt, dass interne Besetzungen Teil der Unternehmenskultur sind, begrüßt werden und den Mitarbeitern dies auch bekannt ist. Ein positives Beispiel aus der Praxis verdeutlicht dies.

Beispiel 3: Interne Ansprache

In einem großen internationalen Konzern ist es gelebte Kultur, dass Mitarbeiter intern im eigenen Unternehmen, aber auch zwischen den Töchtern des Konzerns wechseln können. Besteht ein Wechselwunsch, kommunizieren die Mitarbeiter diesen offen an ihre Führungskraft und die Personalentwicklung. Gemeinsam wird dann nach einer für den Mitarbeiter passenden und attraktiven Position gesucht. In einem von uns durch ein Coaching begleiteten Fall wollte sich eine Führungskraft in eine für sie inhaltlich anspruchsvollere Position weiterentwickeln. Zum Zeitpunkt der Kommunikation des Wechselwunsches war noch nicht klar, welche Position es werden würde. Das Unternehmen begleitete die Führungskraft bei dem gewünschten Wechsel zum einen durch ein persönliches Coaching zur persönlichen Weiterentwicklung, aber auch zur Zielklärung für die weitere berufliche Positionierung, durch eine frühzeitige Kommunikation des Wechselwunsches an die Mitarbeiter und die interne Vorbereitung des Wechsels in der Führungsposition sowie durch eine aktive Unterstützung bei der Suche nach einer passenden Position im Konzern. Im gesamten Prozess gab es keine Behinderungen durch den Vorgesetzten oder die Personalabteilung, sondern nur positive Unterstützung. Dies ist Ausdruck eines gelungenen, in der Unternehmenskultur verankerten internen Personalmarketings und einer gelebten internen Personalrekrutierung.

Ein gutes internes Personalmarketing bewirkt, dass Sie jetzt die Früchte ernten können. Das heißt, veränderungs- und entwicklungswillige Mitarbeiter werden Ihre internen Stellenangebote gerne aufgreifen und sich bewerben. Dadurch sparen Sie Zeit, Kosten und Mühe im Auswahlprozess. Bei der internen Personalrekrutierung geht es in erster Linie darum, Instrumente und Prozesse zu etablieren, die allen Beteiligten ein einfaches und zeitnahes Handeln ermöglichen. Folgende Instrumente kommen bei der internen Personalrekrutierung zum Tragen:

1. Zeitnahe Kommunikation vakanter Positionen: Hierfür können Sie alle in der internen Kommunikation genutzten Instrumente nutzen. Möglich sind Aushänge, Stellenausschreibungen in Mitarbeiterzeitungen oder im Intranet.
2. Aufbau eines internen Stellenmarktes zum Beispiel im Intranet: Wichtig ist hier, dass Ihr Stellenmarkt gut gepflegt und stets aktuell ist. Definiert

werden muss, wie und wann Ihnen vakante Positionen von wem gemeldet werden. Für potenzielle Bewerber gestalten Sie den Prozess der Bewerbung am einfachsten, wenn bereits die Intranetseiten eine Möglichkeit zur Kurzbewerbung enthalten.

3. Etablierung eines einfachen und schnellen Bewerbungsprozesses: Denken Sie dabei daran, dass Mitarbeiter auch Kunden sind und behandeln Sie sie entsprechen.

4. Empfehlungen durch den Vorgesetzten oder andere Personen, die mit einem potenziellen Kandidaten für eine vakante Position eng zusammenarbeiten und seine Leistungen einschätzen können.

5. Aufgreifen von Entwicklungsempfehlungen aus Mitarbeiter-, Beurteilungs- oder PE-Gesprächen.

6. Aufbau einer internen Bewerberdatenbank: Hier können Mitarbeiter eigeninitiativ ihren Wechselwunsch kommunizieren. Dadurch können auch Führungskräfte aus anderen Bereichen nach geeigneten Mitarbeitern für eine in ihrem Verantwortungsbereich zu besetzende Position suchen. Eine Bewerberdatenbank setzt sicher eine sehr reife Unternehmenskultur, in der interne Wechsel wirklich gern gesehen werden, voraus. Mitarbeiter werden diese Möglichkeit nicht nutzen, wenn sie dadurch in ihrem aktuellen Aufgabegebiet mit Restriktionen rechnen müssen.

7. Aufbau einer internen Skill-Datenbank: Hier werden alle Mitarbeiter mit ihren Fähigkeiten, Kompetenzen und Potenzialen aufgenommen. Ist eine bestimmte Position vakant, kann gezielt nach passenden Mitarbeitern gesucht werden. Solche Datenbanken sind für verschiedene Fragestellungen im Unternehmen sehr wertvoll, leider aber auch sehr pflegeintensiv.

Bei einem guten internen Personalmarketing und einer aktiv geförderten internen Rekrutierung werden die Schwierigkeiten (vergleiche Risiken der internen Rekrutierung), die häufig im Zusammenhang mit internen Bewerbungen stehen, nicht auftreten. Dies insbesondere dann nicht, wenn allen Führungskräften und Mitarbeitern bekannt ist, dass das Ziel immer die beste Besetzung ist und auch bei internen Bewerbern eine Auswahl erfolgt.

Die verschiedenen Anprachewege lassen sich durch die Kriterien »direkt versus indirekt« und »formell versus informell« klassifizieren. Abbildung 8.7 verdeutlicht dies.

Die Abbildung macht wiederum die enge Verzahnung mit dem Personalmarketing deutlich. Grundsätzlich werden gleiche oder ähnliche Instrumente und Kommunikationswege genutzt (vergleiche 8.2.1). So sind die Potenzialanalyse und Personalentwicklungsmaßnahmen nicht auf den ersten Blick Wege der Rekrutierung.

Abb. 8.7: Typische Kanäle der internen Ansprache

Die Potenzialanalyse

Potenzialanalysen zum Beispiel im Rahmen der Nachfolgeplanung schaffen Ihnen einen Pool wechselwilliger und interessierter Mitarbeiter, deren Kompetenzen und Potenziale für unterschiedliche Positionen bekannt sind. Wird eine entsprechende Position vakant, können die diese Mitarbeiter gezielt ansprechen.

Sonstige Personalentwicklungsmaßnahmen

Neben der Potenzialanalyse, bei der immer noch ein sehr deutlicher, auch formell bestätigter Bezug zum Personalbeschaffungsprozess gegeben ist, können natürlich alle anderen Personalentwicklungsmaßnahmen informell als indirekte Ansprachekanäle betrachtet werden. Hier arbeiten Personalmarketing und Personalrekrutierung mit den gleichen Instrumenten. Derartige Instrumente sind zum Beispiel:

- betriebliche Aus- und Weiterbildung,
- Führungskräfteentwicklung,
- Paten- und Mentorensysteme sowie
- Personalentwicklungsgespräche.

8.3.2 Externe Personalrekrutierung: Kontakt zu potenziellen Mitarbeitern aufbauen und halten

Die Ansprache externer Bewerber erfolgt mit der Zielsetzung, dass auf möglichst effektive Weise potenzielle Bewerber zu tatsächlichen Bewerbern werden. Alle Maßnahmen, die hierfür hilfreich und nützlich sein können, sind zugleich auch Instrumente des externen Personalmarketings.

Wie für die Mitarbeiter des Unternehmens können Sie auch für die Pflege eines externen Bewerberpools eine Datenbank aufbauen:

- Schriftliche und elektronische Bewerbungen guter Kandidaten sollten Sie in einer Bewerberkartei verwalten und regelmäßig aktualisieren.
- Halten Sie zu den interessanten Bewerbern Kontakt, zum Beispiel durch Zusenden von Unternehmensbroschüren, Geburtstags- und Weihnachtskarten.

Eine Bewerberkartei kann zum Beispiel aus Bewerberkurzprofilen aufgebaut sein. Um die Aktualität Ihrer Dokumentation zu gewährleisten, empfiehlt es sich, einen Überblick gemäß Checkliste 8.7 oder 8.8 zu erstellen, die Sie auf der beigefügten CD finden.

Moderne Datenbanksysteme erlauben den Aufbau miteinander vernetzter Ebenen. So können Sie zum Beispiel von einem einfachen Übersichtsblatt mit den wesentlichen Kerninformationen zu einer Person bei Interesse zu immer detaillierteren Informationen vorgehen bis hin zu den eingescannten Bewerbungsunterlagen. Solche Übersichten, zum Beispiel das Bewerberkurzprofil (Checkliste 8.7) oder der Überblick über die Bewerberkartei (Checkliste 8.8) eigenen sich besonders, um sie als Excel-Tabelle anzulegen und somit immer eine aktuelle Übersicht über eingegangene Bewerbungen parat zu haben.

8.3.2.1 Vor- und Nachteile externer Rekrutierung

Alle Vorteile der externen Personalbeschaffung lassen sich aus den Nachteilen der internen Beschaffung ableiten und umgekehrt:

- Der Wissenszuwachs im Unternehmen wird durch eine gelungene externe Personalbeschaffung gesteigert und bringt »frischen Wind« in das Unternehmen.
- Der Aufbau neuer Netzwerke kann durch Personal, welches von außen rekrutiert wird, stark gefördert werden. Jeder neue Mitarbeiter bringt persönliche und berufliche Beziehungen und Bindungen mit. Diese bereits bestehenden Bindungen können, wenn dem Raum gegeben wird, nutzbringend in das Unternehmensnetzwerk integriert werden.
- Junges Potenzial von extern zu rekrutieren erfordert eine langfristig geplanten Personalpolitik und ein gezieltes Personalmarketing. Denn aufgrund der sich verändernden Alters- und Bevölkerungsstruktur in der Ge-

sellschaft wird der zukünftige Wettbewerb am externen Arbeitsmarkt um junge qualifizierte Arbeitskräfte wohl zunehmen.

- Einer zunehmenden »Betriebsblindheit« wird durch das Einbringen der Erfahrungen neuer Mitarbeiter entgegengewirkt.

Potenzielle Risiken bei der externen Rekrutierung sind

- das Fehlbesetzungsrisiko: Sie können trotz aller Erfahrung und sorgfältig ausgewählter Auswahlinstrumente nur »vor den Kopf« eines Bewerbers schauen. Eine wirkliche Sicherheit gibt es leider nicht.
- Die Einarbeitung neuer Mitarbeiter von extern ist langwieriger und somit auch kostspieliger als die interner Mitarbeiter.
- Bei einer Nachfolgebesetzung erfordern externe Rekrutierungen eine vorausschauende Planung des Informations- und Wissensaustausches zwischen neuem und altem Positionsinhaber, anderenfalls verlässt viel wertvolles Wissen das Unternehmen mit dem bisherigen Positionsinhaber.
- Durch externe Rekrutierung entstehen häufig hohe Beschaffungskosten.

8.3.2.2 Kanäle der externen Ansprache

Auch für die externen Kanäle der Bewerberansprache bietet sich, wie bei den internen, das Vierfelderschema entlang der Dimensionen direkt-indirekt und formell-informell an (vergleiche Abbildung 8.8). Bei der nachfolgenden Beschreibung werden Sie schnell feststellen, dass der Übergang zwischen Personalmarketing und -Recruiting fließend ist und in weiten Bereichen die gleichen Instrumente genutzt werden. Das ist nur auf den ersten Blick verwirrend. Auf den zweiten hat es nur Vorteile: Mit ein und demselben Instrument erfüllen Sie zwei Zielsetzungen. Das spart Arbeit und finanzielle Ressourcen und kann ein Entscheidungskriterium für einzelne Instrumente sein.

Direkt/informell: Die persönliche Ansprache

Persönliche unverdeckte Ansprache. Früher wurde es als ehrenrührig gesehen, wenn sich jemand über informelle Kontakte eine Position »erschlich«. Heute nennt man dies »erfolgreiches Networking« und empfiehlt, genau dies zu tun, um die eigene Karriere zu fördern. Auch aus Ihrer Perspektive sind informelle Kontakte sehr wertvoll, auf die bei Bedarf zurückgegriffen werden kann. Erfolgt die Ansprache des Bewerbers so, dass er weiß, wer sich dahinter verbirgt, nennt man das eine unverdeckte, direkte Ansprache.

Besonders nützlich ist dieses Vorgehen, wenn Sie den Bewerber so gut kennen, dass Sie beurteilen können, ob er zu der Position passt oder nicht. Der Weg der persönlichen Ansprache wurde bisher besonders gern zur Besetzung von höheren Führungspositionen genutzt. Der Grund hierfür ist vor allem in der Risikominderung zu sehen: Nicht nur die fachliche Kompetenz ist bekannt, sondern auch die Persönlichkeit, sodass eine Aussage möglich ist, ob der Kandidat zum Unternehmen passt. Nicht gemeint sind an dieser Stelle Einstellungen, die aus Sympathie oder Gefälligkeit erfolgen und wohl zu Recht den Eindruck von »Günstlingswirtschaft« aufkommen lassen. Bei aller Sympathie sollte deshalb immer die Frage nach Kompetenzen und Potenzialen im Vordergrund stehen.

Abb. 8.8: Typische Kanäle der externen Ansprache

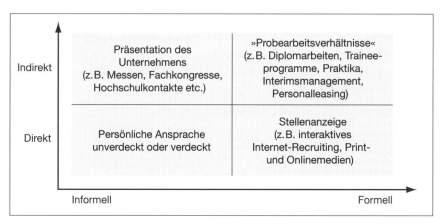

Die direkte persönliche Ansprache nutzen mittlerweile viele Unternehmen sehr direkt. Sie etablieren »Mitarbeiter werben Mitarbeiter«-Programme. Für eine erfolgreiche Einstellung erhält der Mitarbeiter eine Prämie. Die Sorge, dass Mitarbeiter irgendwen empfehlen, nur um eine Prämie zu bekommen, ist kaum begründet. Erstens sollte es die Prämie nur für eine Einstellung geben, und zweitens entscheidet ja nicht der Mitarbeiter über die Einstellung. Zudem wird es der Mehrzahl der Mitarbeiter eher unangenehm sein, wenn sich ihre Empfehlung als falsche Einstellung herausstellt. Sollte sich bei einer Empfehlung tatsächlich nach der Einstellung herausstellen, dass dieser neue Mitarbeiter die Anforderungen nicht erfüllt, darf in keinem Fall dem empfehlenden Mitarbeiter die Schuld zugewiesen werden. Auch der beste und zuverlässigste Freund kann sich im Berufsleben als weniger leistungsfähig erweisen.

Persönliche verdeckte Ansprache. Persönliche verdeckte Ansprachen erfolgen, wenn Sie einen Personalberater oder »Headhunter« einschalten. Diese Form der Ansprache empfiehlt sich bei hohen Führungs- oder Spezialistenpositionen und wenn spezifische Kompetenzen gesucht werden, die auf dem Markt rar sind. Personalberater suchen die von Ihnen benötigten Profile in anderen Unternehmen, sprechen die Kandidaten an, ohne Ihr Unternehmen zu nennen, und versuchen sie über Ihr attraktives Stellenangebot abzuwerben.

Für Fach- und Sachbearbeiterpositionen hat sich zwar zwischenzeitlich auch die Einschaltung von Beratern etabliert, hier erfolgt meist aber kein »Headhunting«, also keine verdeckte Ansprache, sondern die Unterstützung bei der Suche auf anderen Wegen.

Direkt/formell: Die Stellenanzeige

Die Veröffentlichung einer Stellenanzeige ist der Klassiker der externen Bewerberansprache. Neben Printmedien haben Sie heute über das Internet mehr Möglichkeiten, über eine Stellenausschreibung für die von Ihnen zu besetzende Position zu werben. Sie haben die Wahl zwischen verschiedenen bewährten Möglichkeiten:

- regionale Tagespresse,
- überregionale Tagespresse,
- nationale Medien,
- internationale Medien,
- Fachzeitschriften.

Je nachdem, welche Position Sie ausschreiben, sollten Sie gut prüfen, welches das passende Medium ist.

Die Verbreitung der Printmedien spielt in diesem Zusammenhang eine wichtige Rolle. Suchen Sie einen Kundenberater im Außendienst, der vor allem in Italien tätig sein wird, macht es Sinn, entsprechende Anzeigen auch in Italien zu veröffentlichen.

Besonders bei sehr spezifischen Fach- und Spezialistenkenntnissen sind Fachzeitschriften ein wichtiges Medium. Oft können Ihnen Fach- und Führungskräfte wertvolle Tipps geben, welche Zeitungen und Zeitschriften am meisten von der Zielgruppe gelesen werden. Diese Erfahrungswerte sind ausschlaggebender als sich mit der Auflagenzahl auseinanderzusetzen, die durch ein Medium erreicht wird. Bei der Wahl des Mediums ist auch die Verfallszeit der Informationen zu beachten. Bei der Kalkulation der Kosten wird oft nicht beachtet, dass der hohe Preis, der für eine kleinformatige Stellenanzeige in einer Fachzeitschrift gezahlt werden muss, im Verhältnis zur

Zeitspanne betrachtet werden muss, die bis zur nächsten Ausgabe vergeht. So betrachtet mag eine Fachzeitschrift bezüglich des Kosten-Nutzen-Verhältnisses durchaus einer Tageszeitung überlegen sein.

Der Vorteil von Printmedien ist, dass sie nach wie vor der gängige Weg sind, den Stellensuchende nutzen. Des Weiteren können Sie Ihre Informationen sehr zielgruppenspezifisch kommunizieren und beugen somit einer Flut nicht zu Ihrem Anforderungsprofil passender Bewerber vor.

Eine weitere Möglichkeit, Stellenausschreibungen zu publizieren, bietet das Internet mit dem so genannten E-Recruiting. Zwei grundsätzliche Alternativen können Sie nutzen: die Stellenausschreibung auf der unternehmenseigenen Homepage und die Internetjobbörsen.

Bei den meisten Unternehmen ist auf den unternehmenseigenen Websites ein Link für Bewerber, meist unter der Rubrik »Karriere«, selbstverständlich (Corporate-Recruiting-Websites). Die Darstellung konkreter Stellenangebote, weiterer Karrieremöglichkeiten und sonstiger Informationen zum Angebot des Arbeitgebers fällt hinsichtlich der Qualität oft sehr unterschiedlich aus. Möglichkeiten der Bewerbung sind verschieden, zum Beispiel durch direkten Eintrag in eine Bewerberdatenbank, per E-Mail oder postalisch. Wenn Sie die Internetseiten nicht nur nutzen wollen, um das Stellenangebot zu veröffentlichen, sondern gleichzeitig als Instrument des Personalmarketings, ist es wichtig, dass Bewerber auf umfassende Unternehmensinformationen (zum Beispiel Leitbilder, Unternehmenskultur) zugreifen können.

Entscheidend für den Erfolg Ihrer Website ist eine professionelle Gestaltung, bei der folgende Aspekte berücksichtigt werden müssen:

- Eine zeitnahe Aktualisierung, das heißt nicht mehr aktuelle Stellenzeigen müssen sofort gelöscht werden.
- Die Datenübertragung der Bewerber muss diskret und sicher übermittelt werden.
- Die jeweiligen Kontaktpersonen für Bewerbungen sollten namentlich und mit E-Mail-Adresse benannt werden.
- Ein ansprechendes Layout, das die Corporate Culture möglichst widerspiegelt, sollte gewählt werden.

Kommerzielle Jobbörsen sind mittlerweile sowohl von Bewerber- als auch von Unternehmensseite viel genutzte Portale der Zusammenführung von Jobangebot und -nachfrage. Beispielhaft werden hier einige wichtige Jobbörsen aufgeführt:

- www.jobpilot.de,
- www.jobjet.de,

- www.stepstone.de,
- www.jobs.de,
- www.monster.de,
- www.stellenanzeigen.de.

Neben diesen kommerziellen Anbietern gibt es zudem die Möglichkeit für Bewerber, kostenlos eine Non-Profit-Jobbörse (zum Beispiel www.jobstairs.de) zu nutzen. Ziel dieses Projektes, zu dem sich mehrere deutsche Großunternehmen zusammengeschlossen haben, ist, dem Bewerber ohne zusätzliche kommerzielle Angebote Stellenangebote zu offerieren. Ein exklusiver Datenaustausch sowie tägliche Aktualisierung der Stellenanzeigen mit den kooperierenden Unternehmen werden gewährleistet. Eine dritte Variante stellen die branchenspezifischen Jobbörsen dar.

Abb. 8.9: Zielgenau rekrutieren – Erfolgsfaktoren elektronischer Stellenanzeigen

- Erforschen Sie die Methodik der Suchmaschinen, indem Sie verschiedene Suchbegriffe eingeben: Welche Anzeigen kommen an erster Stelle? Wie oft kommt der Suchbegriff darin vor? – Nutzen Sie diese Informationen, um die Positionierung Ihrer Anzeige zu optimieren!
- Verfolgen Sie nach der Schaltung auch weiterhin die Positionierung Ihrer Anzeige, sodass Sie ggf. schnell auf Änderungen reagieren können.
- Falls die Anzeige durch einen externen Dienstleister erstellt wird, machen Sie diesen auf die oben genannten Erfolgsfaktoren aufmerksam.

Eine moderne Form des E-Recruitings/-Marketings bieten die virtuellen Karrieremessen. Der Besucher der virtuellen Karrieremesse kann sich – repräsentiert durch einen Avatar – durch zwei- oder dreidimensional gestaltete Messehallen bewegen, Messestände besuchen und an regelmäßig stattfindenden Online-Messetagen mit Unternehmensvertretern chatten. Virtuell wird dem Bewerber quasi alles geboten, was er auch bei einer klassischen Messeveranstaltung bekäme. Solche virtuellen Karrieremessen finden Sie zum Beispiel unter:

- www.forum.de,
- www.jobfair24.de,
- www.vdi-nachrichten.com.

Ein großer Vorteil des E-Recrutings ist es, dass es keine regionalen oder auch internationalen Grenzen gibt. Inzwischen ist das Internet so verbreitet, dass es nicht mehr nur von jungen Jobsuchenden genutzt wird.

Nachteil der Stellenanzeige im Internet ist, dass es sich um die Veröffentlichung in einem sehr zielgruppenunspezifischen Medium handelt. Dementsprechend groß kann die Bewerberflut sein.

Abb. 8.10: Zielgenau rekrutieren – Erfolgsfaktoren für die grafische Gestaltung

- Das Auge isst mit: Auch beim Wettbewerb um hochqualifizierte Fach- und Führungskräfte ist die optische Verpackung Ihrer Anzeige entscheidend.
- Matching-Methoden werden immer flexibler und skill-orientierter, um potenzielle Kandidaten nicht von vornherein durch strikte Vorgaben auszugrenzen.
- Wer Diamanten sucht, muss viel Erde bewegen:
  - Das Interesse der Potentials und High Potentials muss geweckt werden: Der Stellentitel muss also aussagekräftig und aufmerksamkeitsstark sein.
  - Gewährleisten Sie auch einen emotionalen Zugang zum Unternehmen und der Position, denn der ist letztlich ausschlaggebend für eine Bewerbung, besonders bei abstrakten Stellenbeschreibungen oder der Suche nach besonders gefragten Kandidaten.

Sicher ist, dass im Zeitalter der Globalisierung das Internet beim Personalmarketing nicht mehr wegzudenken ist. Das Internet als Präsentationsfläche der Corporate Identity und der Unternehmenskultur stellt sowohl für das Personalmarketing als auch für das Personal-Recruiting ein Schlüsselinstrument dar, das in Zukunft weiter an Bedeutung gewinnen wird. Deshalb sollten Sie bei diesem Thema mit höchster Professionalität am Werke sein.

Indirekt/informell: Präsentation des Unternehmens

Messen und Fachkongresse. Messen und Fachkongresse sind eine Möglichkeit, Ihr Unternehmen nicht nur gegenüber Kunden, sondern auch potenziellen neuen Mitarbeitern zu präsentieren. Bei jeder Messe lohnt die Überlegung, wie diese auch für die Ansprache potenzieller Bewerber genutzt werden kann. Denn häufig gehen auch potenzielle Bewerber auf Fachmessen, um sich über Ihr Unternehmen, Ihre Produkte oder Dienstleistungen, aber auch über Einstiegsmöglichkeiten, Karrierechancen sowie Entwicklungsmöglichkeiten zu informieren. So erleben wir es selbst immer wieder, dass auf Personalmessen auch sehr viele Besucher, die gerade auf Jobsuche sind, die Stände der Aussteller besuchen. Überlegen Sie, wie Sie Ihre Messen auch aktiv als Kontaktbörse für Bewerber nutzen können. Ein gut konzipierter und organisierter Messestand bietet die Möglichkeit, dass Unternehmensvertreter und potenzielle Bewerber in einer lockeren Atmosphäre in Kontakt treten können. Hierfür eignen sich besonders auch regionale Messen, die die Bekanntheit des Unternehmens in der eigenen Region stärken und viele interessierte Bewerber anziehen.

Eine weitere Möglichkeit, mit potenziellen Bewerbern in Kontakt zu kommen, bietet sich über Fachkongresse oder Tagungen, an denen Mitarbeiter des Unternehmens auftreten. Durch deren aktive Teilnahme und besonders durch Vorträge haben diese anschließend im informellen Teil des Kongresses die Möglichkeit, als Repräsentant Ihres Unternehmens aufzutreten und mit Fach- oder Führungsnachwuchskräften ins Gespräch zu kommen.

Abb. 8.11: Corporate Identity & Employer-Branding

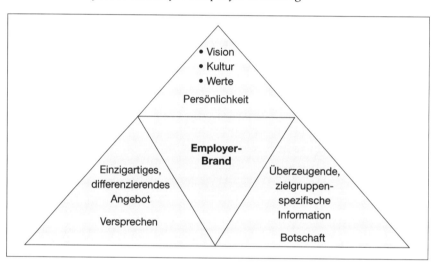

Schul- und Berufsschulmarketing. Gezielt können Sie entsprechende Fachmessen – regional und überregional – für Personalmarketing und -Recruiting nutzen. Um mit jungen Menschen in Kontakt zu kommen und für Ihre Ausbildung zu werben, bieten sich insbesondere Schul-, Berufsschul- und Ausbildungsmessen an. Hier benötigen Sie sicher ein anderes Konzept als auf einer Fachmesse. Rücken Sie Demonstrationen über das, was Ihr Unternehmen macht, in den Vordergrund und nehmen Sie zum Beispiel Auszubildende oder Trainees als Gesprächspartner mit.

Weitere Möglichkeiten sind Berufsinformationsveranstaltungen und Besuche von Schulen, zum Beispiel gemeinsam mit Auszubildenden, die ihre Ausbildungsberufe vorstellen. Ebenso können Sie einen »Tag der offenen

Tür« veranstalten und Schulen gezielt einladen, um ihnen einen Einblick in die verschiedenen Bereiche Ihres Unternehmens und die Ausbildungsberufe zu gewähren.

Eine weitere interessante Möglichkeit stellen Lehrerpraktika dar. Viel zu oft wissen weder Lehrer an allgemeinbildenden noch an Berufschulen genau, was in Unternehmen wichtig ist, was von den Auszubildenden gefordert wird und was eigentlich hinter den vielfältigen Berufsbildern steckt. Vor allem wenn diese weniger bekannt und populär sind. Laden Sie Lehrer für ein oder zwei Tage in Ihr Unternehmen ein, zeigen Sie Produktions- und Ausbildungsstätten und stellen Sie verschiedene Fachbereiche vor.

Hochschulkontakte/Hochschulmarketing und -Recruiting. Gerade wenn Sie in der Personalbedarfsplanung einen künftigen Bedarf an qualifizierten Fach- und Führungskräften festgestellt haben, ist die Option, Hochschulen in Ihr Personalmarketing- und Rekrutierungskonzept einzubinden, mehr als nur eine Überlegung wert. Die Fülle an Möglichkeiten reicht von Aushängen und Stellenanzeigen an Universitäten und Fachhochschulen bis hin zu langjährigen Kooperationen zwischen Ihrem Unternehmen und entsprechenden Fakultäten beziehungsweise Forschungsstellen. Hier spielt Ihr Produkt- beziehungsweise Dienstleistungsangebot in der Regel eine Rolle, muss es aber nicht. Es existieren auch Varianten, bei denen das Unternehmen als Sponsor agiert, etwa für bestimmte universitäre Veranstaltungen, ohne dass ein fachlicher Bezug zwischen Unternehmen und Hochschule besteht. In solch einem Fall wird besonders deutlich, dass beim Hochschulmarketing der Eindruckslenkung zugunsten des Arbeitgeberimages viel Bedeutung beigemessen wird.

Mit Ihrem Hochschulmarketing setzten Sie ein deutliches Zeichen dafür, dass Sie sich für die Nachwuchsförderung engagieren. Statt dies in einer Stellenanzeige zu beschreiben, zeigen Sie, dass es tatsächlich der Fall ist. Die Wirkung der Aussage ist somit nachhaltiger. Instrumente des Hochschulmarketings sind:

- Kontakte zu Forschung und Entwicklung, zum Beispiel auch durch Diplomarbeiten oder Vorlesungen von Fachleuten aus Ihrem Unternehmen;
- Praktika;
- Teilnahme an Hochschul- und Karrieremessen;
- Sponsoring.

Indirekt/formell

Praktika und Diplomarbeiten. Potenzielle Auszubildende können Sie kennen lernen, wenn Sie Schülerpraktika anbieten. Auch wenn Schüler nur circa zwei Wochen im Unternehmen sind, können Sie doch schon einen guten Eindruck von ihnen gewinnen und für eine Ausbildung in Ihrem Unternehmen aktiv werben.

Gleiches gilt für Praktika für Studenten. Studienbegleitende Praktika dauern in der Regel zwei bis sechs Monate. Eine gute Zeit, um die jungen Leute kennen zu lernen und zu entscheiden, ob sie die richtigen zukünftigen Mitarbeiter sind. Wir selbst bieten kontinuierlich Praktikumsplätze an und nutzen die Erfahrung mit den jungen Menschen, um Nachwuchskräfte kennen zu lernen. Besonders gute Praktikanten versuchen wir als studentische Aushilfen in der Zeit des restlichen Studiums an unser Unternehmen zu binden. So begleiten uns einige Studenten zwei bis drei Jahre. Eine gute Zeit für beide Seiten zu entscheiden, ob der Beruf des Beraters der passende ist.

Ähnlich wie Praktika bieten auch Diplomarbeiten eine gute Möglichkeit, Nachwuchskräfte frühzeitig kennen zu lernen, das Unternehmen als attraktiven Arbeitgeber zu präsentieren und eine aussagekräftige Arbeitsprobe zu erhalten.

Traineeprogramme. Mit Traineeprogrammen als Kanal der externen Ansprache schließt sich erneut der Kreis zwischen Personalmarketing und -Rekrutierung. Traineeprogramme sind spezielle Einstiegsprogramme, die meist für junge Fach- oder Führungskräfte konzipiert sind. Die Dauer solch eines Programms beläuft sich in der Regel auf ein bis drei Jahre, in denen die Teilnehmer durch Trainings- und Qualifizierungsmaßnahmen sowie durch Job-Rotation das Unternehmen und verschiedene Aufgabenfelder kennen lernen. Plätze derartiger Traineeprogramme sind bei manchen Hochschulabsolventen sehr begehrt, weil mit ihnen das Image einer Eliteausbildung verknüpft ist. Insofern können Traineeprogramme eine hohe Anreizfunktion ausüben. Traineeprogramme bieten einen guten Weg, neu eingestellten Nachwuchs im Sinne einer strategischen Personalentwicklung auf bestimmte Positionen hin zu entwickeln und »aufzubauen«.

Personalleasing. Eine inzwischen gern genutzte Möglichkeit, Personal zu gewinnen, bieten das Personalleasing oder die Zeitarbeit. Als »entleihendes« Unternehmen können Sie für einen gewünschten Zeitraum auf die Mitarbeiter (Leiharbeitnehmer, Zeitpersonal) des Zeitarbeitsunternehmens zurückgreifen. Das Personalleasing ist kein klassischer Rekrutierungsweg. Vielmehr wird auf diesen Personalbeschaffungsweg zurückgegriffen, wenn Sie gerade kein festes Beschäftigungsverhältnis eingehen wollen, zum Beispiel bei Belastungs- und Auftragsspitzen oder bei Ausfall eines Mitarbeiters (längere Krankheit, Sabbatical-Zeit und so weiter). Aber auch auf diese

Art und Weise lernen Sie Arbeitnehmer kennen, die gut zu Ihrem Unternehmen passen und die Sie dann abwerben können. Auch hier haben Sie bereits vor der Einstellung die Arbeitsleistung kennen gelernt. Ein Grund, warum viele Unternehmen die »Leihzeit« auch als Probezeit für den Mitarbeiter nutzen. Die üblichen Kosten für die Suche eines festen Mitarbeiters (Stellenanzeige, Bewerbungsverfahren und so weiter) entfallen bei diesem Vorgehen.

Auch wenn der größte Anteil der Zeitarbeitnehmer sicher immer noch auf gewerbliche Arbeitsplätze fällt, haben sich inzwischen aber auch Personalleasingunternehmen etabliert, die auf kaufmännische und zum Teil hochspezialisierte Mitarbeiter spezialisiert sind.

Einschub: Hintergrundwissen zur Zusammenarbeit mit
Personalleasingunternehmen

Die rechtliche Grundlage bietet der Arbeitnehmerüberlassungsvertrag (vergleiche Abbildung 8.12).

Abb. 8.12: Arbeitnehmerüberlassungsvertrag

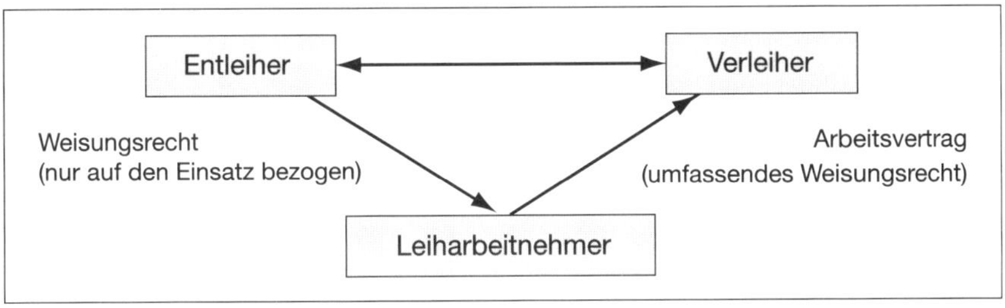

Vorteile des Personalleasings:

- Sie können die Dauer des Einsatzes frei bestimmen.
- Zeitarbeitsunternehmen stellen Personal meist schnell und auch sehr kurzfristig innerhalb weniger Tage zur Verfügung.
- Sie können extrem kurze Kündigungsfristen vereinbaren, was für Sie eine schnelle und unproblematische Trennung von zusätzlichem Personal bedeutet.
- Mit dem Zeitarbeitsunternehmen können Sie Vereinbarungen treffen, die es Ihnen ermöglichen, einen unzureichend qualifizierten Arbeitnehmer ohne Berücksichtigung der eigentlichen Kündigungsfrist gegen einen anderen Leiharbeitnehmer auszutauschen.

- Bei krankheitsbedingtem Ausfall des Leiharbeitnehmers stellt Ihnen das Zeitarbeits-nternehmen Ersatz zur Verfügung, sodass keine Ausfallzeiten entstehen.

Das Zeitarbeitsunternehmen als Ihr Vertragspartner im Arbeitnehmerüberlassungvertrag benötigt eine gültige behördliche Verleiherlaubnis. Für neu gegründete Unternehmen dieser Art wird die Verleiherlaubnis befristet. Wird eine mehrere Jahre unbeanstandete Geschäftstätigkeit nachgewiesen, wird eine unbefristete Verleiherlaubnis erteilt. Verliert ein Verleiher seine Erlaubnis, entstehen für Sie als Entleiher kostspielige Nachteile. Denn in solch einem Fall wird der Arbeitsvertrag zwischen dem Verleiher und dem Leiharbeitnehmer unwirksam, gleichzeitig kommt es per Gesetzesregelung zum Arbeitsvertrag zwischen dem von Ihnen entliehenen Arbeitnehmer und Ihnen als Entleiher. In der Regel handelt es sich in solch einem Fall um ein unbefristetes Arbeitsverhältnis, welches nur durch Kündigung oder Aufhebungsvertrag beendet werden kann. Für Sie ist es deshalb wichtig, darauf zu achten, dass Sie mit einem etablierten Personalleasingunternehmen zusammenarbeiten. Zur Qualitätsprüfung von Personalleasingunternehmen können Sie Checkliste 8.9 auf der CD nutzen.

Bevor Sie sich für einen Vertragspartner entscheiden, müssen Sie darüber entscheiden, ob er als Verleiher überhaupt über das Potenzial verfügt, Ihnen geeignete Leiharbeitsnehmer zu überlassen.

Zu Ihrer Absicherung sollten Sie vor dem Abschluss des Arbeitnehmerüberlassungsvertrages wichtige Unterlagen verlangen:

- gültige Arbeitnehmerüberlassungserlaubnis in Kopie sowie den unverzüglichen Nachweis einer Verlängerung im Falle einer befristeten Erlaubnis;
- Kopien einer aktuellen Unbedenklichkeitsbescheinigung der Berufsgenossenschaft, der Krankenkasse und des Finanzamtes;
- Kopien der Betriebs- und Haftpflichtversicherung.

Interimsmanagement. Das so genannte Interimsmanagement ist in der deutschen Beschäftigtenlandschaft, verglichen mit den USA oder dem europäischen Ausland, noch weitgehend selten.

Interimsmanagement ist durch drei Merkmale gekennzeichnet:

- Die zu erledigende Aufgabe ist eine Managementaufgabe.
- Die Managementaufgabe wird zeitlich befristet ausgeführt.
- Sie dient besonderen Zwecken (zum Beispiel zur Überbrückung eines kurzfristigen Personalbedarfs, bewusst flexible Lösung als Substitution für eine langfristige Bindung).

Zeitarbeit und Interimsmanagement unterscheiden sich deutlich in rechtlich-organisatorischer Hinsicht. Beim Interimsmanagement muss nicht notwendigerweise ein weiteres Dienstleistungsunternehmen in die Vertragsgestaltung eingebunden sein, wie das beim Arbeitnehmerüberlassungsvertrag der Fall ist.

Das Interimsmanagement bietet wie das Personalleasing die Möglichkeit, Mitarbeiter vor einer festen Beschäftigung gut kennen zu lernen. Nur dass es sich hier um Manager handelt, deren Einstellung noch deutlich risikoreicher sein kann. Unabhängig von einer möglichen festen Beschäftigung sind die Vorteile solch einer zeitlich befristeten Besetzung einer Managementposition:

- schneller Beschaffungsprozess;
- allgemeine Vorteile externer Rekrutierung (zum Beispiel frische Impulse von außen);
- geringe Einarbeitungszeit (da zum Anforderungsprofil von Interimsmanagern schnelle Auffassungsgabe und Analysefähigkeiten gehören; eventuell auch aufgrund häufigeren Stellenwechsels bereits Übung in der raschen Einarbeitung erworben wurde);
- geringes Risiko durch Zeitverträge gerade in Krisenzeiten.

Als nachteilig für Ihr Unternehmen gilt es zu bedenken:

- hohe Unverbindlichkeit beziehungsweise fehlendes Commitment;
- allgemeine Nachteile der externen Beschaffung (zum Beispiel Widerstände der eigenen Belegschaft);
- erschwerte Steuerbarkeit des Interimsmanagers durch das Unternehmen.

Ob sich hinsichtlich der Kosten die Beschaffung eines Interimsmanagers für Ihr Unternehmen im Vergleich zu einem langfristig eingestellten Manager rentiert, müssen Sie im Einzelfall entscheiden.

Bundesagentur für Arbeit. Zu den Aufgaben der Bundesagentur zählen neben der Berufsberatung auch die Arbeitgeberberatung und die Vermittlung von Ausbildungs- und Arbeitsstellen, das Erbringen von Leistungen zur Erhaltung und Schaffung von Arbeitsplätzen und Entgeltersatzleistungen wie zum Beispiel Arbeitslosengeld oder Insolvenzgeld. Die Bundesagentur für Arbeit unternimmt auch Arbeitsmarkt- und Berufsforschung, Arbeitsmarktbeobachtung und -berichterstattung und führt Arbeitsmarktstatistiken. Über die Internetseite können Sie sowohl Stellenangebote aufgeben als auch den passenden Bewerber suchen. Nähere Informationen finden Sie unter www.arbeitsagentur.de.

Es ist deutlich, dass es eine Vielzahl von Möglichkeiten des Personalmarketings und der Personalrekrutierung gibt. Für die Auswahl der für Sie richtigen Personalmarketing- und -rekrutierungswege ist es wichtig, diese in regelmäßigen Abständen unter dem Kosten-Nutzen-Aspekt zu evaluieren. Es kann nicht Ziel sein, zwanghaft innovative Wege zu gehen, wenn die langjährige Nutzung bestimmter Fachzeitschriften zur Veröffentlichung Ihrer Stellen der effizienteste Weg ist. Überprüfen Sie regelmäßig alternative Wege, aber auch, wie sie bereits gewählte Kanäle innovativ gestalten sowie ausbauen und verbessern können. Insbesondere dann, wenn sich Zielgruppen ändern, ist es wichtig zu prüfen, ob neue Wege der Ansprache notwendig sind.

8.4 Sprechend und werbend formulieren: Die Rolle der Stellenanzeige

Ganz gleich, welches Medium Sie für Ihre Stellenanzeige wählen – Tages- oder Fachpresse oder eine Ausschreibung im Internet: Mit der Stellenanzeige präsentieren Sie Ihr Unternehmen. Sie wollen den Kunden »Bewerber« von Ihrem Jobangebot und von Ihrem Unternehmen überzeugen. Eine Stellenausschreibung ist immer auch Marketing. Zugleich verfolgt die Anzeige ein konkretes Ziel: den optimalen Kandidaten auf Ihr Unternehmen aufmerksam zu machen und ihn dazu zu animieren, sich bei Ihnen zu bewerben.

Für Bewerber sind präzise Informationen über das Stellenangebot von Interesse. Diese vermitteln Sie, wenn Sie bei der Gestaltung Ihrer Ausschreibung die »Muss-Bestandteile« einer Stellenausschreibung aufnehmen. Beschreiben Sie genau:

Informationen über Ihr Unternehmen

Präsentieren Sie Ihr Unternehmen in der Stellenanzeige knapp, informativ und überzeugend. Bewerber wollen wissen, wer der gegebenenfalls zukünftige Arbeitgeber ist. Handelt es sich um einen Konzern, einen mittelständischen Betrieb oder um ein aufstrebendes Jungunternehmen? Was sind Produkte, Dienstleistungen, Aufgaben? Welche Unternehmensziele verfolgen Sie? Sind Sie Marktführer? Auch hier sind keine Romane und keine Selbstbeweihräucherung gefragt, sondern kurze und klare Informationen.

Die präzise Positions-/Stellenbezeichnung mit entsprechender Funktion
und Grund für die Anzeige

Welche Position ist zu besetzen und warum? Bauen Sie Personal auf? Ist es eine neu geschaffene Position? Wird eine Position neu besetzt? Geben Sie den potenziellen Bewerbern ruhig diese Informationen. Achten Sie bei der Positionsbezeichnung bitte auf die weibliche und männliche Sprachform.

Die fachlichen und überfachlichen Anforderungen in der Position

Zur Beschreibung dieser Aspekte greifen Sie einfach auf Ihr Anforderungsprofil (vergleiche Kapitel 7) zurück. Hier haben Sie die Ziele und die Aufgaben der Position beschrieben. Übernehmen Sie die wichtigsten Ziele und Aufgaben in Ihre Anzeige.

Die fachlichen und überfachlichen Anforderungen an einen Bewerber haben Sie in Ihrem Anforderungsprofil ebenfalls bereits definiert. Dies umfasst auch spezielle Ausbildungen, Abschlüsse, Zertifikationen, Lizenzen oder Fahrerlaubnisse, die unabdingbar oder erwünscht für die Ausübung des Jobs sind. Im Grunde genommen müssen Sie diese nur noch in Ihre Anzeige übertragen.

Für die Stellenanzeige und die Personalauswahl ist es wichtig, zwischen »Muss«- und »Kann«-Anforderungskriterien zu differenzieren. »Muss-Kriterien« sind die Eigenschaften, die ein Bewerber für die angebotene Stelle haben muss. Ein Fehlen dieser Eigenschaften führt zum Ausschluss des Bewerbers aus dem Auswahlverfahren. »Kann-Kriterien« hingegen sind erwünschte Eigenschaften, die ein Bewerber haben kann. Diese spielen auch eine Rolle bei der Stellenbesetzung, stellen aber keine Ausschlussmerkmale dar. Wichtig ist, genau diese Unterscheidung in Muss- und Kann-Kriterien durch eindeutige Formulierungen zum Ausdruck zu bringen.

Nur mit einer konkreten Beschreibung der Anforderungen können Sie erreichen, dass sich ausschließlich passende Kandidaten bewerben. Bleiben Sie zu allgemein oder suchen Sie Kandidaten, die in sich widersprüchliche Kompetenzen erfüllen sollen, werden sich alle möglichen Kandidaten melden, da jeder etwas Passendes für sich aus der Anzeige herauslesen kann. Um in sich widersprüchliche Qualifikationen zu verdeutlichen, greifen wir noch einmal auf das in Kapitel 5 vorgestellte REISS-PROFIL zurück. Das REISS-PROFIL macht deutlich, dass Menschen aufgrund ihrer Persönlichkeit bestimmte Anforderungen erfüllen können, andere aber nicht – zumindest nicht auf Dauer mit hoher Leistungsbereitschaft und Zufriedenheit. Hierzu einige widersprüchliche Formulierungen, die häufiger in Anzeigen zu finden sind. Das jeweilige Motiv, für das wir die Anforderung in einer hohen und in einer niedrigen Ausprägung beschreiben, haben wir dazugeschrieben.

Tabelle 8.2: Widersprüchliche Formulierungen

Widersprüchliche Formulierung	Motiv
Ihr Arbeitsstil ist durch ein hohes Maß an Systematik, Struktur und Detailorientierung gekennzeichnet. Hinsichtlich Ihrer Aufgaben schätzen Sie Abwechselungen und sind Veränderungen gegenüber aufgeschlossen.	Ordnung
Sie sind es gewohnt sehr selbst- und eigenständig zu arbeiten. Sie schätzen die Arbeit im Team und ein hohes Maß an Zusammenarbeit.	Unabhängigkeit
Sie übernehmen in der Zusammenarbeit und in Projekten gerne die Führung und Verantwortung. Am wichtigsten ist Ihnen, sich auf die konzeptionelle und inhaltliche Arbeit zu konzentrieren.	Macht/Leistung
Sie bringen Ihren Kollegen immer viel Kooperationsbereitschaft entgegen. Mit Konfrontationen können Sie gut umgehen.	Wettbewerb
Für Sie ist es selbstverständlich, sich intensiv mit komplexen Themengebieten auseinanderzusetzen und diese bis ins Detail zu durchdenken. Für Sie ist wichtig, dass etwas in der Praxis funktioniert.	Neugier
Es ist eines Ihrer Talente, Kontakte zu Kunden aufzubauen und zu pflegen. Hinsichtlich Ihrer Aufgaben schätzen Sie Projekte, deren Bearbeitung ihre höchste Konzentration erfordern.	Beziehungen

Hierarchische Eingliederung und Verantwortlichkeiten in der Position

Auf welcher Ebene innerhalb des Unternehmens ist die angebotene Position angesiedelt? An wen wird berichtet, besteht Führungsverantwortung und wenn ja, für wie viele Mitarbeiter? Interessant ist auch, inwieweit Projektarbeit eine Rolle spielt oder welche Entscheidungsspielräume, Verantwortungsbereiche und Gestaltungsmöglichkeiten mit der Position verbunden sind.

Leistungen des Unternehmens

Vergütung und betriebliche Sonder- oder Sozialleistungen sollten Sie benennen und auch als Werbemittel nutzen. Arbeitszeitmodelle, Kinderbetreuung und Ihre Leistungen in Personalentwicklung und Weiterbildung gehören genauso dazu wie besondere Merkmale der Unternehmenskultur. All das, was Sie im Rahmen ihres Personalmarketings etabliert haben, sollten Sie auch in

Ihren Anzeigen kommunizieren. Gegebenenfalls ist auch der Standort ein attraktives Merkmal, das benannt werden kann.

Erwartete Bewerbungsunterlagen und Ansprechpartner, an den die Bewerbung gesandt werden soll

Obschon als Selbstverständlichkeit zu erwarten, beinhaltet eine Stellenanzeige immer auch einen Hinweis auf vollständige Bewerbungsunterlagen. Sie können präzisieren, welche Form Sie bevorzugen, wie etwa tabellarischer Lebenslauf, Unterlagen in elektronischer Form als E-Mail und so weiter. Geben Sie an, an wen die Unterlagen gesandt werden sollen und wer für Rückfragen zur Verfügung steht.

Checkliste 8.10 auf der CD fasst alle notwendigen Bestandteile einer informativen Stellenanzeige auf einen Blick zusammen.

8.4.1 Die richtigen Formulierungen: Positiv und unmissverständlich

Menschen verstehen positiv formulierte Aussagen leichter. Sie wecken positive Assoziationen und überzeugen nachhaltiger. Achten Sie deshalb darauf, positive Formulierungen in Ihren Ausschreibungen zu nutzen. Formulieren Sie, welche Kompetenzen Sie verlangen; beschreiben Sie nicht, wen Sie nicht suchen.

Gleiches gilt für die Beschreibung der Tätigkeit und des Unternehmens. Oft werden attraktive Eigenschaften in negativer Form formuliert, zum Beispiel »Wir holzen keine Regenwälder ab«. Dieselbe Tatsache positiv ausgedrückt lautet »Wir erhalten Regenwälder«. Bei der Formulierung von Stellenanzeigen auf positive Formulierungen zu achten, erfordert ein wenig Übung. In Checkliste 8.11 auf der CD finden Sie einige Beispiele typischer Formulierungen, die Sie zu Übungszwecken positiv umformulieren können.

Selbstverständlich ist, dass eine Stellenanzeige grafisch stets einwandfrei sein muss. Vergleichbar mit einer Visitenkarte ist eine Stellenanzeige eine Repräsentation Ihres Unternehmens, mit der Sie auf den ersten Blick überzeugen müssen: Die richtige Platzierung Ihres Firmenlogos, die Gestaltung in Text und Bild (Layout, Farbgebung und so weiter), das alles sollten Sie – damit die Qualität stimmt – einem Grafiker überlassen. Denn gerade Gesichtspunkte, die »below the line« relevant sind, wie das Image einer Unternehmung, werden in einer Stellenanzeige hauptsächlich über gestalterische Mittel transportiert. Anregungen zu wirklich gelungen Stellenanzeigen können Sie aus den Veröffentlichungen zu den besten Personalanzeigen gewinnen.

9 Personalauswahl

In Gesprächen mit Personalreferenten wird immer wieder deutlich, dass eine Hauptaufgabe darin besteht, die »richtigen Mitarbeiter« zu finden und einzustellen. Selbst die momentane Arbeitsmarktlage, die eine Flut von Bewerbungen auslöst, macht den Auswahlprozess und die Entscheidung nicht leichter.

Erinnern Sie sich an eine der Hauptaufgaben, für die Sie als Personalreferent im Unternehmen zuständig sind: den richtigen Mitarbeiter zu finden und wertschöpfend für das Unternehmen einzusetzen. Dieses Kapitel wird Sie praxisnah dabei unterstützen, diese Aufgabe professionell und effizient zu bewältigen.

Eine kompetente und effiziente Stellenbesetzung gelingt Ihnen dann, wenn Sie schnell den Mitarbeiter finden, der die Anforderungen der vakanten Position umfassend und erfolgreich erfüllt. Nur so profitieren beide Seiten: das Unternehmen und der neue Mitarbeiter. Aber was versteht man eigentlich unter einer kompetenten Stellenbesetzung? Alfred Sloan, von 1923 bis 1946 Chef von *General Motors*, hat hierzu einen Merksatz geprägt: »Niemand ist ein Menschenkenner.« Damit drückte er aus, dass er sich bei der Neubesetzung einer Stelle nicht allein auf sein Gefühl verlassen hat – und das sollten Sie auch nicht tun. Wissenschaftliche Untersuchungen beweisen, dass uns das Gefühl im Auswahlgespräch, dass der Kandidat der richtige sei, lediglich in 15 Prozent der Fälle zu unserem Ziel führt, nämlich dass der neue Mitarbeiter seine Stelle tatsächlich erfolgreich ausfüllt. Abbildung 9.1 gibt einen Überblick über die Güte oder Qualität einzelner Auswahlverfahren.

Die Ergebnisse sind zum Teil recht ernüchternd und machen deutlich, dass sich Investitionen in die Personalauswahl in jedem Fall lohnen. Das, was Sie bei der Personalauswahl einsparen, werden Sie hinterher mehrfach in den Mitarbeiter und in seine Leistungsfähigkeit investieren, um Minderleistung, schlechte Motivation, Konflikte und andere mit der »Fehlbesetzung« verbundene Auswirkungen zu korrigieren. Im schlechtesten Fall investieren Sie erst viel, um den Mitarbeiter leistungsfähig zu machen, und trennen sich dann doch von ihm. Damit hat keiner etwas gewonnen – weder der Mitarbeiter noch das Unternehmen.

Abb. 9.1: Niemand ist ein Menschenkenner: Erfolgswahrscheinlichkeit von Personalauswahlverfahren

---

- **ein Interview, rein sprachliche Ebene**
  Erfolgsquote: 15 %
  (Quote kann durch Leitfäden (Struktur) oder praktische
  Übungen (situativ) verbessert werden)
- **Tests**
  Erfolgsquote: 35 % – 50 %
- **mehrere (5) Interviews, durchgeführt von
  verschiedenen Interviewern**
  Erfolgsquote: 50 % – 70 %
- **Assessment-Center**
  Erfolgsquote: 45 % – 70 %
  (Testähnlichkeit, Critical Incidents)
- **nach Ablauf der Probezeit**
  Erfolgsquote: 68 %

In unseren Seminaren werden wir immer mit der hohen Sparsamkeit von Unternehmen in der Personalauswahl konfrontiert. Zum Teil dauern Auswahlgespräche 30 Minuten, die Erstellung eines positionsspezifischen Anforderungsprofils (vergleiche Kapitel 7) oder die Nutzung weiterer Auswahlverfahren werden als zu aufwändig und zu teuer angesehen. Wir erleben dies als teures Sparen. Unsere Empfehlung: Je schadensrelevanter eine Position ist, umso höher sollten die Investitionen in die Personalauswahl sein. Sie investieren in ein wertvolles Gut, an das Sie hohe Erwartungen knüpfen. Dies trifft zumindest auf alle Fachkräfte, Spezialisten, Nachwuchskräfte und Führungskräfte zu. In diesem Kapitel wollen wir Ihnen einige Regeln und Hilfestellungen für eine erfolgreiche Personalauswahl vorstellen.

Insgesamt ist die Personalauswahl ein komplexer, mehrschrittiger Prozess. Einen Überblick über die in diesem Prozess zu leistenden Aufgaben gibt Checkliste 9.1. Sie können diese Checkliste auf der CD nutzen, um sie an Ihre unternehmensinternen Prozesse anzupassen und als Kontrolle im Bewerberprozess zu nutzen.

Wenn es Ihnen gelingt, den Personalsuche- und Auswahlprozess zu standardisieren, werden Sie mit dem dann fest geregelten Ablauf Reibungsverluste minimieren und somit Energieverschwendung und Kosten senken. Hat sich der standardisierte Prozess einmal etabliert, so wird er mehr und mehr automatisiert ablaufen, denn über die Zeit gewöhnen Sie und Ihre Kollegen sich an die Abfolge der einzelnen Teilprozesse. Vor allem mit dem Ziel kontinuierlicher Effizienzsteigerung sollten Sie auch diesen Prozess immer wieder überprüfen. Die Evaluation der Prozesskette hilft Ihnen, Schwachstellen aufzudecken, zu beseitigen und den Prozess weiter zu optimieren.

Ihre Prozessstandardisierung umfasst letztendlich alle einzelnen Schritte. Dazu gehört auch,

- einen geregelten Ablauf für die Anzeige des Personalbedarfs (zum Beispiel immer intern vor extern, immer im Stellenmarkt der eigenen Homepage, bei Azubis immer in der regionalen Tageszeitung et cetera) zu fixieren;
- Textbausteine für Stellenanzeigen, die Sie nach Bedarf inhaltlich füllen und ergänzen können, zu verwenden;
- für alle am Personalauswahlprozess Beteiligten festzulegen, wie mit eingehenden Bewerbungen verfahren werden soll, welche Schritte folgen (zum Beispiel immer Eingangsbestätigung als prompte Reaktion für den Bewerber, Form und Inhalt der Eingangsbestätigung standardisiert etc.);
- Regeln aufzustellen, wie mit Bewerbern umgegangen werden soll (zum Beispiel im telefonischen Kontakt, was bei Ihnen als »Dos« und »Don'ts« zu bewerten ist).

9.1 Basis aller Auswahlschritte: Das Anforderungsprofil

»Wer nicht weiß, was er sucht, wird alles und nichts finden.« Bevor Sie mit der Suche nach dem »richtigen Mitarbeiter« beginnen, müssen Sie wissen, nach wem Sie überhaupt suchen. Dass bedeutet, Sie müssen wissen, welche Anforderungen und Erwartungen das Unternehmen an den neuen Mitarbeiter stellt. Welche Kompetenzen, sowohl fachspezifisch wie auch zwischenmenschlich, und welche Motive sollte der Kandidat mitbringen, um die Position optimal und erfolgreich erfüllen zu können?

Erste Anhaltspunkte zur Beantwortung dieser Fragen geben Ihnen Stellen- oder Funktionsbeschreibungen (vergleiche Kapitel 7.1). Ein wirklich detailliertes Bild ergibt sich jedoch erst aus dem positionsspezifischen Anforderungsprofil (vergleiche Kapitel 7.2). Ein die Auswahl unterstützendes Anforderungsprofil beschreibt detailliert die drei wesentlichen Leistungsfaktoren des gewünschten Mitarbeiters: sein Wissen beziehungsweise seine fachliche Qualifikation (zum Beispiel Ausbildungskenntnisse, Fach-, Methoden- und Spezialkenntnisse), sein Können (beispielsweise Berufserfahrung, Handlungskompetenzen, Erfahrung bei der unternehmensspezifischen Anwendung von Methodenkenntnissen, zwischenmenschliche Kompetenzen, Führungskompetenzen und so weiter) und sein Wollen beziehungsweise seine Motivation (zum Beispiel der Wille, Dinge zu gestalten, Sachverhalte tief analytisch zu durchdringen, Mitarbeiter zu führen und so weiter). Wissen, Können und Wollen sind die zentralen Faktoren, die Sie bei der Personalauswahl überprüfen müssen, um zu entscheiden, ob der Mitarbeiter die mit der Position verbundenen Anforderungen erfüllen wird.

Aus der Anforderungsanalyse gewinnen Sie alle Informationen, die Sie für Ihren Such-, Auswahl- und Entscheidungsprozess benötigen.

1. Formulieren der Stellenausschreibung: In der Anforderungsanalyse haben Sie die Ziele der Position, die Aufgaben und die Anforderungen an den Mitarbeiter bereits definiert. Sie müssen sie nur noch abschreiben und in die Vorlage für Ihre Stellenausschreibung einfügen. Wenn Sie die Anzeige um Ihre Unternehmensbeschreibung, die Leistungen des Unternehmens und die Kontaktdaten ergänzt haben, ist Ihre Stellenausschreibung schon fertig. Das Anforderungsprofil hilft Ihnen auch zu entscheiden, mit welchem Medium Sie die Kandidaten, die Sie suchen, am besten erreichen. Aus den Anforderungen können Sie Ihre Zielgruppe klar differenzieren.

2. Prüfen der eingegangenen Bewerbungen: Aus der Aufgaben- und Anforderungsbeschreibung der Anforderungsanalyse können Sie die Kriterien herausnehmen, die Sie bereits anhand der schriftlichen Bewerbungsunterlagen überprüfen können, zum Beispiel in welchen Aufgaben der Kandidat Erfahrungen haben sollte, über welche Fach- und Methodenkenntnisse und Erfahrungen er verfügen sollte, welche Motive er mitbringen sollte und anhand welcher Kriterien Sie diese erkennen können. Am besten erstellen Sie sich eine Checkliste, die Sie den einzelnen Bewerbungen beilegen. In ihr können Sie die einzelnen Aspekte einfach abhaken. Zudem sind diese Einschätzungen dann auch für alle anderen Personen, die im Unternehmen an der Auswahl beteiligt sind, schnell verfügbar.

3. Entwicklung eines Interviewleitfadens: Nehmen Sie die in der Anforderungsanalyse beschriebenen Anforderungen an das »Können« und »Wollen« der Bewerber und erstellen Sie sich daraus einen Interviewleitfaden. Dies ist nur am Anfang aufwändig. Wenn Sie einmal einen Interviewleitfaden erstellt haben, werden Sie schnell feststellen, dass Sie aus den Fragen zu verschiedenen Anforderungen mit einigen Ergänzungen und Anpassungen schnell einen Interviewleitfaden für andere Positionen entwickeln können. Auf diese Weise haben Sie bald Fragen zu den unterschiedlichsten Dimensionen zusammengestellt, aus denen Sie dann immer schnell Ihren positionsspezifischen Interviewleitfaden erstellen können (siehe Muster 9.11).

4. Festlegen weiterer Auswahlinstrumente: Aus der Anforderungsanalyse können Sie ablesen, welche Kompetenzen besonders wichtig sind. Je nachdem, um was es sich handelt, können Sie jetzt leicht entscheiden, mit welchen Auswahlinstrumenten Sie diese am besten erfassen können. Hier kommen Testverfahren der Eignungsdiagnostik, Persönlichkeitsfragebögen, Assessment-Center und situative Aufgaben für Ihre Interviews infrage.

Es wird deutlich, dass die Investition in eine Anforderungsanalyse nicht nur Ihre Auswahlentscheidung absichert, indem klar beschrieben wird, »wen Sie suchen«, sondern Ihnen zusätzlich alle weiteren Schritte im Auswahlprozess deutlich vereinfacht werden. Auf der beiliegenden CD haben wir für Sie ein Musterdokument (Muster 9.2) für die Dokumentation Ihrer Ergebnisse aus der Anforderungsanalyse erstellt.

9.2 Den Überblick behalten: Bewerberverwaltung

Wege der Bewerberansprache sind in Kapitel 8 ausführlich dargestellt. War Ihre Bewerberansprache erfolgreich, gilt es nun im ersten Schritt des Auswahlprozesses, die schriftlichen Bewerbungen auszuwerten. Je nach Umfang der eingehenden Bewerbungen ist bereits dies ein aufwändiger Schritt, bei dem es gilt, den Überblick zu behalten. Die Bewerberverwaltung ist bei einer hohen Anzahl von Bewerbungen und erst recht bei der Ausschreibung mehrerer unterschiedlicher Stellen ein komplexer Prozess, den es so weit wie möglich zu strukturieren und zu standardisieren gilt. Allein das Anlegen von Vorlagen, Checklisten und Textbausteinen erleichtert Ihnen diesen Vorgang um ein Vielfaches. Auch der Softwaremarkt bietet eine Vielzahl an speziellen Programmen im Bereich der Personalverwaltung an. Hier gilt es jedoch im Sinne des Mitgestalters und Verwaltungsexperten zu entscheiden, ob im Unternehmen tatsächlich ein Bedarf an derartig umfangreichen (und oft kostspieligen) Programmen besteht oder ob nicht auch schon das Nutzen der Standardsoftware wie Microsoft Word©, Microsoft Excel© oder Microsoft Access© die gewünschte Effizienz mit sich bringt. So können Sie Ihre Bewerberdateien problemlos in Microsoft Word© erstellen, wenn Sie pro Personalsuche eine neue Bewerberdatei anlegen und keine statistische Auswertung machen wollen. Beispiele für eine einfache Bewerberdatei finden Sie in Kapitel 8. Für statistische Auswertungen im geringen Umfang können Sie mit Kalkulationsprogrammen wie beispielsweise Microsoft Excel© oder Microsoft Access© arbeiten. Wenn Sie alle Bewerbungen über einen langen Zeitraum in einer Datei erfassen möchten, empfehlen wir Ihnen, spezielle Datenbankprogramme zu nutzen.

Den Überblick behalten Sie zunächst, indem Sie alle Bewerberdaten, auf die Sie während des Auswahlprozesses immer wieder zurückgreifen müssen, EDV-technisch erfassen. Darüber hinaus können Sie Informationen festhalten, die es Ihnen ermöglichen, Ihre Personalsucheaktivitäten statistisch auszuwerten. Hierzu gehören Anzahl zu besetzender Positionen, gewählte Medien und deren Rücklaufquote, Anzahl eingegangener Bewerbungen, Dauer von der Anzeigenschaltung bis zur Einstellung, Anzahl und Kosten geschalteter Anzeigen, Anzahl der Vorstellungsgespräche, Anzahl der Teilnehmer am Assessment-Center, Kosten der Auswahlverfahren, Erfolgsquoten und vieles mehr. Die Zusatzinformationen erlauben Ihnen zum Beispiel Aussagen darüber, welche Anzeige in welcher Zeitung beziehungsweise auf welcher Internetseite welchen Rücklauf bringt. Um den internen Ablauf des Entscheidungsprozesses nachvollziehen zu können, sind die Informationen, »wer«, »wann« und »in welcher Zeit« die Bewerbung bearbeitet hat, nützlich und sinnvoll und sollten zusätzlich mit aufgenommen werden. Die gewonnen Daten können Sie nicht nur für Ihren eigenen Informationsgewinn nutzen. Sie bieten sich auch an, um im Sinne der Themen »Selbstmarketing« und »Verkaufen von Personalleistungen« über Ihre Aktivitäten und Erfolge zu berichten (siehe Kapitel 3 und 4).

9.2.1 Den Schriftverkehr effektiv handhaben

Zur Prozessstandardisierung gehört auch eine weitgehende Automatisierung des gesamten Schriftverkehrs. Diesen erleichtern Sie sich wesentlich, indem Sie Formatvorlagen, Serienbriefe und Textbausteine für alle notwendigen Texte erstellen. Dies gilt beispielsweise für:

- ein grundsätzliches Layout der Stellenanzeigen in Zeitungen und Internet,
- das Anschreiben an Redaktionen, Agenturen, Berater,
- Eingangsbescheide,
- Zwischenbescheide,
- Einladungsschreiben zu Vorstellungsgesprächen und Auswahlverfahren,
- Absagetexte,
- Adressaufkleber,
- Bewerbungsbegleitblätter,
- Firmenbroschüren.

Briefe können in den benötigten Versionen als Serienbriefdokument oder als Dokumentvorlage gespeichert und damit beliebig oft verwendet werden. Um die Dokumente dem jeweiligen Anlass anzupassen, können Sie spezifische Textbausteine erstellen, mit denen Sie die Schreiben dann ergänzen oder verändern können.

Eingangsbescheide

Ein professionelles und kundenorientiertes Bewerberhandling beinhaltet auf jeden Fall, dass alle Bewerber nach Eingang ihrer Bewerbungsunterlagen möglichst umgehend einen Eingangsbescheid erhalten. Darin teilen Sie dem Bewerber mit, dass seine Unterlagen bei Ihnen eingegangen sind und im weiteren Auswahlprozess berücksichtigt werden. Des Weiteren können Sie angeben, welchen Zeitraum Sie für die Prüfung der Bewerbungsunterlagen vorgesehen haben und wann der Bewerber mit einer Rückmeldung rechnen kann. Sollten Sie bereits beim ersten Durchsehen der Bewerbungsunterlagen feststellen, dass der Bewerber nicht infrage kommt, können Sie von einem Eingangsbescheid absehen und dem Bewerber im Abstand von circa einer Woche eine Absage zusenden. Das erspart Ihnen unnötige Arbeit und dem Bewerber unnötige Wartezeit.

Zwischenbescheide

Vorlagen für Zwischenbescheide sollten Sie erstellen für:

- Bewerbungen auf eine Stellenausschreibung in einer Zeitung beziehungsweise im Internet;
- Initiativbewerbungen;
- interne Bewerbungen;
- zweite Zwischenbescheide bei Verzögerungen im Auswahlprozess;
- Bewerbungen, die Sie für eine mögliche andere Stelle aufbewahren möchten;
- Antwortschreiben, in denen eine andere Position angeboten wird als die ausgeschriebene;
- Anschreiben mit Bitte um Vervollständigung der Bewerbungsunterlagen oder weitere Informationen.

Einladung zu Vorstellungsgesprächen und Auswahlverfahren

In Einladungsschreiben zu Vorstellungsgesprächen sollten Sie die Bewerber darüber informieren, wer an dem Gespräch teilnimmt und wie viel Zeit für das Gespräch eingeplant ist. Kundenorientiert agieren Sie, wenn Sie den Bewerber über Anfahrtsmöglichkeiten informieren oder eine Anfahrtsskizze beilegen. Auch eine beigelegte Firmenbroschüre wird einen guten Eindruck auf den Bewerber machen. Bei Einladungsschreiben zu Auswahlverfahren sollten Sie auf jeden Fall angeben, um was für ein Auswahlverfahren es sich handelt und wie viel Zeit der Bewerber hierfür einplanen muss. Bitten Sie in Ihrem Schreiben für Ihre eigene Planung um eine kurze Terminbestätigung.

Absagen

Sobald Sie im Auswahlprozess erkennen, dass bestimmte Bewerber für die ausgeschriebene Stelle nicht infrage kommen, sollten Sie diesen eine Absage zusenden. Es wirft ein schlechtes Bild auf Ihr Unternehmen, wenn Bewerber über lange Zeit keine Rückmeldung auf ihre Anfrage erhalten. Verständlicherweise versuchen diese, sich telefonisch eine Auskunft zu besorgen, was Ihren Zeit- und Arbeitsaufwand je nach Anzahl der Bewerber beträchtlich erhöhen kann. Für eine Absage sollten Sie einen Zeitraum von acht bis vierzehn Tagen nach Eingang der Bewerbungsunterlagen beziehungsweise nach dem letzten Kontakt nicht überschreiten.

Vorlagen für Absagetexte können Sie erstellen für:

- Bewerbungen auf eine Stellenausschreibung in einer Zeitung beziehungsweise im Internet (mit und ohne Zwischenbescheid);
- Initiativbewerbungen (mit und ohne Zwischenbescheid);
- interne Bewerbungen (mit und ohne Zwischenbescheid);
- Absagen nach einem Vorstellungsgespräch;
- Absagen nach Teilnahme an einem Auswahlverfahren.

9.2.2 Das interne Bewerberbegleitblatt

Das Bewerberbegleitblatt ist ausschließlich für die interne Verwendung gedacht und enthält alle wesentlichen Bewerberdaten sowie die Ansprechpartner, die an dem Auswahlprozess maßgeblich beteiligt sind. Alle Entscheidungsträger können ihre Einschätzung des Kandidaten auf dem Bogen sammeln, sodass keine Informationen verloren gehen oder unnötige Reibungsverluste entstehen. Die Gefahr, dass wichtige Informationen nicht weitergegeben werden oder Notizzettel abhanden kommen, besteht damit nicht mehr. Den Bogen in Muster 9.3 auf der CD können Sie als Bewerberbegleitblatt nutzen. Er sollte jeder eingehenden Bewerbung beigelegt werden.

9.3 Prüfen und Beurteilen von Bewerbungsunterlagen

Der Wert und die Bedeutung von Bewerbungsunterlagen wird divergierend diskutiert. Auch in unseren Seminaren sind die Aussagen der Teilnehmer zur Aussagekraft und Bedeutung der Unterlagen sehr unterschiedlich. Genauso unterschiedlich ist die Zeit, die in deren Durchsicht investiert wird. Häufig wird geäußert, dass der Wert durch die vielfältige »Wie bewerbe ich mich richtig«-Literatur verfälscht wird, und man nie wisse, wer die Bewerbung eigentlich erstellt hat. Anderseits kann man sich wundern, warum es noch so viele schlechte Bewerbungen gibt. Unabhängig von dieser Diskussion müssen Sie anhand der Bewerbungsunterlagen entscheiden, wen Sie im weiteren Auswahlprozess berücksichtigen und wen nicht.

Die Bewerbungsunterlagen sind in jedem Fall die erste »Arbeitsprobe«, die ein potenzieller Mitarbeiter abgibt. Damit sind sie nicht nur reine Formalität, sondern Visitenkarte. Mit seinen Unterlagen macht der Bewerber »Werbung in eigener Sache« – er vermarktet damit seine Person, sein Wissen, seine Arbeitskraft. Der Maßstab, mit dem Sie diesen »Verkaufsprospekt« bewerten, sollte sich an der angestrebten Position orientieren. Je höher die Stelle in der Hierarchie angesiedelt ist, desto strenger sollten Ihre Kriterien sein.

Aus den Bewerbungsunterlagen gewinnen Sie erste Informationen über die Ausbildung, die Qualifikation sowie die Berufserfahrung eines Bewerbers, also zu seinem Wissen und Können. Schwieriger, aber nicht ganz unmöglich, ist es, bereits aus den Unterlagen etwas über die Motivation, also das Wollen des Bewerbers herauszufinden. Erste begrenzte Hinweise hierauf finden Sie im Stil der Unterlagen, in der beruflichen Entwicklung, aber auch in den Freizeitaktivitäten des Bewerbers. Ihr Blick in die Unterlagen genügt, um zum Beispiel etwas über den Arbeitsstil des Bewerbers zu erfahren.

Die Durchsicht der Bewerbungsunterlagen erfüllt grundsätzlich folgende Funktionen:

- Selektion der Bewerber, deren Qualifikationsprofil nicht zu Ihrem Unternehmen und der zu besetzenden Stelle passt. Die von Ihnen zuvor definierten Anforderungskriterien werden nicht erfüllt.
- Prüfung, ob die fachlichen Qualifikationen des Bewerbers sich mit den fachlichen Anforderungen der Position decken.
- Prüfung, ob der Bewerber bezüglich seiner Selbstdarstellung zum Unternehmen und der ausgeschriebenen Position passt (die Auswahl und Aufbereitung der Unterlagen dokumentiert eine sorgfältige Auseinandersetzung und ein ernsthaftes Interesse an der ausgeschriebenen Position).

Die Rückschlüsse, die Sie aus den Bewerbungsunterlagen ziehen können, sind wichtig, aber begrenzt. Eine gute Selbstdarstellung in den Unterlagen muss sich im persönlichen Kontakt und erst recht in der späteren Wahrnehmung der Position nicht unbedingt bewahrheiten. Nutzen Sie daher die Bewerbungsunterlagen als ein erstes wichtiges Kriterium für die Grobselektion der Bewerber.

9.3.1 Formale Anforderungen an eine Bewerbung

Der Stil und die Einhaltung der formalen Anforderungen an eine Bewerbung geben Ihnen erste Anhaltspunkte für die Ausprägung der Sorgfalt des Bewerbers sowie über sein Interesse an der Position. Checkliste 9.4 auf der CD können Sie nutzen, um die Erfüllung der formalen Kriterien zu überprüfen.

Folgende Fragen können darüber hinaus bei der Bewertung des Gesamteindrucks hilfreich sein:

- Wie hat der Bewerber im Vergleich zu anderen Kandidaten die Aufgabe, sich selbst zu »vermarkten«, erfüllt?
- Welche Rückschlüsse lassen sich in Bezug auf die Motivation des Bewerbers ziehen?
- Wie gut hat der Bewerber die Informationen der Stellenausschreibung aufgenommen und in seiner Bewerbung berücksichtigt?

9.3.2 Informationen aus dem Anschreiben

Das Anschreiben ist der individuellste Teil einer Bewerbung. Es sollte eine gelungene Darstellung der Qualifikationen, Fähigkeiten und Bewerbungsmotivation enthalten. Das heißt, hier finden Sie die wichtigsten Informationen zum Bewerber in möglichst kurzer und prägnanter Form. Die Angaben sollten einen klar erkennbaren Bezug zu Ihrer Stellenausschreibung aufweisen und die von Ihnen gewünschten Informationen enthalten. Checkliste 9.5 auf der CD kann Ihnen hierbei als Orientierungshilfe dienen.

9.3.3 Informationen aus dem Lebenslauf

Von allen schriftlichen Unterlagen liefert der Lebenslauf Ihnen die meisten Informationen zur Passung des Bewerbers zum Unternehmen. Nach dem Lesen des Lebenslaufs sollten Sie einen Eindruck haben

- vom Bildungsgang (Schul- und Berufsbildung);
- von Zivil- oder Wehrdienstzeiten;
- von der bisherigen Berufserfahrung;
- von besonderen Qualifikationen, zum Beispiel berufsbezogenen Fort- und Weiterbildungen;
- von besonderen Leistungen, Beförderungen, Auszeichnungen und Aufenthalten im Ausland;
- von besonderen Kenntnissen, zum Beispiel Sprach- oder EDV-Kenntnissen;
- von Hobbys (Nicht zwingend notwendig. Je jünger ein Kandidat ist, umso informativer können seinen Freizeitaktivitäten sein. Interessant sind zum Beispiel besondere Engagements in Vereinen und Organisationen oder Aktivitäten, die einen Hinweis auf Leistungsbereitschaft und Durchhaltevermögen geben, wie zum Beispiel Sport, Musik, Nebenjobs).

Als mögliche Anlage zum Lebenslauf finden sich:

- Beschreibung der jetzigen beziehungsweise der letzten Tätigkeit;
- Liste von Veröffentlichungen, Vorträgen.

Die Abbildung 9.2 zeigt Ihnen, welche Aspekte bei der Bewertung der Berufserfahrung und welche bei der Bewertung der Karriere wichtig sind.

Abb. 9.2: Bewertungsaspekte der Berufserfahrung und der Karriere

Berufserfahrung	Karriere
• Tätigkeiten: Branche/Dauer	• Firmenanzahl
• Erfahrung	• Verweildauer pro Unternehmen
• Veränderungen/Weiterentwicklungen	• Verweildauer pro Position
• Lücken/Brüche	• Veränderung der Aufgaben
	• Entwicklung der Führungsspanne
	• Veränderungsmotive
	• zeitliche Lücken
	• Image der Unternehmen
	• Arbeitszeugnisse

Aus den im Lebenslauf genannten Fakten können Sie auf zusätzliche Informationen schließen, die persönliche Eigenschaften und Merkmale des Bewerbers betreffen. So können Sie aus dem Lebenslauf etwas über die Mobilität des Bewerbers, die Breite seines Erfahrungshintergrunds und Wissenshorizonts, seine Leistungs- und Karrieremotivation, seine Einsatzbereitschaft und seine Offenheit für neue Erfahrungen und Interessenschwerpunkte herauslesen.

Checkliste 9.6 auf der CD unterstützt Sie bei der Bewertung von Lebensläufen. Gleichzeitig können Sie sie nutzen, um Fragen für das Auswahlgespräch zu notieren.

Der Lebenslauf zeigt die Verlaufskurve und die Logik der beruflichen Entwicklung des Bewerbers und ist wesentlicher Anhaltspunkt für seinen beruflichen Erfolg. Kritisch hinterfragen sollten Sie in jedem Fall häufigere Wechsel nach einer Phase relativer Stabilität. Sie sind nur in den ersten Jahren der Berufstätigkeit akzeptabel. Zwar ist eine allgemeine Verkürzung der Betriebszugehörigkeit offensichtlich, dennoch lohnt es sich, ein- bis zweijährige Tätigkeiten, wenn diese sich wiederholen, kritisch zu überprüfen. Dies gilt insbesondere für Branchen-/Funktionswechsel sowie Reduzierungen und Einschränkungen der Aufgaben. Generell gilt, dass die letzten beiden Stationen des Lebenslaufs eine höhere Aussagekraft besitzen als vorherige.

9.3.4 Das richtige Bild abgeben – Das Bewerbungsfoto

Schauen Sie sich auch zunächst das Foto des Bewerbers an, bevor Sie die eigentlichen Bewerbungsunterlagen durchsehen? Das Bewerbungsfoto gilt als ein schwieriges Kriterium, da es vielfach subjektiv über Sympathie oder Antipathie entscheidet und schnell zu Wahrnehmungs- und Beurteilungsfehlern bei der Bewertung der übrigen Unterlagen führt. Was sind für Sie die wichtigsten »Dos« und »Don'ts« bei einem Bewerbungsfoto? Schreiben Sie Ihre Gedanken dazu in Checkliste 9.7 auf der CD.

Natürlich sagt auch das Bild etwas über die Mühe aus, die sich ein Bewerber gegeben hat. Ein Freizeitfoto am Strand, im Garten oder unter dem Weihnachtsbaum ist sicher nicht die beste Empfehlung. Leider beeinflusst das Foto aber auch, ob wir jemanden ansprechend finden in den Kompetenzen, die wir ihm zuschreiben. Gut aussehenden Menschen werden in der Regel mehr Kompetenzen zugesprochen als weniger gut aussehenden. Nur leider hat die Nase eines Bewerbers nichts mit seiner Qualifikation zu tun. Ein berechtigtes Kriterium kann das Aussehen sein, wenn es um eine repräsentative Tätigkeit geht. Dieses sollten Sie aber nie laut äußern.

9.3.5 Zeugnisse richtig interpretieren

Schul-, Praktikanten-, Arbeits- und Dienstzeugnisse sowie sonstige Nachweise wie zum Beispiel Teilnahmebescheinigungen von Weiterbildungsmaßnahmen geben Ihnen Auskunft über die berufliche Qualifikation des Bewerbers. Arbeitszeugnisse sollten eine Aussage über Kompetenzen, Leistungsvermögen und Persönlichkeit des Bewerbers machen. Inwieweit das so ist, ist nicht so leicht zu beantworten. Auch in diesem Punkt gehen die Diskussionen auseinander. Die Aussagen reichen von »Schaue ich gar nicht mehr an« bis »Sind für mich eine wichtige Informationsquelle«. Diese sehr unterschiedlichen Tendenzen in der Bewertung der Aussagekraft von Arbeitszeugnissen liegen daran, dass Arbeitnehmer sich heute ihre Zeugnisse oft selber schreiben, bestimmte Formulierungen hartnäckig einfordern und auch schnell mit dem Anwalt drohen. Arbeitgeber sind dann geneigt, sehr gute Zeugnisse zu schreiben – Ärger will in der Trennungssituation niemand mehr.

Rein rechtlich gibt es sehr wohl Bestimmungen, die vorgeben, wie ein Zeugnis gestaltet werden sollte:

• Arbeitnehmer haben bei Beendigung des Arbeitsverhältnisses einen Anspruch auf Erteilung eines Arbeitszeugnisses, auf Wunsch auch auf Erstellung eines qualifizierten Zeugnisses, das Aussagen über Führung und Leistung beinhaltet. Das Zeugnis ist dem Arbeitnehmer in angemessener Zeit vor Beendigung des Arbeitsverhältnisses auszuhändigen. Der Anspruch verjährt erst nach 30 Jahren. Für Sie ist das wichtig, wenn Zeugnisse fehlen und der Bewerber diese nicht nachreichen kann. Hier lohnt es sich, gegebenenfalls einmal genauer nachzufragen.

Für den Zeugnisinhalt gibt es gesetzliche Regeln. Diese betreffen:

• Wahrheitsgebot: Der Arbeitgeber ist gehalten, bei einem qualifizierten Zeugnis die Leistungen des Arbeitnehmers wahrheitsgemäß darzustellen. Das heißt beispielsweise, bei tatsächlich schlechten Leistungen müssen diese für einen neuen Arbeitgeber erkennbar sein. Das so genannte »Wegloben« ist damit gesetzlich untersagt.
• Vollständigkeitsgebot: Die ausgeübten Tätigkeiten während der gesamten Beschäftigungszeit müssen genau und vollständig beschrieben sein.
• Offenheitsgebot: Geheimcodes sind verboten (obwohl diese durchaus genutzt werden). Beispiel: »Durch seine Geselligkeit trug er zur Förderung des Betriebsklimas bei« bedeutet »Er sprach dem Alkohol im Übermaß zu«.
• Wohlwollenheitsgebot: Die berufliche Entwicklung des Arbeitnehmers darf durch ein Zeugnis nicht unnötig erschwert werden. Der Arbeitgeber haftet, wenn die Erteilung eines Zeugnisses abgelehnt wird, das Zeugnis zu spät erteilt wird, im Zeugnis unrichtige Angaben gemacht werden oder die Berichtigung eines zu Recht beanstandeten Zeugnisses abgelehnt wird. Aufgrund der bestehenden gesetzlichen Regelungen kann der Arbeitnehmer nicht wirksam auf den Zeugnisanspruch verzichten. Auf der anderen

Seite steht dem Arbeitgeber ein Zurückbehaltungsrecht, zum Beispiel bis zur Erfüllung von Gegenforderungen, nicht zu.

Das Wohlwollenheitsgebot ist der Aspekt, der dazu führt, dass Zeugnisse vielleicht doch nicht den Wahrheitswert haben, den sie haben sollten. Trotzdem können Sie einige interessante Informationen aus den Zeugnissen gewinnen, zum Beispiel über die Art der Trennung, genaue Aufgaben und Verantwortungen, Veränderungen in Aufgaben und Positionen und gegebenenfalls auch mal Hinweise zwischen den Zeilen, bei denen sich ein Nachfragen lohnt.

Weit verbreitet ist der so genannte Zeugniscode. Bewerber achten oft sehr genau darauf, ob der Arbeitgeber hier auch nur beste Formulierungen gewählt hat. Leider können Sie sich bei der Interpretation der Bewertungsaussagen in einem Zeugnis nie sicher sein, ob der Verfasser den Zeugniscode kennt und diese bewusst und in Ihrem Verständnis genutzt hat. In Checkliste 9.8 auf der CD haben wir einige Zeugniscodes für Sie zusammengefasst.

9.3.6 Anlagen als zusätzlicher Informationsgewinn

Neben Anschreiben, Lebenslauf und Zeugnissen steigern weitere Anlagen Ihren Informationsgewinn über den Bewerber. Mit der Auswahl der Anlagen zeigt der Bewerber, ob er einen Blick für das Wesentliche besitzt und ob er sich in Ihre Position versetzen kann, indem er sich fragt, welche Informationen für Sie interessant und entscheidungsrelevant sind. Mögliche Anlagen sind:

- Stellenbeschreibung der jetzigen oder letzten Stelle (Inhalte, Aufgaben, übergeordnete/unterstellte Personen und Stellen);
- Organigramm (verdeutlicht die Position innerhalb des Unternehmens);
- ärztliches Attest, wenn dies für die entsprechende Position relevant oder ausdrücklich gefordert ist;
- Referenzadressen (einige Bewerber geben unaufgefordert Referenzen von ehemaligen Vorgesetzen, Mitarbeitern oder Kunden an);
- Nachweise von Weiterbildungsmaßnahmen (nur die für die angestrebte Position relevanten);
- Anerkennungsschreiben, Bestätigungen von Beförderungen.

9.3.6.1 Referenzauskünfte einholen

Vielleicht sind Sie am Ende des Auswahlprozesses in einigen Punkten doch noch unsicher hinsichtlich der Eignung des Kandidaten. Vielleicht haben Sie Zweifel an einigen Aussagen. Dann kann es sich lohnen, Referenzauskünfte zum Beispiel bei vorherigen Arbeitgebern oder Kunden einzuholen. Wenn Sie Referenzauskünfte einholen wollen, sollten Sie den Bewerber unbedingt vorher fragen, ob er damit einverstanden ist. Dies nicht zu tun ist ein Misstrauensbeweis, der keine gute Basis für die mögliche zukünftige Zusammenarbeit ist. Hat der Bewerber keine Referenzpersonen angegeben, fragen Sie ihn danach (Ausbilder, Vorgesetzte, Kollegen, Kunden).

Damit Sie auch die von Ihnen gewünschten Informationen zu bestimmten Verhaltensweisen des Bewerbers erhalten, ist es gut, vorbereitet in das Gespräch zu gehen. Checkliste 9.9 auf der CD bietet Ihnen einen Leitfaden, den Sie in Referenzgesprächen als Orientierungshilfe nutzen können.

9.4 Telefonische Bewerbervorauswahl

Bevor Sie Bewerber zu einem persönlichen Vorstellungsgespräch einladen, haben Sie die Möglichkeit, ein telefonisches Vorabinterview zu führen. Dieses bietet sich besonders an, wenn Sie eine Vielzahl an Bewerbern haben, Sie sich aufgrund der Durchsicht der Bewerbungsunterlagen in bestimmten Punkten nicht ganz sicher sind, ob es ein A- oder B-Kandidat ist, oder wenn die Bewerber sehr weite Anreisewege haben. Auch wenn sich ein Bewerber von sich aus telefonisch bei Ihnen meldet, sollten Sie die Chance nutzen, direkt mehr über ihn zu erfahren – das kann Ihnen im Nachhinein viel Zeit und Mühe ersparen.

Abb. 9.3: Was wirkt in der Kommunikation? – Informationsgewinn

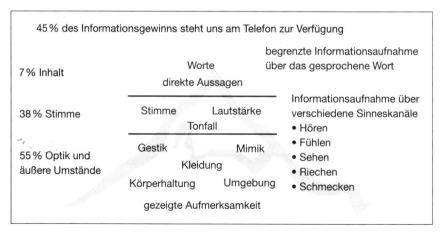

Häufig hören wir, dass im Telefongespräch zu viele Informationen fehlen, da man den Bewerber nicht sieht. Zum Teil stimmt das, denn alle körpersprachlichen Informationen fehlen Ihnen. Dennoch ist der Informationsgewinn sehr groß. Am Telefon können Sie alles zu fachlichen und überfachlichen Kompetenzen erfragen, was Sie auch im persönlichen Gespräch erfragen. Sie können Fachwissen erfragen, sich Erfahrungen erzählen lassen, zwischenmenschliche Kompetenzen hinterfragen, Rahmenbedingungen wie Eintrittstermin, Gehalt et cetera klären oder auch die sprachlichen Fähigkeiten überprüfen, indem Sie das Interview zumindest in Teilen in der gewünschten Sprache führen. Sie können sogar kleine situative Aufgaben einbauen. Zu Telefoninterviews gehören zum Beispiel auch Rollenspiele. Dass Sie auch ohne den direkten persönlichen Kontakt viele nonverbale Informationen gewinnen, macht Abbildung 9.3 deutlich. Sehr viele nonverbale Informationen gewinnen wir aus der Stimme. Sie vermittelt uns Emotionen, Sicherheit oder Unsicherheit und gibt Aufschluss darüber, ob der Kandidat gegebenenfalls nicht ganz die Wahrheit sagt. Sie benötigen lediglich eine gute Aufmerksamkeit für stimmliche Veränderungen, um dies zu bemerken. Sollten Sie an bestimmten Stellen des Interviews den Eindruck haben: »Halt, hier ist jetzt irgendetwas«, fragen Sie an diesen Stellen einfach sehr gezielt nach.

Das Telefongespräch gilt nicht nur für Sie, sondern auch für den Bewerber als wichtige Informationsquelle. Für ihn sind Sie Repräsentant des Unternehmens, und Ihr Verhalten am Telefon prägt auch den ersten Eindruck, den er erhält.

Die Struktur eines telefonischen Bewerberinterviews unterscheidet sich kaum von dem persönlichen Bewerberinterview vor Ort. Struktur und Vorgehensweise beschreiben wir im Folgenden detailliert.

9.5 Im Interview gezielt die richtigen Informationen gewinnen

Das Bewerberinterview ist ohne Zweifel die Methode, die am häufigsten bei der Auswahl neuer Mitarbeiter eingesetzt wird. Wichtig ist, dass das Interview so geführt wird, dass man am Ende auch wirklich einen umfassenden Eindruck und alle notwendigen Informationen gewonnen hat.

Für das Interview wollen wir Ihnen ein paar Regeln mit auf den Weg geben, deren Anwendung deutlich zur Verbesserung des Informationsgewinns beitragen kann. Auf diese Regeln werden wir im weiteren Verlauf eingehen.

Die erste Regel haben wir schon zu Beginn des Kapitels angesprochen: »Niemand ist ein Menschenkenner«. Mit dieser Regel soll gesagt werden,

Abb. 9.4: Erfolgsfaktoren für Interviews

- Niemand ist ein Menschenkenner
- Messwiederholungen
- Strukturiert und systematisch
- Nutzen Sie das Verhaltensdreieck
- Konzentrieren Sie sich auf die schwer veränderbaren Persönlichkeitsmerkmale
- Gehen Sie in den Bedeutungswald der Bewerber
- Weg vom Episodischen hin zum Selbstreflektorischen
- Nicht nur reden, sondern zeigen lassen

dass Sie vielleicht ein gutes Bauchgefühl haben, dass dies aber nicht unbedingt immer die richtigen Entscheidungen trifft. Trotz des guten Bauchgefühls: Nehmen Sie sich für Ihre Personalauswahlverfahren und die Entscheidung so viel Zeit, wie dieser wichtigen Entscheidung zusteht.

Ein Aspekt dieser investierten Zeit ist auch Ihre inhaltliche und organisatorische Vorbereitung auf die Gespräche. Checkliste 9.10 auf der CD hilft Ihnen bei der organisatorischen Gesprächsvorbereitung.

Ihre inhaltliche Vorbereitung bedeutet, die offenen Fragen festzuhalten, die sich aus den Unterlagen für Sie noch ergeben. Damit haben Sie sie im Gespräch griffbereit. Auch können Sie Ihre Bewertung der Bewerbungsunterlagen schon vorbereiten.

9.5.1 Wie viele Informationen benötige ich?

Regel zwei betrifft die Messwiederholung. In wissenschaftlichen Untersuchungen hat sich herausgestellt, dass die Entscheidung eines einzelnen Interviewers lediglich eine Validität oder einen Vorhersagewert von 0,15 auf den tatsächlichen Positionserfolg eines Bewerbers hat. Führen jedoch fünf Interviewer unabhängig voneinander ein Gespräch und geben danach nur Ihre Entscheidung »Ja« oder »Nein« ab, ist die daraus ermittelte Gesamtentscheidung deutlich besser. Sie erreicht eine Validität von 0,50 bis 0,70. Das hat etwas damit zu tun, dass sich die Fehler, die jeder Einzelne bei seinen Entscheidungen macht, »ausgleichen«. Daraus können wir ableiten, dass es von großem Vorteil ist, die Einstellungsentscheidung nicht auf einem einzigen Gespräch beruhen zu lassen. Die entscheidende Frage ist, wie Sie im betrieblichen Alltag Messwiederholungen umsetzen können. Fünf Interviews werden kaum durchführbar sein. Folgende Möglichkeiten können Sie nutzen:

- Lassen sie mehrere Interviewer an einem Gespräch teilnehmen.

- Führen Sie mindestens zwei Auswahlgespräche, zum Beispiel einmal Personalabteilung, einmal Fachabteilung. Bei Führungsposition ist ein weiteres Gespräch mit der Unternehmensleitung ratsam.
- Führen Sie telefonische Vorabgespräche.
- Nehmen Sie Testverfahren hinzu.
- Führen Sie einen Assessment-Center durch..

9.5.2 Strukturiert und systematisch auf dem Weg zur richtigen Entscheidung

Die Regel »strukturiert und systematisch« bezieht sich auf zwei Aspekte: erstens die Strukturierung des gesamten Prozesses und zweitens Ihr Vorgehen im Auswahlgespräch selbst.

1. Strukturierung des gesamten Prozesses

Wenn Sie dazu übergehen, den Auswahl- und Entscheidungsprozess stärker zu standardisieren, werden Sie damit auch eine stärkere Strukturierung des Gesamtprozesses erreichen. Wir haben Ihnen bereits einige Hilfen zur Strukturierung vorgestellt. Ein weiteres wichtiges Arbeitsmittel ist das Ergebnisblatt in Abbildung 9.5.

Abb. 9.5: Systematische Entscheidungsfindung

Anforderungsprofil		**Eignungsprofil**	
1. Fachanforderung	Bewerber X	Bewerber Y	Bewerber Z
• Vertriebserfahrung	12 Jahre	10 Jahre	4 Jahre
• Branchenerfahrung	19 Jahre	7 Jahre	4 Jahre
• Führungserfahrung	10 Jahre	14 Jahre	18 Jahre
• Studium/Alter	Dipl.-Ing./ 42 J.	Dipl.-Ing./ 50 J.	Dr.-Ing./ 46 J.
• Sprachkenntnisse	Fließend	Gut	Gut
2. Verhaltensanforderungen	Ausprägung	Ausprägung	Ausprägung
	– X + ++	– X + ++	– X + ++
• Erfolgsorientierung			
• Verhandlungsgeschick			
• Kontaktstärke			
• Ausdauer			
• Kreativität			
• Führungsanspruch			
• Stressstabilität etc.			
Übereinstimmung mit dem Anforderungsprofil			

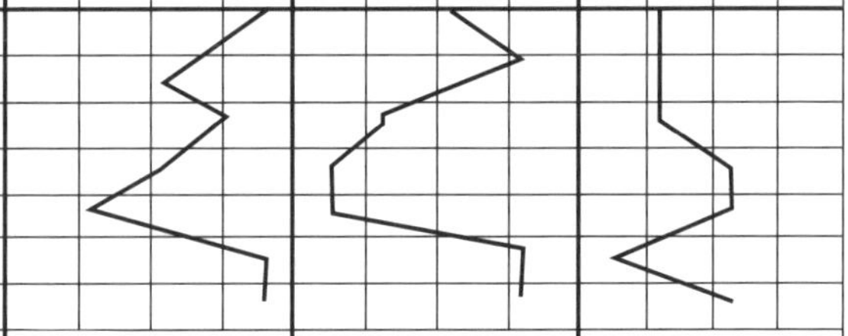

Abbildung 9.5 gibt eine Vorlage für ein Übersichtsblatt zum Kandidatenvergleich. Auf einem solchen Blatt können Sie Ihre wesentlichen Anforderungskriterien und die Bewertungen der einzelnen Kriterien für jeden Kandidaten eintragen. So können Sie auf einen Blick sehen, welche Stärken und Schwächen die einzelnen Kandidaten mitbringen. Dabei ist es wichtig zu wissen, dass Sie den hundertprozentigen Kandidaten nicht finden werden. Sie müssen so oder so einen Kompromiss eingehen. Wichtig ist nur, dass Sie wissen, wo Sie welchen Kompromiss eingehen und welche Konsequenzen dieser haben wird. Konsequenzen können sein, dass Sie bestimmte Kompetenzen schulen müssen oder dass der Kandidat in eine bestimmte Aufgabe noch intensiv eingearbeitet werden muss.

In leicht veränderter Form können Sie das Arbeitsblatt aus Abbildung 9.5 auch nutzen, um eine Übersicht über einen Kandidaten und sein Abschneiden in verschiedenen Auswahlverfahren zu erstellen. Anstelle der Namen der Kandidaten würden Sie dann die einzelnen Auswahlverfahren auflisten, wie zum Beispiel Telefoninterview, Interview oder Assessment-Center.

2. Strukturiertes Vorgehen im Auswahlgespräch

Wie bei allen Gesprächen ist es auch für Auswahlgespräche von Bedeutung, eine klare Struktur zu haben. Häufig passiert es zum Beispiel in Bewerbungsgesprächen, dass das Unternehmen und die zu besetzende Position zu Beginn erst einmal ausführlich dargestellt werden und man bei allen anderen Themen hin und her springt. Das hat zur Folge, dass Sie mit unterschiedlichen Bewerbern sehr unterschiedliche Gespräche führen und am Ende nicht miteinander zu vergleichende Informationen gewonnen haben. Dieses so genannte »freie Interview« verläuft unstrukturiert und spontan und ist damit sehr personen- und situationsabhängig. Es wird nicht festgehalten, welche Informationen unbedingt erfragt werden sollen. Auf diese Weise kann es leicht passieren, dass man im Nachhinein nicht alle notwendigen Information zur Verfügung hat und vor allem nicht allen Bewerbern die gleichen Fragen gestellt hat. Als grundlegende Struktur für Auswahlgespräche empfehlen wir Ihnen die folgende:

- Begrüßung und Small Talk, um Spannung aus der Situation zu nehmen;
- Vorstellen der Gesprächspartner, des Vorgehens im Gespräch und Zeitangabe;
- freie Selbstdarstellung des Bewerbers;
- vertieftes Nachfragen anhand eines Interviewleitfadens;
- Darstellung des Unternehmens, der Position und der Aufgaben;

- Zeit für Fragen des Bewerbers;
- Gesprächsabschluss und Information zum weiteren Vorgehen.

Für das vertiefte Nachfragen empfehlen wir Ihnen die Verwendung eines Interviewleitfadens. Gut ist die Nutzung eines teilstrukturierten Interviewleitfadens, in dem alle zu besprechenden Anforderungen mit Fragen vorbereitet werden. Diese Fragen bieten einen Orientierungspunkt für das Gespräch, müssen aber nicht in der vorgegebenen Form abgefragt werden. Sie sichern aber, dass alle wesentlichen Aspekte besprochen werden. Alternativ können Sie ein vollstrukturiertes Interview führen. Hierbei nutzen Sie konkret ausformulierte Fragen, die jedem Bewerber in gleicher Form gestellt werden. Der Vorteil hierbei liegt darin, dass Sie eine größtmögliche Vergleichbarkeit sichern und die Gefahr der Subjektivität deutlich reduzieren. Der Nachteil ist, dass sich Bewerber bei dieser Interviewgestaltung leicht ausgefragt fühlen. Zwar ist die Erstellung eines teil- oder vollstrukturierten Interviewleitfadens am Anfang mit einem erhöhten Vorbereitungsaufwand verbunden, dieser rentiert sich jedoch durch den erhöhten Informationsgewinn schnell. Sie werden auch merken, dass Sie den teilstrukturierten Interviewleitfaden leicht auf verschiedene Positionen anpassen können, indem Sie einfach Fragen zu bestimmten Kompetenzen ergänzen oder weglassen. Zur Erstellung eines positionsspezifischen Interviewleitfadens nutzen Sie die von Ihnen erstellte Anforderungsanalyse. In Muster 9.11 auf der CD finden Sie für einige Anforderungsdimensionen einen Musterauszug für einen teilstrukturierten Interviewleitfaden.

9.5.3 Klassische Fragetechniken und methodische Erweiterungs- und Vertiefungsmöglichkeiten

Für Ihre Auswahlinterviews gibt es viele wertvolle Dinge zu beachten. Die wichtigsten Kompetenzen für Interviews sind »fragen« und »zuhören« zu können. Beim »Fragenkönnen« geht es darum, wie und was Sie fragen, und beim »Zuhören können« darum, was Sie mit den erhalten Antworten anfangen, wie Sie diese also für sich interpretieren. Beginnen wir mit dem ersten Schritt: dem »Fragenkönnen«.

In der Fragetechnik unterscheiden wir zwischen so genannten »offenen« und »geschlossenen« Fragen. Offene Fragen nennt man auch »W-Fragen«, weil sie in der Regel mit den Worten »Wer«, »Wie«, »Was«, »Wieso«, »Weshalb«, »Warum«, … beginnen. Mit dieser Art der Fragestellung bewegen Sie den Bewerber zu umfassenden und vollständigen Antworten – nur so können Sie einschätzen, ob er zu der Position und zum Unternehmen passt. Einen geringen Informationsgewinn haben Sie, wenn Sie dem Bewerber so genannte geschlossene Fragen stellen. Das sind Fragen, auf die er nur mit »Ja« oder »Nein« antworten kann. Zum Beispiel: »Können Sie gut alleine arbeiten?«. Insgesamt gibt es eine Vielzahl an Fragearten, die wir Ihnen in der Tabelle 9.1 zusammengestellt haben.

Tabelle 9.1: Verschiedene Fragearten

Fragearten	Nutzen
Informationsfrage	Erkenntnis/Wissen gewinnen (»Welche Tageszeitung lesen Sie?«).
Einschätzungsfrage	Frage nach persönlicher Einschätzung des Gegenübers (»Was halten Sie von raucherfreien Arbeitsplätzen?«).
Diagnostische Frage	Problem- und Ursacheneinschätzung erfragen (»Worin sehen Sie die größte Herausforderung für unser Marketing?«).
Problemlösungsfrage	Welche Ideen hat der Bewerber zur Lösung (»Wie würden Sie diese Herausforderung angehen?«)?
Entscheidungsfrage	Verlangt Stellungnahme des Befragten („Welchen Standort würden Sie bevorzugen?«).
Weiterführende Frage	Konsequenzen deutlich machen (»Wenn Sie den Standort Hamburg wählen würden, wie würde dann Ihre Familie dazu stehen?«).
Motivierende Frage	Stärkt das Gegenüber (»Was meinen Sie als Experte dazu?«).
Indirekte Frage	Die gewünschte Information wird nicht direkt angesprochen (»Wo haben Sie denn geparkt« statt direkt »Besitzen Sie einen Führerschein?«).
Direkte Frage (geschlossene Frage)	Direktes Ansprechen der gewünschten Information (»Können Sie fließend Englisch sprechen?«). Kurze, konkrete Informationsabfrage.
Kontrollfrage	Verständnisabsicherung (»Habe ich richtig verstanden, dass ...?«).
Alternativfrage	Bietet dem Gegenüber die Wahl (»Haben Sie schon mal ... oder ... gemacht?«).
Auf diese Fragen sollten Sie im Bewerbungsgespräch besser verzichten, denn sie bieten keinen Informationsgewinn.	
Rhetorische Frage	Die Antwort »ja« wird vorausgesetzt (»Meinen Sie nicht auch, dass ...?«). Es wird keine Antwort erwartet.

Suggestivfrage	Die Antwort wird durch die Frage vorprogrammiert (»Es ist doch richtig, dass …?«).
Angriffsfrage	Provoziert das Gegenüber (»Wollen oder können Sie nicht eindeutig antworten?«).

Um möglichst viele Informationen von einem Bewerber zu bekommen, sollten Sie zunächst offen fragen, damit der Bewerber möglichst viel von dem sagen kann, was er für wichtig hält. Im weiteren Verlauf des Gesprächs können Sie den Fragetyp verändern, zum Beispiel wenn der Bewerber gewisse Aspekte noch einmal auf den Punkt bringen soll, Sie bestimmte Aussagen gezielt überprüfen möchten oder explizite Antworten auf besondere Fragestellungen benötigen. Der Fragetrichter in Abbildung 9.6 verdeutlicht das Vorgehen.

Abb. 9.6: Richtig fragen im Auswahlgespräch: der Fragetrichter

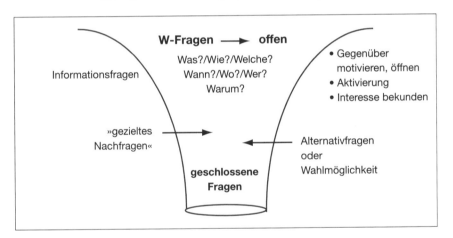

Generell helfen Ihnen folgende Tipps, um mit Ihrem Gesprächsverhalten zu effektiven Ergebnissen zu kommen:

- Fragen Sie freundlich und wohlwollend.
- Formulieren Sie einfache und konkrete Fragen.
- Stellen Sie keine Mehrfachfragen.
- Geben Sie Zeit zum Nachdenken.

Offene Fragen zu stellen ist eine Kunst und benötigt einige Übung. Diese Fragen so zu stellen, dass Sie wirklich etwas über den Kandidaten erfahren, noch einmal eine andere. An dieser Stelle empfehlen wir, nach dem Verhaltensdreieck vorzugehen. Es bietet eine gute und einfache Struktur, um vertiefte Informationen vom Kandidaten zu bekommen.

Nach dem Verhaltensdreieck gehen Sie wie folgt vor:

1. Lassen Sie sich die Situation beziehungsweise die Aufgabe schildern.
   a) »Wie war die Situation?«
   b) »Wo ist das passiert?«
   c) »Wann ist das passiert?«
   d) »Wer war daran beteiligt?«

2. Lassen Sie sich das Verhalten beziehungsweise die Aktion schildern.
   a) »Was genau haben Sie getan?«
   b) »Wie haben Sie es getan?«
   c) »Wann haben Sie es getan?«
   d) »Mit wem haben Sie es getan?«

3. Lassen Sie sich die Konsequenz schildern.
   a) »Was war das Ergebnis?«
   b) »Was haben Sie erreicht?«
   c) »Wann haben Sie es erreicht?«
   d) »Für wen haben Sie es erreicht?«

Abb. 9.7: Wesentliche Informationen gewinnen: Fragen nach dem Verhaltensdreieck

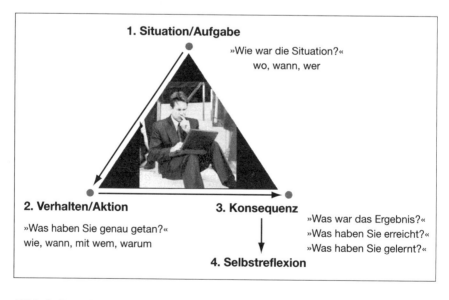

Nach den Konsequenzen zu fragen ist der erste Schritt, den Bewerber dazu zu bewegen, über sein Handeln nachzudenken. Es ist sehr aufschlussreich zu wissen, was jemand in welcher Situation getan hat. Noch besser ist es zu erfahren, was durch das Verhalten erreicht werden konnte. Mit Schritt 4 in der oben gezeigten Abbildung versuchen Sie, noch mehr persönliche Informationen vom Bewerber zu erhalten – etwas über seine Werte, Motive und Einstellungen zu erfahren. Das ist der wirklich wichtige Schritt im Auswahlgespräch. Bei diesem Schritt geht es um vier Regeln aus Abbildung 9.4:

- Nutzen Sie das Verhaltensdreieck.
- Konzentrieren Sie sich auf die schwer veränderbaren Persönlichkeitsmerkmale.
- Gehen Sie in den Bedeutungswald der Bewerber.
- Weg vom Episodischen, hin zum Selbstreflektorischen.

Konzentrieren Sie sich auf die schwer veränderbaren Persönlichkeitsmerkmale

Im Zusammenhang mit Personalauswahl und -trennung gibt es einen wichtigen Satz, den wir an anderer Stelle bereits erwähnt haben: »We hire them for their competencies, we fire them for their personality«. Auch im Alltag werden Sie oft erleben, dass man bei der Einstellung von den fachlichen Kompetenzen eines Kandidaten überzeugt ist und ihn deswegen einstellt. Ärger gibt es mit Mitarbeitern aber selten wegen fehlender fachlicher Qualifi-

Abb. 9.8: Betrachten Sie die schwer veränderbaren Persönlichkeitsmerkmale

kation, sondern vielmehr, weil deren Persönlichkeit oder Motivation »nicht passt«. In Ihrer Anforderungsanalyse (vergleiche Kapitel 7) fragen Sie nach dem »Können« und dem »Wollen«, das in einer Position notwendig ist. Das »Wollen« meint die Persönlichkeit, die Werte und die Motive. Und dies sind die schwer veränderbaren Persönlichkeitsmerkmale.

Wenn Sie davon ausgehen, dass Sie Persönlichkeitsmerkmale nicht verändern können, müssen Sie bei Ihrer Personalauswahl besonders gut darauf achten, dass diese zur Aufgabe, zum Team und zum Unternehmen passen. Nehmen Sie lieber das Fehlen bestimmter fachlicher Kompetenzen in Kauf. Hier können Sie leichter nachschulen. Nicht passende Persönlichkeitsmerkmale passen auch in fünf Jahren noch nicht und werden sich auch nicht ändern. Sie können sie nicht trainieren.

Gehen Sie in den Bedeutungswald der Bewerber

Mit der Regel »Gehen Sie in den Bedeutungswald der Bewerber« ist gemeint, dass Sie mit den Bewerbern über die Dinge sprechen sollten, die diese kennen. Stellen Sie Ihre Fragen so, dass der Bewerber in seinen Antworten auf tatsächliche Erfahrungen zurückgreifen kann. Nehmen wir ein Beispiel, um diesen Gedanken zu verdeutlichen.

Beispiel 1: Bedeutungswald

Sie wollen einen Hochschulabsolventen als Projektmitarbeiter einstellen. Nun möchten Sie wissen, wie er damit umgeht, wenn es im Projekt zu Unstimmigkeiten kommt. Sie könnten jetzt fragen: »Stellen Sie sich vor, Sie arbeiten mit sechs Kollegen gemeinsam in einem Projekt. Es besteht hoher Zeitdruck, aber Sie können erst weiterarbeiten, wenn Kollege A seine Aufgaben erledigt hat. Kollege A meint aber nicht, sich besonders anstrengen zu müssen, sodass Ihre Arbeit ins Stocken gerät. Sie sind sehr verärgert und haben auch schon mit ihm gesprochen. Inzwischen haben Sie aufgrund seiner Arbeitshaltung richtig Streit mit ihm. Wie gehen Sie mit dieser Situation um?« Der Kandidat hat noch nie in einem Projekt im Unternehmen gearbeitet. Er weiß also nicht, was er in dieser Situation wirklich tun würde. Das einzige, was er bei dieser Frage machen kann, ist »spekulieren« und erzählen, was er denkt, das man so tun könnte. Damit gewinnen Sie höchstens einen Eindruck von der Fantasie des Bewerbers, nicht aber von seinem tatsächlichen Verhalten. Besser ist es, den Bewerber nach Erfahrungen zu fragen, die er bereits gesammelt hat. Sie könnten also fragen: »Während des Studiums haben Sie bestimmt bei Hausarbeiten oder anderen Aufgaben auch einmal mit mehreren Kommilitonen zusammengearbeitet. Haben Sie Situationen erlebt, bei denen Sie auf die Vorarbeit eines Kommilitonen angewiesen waren, dieser seine Arbeit aber trotz Zeitdruck nicht

Mit diesem Exempel haben Sie auch ein Beispiel für das Vorgehen nach dem Verhaltensdreieck. Fragen Sie erst nach einer Situation, in der ein bestimmtes Verhalten erforderlich war, dann nach dem gezeigten Verhalten und im dritten Schritt nach den Konsequenzen. Der nächste Schritt dient der weiteren Vertiefung und dem Kennenlernen von Werten, Motiven, Meinungen – dem »Wollen« des Kandidaten. Es ist das selbstreflektorische Fragen.

Vom »Episodischen« zum »Selbstreflektorischen«

Selbstreflektorische Fragen sollen den Bewerber dazu bringen, über das »Warum« seines Handelns und die Bedeutung des Handelns und der erzielten Ergebnisse nachzudenken und zu sprechen. Checkliste 9.12 auf der CD enthält sieben Arten selbstreflektorischer Fragen.

An diesem Punkt des Gesprächs ist es besonders wichtig, zuzuhören, nachzuhaken und sich nicht vorschnell mit ungenauen, oberflächlichen oder verallgemeinernden Aussagen zufriedenzugeben. Dies betrifft auch die weiter oben angesprochene Kompetenz des »Zuhörenkönnens«. Schnell sind wir geneigt, eine Information aufzunehmen und zu »meinen«, wir hätten den anderen verstanden. Häufig nehmen wir aber nur die Worte wahr und interpretieren sie entsprechend unserem Verständnis. Dann wissen Sie zwar etwas über sich selbst, nicht aber unbedingt über den Kandidaten. Nehmen wir ein Beispiel: Ein Bewerber trifft die Aussage: »Mir ist es besonders wichtig, mich kundenorientiert zu verhalten.« »Fein«, denken Sie. »So einen brauchen wir.« Sie wissen aber nicht, was der Kandidat mit »kundenorientiert« meint. Hier müssen Sie nachfragen:

- Was genau heißt das für Sie?
- Woran kann ich das erkennen?
- Was tun Sie dafür?
- Warum ist Ihnen das wichtig?
- Was genau ist Ihnen daran so wichtig?

Fragen Sie konkretisierend nach, solange gewisse Punkte offen oder unklar sind. Hören Sie bei den Antworten genau zu und greifen Sie Antworten des

Bewerbers auf, um über Nachfragen ein gemeinsames Verständnis abzusichern. Achten Sie darauf, dass Sie wirklich nur fragen und nicht selbst zu viel erzählen. Ihre Gesprächsanteile sollten deutlich geringer sein als die des Bewerbers.

9.5.3.1 Unerlaubte Fragen im Bewerberinterview

Auch wenn Fragen das Wichtigste im Auswahlgespräch sind, dürfen Sie nicht alles fragen. Jeder Bewerber hat ein Recht auf Schutz seiner Persönlichkeit. Fragen, die dagegen verstoßen, sollten Sie im Auswahlgespräch nicht stellen. Viele Bewerber wissen, dass sie diese Fragen nicht oder zumindest nicht wahrheitsgemäß beantworten müssen. Zu diesen Fragen gehören:

- Fragen nach Partei-, Kirchen- oder Gewerkschaftszugehörigkeit (es sei denn, es handelt sich um eine Bewerbung bei einer Partei, einer Kirche oder einer Gewerkschaft oder es besteht ein aktueller Arbeitskampf);
- Fragen nach den finanziellen Verhältnissen (nur bei leitenden Angestellten und Personen in Vertrauensstellung erlaubt);
- Fragen nach dem bisherigen Gehalt (Ausnahme: nur, wenn die Angabe Rückschlüsse auf die Qualifikation (zum Beispiel Verkäufer) erlaubt; höhere Angaben berechtigen zur Anfechtung);
- Fragen nach Lohnpfändungen;
- Fragen nach Vorstrafen (es sei denn, es handelt sich um eine Bewerbung zum Beispiel beim Sicherheitsdienst oder die Strafe hat mit der zu verrichtenden Arbeit zu tun, zum Beispiel Verkehrsdelikte bei Kraftfahrern);
- Fragen nach einer Schwangerschaft oder der Familienplanung, auch wenn sich nur Frauen auf die Position bewerben (es sei denn, die Stelle kann ausschließlich von einer nichtschwangeren Frau besetzt werden, beispielsweise Mannequin oder Krankenschwester im Nachtdienst);
- Fragen nach Krankheiten (soweit die Krankheit nicht berufsrelevant ist);
- Fragen nach Abstammung und Herkunft.

9.5.4 Nicht nur reden, sondern zeigen lassen: Situative Interviews

Die letzte Regel in Abbildung 9.4 heißt: »Nicht nur reden, sondern zeigen lassen«. Es ist sehr einfach, darüber zu reden, wie man etwas »richtig« macht. Dafür reicht es, ein, zwei Bücher zu lesen. Etwas zu wissen und darüber zu reden ist aber etwas ganz anderes, als es zu tun. Wir erleben oft genug, dass Kandidaten erzählen, wie sie verkaufen, mit Beschwerden umgehen oder Mitarbeiter führen. Das hört sich meist auch gut und richtig an. Erschreckt sind wir häufiger, wenn wir die Kandidaten dann bitten, das, worüber sie gerade geredet haben, auch zu tun, also ein Mitarbeiter- oder Verkaufsgespräch zu führen. Dieses »Tun« meint die oben genannte Regel. Reden Sie mit Ihren Bewerbern nicht nur darüber, wie sie etwas tun, sondern lassen Sie sich ihr Verhalten in Rollenspielen, Präsentationen oder Fallstudien zeigen. Bitten Sie den Bewerber, sich in eine beschriebene Situation zu versetzen und eine bestimmte Rolle zu übernehmen: »Sie haben uns gerade Ihr Verhalten in Verhandlungssituationen beschrieben. Ich möchte gerne ein Verhandlungsgespräch mit Ihnen führen und übernehme dafür die Rolle des Kunden. Übernehmen Sie bitte die soeben beschriebene Rolle des Vertriebsmitarbeiters und führen Sie das Verhandlungsgespräch mit mir. Sind Sie damit einverstanden?«

Auf diese Weise können Sie die aus Ihrer Anforderungsanalyse hervorgehenden wichtigsten Verhaltenskompetenzen im Rollenspiel gezielt überprüfen. Solche »Situationen« für Ihre Interviews können Sie spontan einfließen lassen oder gezielt vorbereiten.

9.6 Informationsgewinn durch zusätzliche Auswahlverfahren

9.6.1 Nutzen von Test- und Fragebogenverfahren

Für verschiedene Zielgruppen bilden Test- und Fragebogenverfahren eine sinnvolle Ergänzung zu anderen Auswahlverfahren. Sie bieten immer einen zusätzlichen Informationsgewinn. Zu entscheiden ist, welche Verfahren wirklich geeignet und sinnvoll sind.

Zu Tests zählen zum Beispiel Intelligenztests oder auch spezielle Funktionsprüfungs- oder auch Eignungstests. Diese Testverfahren sind sehr sinnvoll bei der Auswahl von Auszubildenden oder bei der Auswahl von Hochschulabsolventen. Gerade bei Auszubildenden haben Sie nur sehr wenige Informationen aus dem Lebenslauf, und Schulnoten müssen durchaus skeptisch betrachtet werden. Wenn Sie Bewerber mit durchgehend guten Noten haben, ist das natürlich ein Hinweis auf deren Leistungsfähigkeit und ihren Fleiß. Jedoch sind schlechte Noten nicht immer ein Beweis für »Dummheit«. Nicht selten machen »Schulversager« später Karriere. Hinzukommt, dass Noten von unterschiedlichen Schulen häufig auch unterschiedlich zu bewerten sind: Ist das Niveau höher oder niedriger, sind die Lehrer strenger oder großzügiger? Viele Einflussfaktoren sind bei der Interpretation von Schulnoten nur schwer einzuschätzen.

Bei der Testzentrale (www.testzentrale.de) gewinnen Sie einen guten Überblick über die Vielfalt an Leistungstests und können das für Ihre Auswahlentscheidung passende Verfahren auswählen. Einige Standardinstrumente haben wir in Tabelle 9.2 aufgenommen.

Tabelle 9.2: Leistungstest in der Personalauswahl

Testverfahren	
Mannheimer Intelligenztest (MIT)	• Dient der Erfassung der intellektuellen Leistungsfähigkeit und ermittelt die allgemeine Intelligenz. • Er liegt in zwei Parallelformen (S und T) vor und setzt sich aus zehn Untertests mit sprachfreien und sprachgebundenen Aspekten der Intelligenz zusammen.
Der Wilde-Intelligenz-Test (WIT)	• Ist ein Strukturdiagnostikum zur differenzierten Erfassung der intellektuellen Leistungsfähigkeit. • Orientiert sich an Thurstones Strukturmodell der Intelligenz und besteht aus 15 Untertests, die eine Diagnose der Primärfähigkeiten sprachliches, zahlengebundenes und formallogisches Denken, räumliches Vorstellen, Wortflüssigkeit, Wahrnehmungsgeschwindigkeit sowie Merkfähigkeit/Gedächtnis gestatten. • Neben einer Profilanalyse ist durch Zusammenfassung der Untertestergebnisse auch eine Schätzung der allgemeinen Intelligenz vorgesehen.
Intelligenz-Struktur-Test 2000 R (I-S-T 2000 R)	• Ist ein vielseitig einsetzbarer, ökonomischer Intelligenztest, der sich gegenüber dem I-S-T 2000 durch erweiterte Normen, einen separat auswertbaren Wissenstest sowie weitere Modifikationen einiger Aufgabengruppen (insbesondere Satzergänzung und Matrizen) auszeichnet. • Besteht aus sechs Aufgabengruppen (Satzergänzung, Analogien, Gemeinsamkeiten, Zahlenreihen, Figurenauswahl und Würfelaufgaben). • Zusätzlich wurden drei Aufgabengruppen (Rechenaufgaben ohne verbalen Anteil, Vorzeichenaufgaben und Matrizenaufgaben) sowie ein Test zum Allgemeinwissen neu entwickelt. • Ist modular aufgebaut, das heißt bestimmte Komponenten können in Abhängigkeit von inhaltlichen und ökonomischen Anforderungen hinzugenommen oder weggelassen werden. • Jede Fähigkeit wird mit mehreren Aufgabentypen erfasst. Dadurch wird die unzulässige Gleichsetzung einzelner Aufgabentypen mit interessierenden Fähigkeiten vermieden.
BOMAT – advanced – (BOMAT)	• Dient der Erfassung der Allgemeinintelligenz und Intelligenzkapazität im hohen kognitiven Leistungsbereich. • Es handelt sich um ein sprachfreies Verfahren, welches in Form von Matrizenaufgaben das komplexe, logisch-schlussfolgernde Denken erfasst.

	• Liegt in zwei Parallelformen (Form A und B) vor.
	• Die Aufgabe des Probanden ist es, das jeweils leere Feld einer 5×3-Matrix durch eine von sechs Antwortmöglichkeiten korrekt zu ergänzen. Die Durchführung kann einzeln oder in Gruppen erfolgen.
	• Bewertet wird die Leistung bezüglich der 40 Test-Items. Diesen vorangestellt sind zehn Übungsaufgaben. Im Anschluss an jedes Beispiel-Item erfolgt eine Darstellung der relevanten Lösungsstrategien einschließlich der korrekten Beantwortung.
	• Für Hochschulabsolventen geeignet.

Testverfahren	Kurzbeschreibung
Mechanisch-technischer Verständnistest (MTVT)	• Spezieller Funktionsprüfungstest. • Enthält 32 Wahlantwort-Aufgaben zu praktisch-technischen Problemen.
Allgemeiner Büro-Arbeitstest (ABAT)	• Spezieller Eignungstest. • Einsatz bei Auszubildenden für kaufmännische und bürotechnische Ausbildungsberufe. • Erfasst die Leistungsfähigkeit für praktische Erfordernisse der Büroarbeit.

Neben Leistungstests finden auch Persönlichkeitsfragebögen Anwendung in der Personalauswahl. Sie bieten einen Informationsgewinn, da sie das Selbstbild der Bewerber spiegeln. Wichtig für den Einsatz solcher Verfahren ist nicht nur, dass Sie erfahren in der Anwendung der Fragebögen und in der Interpretation der Ergebnisse sind, sondern auch, dass Sie die Fragebögen nicht als alleiniges Auswahlkriterium nutzen. Sie liefern ergänzende Zusatzinformationen.

Persönlichkeitsfragebögen erfassen Einstellungen, Motive oder auch die Selbsteinschätzung zu bestimmten Kompetenzen. Wir selbst nutzen das in Kapitel 5 vorgestellte REISS-PROFIL und das Bochumer Inventar zur berufsbezogenen Persönlichkeitsbeschreibung (BIP) zur Personalauswahl. Die Palette an möglichen Verfahren ist auch in diesem Bereich sehr vielfältig. Breit einsetzbar ist das BIP. Es erfasst die im Berufsleben relevanten Facetten der Persönlichkeit anhand von 14 Dimensionen. Bei der Auswertung steht die Passung von Persönlichkeit zu Tätigkeit im Vordergrund. Die Ergebnisse des BIP können sinnvoll dazu dienen, einem Bewerber Gelegenheit zu geben, ein differenziertes Bild von sich zu vermitteln und dieses im Rahmen eines persönlichen Gespräches zu diskutieren. Die Auswertung erfolgt im Bezug zur relevanten Vergleichsgruppe des Bewerbers, zum Beispiel Führungskräften, Ingenieuren und so weiter. Die Ergebnisse werden in einem grafischen Profil zusammengefasst. Abbildung 9.9 gibt die Bereiche und die Dimensionen wieder, die mit dem BIP erfasst werden.

Abb. 9.9: BIP – Bereiche und Dimensionen des Fragebogens

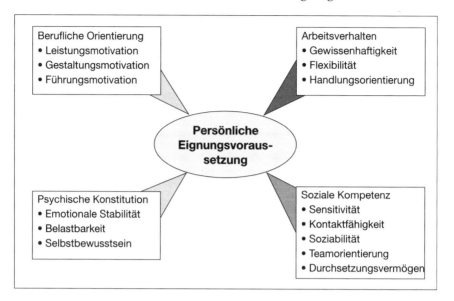

Berufliche Orientierung
• Leistungsmotivation
• Gestaltungsmotivation
• Führungsmotivation

Arbeitsverhalten
• Gewissenhaftigkeit
• Flexibilität
• Handlungsorientierung

Persönliche Eignungsvoraussetzung

Psychische Konstitution
• Emotionale Stabilität
• Belastbarkeit
• Selbstbewusstsein

Soziale Kompetenz
• Sensitivität
• Kontaktfähigkeit
• Soziabilität
• Teamorientierung
• Durchsetzungsvermögen

Welches Testverfahren Sie wann einsetzen, ist primär zielgruppenabhängig. Bei Bewerbern mit Berufserfahrung kann der Einsatz bestimmter Testverfahren (beispielsweise Intelligenztests) zu Skepsis und Akzeptanzproblemen führen. Darüber hinaus können Tests immer nur eine künstliche Situation abbilden, in der äußere und soziale Einflussfaktoren stark reduziert werden. Gerade diese Aspekte sind es aber, die im beruflichen Alltag eine ausschlaggebende Rolle spielen. So kann mithilfe von Testverfahren eher selten eine positionsspezifische Stärken-Schwächen-Analyse vorgenommen werden, da sie unterschiedlichen Positionen und Anforderungen nur bedingt angepasst werden können.

Bei Selbstbeschreibungsbögen haben sie immer die Schwierigkeit, dass Sie nicht wissen, ob der Bewerber ehrlich antwortet. Hier ist es wichtig, ihm zu vermitteln, dass auch für ihn die Ergebnisse einen wichtigen Hinweis darauf geben, ob die infrage stehende Position zu ihm passt und ob er langfristig damit zufrieden sein wird. Dem Bewerber sollte auch vermittelt werden, dass die Ergebnisse nur Zusatzinformationen, nicht aber alleiniges Entscheidungskriterium sind.

9.6.2 Assessment-Center und Management-Audit

Eine gut abgesicherte Auswahlentscheidung können Sie dann treffen, wenn Sie ein möglichst vielfältiges und umfangreiches Bild von einem Kandidaten gewonnen haben. Dafür ist ein Interview häufig nicht ausreichend. Gute Alternativen oder Ergänzungen bieten Assessment-Center und Management-Audits.

Assessment-Center bieten sich für viele Zielgruppen an. Angefangen von Auszubildenden über Mitarbeiter für den Vertrieb oder Führungskräfte. Sinnvoll sind Assessment-Center dann, wenn die Verhaltens- und zwischenmenschlichen Kompetenzen für den Positionserfolg im Vordergrund stehen. Unternehmen führen halb- bis zweitägige Assessments zur Personalauswahl durch. Für Auszubildende werden gerne kreativ gestaltete Verfahren, zum Beispiel mit Outdoor-Teil, durchgeführt. Für Führungskräfte empfehlen wir die Durchführung von Einzel-Assessments mit einem externen Berater. Dies findet bei dieser Zielgruppe mehr Akzeptanz als Gruppenverfahren.

Für Führungskräfte bietet sich als Alternative die Durchführung von Management-Audits an. Hierbei handelt es sich um strukturierte, mehrstündige Tiefeninterviews. Häufig umfassen diese auch situative Elemente wie Fallstudien oder Rollensimulationen.

Ausführliche Informationen zu Management-Audits und Assessment-Centern finden Sie in Kapitel 11.

9.7 Kundenorientierung als oberste Devise

»Der Bewerber als Kunde« ist eine gern getroffene Aussage. Ja, jeder Bewerber kann morgen Kunde Ihres Unternehmens sein. Und dann wird das, was er bei Ihnen im Rahmen der Personalauswahl erlebt hat, seine Bereitschaft zur Zusammenarbeit mit prägen.

Ob Ihr Vorgehen tatsächlich kundenorientiert ist, entscheidet letztendlich der Kunde selbst, in diesem Fall Ihre Mitarbeiter und Ihre Bewerber. Ein kundenorientiertes Personalmarketing und -Recruiting besticht dadurch, dass es nicht nur die Bedürfnisse der Bewerber kennt und diese anspricht, sondern auch erfüllt. Mit Ihrem Angebot, dem Anforderungsprofil, der Beschreibung einer bestimmten Tätigkeit, mit der Selbstdarstellung als Arbeitgeber, kurz, mit dem Eindruck, den Sie durch externes Personalmarketing vermitteln, generieren Sie Erwartungen aufseiten der Bewerber. Bedenken Sie, dass Sie nur dann zufriedene »Kunden« haben, wenn Sie genau das erfüllen, was der Kunde erwartet – oder sogar mehr als das. Die Vorstellung, die Sie im Kopf der Empfänger bei ihrem externen Personalmarketing hervorrufen, sollten Sie demnach im Anschluss auch bei der Personalauswahl erfüllen.

Ein reibungsloser Informationsfluss und eine transparente Kommunikation sind dabei sicher wichtige Kriterien für den Personalbeschaffungsprozess. Wenn von Ihrer Seite klare Regeln und ein transparenter Ablauf gewährleistet werden, werden das Ihre Bewerber spürbar wahrnehmen. Aus deren Sicht stellt sich die Rekrutierung dar als:

- professionell, da Sie einen reibungslosen Ablauf gewährleisten (zum Beispiel die Bewerbungsunterlagen selbstverständlich zurücksenden, wenn Sie dem Bewerber eine Absage erteilen);
- nachvollziehbar, weil Sie Rede und Antwort stehen können (zum Beispiel wenn Sie anhand eines definierten Anforderungsprofils aufzeigen können, weshalb Sie sich für einen anderen Kandidaten entschieden haben);
- souverän, da Sie den Überblick behalten (zum Beispiel bei einer telefonischen Nachfrage des Bewerbers aufgrund gut organisierter, übersichtlicher Dokumentation die Bewerberdaten schnell zur Hand haben und qualifizierte Antworten geben können);
- vertrauenswürdig, da Sie verantwortungsvoll mit den Kandidaten umgehen (zum Beispiel signalisieren Sie im strukturierten Einstellungsinterview, dass Sie sich bei Ihren Entscheidungen nicht auf Ihr Bauchgefühl verlassen, somit nicht allein die Dimension Sympathie-Antipathie als Entscheidungsgrundlage für die individuell sehr wichtige Jobentscheidung nutzen).

Ein letzter Gedanke dieses Kapitels soll einem besonderen Aspekt, und zwar dem Abschluss eines Personalbeschaffungsprozesses, gewidmet sein: Nachdem Sie sich entschieden haben, wer eingestellt werden soll, bleiben in der Regel noch Bewerber, denen Sie eine Absage erteilen müssen. Diese Kandidaten sind Kunden Ihres Unternehmens, und dementsprechend müssen sie auch behandelt werden. Denn gerade die Erteilung einer Absage ist eine heikle Angelegenheit. Auf der einen Seite haben Sie den schweren Job, negative Botschaften übermitteln zu müssen. Andererseits bietet sich genau hier die Möglichkeit, Ihre Professionalität und Kundenorientierung unter Beweis zu stellen. So wird selbst eine Absage zur Möglichkeit, Ihr Arbeitgeberimage zu verbessern.

Als grundsätzliche Regel gilt, dass es keine Sofortabsage im Vorstellungsgespräch gibt. In seltenen Extremfällen mögen Sie vielleicht von diesem Grundsatz abweichen, aber generell ist eine Sofortabsage kränkend und peinlich. Diese negativen Gefühle können Sie dem Kandidaten und sich ersparen, indem Sie sich eine Woche Bedenkzeit einräumen.

Möglicherweise erkundigen sich Bewerber telefonisch nach Ihren Auswahlergebnissen. Auf direkte Fragen sollten Sie dann bereits schon Andeutungen machen können, ob sie tendenziell mit einer positiven oder negativen Antwort rechnen können. Eine positive Antwort ist weniger problematisch, im Falle einer negativen sollten Sie folgendes bedenken:

- Versuchen Sie sensibel und nicht selbstwertverletzend zu antworten. Diesem heiklen Punkt kann vor allem deshalb nicht genug Bedeutung beigemessen werden, weil Sie in der Regel nicht wissen, wie viele Absagen der Bewerber bisher – und vor allem in letzter Zeit – bereits hinnehmen musste.
- Sollten Sie nach der Begründung für Ihre Entscheidung gefragt werden, ist es eher günstig, fachliche Mängel als persönliche Unzulänglichkeiten anzuführen.
- Falls Sie sich nicht mehr genau an den Kandidaten erinnern, können Sie sich »vorgeschobener Gründe« bedienen, da die noch leichter anzunehmen sind als die Wahrheit (zum Beispiel »Ihre Einkommensvorstellungen lagen über unserem Rahmen«).

Nach Telefonaten und Ihrer Auskunftserteilung ist es sehr wichtig, Ihre Kollegen, die am Interview beteiligt waren, über diesen Vorgang zu informieren. Denn möglicherweise kontaktiert der Bewerber, mit dem Sie bereits telefoniert haben, auch Ihre Kollegen. In diesem Fall ist eine interne Absprache wichtig, damit Sie nach außen ein einheitliches Bild abgeben. Dieser Aspekt macht schlussendlich erneut deutlich, wie wichtig eine reibungslose Organisation und Kommunikation ist, um eine professionelle Personalbeschaffung gewährleisten zu können.

10 Motiviert und engagiert von Anfang an: Einarbeitung neuer Mitarbeiter

Die Auswahl neuer Mitarbeiter erfordert häufig einen großen finanziellen und organisatorischen Aufwand. Leider ist trotz dieser Investitionen der Erfolg dieser Mitarbeiter noch nicht gesichert. Der auf die Einstellung nächstfolgende Schritt ist die Einführung neuer Mitarbeiter in das Unternehmen und deren Einarbeitung. Immer noch gibt es Unternehmen, die es versäumen, die Weichen an diesem Punkt richtig zu stellen und in die erfolgreiche Integration neuer Mitarbeiter zu investieren. Dabei geht es hier gar nicht um hohe finanzielle Investitionen, sondern um Aufmerksamkeit, Zeit und Wertschätzung. Stellen Sie sich vor, Sie haben eine neue Stelle bekommen, und bisher sieht alles danach aus, als wäre das genau Ihr Unternehmen und Ihr Job. Entsprechend erwartungsvoll und voller Tatendrang gehen Sie am ersten Arbeitstag zu Ihrem neuen Unternehmen. Am Empfang weiß niemand etwas von Ihnen. Und wo Sie Ihr Auto parken können, kann Ihnen die Dame auch nicht sagen. Während sie herum telefoniert, sitzen Sie etwas verloren in der Ecke. Endlich werden Sie von einem neuen Kollegen abgeholt. In der Abteilung angekommen werden sie erstmal »abgestellt«: »Der Chef kommt gleich«, und man wisse nicht, wo Sie sitzen werden. Diese kleine Geschichte ist nicht aus der Luft gegriffen und lässt sich problemlos fortführen. Leider sinken die Euphorie und der Tatendrang neuer Arbeitnehmer nach solch einem Erlebnis schon am ersten Tag deutlich und weichen einer vorsichtigen Skepsis. Das, was Unternehmen bei der nicht erfolgenden Einarbeitung »sparen«, zahlen sie später erheblich durch Kosten für schlechte Leistung, notwendige Motivation des Mitarbeiters bis hin zu Neubesetzung der Stelle. Um die Motivation zu halten und eine frühzeitige Bindung des Mitarbeiters an das Unternehmen zu sichern, ist eine gut gestaltete Einarbeitung unabdingbar. Untersuchungen zeigen, dass die Wahrscheinlichkeit einer Trennung vom Unternehmen in den ersten zwölf Monaten am höchsten ist.

In der Einführungszeit neuer Mitarbeiter in Ihr Unternehmen werden die Weichen für die zukünftige Zusammenarbeit gestellt. Der ersten Zeit im Unternehmen kommt damit sowohl aus Unternehmens- als auch aus Mitarbeitersicht besondere Bedeutung zu, der durch eine systematische Einarbeitung Rechnung getragen werden sollte.

Die Einarbeitung neuer Mitarbeiter ist dann erfolgreich verlaufen, wenn

- der Mitarbeiter die Aufgaben seiner neuen Stelle genau kennt;
- der Mitarbeiter Wissens- und Fähigkeitsdefizite ausgeglichen sowie
- Loyalität und eine hohe Bindung an das Unternehmen entwickelt hat und
- mit der Unternehmenskultur vertraut ist.

In diesem Kapitel möchten wir Ihnen einen Überblick über mögliche Elemente der Einarbeitung geben, die sich aus unserer Sicht in der Praxis bewährt haben.

10.1 Die Weichen werden am Anfang gestellt: Vorbereitung für neue Mitarbeiter

Bald ist es soweit. Der erste Arbeitstag des neuen Mitarbeiters rückt immer näher. Jetzt ist es wichtig, die Vorbereitungen zu treffen, die ihm den Einstieg erleichtern. Neben dem Kennenlernen der neuen Aufgaben kommt der sozialen Einbindung in das neue Kollegenteam eine ebenso große Bedeutung zu.

10.1.1 Rollen und Verantwortungsverteilung in der Einarbeitungsphase

Wie bei so vielen personellen Maßnahmen stellen sich auch für die Einarbeitungsphase die Fragen: »Wer trägt wofür die Verantwortung?«, »Wer macht was?« Haben Sie in Ihrem Unternehmen bisher keine systematische Einarbeitung etabliert, sollten Sie in der Personalabteilung die Verantwortung dafür übernehmen, notwendige Instrumente und Rahmenbedingungen für die Einarbeitung zu schaffen. Die Umsetzung der etablierten Maßnahmen obliegt dann zum Teil dem Personalbereich und zum Teil dem Vorgesetzten und seinen Mitarbeitern. Checkliste 10.1 auf der CD gibt einen Überblick über die Aufgaben und Verantwortungsverteilung.

Auch wenn Sie Konzepte, Instrumente und Rahmenbedingungen für eine erfolgreiche Einarbeitung schaffen, ist die Schlüsselfigur im Einarbeitungsprozess die Führungskraft des neuen Mitarbeiters. Sie ist erster Ansprechpartner bei fachlichen und formalen Fragen. Ferner ist sie verantwortlich für ein erstes Orientierungsgespräch, die systematische fachliche Integration durch ein von ihr zu erstellendes Einarbeitungsprogramm, das Führen von Feedbackgesprächen und die Probezeitbeurteilung.

Als Vorbereitung dessen, was vor dem ersten Arbeitstag des neuen Mitarbeiters vom Personalbereich und von der Führungskraft erledigt werden sollte, dienen Checkliste 10.2 und 10.3 auf der CD.

Um zumindest eine im Groben einheitliche Information neuer Mitarbeiter zu gewährleisten, können Sie eine Informationsbroschüre zusammenstellen. Dies muss keine Hochglanzbroschüre sein. Schön geheftete Unterlagen, die alle wesentlichen Informationen über das Unternehmen umfassen, sind völlig ausreichend. Dies hat auch den Vorteil, dass Dokumente ausgetauscht oder ergänzt werden können. In die Unterlagen gehören auch Dinge wie Telefonverzeichnis, Organigramm, Geschäftsbericht, Information zum Intranet und zu anderen Kommunikationsmitteln im Unternehmen, Unternehmensleitbild, Führungskultur et cetera. Erstellen Sie sich eine Checkliste, um immer schnell alle Unterlagen zusammenstellen zu können. Eine solche »Willkommen-Broschüre« hat natürlich nicht nur einen pragmatischen, sondern vor allem auch einen symbolischen Charakter. Eine schöne optische Aufmachung und die ersten Tipps oder Insider-Informationen zum Überleben am neuen Arbeitsplatz vermitteln dem neuen Mitarbeiter Aufmerksamkeit und Wertschätzung. Auch bietet eine solche Broschüre, die sich gezielt an neu gewonnene Mitarbeiter richtet, den Rahmen, in einfachen Worten die gelebte Unternehmenskultur und Philosophie zu beschreiben, die dem Mitarbeiter als Kompass dienen soll.

10.2 Der erste Eindruck prägt – oder: Die ersten Tage im Unternehmen erfolgreich gestalten

Schön, wenn der neue Mitarbeiter bereits am Empfang freundlich begrüßt und willkommen geheißen wird. Einige Unternehmen haben eine Tafel, an der dann am ersten Tag steht: »Wir freuen uns, Frau X/Herrn Y als neue Kollegin/neuen Kollegen im Unternehmen zu begrüßen.« Vom Empfang kann der neue Mitarbeiter entweder zu Ihnen in den Personalbereich oder auch gleich in die Fachabteilung geleitet werden. Die Erledigung der Formalitäten wird in der Regel am ersten Arbeitstag von der Personalverwaltung übernommen. Informieren Sie den neuen Mitarbeiter vorab, welche Unterlagen er am ersten Arbeitstag mitbringen sollte: Lohnsteuerkarte, Sozialversicherungsnachweis, Angaben zur Krankenkasse, Bankverbindung und eventuell noch fehlende Zeugnisse zur Vorlage in der Personalabteilung. Bei dieser Information können Sie ihm auch vorab schon Informationsunterlagen zum Unternehmen zusenden, dann kann sich auch der neue Mitarbeiter schon vorbereiten.

Erste Aufgabe der Führungskraft ist, den neuen Mitarbeiter in seine Aufgaben und in das Team einzuführen. Die Einführung in das eigene Aufgabengebiet erfolgt am besten im Rahmen eines Einstiegs- und Orientierungsgesprächs. Hier kann die Führungskraft auch noch einmal alle wichtigen Informationen über das Unternehmen, die Mitarbeiter und deren Aufgaben einbringen. Auch über seine Einarbeitungsaufgaben kann der neue Mitarbeiter hier gezielte Informationen erhalten.

Die Einführung in das Kollegenteam erfolgt am besten in einem informellen Rahmen. Je nach betrieblichen Möglichkeiten kann dies ein kleines erstes gemeinsames Meeting mit Kaffee und Plätzchen, ein gemeinsames Frühstück oder Mittagessen sein. Im informellen Rahmen lernt man sich schneller und unbefangener kennen. Einige Unternehmen übergeben ihren neuen Mitarbeitern am ersten Tag ein Unternehmens-T-Shirt oder ähnliches, um die Zugehörigkeit zu betonen. Ein Blumenstrauß auf dem Schreibtisch bewirkt Wunder.

Sie erleichtern den Führungskräften des Unternehmens ihre Aufgabe, wenn Sie ihnen einen Leitfaden für das Orientierungsgespräch zur Verfügung stellen. Dies auch unter dem Aspekt, dass jemandem, der schon lange in einem Unternehmen arbeitet, viele Dinge so selbstverständlich sind und deswegen gern vergessen werden. Solch einen Leitfaden finden Sie in Checkliste 10.4 auf der CD.

Im Rahmen der Einführung sollte eine Unternehmensführung eingeplant werden. Der neue Mitarbeiter muss nicht nur erfahren, wo die Kantine und die Toiletten sind. Er sollte sich möglichst schnell sicher im Unternehmen bewegen können. Auch das trägt dazu bei, Unsicherheiten und das Gefühl, »fremd zu sein«, schnell abzubauen. Gerade in produzierenden Unternehmen werden alle Mitarbeiter gespannt sein, wie das neue Unternehmen arbeitet und die Produktion funktioniert. Haben Sie mehrere Werke, so ermöglichen Sie den neuen Kollegen ruhig eine Reise dorthin, soweit dies im Rahmen des Vertretbaren liegt.

Neben all dem spielt die Integration in das Unternehmen eine wesentliche Rolle. Hierfür dienen unter anderem Termine mit zukünftigen Ansprechpartnern und eine Einführungsveranstaltung. Eine Einführungsveranstaltung lohnt sich zum Beispiel dann, wenn pro Quartal mehrere neue Mitarbeiter eingestellt werden. Dann können Sie eine Veranstaltung organisieren, an der die Unternehmensleitung über das Unternehmen, wichtige Ziele und Entwicklungen spricht und Vertreter oder Leiter der einzelnen Fachbereiche über ihren Bereich informieren sowie weitere wichtige übergreifende Informationen gegeben werden.

Einen erfolgreichen Einstieg gewährleisten Sie am besten durch eine enge Zusammenarbeit mit den zuständigen Führungskräften. So sollten die Aufgaben, die dem neuen Mitarbeiter in den ersten Tagen übertragen werden, den Mitarbeiter weder über- noch unterfordern. Bei der »Wurf-ins-kalte-Wasser-Strategie« kann der eine oder andere Mitarbeiter überfordert sein, weil ihm vielleicht wichtige Informationen fehlen, die er zur Erledigung der Aufgaben benötigt.

Erteilt man dem Mitarbeiter hingegen zu Beginn Aufgaben, die ihn unterfordern, sinkt die Motivation sehr schnell. Erfahrungsgemäß brennen neue Mitarbeiter darauf, sich anhand realistischer Aufgaben in der neuen Stelle zu bewähren. In der Praxis zeigt sich immer wieder, dass eine Überlastung in der Einarbeitungsphase weit weniger negative Effekte hat als eine Unterforderung.

Unterstützen Sie, wo nötig, die Vorgesetzten bei der Gestaltung der Einarbeitung. Erinnern Sie die Führungskraft an anstehende Gespräche und liefern Sie alle hierfür nötigen Instrumente und Checklisten. Fragen Sie nach, wie sich der Mitarbeiter entwickelt, und erkundigen Sie sich auch ruhig direkt beim Mitarbeiter danach, wie er seinen neuen Arbeitsplatz empfindet und ob er sich wohl fühlt.

10.3 Systematische Integration und unternehmensspezifischer Kompetenzaufbau

Das Entwickeln von Einarbeitungsplänen und das Zur-Seite-Stellen von Paten unterstützt eine erfolgreiche Einarbeitung.

10.3.1 Einarbeitungspläne

Es ist die Aufgabe des Vorgesetzten, einen Einarbeitungsplan für seinen neuen Mitarbeiter zu entwickeln. In diesem Plan sollte festgelegt werden,

- in welcher Reihenfolge Aufgaben und Teilaufgaben zu übernehmen sind;
- in welchen Zeitabschnitten die Beherrschung der jeweiligen Aufgaben angestrebt werden sollte;

- klare Kriterien, an denen die Beherrschung erkannt werden kann, und
- welche zusätzlichen Qualifikationen der neue Mitarbeiter eventuell benötigt und wie er diese erhalten kann;
- wer wann kennen zu lernen ist.

10.3.2 Begleiter und Ansprechpartner auf neuem Terrain

Oftmals fällt es neuen Mitarbeitern leichter, für alle aufkommenden Fragen ein und denselben Ansprechpartner befragen zu können. Eine gute Möglichkeit hierfür ist das Patenmodell. Ein so genannter Pate ist ein Kollege auf gleicher Hierarchieebene, der die Fragen des neuen Mitarbeiters beantworten kann. Der Pate unterstützt und informiert, übernimmt aber keine beurteilenden Funktionen. Die Verantwortung für die Einhaltung des Einarbeitungsplans und für Feedback an den neuen Mitarbeiter bleibt Aufgabe der Führungskraft.

Der Mitarbeiter, der zum Paten ausgewählt wird, sollte sich in dem Aufgabengebiet des neuen Kollegen so gut auskennen, dass er ihn wirklich bei der Einarbeitung begleiten kann. Seine Aufgabe ist es aber zum Beispiel auch, ihn mit Kollegen aus anderen Abteilungen bekannt zu machen – gezielt oder einfach beim Besuch der Kantine – oder durch das Unternehmen zu führen. Dafür kann er ihn einfach bei allen möglichen Aufgaben mitnehmen und ihm so viele wertvolle Informationen vermitteln. Förderlich ist es, wenn die Paten über die notwendigen zwischenmenschlichen Kompetenzen verfügen, um dem neuen Kollegen ein guter Partner zu sein, und wenn sie die Aufgabe gerne machen und nicht als zusätzliche Last empfinden. Eine Aufgabe als Pate kann die Führungskraft zum Beispiel als Motivation einem Mitarbeiter mit hohem Machtmotiv, mit hoher Teammotivation, hohem Beziehungsmotiv, hohem Statusmotiv und/oder hohem Familienmotiv übertragen. So kann sie einem Mitarbeiter eine motivierende Aufgabe übertragen (vergleiche Kapitel 5) und gewährleistet gleichzeitig eine gute Einarbeitung.

10.4 Erfolge messen: Feedbackschleifen und Prozesscontrolling

Wie kommt der neue Mitarbeiter mit seinen Aufgaben zurecht? Wie ist die Qualität seiner Leistung einzuschätzen? Diese und weitere Fragen können bereits nach der Erledigung der ersten Teilaufgaben in Feedbackgesprächen beantwortet werden. Auch hier gilt die Regel, lieber häufiger und viel Feedback zu geben als zu selten. In diesen Feedbackgesprächen teilt der Vorgesetzte dem Mitarbeiter seinen ersten Eindruck mit und trifft Absprachen über die weitere Zusammenarbeit. Ein Feedbackgespräch eröffnet wie alle Mitarbeitergesprächssituationen die Möglichkeit, sich gegenseitig besser kennen zu lernen und offene Fragen anzusprechen. Diese zu klären, benötigte Informationen zu vermitteln oder Qualifizierungsbedarf festzustellen, ist Aufgabe der Führungskraft. Die Feedbackgespräche dienen nicht der Personalbeurteilung, sondern vielmehr der Motivation und der Orientierung des neuen Mitarbeiters. Der Mitarbeiter erhält hierdurch eine rasche Einschätzung der an ihn gestellten Anforderungen und erlangt schneller Sicherheit bei der Erledigung seiner Aufgaben. Positives Feedback steigert gerade zu Beginn die Motivation und stärkt das Selbstvertrauen. Wie auch in den vorherigen Punkten ist es Ihre Aufgabe, als Sparringspartner die Führungskraft anzuleiten und zu unterstützen.

10.4.1 Bewährungsprobe: Probezeitbeurteilung

Geht es auf das Ende der Probezeit des neuen Mitarbeiters zu, muss die Entscheidung fallen: Verbleibt der Mitarbeiter im Unternehmen, oder werden sich die Wege wieder trennen? Grundlage für diese Entscheidung ist die Probezeitbeurteilung. Hier werden die fachlichen, zwischenmenschlichen und weitere wichtige Verhaltenskompetenzen (zum Beispiel Führungsverhalten, Verkaufskompetenz, methodische Kompetenzen) beurteilt. Für die Beurteilung können die Anforderungskriterien aus der Stellenbeschreibung des Mitarbeiters genutzt werden. Vielleicht verfügen Sie in Ihrem Unternehmen aber auch über eine eigene Probezeitbeurteilung.

Die Beurteilung wird vom Vorgesetzten des Mitarbeiters vorgenommen. Dieser sollte den Mitarbeiter kontinuierlich während der gesamten Probezeit hinsichtlich der Kriterien beobachten, um in der Beurteilung keine Momentaufnahme widerzuspiegeln. So können auch Entwicklungstendenzen nur bei einer kontinuierlichen Beobachtung erkannt werden. Muster 10.5 auf der CD zeigt Ihnen, wie eine Probezeitbeurteilung aussehen kann.

Hierbei gilt es zu berücksichtigen, dass das Kündigungsschutzgesetz allen Arbeitnehmern, die länger als sechs Monate im gleichen Unternehmen beschäftigt sind und das 18. Lebensjahr vollendet haben, Schutz vor einer sozial ungerechtfertigten Kündigung gewährt. Die vereinfachten Kündigungsbedingungen der Probezeit gelten dann nicht mehr.

Abb. 10.1.: Kündigungsgesetz

---

§ 22 Kündigung (BBiG)

(1) Während der Probezeit kann das Berufsausbildungsverhältnis jederzeit ohne Einhalten einer Kündiungsfrist gekündigt werden.

(2) Nach der Probezeit kann das Berufsausbildungsverhältnis nur gekündigt werden

1. aus einem wichtigen Grund ohne Einhalten einer Kündigungsfrist

2. von Auszubildenden mit einer Kündigungsfrist von vier Wochen, wenn sie die Berufsausbildung aufgeben oder sich für eine andere Berufstätigkeit ausbilden lassen wollen.

(3) Die Kündigung muss schriftlich und in den Fällen des Absatzes 2 unter Angabe der Kündigungsgründe erfolgen.

(4) Eine Kündigung aus einem wichtigen Grund ist unwirksam, wenn die ihr zugrunde liegenden Tatsachen dem zur Kündigung Berechtigten länger als zwei Wochen bekannt sind. Ist ein vorgesehenes Güteverfahren vor einer außergerichtlichen Stelle eingeleitet, so wird bis zu dessen Beendigung der Lauf der Frist gehemmt.

Im Falle einer Weiterbeschäftigung über die Probezeit hinaus kann sich der Arbeitgeber nicht auf bestehende Zweifel an der Eignung des Mitarbeiters berufen. Wenn also eine Nichteignung besteht, muss die Personalstelle spätestens eine Woche vor Ablauf der vereinbarten Probezeit benachrichtigt werden. Aus diesem Grund sollten Sie beachten, dass die Probezeitbeurteilung nicht erst kurz vor Ablauf der Probezeit, sondern rechtzeitig vor Ablauf dieser Frist erfolgt. Schon allein damit es nicht aufgrund versäumter Fristen zu einer Weiterbeschäftigung kommt, sollten Sie sich in der Probezeit immer wieder nach der Entwicklung und den Leistungen des Mitarbeiters erkundigen.

Hat der Vorgesetzte die Beurteilung vorgenommen, so sollte diese im Rahmen eines strukturierten Mitarbeitergesprächs (vergleiche Kapitel 12.8.1) mit dem Mitarbeiter besprochen werden. Hier können Fragen zur Beurteilung angemessen geklärt und gegebenenfalls Maßnahmen zur weiteren Qualifizierung vereinbart werden.

Bevor wir das Kapitel »Mitarbeitereinarbeitung« abschließen, möchten wir Ihnen mit Checkliste 10.6 auf der CD noch eine Übersicht über die für eine erfolgreiche Einarbeitung wichtigen Aufgaben und deren Verteilung geben.

11 Potenzialanalyseverfahren für interne Platzierungsentscheidungen

Immer wieder werden Sie vor der Entscheidung stehen, im Rahmen der Nachfolgeplanung, aber auch der Entwicklungsplanung, intern Positionen zu besetzen. Eine andere Frage ist die, wer kann im Unternehmen eigentlich noch in welche Position entwickelt werden, und wer macht seinen Job eigentlich wie gut? Für diese und ähnliche Fragen bietet sich neben der Auswertung von Mitarbeiterbeurteilungen die Durchführung von internen Potenzialanalyseverfahren an. Hierfür gibt es verschiedene Wege und Vorgehensweisen. Wir wollen Ihnen hier die am meisten eingesetzten Verfahren, Assessment-Center und Management-Audits, sowie zwei alternative kundenspezifische Lösungen vorstellen.

Abb. 11.1: Ohne klare Ziele geht es nicht – Praxisbeispiel: Nutzwertanalyse

Ziel	Rang		Testverfahren		Persönl. Analyse		E-Assessment		Beurteil. FK		360°-Feedback		Management-Audit		AC		Heutiges Verfahren	
Im Kostenrahmen	Muss		Ja		Ja		Kauf: J Entw.: N		Ja		Ja		Ja		Ja		Ja	
	Rang	Gew.	Erfül-lung	?	Erfül-lung	?	Erfül-lung	?	Erfül-lung	?	Erfül-lung	?	Erfül-lung	?	Erfül-lung	?	Erfül-lung	?
Anforderungen spiegeln	I	13	4	52	7	91	8	104	8	104	9	117	9	117	10	130	4	52
Ja/Nein-Entscheidung FSP	I	13	8	104	0	0	5	65	1	13	3	39	9	117	10	130	0	0
Aussagen zu Entwicklung	I	13	2	26	6	78	6	78	7	91	8	104	8	104	8	104	5	65
Stärken-/Schwächenprofil	I	13	3	39	5	65	5	65	2	26	8	104	8	104	8	104	5	65
Akzeptanz	II	8	7	56	8	64	5	40	5	40	5	40	4	32	6	48	7	56
Integration FSP	II	8	10	80	5	40	5	40	7	56	7	56	4	32	8	64	10	80
Nachvollziehbar	III	7	5	35	8	56	7	49	10	70	10	70	7	49	8	56	5	35
Nutzen für FK	III	7	1	7	8	56	7	49	9	63	10	70	7	49	7	49	5	35
Interne Manntage	IV	5	5	25	6	30	10	50	7	35	1	5	0	0	1	5	5	25
BU-kompatibel	V	4	0	0	2	8	0	0	10	40	7	28	6	24	6	24	1	4
Integration PES	V	4	3	12	0	0	0	0	0	0	1	4	3	12	8	32	3	12
Inhaltlich Zeitgeist	VI	2,5	1	2,5	5	12,5	8	20	10	25	10	25	10	25	10	25	4	10
Integration SAP	VII	1	0	0	0	0	0	0	5	5	5	5	3	3	3	3	0	0
Integration PE	VII	1	5	5	0	0	0	0	0	0	0	0	0	0	3	3	3	3
Integration Trainee-AC	VII	0,5	5	2,5	0	0	0	0	0	0	0	0	5	2,5	6	3	3	1,5
	= 100		446 VII		500,5 VI		560 V		568 IV		667 III		670,5 II		780 I		443,5 VIII	

Bevor Sie sich für das ein oder andere Vorgehen entscheiden, ist es gut, etwas Zeit in die Zielklärung und Verfahrensprüfung alternativer Vorgehensweisen zu investieren. Möglich ist zum Beispiel eine Nutzwertanalyse um herauszufinden, welches Verfahren für Ihre Zwecke am besten geeignet ist. Abbildung 11.1 zeigt die Ergebnisse einer solchen, im Rahmen eines Workshops durchgeführten Nutzwertanalyse.

Weitere wichtige Fragen, die im Vorfeld geklärt werden sollten, sind in Checkliste 11.1 auf der CD wiedergegeben.

Ist Ihre Entscheidung gefallen und mit dem Management abgestimmt, sollten auch die betroffenen Führungskräfte und Mitarbeiter sowie die Arbeitnehmervertretung möglichst frühzeitig über das Verfahren informiert werden. Gerade die Information oder auch Einbeziehung der Arbeitnehmervertretung ist wichtig. Im Rahmen des Betriebsverfassungsgesetzes (BetrVG) wird die rechtzeitige und umfassende Information der Arbeitnehmervertretung geregelt. Es gilt hiernach zu informieren:

- über die geplanten Ziele des Verfahrens,
- dessen Gestaltung und
- die Verwendung der Beurteilungsdaten.

Die Mitbestimmung der Arbeitnehmervertretung ist nach dem BetrVG erforderlich bei:

- Personalfragebogen,
- Aufstellung allgemeiner Beurteilungsgrundsätze.

Dient ein Potenzialanalysesystem unter anderem auch dem Zweck der Personalplanung, so bedürfen folgende Aspekte laut dem BetrVG der ausdrücklichen Zustimmung der Arbeitnehmervertretung:

- Ziele des Systems;
- Konzeption, Verfahren und Methodik;
- Beurteilungskriterien;
- organisatorische Fragen des Verfahrens (zum Beispiel zeitliche Abstände der Beurteilungen);
- Durchführung und Gestaltung des Beurteilungsgesprächs;
- Auswertung;
- Aufbewahrung der Daten;
- Rechte der betroffenen Mitarbeiter und Konfliktlösungsmechanismen;
- Gestaltung von Leistungszulagen auf Grundlage der Beurteilung.

11.1 Assessment-Center als Potenzialanalyseverfahren

Das Wort »Assessment« bedeutet in der deutschen Übersetzung Festsetzung, Feststellung, Taxieren, Einschätzung oder auch Bewertung. Der Begriff Assessment-Center bezeichnet also eigentlich den Ort des Assessments, sodass man korrekterweise von Assessment-Center-Verfahren oder -Methode sprechen müsste. Allgemein eingebürgert hat sich jedoch der Begriff Assessment-Center. Weniger eindeutig ist, was genau sich hinter diesem Begriff verbirgt, ein Beurteilungs- oder ein Auswahlseminar, ein Mitarbeiterentwicklungsseminar oder ein Personalentwicklungsverfahren? Eine allgemeingültige Aussage lässt sich hier nicht treffen, da ein Assessment-Center bei gleichem theoretischen Hintergrund auf Zielsetzung, Zielgruppe und Anwender zugeschnitten wird. Das ist auch der große Vorteil von Assessment-Centern. Sie bieten vielfältige zielgruppenspezifische Gestaltungsmöglichkeiten.

Grob kann man Assessment-Center unterteilen in Verfahren zur Personalauswahl und zur Personalentwicklung. Bei der Personalauswahl werden Bewerber beurteilt, die neu in das Unternehmen eintreten möchten. Am Ende des Verfahrens wird eine explizite Auswahlentscheidung getroffen. Von Personalentwicklungsverfahren spricht man dann, wenn die Teilnehmer des Assessment-Centers bereits Mitarbeiter des Unternehmens sind und es darum geht, ihr Potenzial für zukünftige Anforderungen oder höhere Positionen einzuschätzen, um unter anderem auf dieser Basis eine interne Platzierungsentscheidung zu treffen.

Ein Assessment-Center ist häufig ein ein- bis dreitägiges Verfahren, in dem ein oder mehrere Stellenbewerber hinsichtlich ihrer Kompetenzen (Wie gut kann jemand etwas heute schon?) und/oder Potenziale (Welche Kompetenzen lässt jemand in Ansätzen erkennen, die bei entsprechender Förderung zu echten Kompetenzen entwickelt werden können?) eingeschätzt werden. Dafür führen sie Aufgaben aus, die der heutigen (Kompetenzen) oder einer zukünftigen (Potenziale) Position und deren Anforderungen entsprechen. Die Kompetenzen und Potenziale der Teilnehmer werden von geschulten Beobachtern (in der Regel Führungskräften, die mindestens ein bis zwei Hierarchiestufen über den Teilnehmern angeordnet sind, sowie Personalfachleuten) anhand zuvor definierter Bewertungskriterien beurteilt. So kann eine positions- und unternehmensspezifische Aussage darüber gemacht werden, wie gut sich der Bewerber für die vakante Position eignet.

11.2 Potenzialeinschätzungen – Stärken und Entwicklungsbedarfe erkennen

Um Mitarbeiter frühzeitig und gezielt in ihrer Weiterentwicklung und Qualifizierung zu unterstützen und sie auf zukünftige Herausforderungen vorzubereiten, sind Potenzialeinschätzungen ein wichtiger Schritt als Basis einer gezielten Förderung. Die Einschätzung der individuellen Stärken und Entwicklungsbedarfe erlaubt die Ableitung gezielter Qualifizierungsmaßnahmen. Potenzialeinschätzungen werden durchgeführt, um

- eine Nachfolgeentscheidung zu treffen;
- eine frühzeitige, gezielte und bedarfsorientierte Förderung für weiterführende Aufgaben einzuleiten;
- Mitarbeiter für den Nachwuchskräftepool auszuwählen;
- Qualifizierungsbedarfe für heutige oder zukünftige Anforderungen zu erkennen;
- Positionsbesetzungen zu überprüfen.

Beispiel 1: Fragestellungen für Assessment-Potenzialanalysen

Auswahl von Nachwuchskräften:

Ein Pharmaunternehmen will für seine Nachwuchskräfteförderung wissen, welche Mitarbeiter welche weiterführenden Aufgaben übernehmen können. Für diese Frage wird ein positionsübergreifendes Assessment-Center als Potenzialanalyseverfahren entwickelt, welches Anforderungen im Bereich Führung, Kommunikation und Vertrieb spiegelt. Damit das Verfahren auch einen motivierenden Charakter hat und gleichzeitig die Netzwerkbildung unter den Mitarbeitern unterstützt, wird ein Verfahren entwickelt, das einen Outdoor-Teil umfasst. Das Verfahren spiegelt nicht die aktuellen Aufgaben der Mitarbeiter. Die gewünschten Anforderungen werden über Aufgaben einer völlig anderen Branche gespiegelt. Am Ende des Verfahrens wird entschieden, wer in welche Richtung beziehungsweise Position weiterentwickelt und ins Nachwuchskräfteprogramm aufgenommen wird. Auswertungen nach drei Jahren mit einer einmal jährlichen Durchführung ergeben, dass 30 Prozent der Teilnehmer bereits eine neue Position übernommen haben.

Überprüfung der Besetzungsentscheidung:

Die Einführung einer neuen Bereichsstruktur erfordert die Besetzung von Gruppenleiterfunktionen bei einem Finanzdienstleister. Die Positionen werden mit den bisherigen ersten Sachbearbeitern, die bisher aber keine Führungsverantwortung hatten, besetzt. Nach einer umfassenden einjährigen Führungsqualifizierung soll überprüft werden, ob die Mitarbeiter die Positionsanforderungen erfüllen. Dafür wird eine eintägige Potenzialanalyse entwickelt, die die aktuellen Positionsanforderungen direkt spiegelt. Am Ende des Verfahrens wird entschieden, wer in der Position bleibt und wer welche weitere Unterstützung/Qualifizierung benötigt.

Vorbereitung auf zukünftige Marktanforderungen:

Für einen Finanzdienstleister ist erkennbar, dass sich die Anforderungen an die verkäuferischen Kompetenzen der Mitarbeiter in einem bestimmten Fachbereich deutlich ändern werden. Während aktuell primär Beratungsleistungen erforderlich sind, werden zukünftig Verkaufsleistungen nötig sein. Das Unternehmen ist sich jedoch nicht sicher, ob die Mitarbeiter über diese verkäuferischen Fähigkeiten verfügen. Aus diesem Grund wird eine zweitägige Qualifizierungsbedarfsanalyse entwickelt und durchgeführt, die die zukünftigen verkäuferischen Anforderungen spiegelt. Am Ende des Verfahrens wird für jeden Mitarbeiter ein individueller Qualifizierungsplan erstellt.

11.3 Das richtige Verfahren für die Zielposition: Bausteine und Verfahrensgestaltung

Die oben aufgeführten Beispiele machen deutlich, dass Assessment-Center-Verfahren sehr unterschiedlich gestaltet sein können. Wesentlichstes Erfolgskriterium ist, dass alle Übungen beziehungsweise Situationssimulationen die aktuellen und/oder zukünftigen Anforderungen der Zielposition spiegeln. Für die Auswahl von Führungsnachwuchskräften heißt das zum Beispiel, dass die Teilnehmer sich im Rahmen der Potenzialanalyse mit einem im Vergleich zu ihren heutigen Aufgabenstellungen erweiterten Verantwortungsbereich auseinandersetzen und in diesem agieren sollen. Von der grundsätzlichen Gestaltung können drei Ansätze unterschieden werden:

Der klassische Assessment-Center-Ansatz. Im klassischen Assessment-Center-Ansatz steht die konsequente Umsetzung der in der Anforderungsanalyse ermittelten Anforderungskriterien in den Simulationsbausteinen im Vordergrund. Jede Situationssimulation wird danach ausgewählt, dass im Gesamt-Setting alle Anforderungen in optimalem Umfang erfasst werden. Inhaltlich sind die Aufgaben nicht festgelegt. Sie können reale Themen und Aufgabenstellungen des Unternehmens oder eines fachfremden Unternehmensrahmens spiegeln. Es besteht hierbei kein unbedingter Anspruch auf einen Gesamtzusammenhang der einzelnen Aufgaben untereinander. Jede Simulation stellt eine in sich geschlossene Situation dar.

Der teildynamische Ansatz. Die Konzeption der Potenzialanalyse als teildynamisiertes Assessment-Center erweitert die Zielsetzung dahingehend, dass alle Simulationen in einem direkten inhaltlichen Zusammenhang zueinander stehen und Teil eines Gesamtszenarios sind. Hierdurch verlieren die Situationen und das Gesamtverfahren deutlich an Künstlichkeit und sind sowohl für die Teilnehmer wie auch für die Beobachter interessanter und motivierender. Die Teilnehmer agieren während des gesamten Verfahrens in einer bestimmten Rolle, zum Beispiel als Projektleiter. Alle zu bearbeitenden Aufgaben ergeben sich dann zum Beispiel aus dem als Rahmenszenario beschriebenen Projekt. Das ermöglicht den Teilnehmern, sich schneller in die Situation einzufinden und sich mit ihr zu identifizieren.

Dynamische Assessment-Center. Entsprechend dem teildynamischen Assessment-Center sind in einem dynamischen Assessment-Center alle Situationssimulationen in ein einheitliches Rahmenszenario eingebunden, sodass sämtliche Einzelsituationen vom Teilnehmer in einem gemeinsamen Kontext wahrgenommen werden. Stärker als beim teildynamischen Assessment-Center bauen Inhalte und Informationen der einzelnen Simulationen aufeinander auf und müssen von den Teilnehmern in ihrem Handeln immer wieder neu berücksichtigt werden. Diese Form der Assessment-Center-Gestaltung erlaubt es, Situationen und Informationen erneut aufzugreifen und dabei zwischenzeitliche Veränderungen oder Weiterentwicklungen zu beachten. Insbesondere die Fähigkeit der Teilnehmer zu übergreifendem und vernetztem Denken, aber auch ihre Lernfähigkeit erhalten damit einen eigenen Beobachtungsschwerpunkt. Den Teilnehmern wird hier ein Verfahren geboten, welches ihnen ein authentisches Agieren in einem interessanten und ansprechenden Rahmen-Setting erlaubt.

11.3.1 Kreative Gestaltungsvarianten: Integration von Outdoor-Elementen in ein Assessment-Center

Ein Assessment-Center führen Sie dann durch, wenn Sie etwas über die zwischenmenschlichen, kommunikativen, führungsbezogenen oder verkäuferischen Kompetenzen von Mitarberbeitern oder Bewerbern erfahren möchten. Um diese Kompetenzen einzuschätzen, müssen die Teilnehmer nicht zwingend Mitarbeiter- oder Verkaufsgespräche führen. Stehen für die Kompetenz- oder Potenzialeinschätzung zum Beispiel Handlungsorientierung, Kommunikation, Führungsbereitschaft und Teamfähigkeit im Vordergrund, können diese auch in einem ganz anderen Rahmen beobachtet werden: zum Beispiel in Outdoor-Übungen. Diese können schlüssiger Teil des Gesamtverfahrens sein oder das gesamte Verfahren gestalten, was zum Beispiel inzwischen bei der Auswahl von Auszubildenden der Fall ist. Die Outdoor-Übungen haben nicht nur einen zusätzlichen diagnostischen Wert, sie bieten den Teilnehmern im Hinblick auf Zusammenarbeit und Kommunikation auch Lernerfahrungen. Positive Nebeneffekte dieser Konzeption sind unserer Erfahrung nach die Auflockerung des Verfahrens, die hohe Akzeptanz bei Teilnehmern und Beobachtern und ein hoher Motivationswert.

11.3.2 Gestaltung der Potenzialanalyse als Gruppen- oder Einzel-Assessment-Center

Mit Ausnahme eines Assessments mit Outdoor-Elementen können alle Verfahren als Einzel- oder Gruppenverfahren durchgeführt werden. Bei Gruppenverfahren sollte die Teilnehmerzahl von zwölf Personen nicht überschritten werden, da dann der organisatorische und der Steuerungsaufwand sehr groß wird.

Bei Gruppen-Assessments übernehmen mehrere Beobachterteams die Beobachtungs- und Bewertungsaufgaben. In der Regel setzt sich ein Beobachterteam aus einem externen Berater und zwei internen Beobachtern zusammen. Die internen Beobachter sollten, soweit möglich, zwei Hierarchieebenen über den Teilnehmern stehen.

Im Einzel-Assessment, welches üblicherweise nur für Führungskräfte der obersten Ebenen angewendet wird, erfolgt die Beobachtung in der Regel durch einen externen und ein bis zwei interne Beobachter.

11.3.3 Situationssimulationen und Aufgabenstellungen im Assessment-Center

Grundsätzlich können alle im Rahmen der Zielsetzung sinnvoll erscheinenden Bausteine in das Verfahren integriert werden. Die konkrete Auswahl geeigneter Bausteine erfolgt entsprechend den definierten Anforderungskriterien und dem gewählten Gesamtrahmen. Alle nachfolgend aufgeführten Bausteine lassen sich in den oben beschriebenen Formen des Assessments realisieren. Die Unterschiede liegen bei der konkreten Gestaltung in der inhaltlichen Ausrichtung und im Grad der Vernetzung der einzelnen Aufgaben. Mögliche Bausteine gibt Abbildung 11.2 wieder.

Abb. 11.2: Welche Bausteine sind wann sinnvoll? Situationsvielfalt durch verschiedene Bausteine

---

- Gruppendiskussionen/Gruppenarbeit
- Rollensimulationen:
  o Führungsgespräch,
  o Verhandlungsgespräch,
  o Verkaufsgespräch,
  o Kollegengespräch,
  o Projektgespräch,
  o ...
- Analytische Übungen/Fallstudien
- Partnerübungen:
  o Gespräch,
  o Beratung,
  o Verhandlung,
  o ...

- Präsentationen/Vorträge
- Outdoor-Elemente
- Computerunterstützte Unternehmens-planspiele
- Werdeganginterviews/Management-Audit-Interviews
- Fragebogen zur Selbsteinschätzung
- Kollegenfeedbacks/Peer-Ratings, Videofeedbacks

Fallstudien. Komplexe analytische Fallstudien erlauben beispielsweise, analytische Fähigkeiten, Problemlösungsqualität, Innovationskraft und unternehmerisches und handlungsorientiertes Denken auf hohem Niveau differenziert einzuschätzen.

Für Fallstudien bieten sich komplexe Unternehmensszenarien mit oder ohne betriebswirtschaftliche Analyseschwerpunkte an. Diese können Informationen und Daten zum bisherigen Verlauf und zur weiteren Entwicklung eines Projekts beziehungsweise Unternehmens umfassen. Ebenso kann anspruchsvolles Material bereitgestellt werden, durch das verschiedene Problemfelder des Unternehmens abgebildet werden. Die klassische Form der Fallstudie ist der Postkorb.

Die Postkorbsimulation erfordert vom Teilnehmer, dass er sehr komplexe schriftliche Materialien hinsichtlich der gegebenen Handlungsnotwendigkeit und effizienter Handlungsschritte analysiert und bewertet sowie Lösungen aufzeigt.

Das zur Verfügung gestellte Material wird vom Teilnehmer analysiert und im Gespräch mit den Beobachtern ausgewertet. Zusätzlich können die Daten/Informationen der Fallstudie als Basis einer vom Teilnehmer vorzubereitenden und durchzuführenden Präsentation genutzt werden.

Teamsitzungen, Gruppengespräche und -arbeiten. Der Beobachtungsschwerpunkt liegt hier auf den zwischenmenschlichen Kompetenzen. Bei Gruppensituationen können unterschiedliche Aufgabenschwerpunkte, zum Beispiel die reine Problemdefinition, die Lösungssuche oder die Entscheidungsfindung in der Gruppe, vorgegeben werden. Auch können Präsentationen gut in Gruppensituationen integriert werden. Je nach Teilnehmerzahl können die Gruppensituationen als Teil- oder/und Gesamtteamsitzungen gestaltet werden.

Gesprächssimulationen. Entsprechend der Anforderungsanalyse bieten sich hier ganz unterschiedliche Situationstypen an. Denkbar sind simulierte Mitarbeiter- und Kollegengespräche, aber auch ein Gespräch mit dem eigenen Vorgesetzten, mit externen oder internen Kunden, eine Verhandlung oder ein Gespräch in der Rolle eines Projektleiters mit einem fachlich zugeordneten Mitarbeiter. Jede Situation erfordert vom Teilnehmer hinsichtlich Zielsetzung und Zielerreichung eine andere Vorgehensweise und Gesprächsstrategie. Im teildynamischen wie auch im dynamischen Assessment-Center bietet sich die Möglichkeit, Nachfolgegespräche unter Beachtung bisheriger Entwicklungen in das Gesamtszenario zu integrieren. Beobachtungsschwerpunkte dieser Simulationen liegen im Bereich der zwischenmenschlichen Kompetenzen und der Führungsfähigkeiten.

Präsentationen. Für Präsentationen bieten sich die unterschiedlichsten Themen- und Aufgabenstellungen an. So können Datenanalysen, Problemlösungs- und Handlungspläne, strategische Fragen, Produkte, aber auch Projektpläne Gegenstand der Präsentation sein. Die Rolle der Beobachter kann von stillen Zuhörern bis zu kritischen Diskussionspartnern variieren.

Werden zur Vorbereitung der Präsentation (Gleiches gilt für die Gruppendiskussion) entsprechend anspruchsvolle Materialien ausgehändigt, können auch in diesen Übungen Analysevermögen und -geschwindigkeit sowie die Problemlösungskompetenz beurteilt werden.

Interview. Die Integration eines ausführlichen teilstrukturierten Interviews bietet die Möglichkeit, zusätzliche Dimensionen zu erfassen, die in den verhaltensorientierten Situationssimulationen der Potenzialanalyse nur schwer zu beobachten sind. So können Aspekte der persönlichen Ziele, persönlichen Motivation, beruflichen Erwartungen und Werthaltungen hinterfragt werden.

Darüber hinaus kann das Interview als individuelle Kennenlernphase zu Beginn des Verfahrens genutzt werden. Dies wird von den Teilnehmern im Allgemeinen sehr positiv erlebt und wirkt »stressreduzierend«. Des Weiteren können beobachtende Führungskräfte einzelne Teilnehmer etwas persönlicher kennen lernen, was einen positiven Effekt auf die interne Kommunikation und interne Netzwerke haben kann.

Selbstbeschreibungsfragebogen. Als weitere Informationsquelle im Gesamtprozess kann den Teilnehmern ein Selbstbeschreibungsfragebogen mit berufsrelevanten Beschreibungsdimensionen zur Bearbeitung gegeben werden. Dieser ermöglicht, neben dem im Beobachtungsprozess gewonnenen Fremdbild, das Selbstbild der Teilnehmer zu erfassen und beide einander gegenüber zu stellen.

11.3.4 Ergebnisgewinnung und Feedbackprozesse

Basis der Ergebnisfindung und der Beschreibung von Stärken und Entwicklungsbedarfen sind die Ergebnisse der Beobachter. Aus diesen wird am Ende des Assessments für jeden Teilnehmer ein Ergebnisprofil erstellt.

Den Teilnehmern werden die Beobachtungen und Einschätzungen der Beobachter in einem Feedbackgespräch mitgeteilt und in einem Ergebnisbericht dokumentiert.

Der Feedbackprozess kann um Peer-Rating und Videoaufzeichnungen erweitert werden. Für das Peer-Rating geben sich die Teilnehmer nach einer Gruppensituation gegenseitig Feedback zu bestimmten Verhaltenskompetenzen. Teilnehmer erleben dieses zusätzliche Feedback unserer Erfahrung nach als Bereicherung zum Feedback der Beobachter. Gleichzeitig bietet das Feedbackgeben und -nehmen im Kollegenkreis eine wichtige Lern- und Trainingssituation für Führungs- und Führungsnachwuchskräfte.

Videoaufzeichnungen geben den Teilnehmern die Möglichkeit, sich selbst agieren zu sehen. Damit haben sie die Chance, externes Feedback besser einordnen und verstehen zu können.

11.3.5 Heterogene Zielgruppen als Herausforderung

Eine besondere Herausforderung stellt die Konzeption eines Verfahrens dar, dessen einzelne Bausteine geeignet sind, Entscheidungen für eine Fach- oder Führungslaufbahn zu treffen. Hierfür müssen auch die Anforderungsprofile so definiert werden, dass sie eine klare Differenzierung zwischen den Anforderungen an Fach- und den Anforderungen an Führungskräfte zulassen. Die Abbildung 11.3 verdeutlicht diese Differenzierung beispielhaft.

Eine weitere Herausforderung besteht nun darin, diese Anforderungen in den einzelnen Situationssimulationen so abzubilden, dass Aussagen zu Führungs- und Fachkompetenzen möglich sind.

Abb. 11.3: Anforderungsprofile für Führungskräfte und Fachkräfte

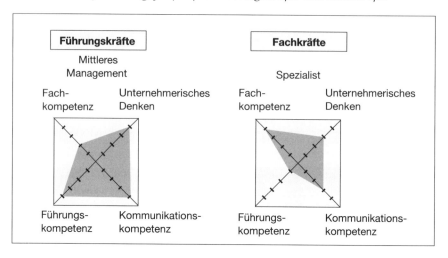

Abb. 11.4: Aufgaben und Anforderungen

	Anforderung	Fall-studie	MA-Gesp.	Verhand-lung	Präsen-tation	Gruppen-arbeit
Führungs-kompetenz	Aufgabenorientierung		x		x	
	MA-Controlling		x		x	
	MA-Orientierung		x		x	
	Konfliktfähigkeit		x	x		
	Verantwortungsbereitschaft	x	x		x	
	Entscheidungsfähigkeit	x	x	x		x
	Kontaktfähigkeit		x		x	x
Fach-kompetenz	Analytisches Denken	x		x		
	Konzept./lösungsorien. Denken				x	
	Beratungskompetenz					x
	Eigeninitiative					x

11.4 Assessment-Center selber entwickeln und durchführen: Was Sie alles brauchen

Zur Definition des für Ihr Unternehmen passenden Verfahrens und der richtigen Vorgehensweise sollten Sie zunächst folgende Fragen klären:

- Welche Ziele und Erwartungen werden an das Verfahren gestellt?
- Welche Ergebnisse und Erkenntnisse sollen mit dem Verfahren gewonnen werden?
- Welche langfristigen Überlegungen gibt es hinsichtlich des Einsatzes des Verfahrens?
- Welche Kompetenzen wollen wir mit dem Verfahren erfassen?
- Welche Mitarbeiter sollen an der Potenzialanalyse teilnehmen?
- Wer entscheidet über die Teilnahme eines Mitarbeiters am Verfahren (Vorschlag durch die Führungskraft, Möglichkeit der eigenen Bewerbung, grundsätzliche Teilnahme für alle Mitarbeiter einer Ebene)?
- Welche Entscheidungen können für die Teilnehmer nach dem Assessment-Center folgen?
- Was geschieht mit den Ergebnissen, wie werden sie an wen kommuniziert?
- Über welchen Zeitraum werden die Ergebnisse aufbewahrt, und wie sieht deren konkreter Einfluss auf weitere Karriereentscheidungen aus?
- Was kommt in die Personalakte?
- Sollen sich konkrete Fördermaßnahmen an die Teilnahme an der Potenzialanalyse anschließen?
- In welcher Form werden die direkten Vorgesetzten der Teilnehmer bei der Umsetzung der Entwicklungsempfehlungen integriert?
- Welche Wünsche bestehen an den Zeitraum der Durchführung der Potenzialanalyse?
- Soll die Durchführung ein- oder mehrtägig sein?

Abb. 11.5: Von der Planung zur Umsetzung – Der Projektplan

Realisierungsstufe/KW	33	34	35	36	37	38	ab 39		
Workshop zur Definition der Anforderungsdimensionen									
Erarbeiten der Anforderungsprofile									
Konzeption der Übungen und Beobachtungsbögen									
Feinabstimmung des Gesamtverfahrens mit den Entscheidungsträgern									
Durchführung des Assessments									
Erstellung der Ergebnisberichte									

Bevor Sie in die inhaltliche Konzeption des Assessment-Centers einsteigen, sollten Sie einen Projektplan erstellen, in dem Sie zumindest grob die einzelnen Realisierungsphasen der auf den nächsten Seiten beschriebenen Schritte eintragen. Erst recht, wenn mehrere Kollegen an der Konzeption und Durchführung beteiligt sind, bietet sich ein Projektplan als Orientierungshilfe und zur verpflichtenden Terminierung an.

11.4.1 Workshop zur Anforderungsanalyse

Der Anforderungsanalyse-Workshop (vergleiche Kapitel 7) mit Entscheidungsträgern des Unternehmens bildet die Basis des zu entwickelnden Verfahrens. Ziel ist, ein Anforderungsprofil zu erarbeiten und ein einheitliches und gemeinsam getragenes Verständnis von Rollen, Anforderungen, Aufgaben und Erwartungen an die Zielgruppe(n) zu erarbeiten. Wurden die einzelnen Anforderungen erarbeitet, werden diese zu Kompetenzbereichen geclustert, um das Anforderungsprofil, welches dem Assessment-Center zugrunde gelegt wird, zu bilden. Die zentrale Frage hierbei lautet: Welche Kompetenzen sind wirklich erfolgsentscheidend für die Zielgruppe? In Abbildung 11.6 finden Sie ein beispielhaftes Anforderungsprofil für Führungskräfte.

Abb. 11.6: Musteranforderungsprofil für eine Führungsaufgabe

	1	2	3	4	5	6	7
Führungskompetenz							
Zielorientierung	○	○	○	○	●	○	○
MA-Controlling	○	○	○	○	●	○	○
MA-Motivation	○	○	○	○	●	○	○
Konfliktfähigkeit	○	○	○	○	●	○	○
Verantwortungsbereitschaft	○	○	○	○	●	○	○
Entscheidungsfähigkeit	○	○	○	○	○	●	○
Sensibilität	○	○	○	○	●	○	○
Fachkompetenz							
Analytisches Denken	○	○	●	○	○	○	○
Konzeptionelles/lösungsorientiertes Denken	○	○	●	○	○	○	○
Beratungskompetenz	○	○	●	○	○	○	○
Eigeninitiative	○	○	○	●	○	○	○
Zwischenmenschliche Kompetenz							
Kommunikationskompetenz	○	○	○	○	○	●	○
Selbstdarstellung und Auftreten	○	○	○	○	●	○	○

11.4.2 Konstruktion der Übungen und Rolleninstruktionen

Ausgehend von dem definierten Anforderungsprofil werden die Aufgaben und Übungen für das Assessment-Center entwickelt. Wichtig ist, dass jede Aufgabe den Teilnehmern auch wirklich die Möglichkeit bietet, die gewünschten Verhaltensweisen und Kompetenzen zu zeigen. Dabei sollte jede Anforderungsdimension in mindestens zwei Übungen beobachtet werden können. Hilfreich ist es, sich eine Übersicht wie in Abbildung 11.7 zu erstellen. Um die Bebobachter nicht zu überfordern, sollten maximal vier oder fünf Dimensionen pro Übung beobachtet werden.

Abb 11.7: Beispiel für eine Anforderungs-/Übungsübersicht

	Fallstudie	Gruppen-arbeit	Mitar-beiterge-spräch	Verhand-lungsge-spräch	Gesamt
Arbeitsstil und kognitive Kompetenz					
Systematisch-analytisches Denken					
Lösungsorientiertes/ innovatives Denken					
Unternehmerisches, betriebs-wirtschaftliches Denken					
Ziel- und Prozessorientierung					
Zwischenmenschliche Kompetenz					
Kommunikationskompetenz					
Persönliches Standing					
Führungsbereitschaft					

Die Dimensionen, die in den einzelnen Übungen weiß markiert sind, werden jeweils beobachtet.

Wichtig ist, dass Sie die Rolle und Aufgabe der Teilnehmer sowie die Situation, in der sie sich in den einzelnen Übungen befinden, möglichst genau und eindeutig beschreiben. Bedenken Sie hierbei, dass die Teilnehmer, während sie die Aufgabe(n) lesen, wahrscheinlich nervös und angespannt sind. Umso wichtiger ist es, dass Sie kurze und leicht verständliche Sätze in der Beschreibung verwenden. Heben Sie wichtige Absätze, wie zum Beispiel Zeitangaben, hervor. Nachfolgend finden Sie einen beispielhaften Auszug aus einer Teilnehmerinstruktion für eine Gruppenarbeit.

Beispiel 2: Teilnehmerinstruktion für eine Gruppenarbeit

Ihre Situation:
Sie sind nun seit einiger Zeit als Gruppenleiter bei der XY GmbH beschäftigt. Vor kurzem haben Sie die Ergebnisse der Kundenbefragung erhalten, die vor einem Monat durchgeführt worden ist. In 30 Minuten findet Ihre regelmäßige Gruppenleitersitzung statt, an der Sie und Ihre drei Kollegen teilnehmen.
Die Ergebnisse der Kundenbefragung sind bereits Gesprächsthema Nummer eins im Unternehmen. Die Geschäftsführung ist mit den Ergebnissen sehr unzufrieden und sieht die Verantwortung für die schlechten Ergebnisse zumindest zum Teil bei Ihnen und Ihren Kollegen. Auch wenn Sie sich selbst über die Ergebnisse erschrocken haben, halten Sie diese Zuweisung für wenig gerechtfertigt. Nichtsdestotrotz erkennen auch Sie den dringenden Handlungsbedarf.
In der heutigen Gruppenleitersitzung wollen Sie daher mit Ihren Kollegen über die Ergebnisse der Kundenbefragung diskutieren und Vorschläge für kurz-, aber auch mittelfristige Maßnahmen entwickeln, um die Missstände zu beheben.

Ergänzt werden muss diese Instruktion noch um:
- die genaue Aufgabenbeschreibung für den Teilnehmer: Was genau soll er in den 30 Minuten Vorbereitungszeit tun, die ihm zur Verfügung stehen?
- das genaue Ziel der stattfindenden Gruppenleitersitzung (zum Beispiel Maßnahmen zur Verbesserung klar bennen und priorisieren) und in welcher Form dieses Ziel erarbeitet werden soll.
- die Art der Ergebnispräsentation (falls eine stattfinden soll).
- die Zeitangabe, wie lange die Gruppenleitersitzung dauern soll.

Orientieren sie sich beim Schreiben an den Kriterien Einfachheit, Verständlichkeit und Genauigkeit. Um auch den Beobachtern eine größtmögliche Orientierung und Klarheit zu bieten, können Sie zusätzlich Beobachterinstruktionen schreiben. In ihnen sind noch einmal detailliert die Aufgabe des Teilnehmers, aber auch die Aufgabe des Beobachters beschrieben. Geben Sie eine genaue Anleitung für das Vorgehen bei der Einleitung der Übung. Zum Beispiel:

- Begrüßen Sie den Teilnehmer, wenn er zur Übung X zu Ihnen kommt.
- Stellen Sie bitte den Rollenspielpartner als Herrn Y vor.
- Sie können die Übung mit den folgenden Sätzen einleiten: »…«

- Fragen Sie den Teilnehmer nach der Übung, wie er sein eigenes Verhalten empfunden hat. Was ist ihm seiner Meinung nach gut gelungen, was ist ihm eher schwer gefallen?

Sehr wichtig sind Instruktionen für die Rollenspieler, um ein einheitliches Verhalten gegenüber den Teilnehmern zu gewährleisten. Beschreiben Sie die Rolle und Situation des Rollenspielers und geben Sie ihm Anregungen und Hinweise bezüglich seiner Verhaltensweisen und seiner Zielsetzung in der Übung. Hilfreich sind auch beispielhafte Argumente und Gegenargumente.

11.4.3 Erstellung von Beobachtungsbögen

Sie benötigen für jede Übung einen Beobachtungsbogen, in dem die zu beobachtenden Dimensionen mit Verhaltensankern hinterlegt sind. Darüber hinaus benötigen Sie eine Skala zur Beurteilung der einzelnen Verhaltensanker und zur Gesamtbeurteilung der Dimension. Die Abbildung 11.8 zeigt diesen Aufbau beispielhaft für die Dimension »Unternehmerisches, betriebswirtschaftliches Denken«.

Abb. 11.8: Beispiel für Verhaltensanker

Unternehmerisches, betriebswirtschaftliches Denken	1	2	3	4	5	6	7
• zeigt einen hohen Anspruch an die eigenen Lösungen/ Arbeitsergebnisse							
• beachtet in seinen Lösungen den wirtschaftlichen Erfolg für das Gesamtunternehmen							
• beachtet Vernetzungen und mögliche Synergien (kann »über den Tellerrand sehen«)							
• beachtet Kosten-Nutzen-Aspekte in seinen Lösungsvorschlägen							
• orientiert seine Lösungsvorschläge an Kundenbelangen und -interessen							
• nutzt betriebswirtschaftliche Kennzahlen als Informationsquelle							
Gesamtwert							

11.4.4 Ergebnisprofile und -berichte

Die Beobachtungen und Einschätzungen der Teilnehmer sollten in einem Ergebnisprofil zusammengefasst werden. Bei externen Bewerbern ist es ausreichend, diesen ihr Ergebnisprofil zu übergeben. Für interne Kandidaten sollte ein Ergebnisbericht, der die wesentlichen Beobachtungen und vor allem Empfehlungen zur Personalentwicklung umfasst, erstellt werden. Im Ergebnisbericht werden die Werte aus dem Ergebnisprofil interpretiert, sodass Stärken und Entwicklungspotenziale des Teilnehmers deutlich werden. Wichtig ist es, im Vorfeld festzulegen, wer die Ergebnisse bekommt und wie sie dokumentiert werden (zum Beispiel Personalakte).

Abb. 11.9: Beispiel für ein Ergebnisprofil

Führungskompetenz	1	2	3	4	5	6	7
Aufgabenorientierung	○	○	○	○	●	○	○
MA-Controlling	○	○	○	○	●	○	○
MA-Orientierung	○	○	○	○	●	○	○
Konfliktfähigkeit	○	○	○	○	●	○	○
Verantwortungsbereitschaft	○	○	○	○	●	○	○
Entscheidungsfähigkeit	○	○	○	○	○	●	○
Kontaktfähigkeit	○	○	○	○	●	○	○
Fachkompetenz							
Analytisches Denken	○	○	●	○	○	○	○
Konzeptionelles/lösungsorientiertes Denken	○	○	●	○	○	○	○
Beratungskompetenz	○	○	●	○	○	○	○
Eigeninitiative	○	○	○	●	○	○	○
Unternehmerisches Denken							
Betriebswirtschaftliches Denken	○	○	○	○	○	●	○
Innovatives Denken und Handeln	○	○	○	○	●	○	○

Entwicklungsempfehlungen können bereits in der Beobachterkonferenz am Ende eines internen Assessments besprochen werden. Zielsetzung der Beobachterkonferenz ist, die wesentlichen Eindrücke der Beobachter zu den Teilnehmern und ihren Verhaltenskompetenzen zusammenzutragen und zu gemeinsam getragenen Förder-, Platzierungs- oder Auswahlentscheidungen zu kommen. Das Ergebnisprofil, die wesentlichen Eindrücke der Beobachter zu Stärken und Entwicklungsfeldern sowie die Ableitungen zu Entwicklungsmaßnahmen bilden die Basis für die Feedbackgespräche mit den Teilnehmern.

11.4.5 Organisatorische und zeitliche Gestaltung

Die reibungslose Koordination und Organisation eines Assessment-Centers mit zwölf Teilnehmern ist durchaus eine herausfordernde Aufgabe. Für den Ablauf an den Assessment-Center-Tagen ist der Zeitplan das Kernstück. Gut ist es, wenn Sie jemanden haben, der sich nur um Organisatorisches im Verlauf des Assessments kümmert.

Empfehlenswert ist es, einen Gesamtzeitplan zu erstellen sowie jeweils genau aufeinander abgestimmte Einzelzeitpläne für die Teilnehmer, Beobachter und Rollenspieler. Dies ist notwendig, da die Teilnehmer ihre Übungen in der Regel zu versetzten Zeiten absolvieren. Die generelle Zeiteinteilung muss sich nach der Anzahl der Teilnehmer, der Beobachter und der Rollenspieler richten. Zur Verdeutlichung haben wir nachfolgend einen beispielhaften Teilnehmerzeitplan für ein Verfahren mit zwölf Teilnehmern und sechs Beobachtern abgebildet.

Beispiel 3: Teilnehmerzeitplan

Uhrzeit	Inhalt	Raum	Beobachter
08.45 – 09.00	Begrüßung, Verteilung aller Unterlagen, Informationen zum Tag	Plenum	
09.00 – 10.15	Einarbeitung in die Unterlagen des Unternehmens »XY GmbH«	Plenum	
10.20 – 10.40	Präsentation zur Unternehmenseinführung »XY GmbH« bei der Geschäftsführung	1	1, 2
11.00 – 11.30	Postbearbeitung und Terminplanung	Plenum	
12.30	Gemeinsames Mittagessen mit den Kollegen		
13.30 – 14.15	Gruppenleitermeeting zur Kundenbefragung	2	4, 5
15.00 – 15.30	Präsentationstermin »Maßnahmenplan zur Kundenzufriedenheit« bei der Geschäftsführung	2	3, 4
18.00 – 18.20	Kundengespräch	3	5, 6
ab 20.00	Gemeinsames Abendessen		

Darüber hinaus gehört zu der organisatorischen Gestaltung natürlich unter anderem das Buchen von Räumen, in denen das Verfahren durchgeführt werden soll, das Erstellen oder Bestellen aller benötigten Materialien und der Technik sowie das Verfassen und Versenden von Einladungsschreiben für alle Beteiligten.

Checkliste 11.2 auf der CD fasst die aufgeführten Punkte, die Sie zur Entwicklung und Durchführung von Assessment-Centern bedenken müssen, noch einmal für Sie zusammen.

11.4.6 Entscheidungsträger als Beobachter einbeziehen: Aufgaben, Kompetenzen und Vorbereitung

Mit der Beobachtung und Einschätzung der Kompetenzen der Teilnehmer kommt den internen und externen Beobachtern eine hohe Verantwortung zu. Das heißt, Sie sollten zum einen sorgsam überlegen, wer von den infrage kommenden Führungskräften die Aufgabe verantwortungsvoll übernehmen kann, und zum anderen die Beobachter vorbereiten und schulen.

Kerninhalte einer Beobachterschulung sind:

- Aufbau, Ablauf und Gestaltung des Assessments;
- Rolle und Selbstverständnis als Beobachter;
- Erläuterung der Anforderungsdimensionen und der Bewertungsskala;
- Kennenlernen und Durcharbeiten der einzelnen Simulationen und Aufgaben;
- Wahrnehmen von Rollenspieleraufgaben im Assessment;
- Sensibilisierung für Beobachtungs- und Beurteilungsfehler;
- Information und Training zu Setting, Regeln und Prozess der Feedbackgespräche.

11.4.7 Erfolgsfaktoren für die Durchführung und Auswahlentscheidung

Folgende Punkte bezeichnen wir vor dem Hintergrund unserer langjährigen Praxiserfahrung abschließend als Erfolgsfaktoren für die Durchführung eines Assessment-Centers:

- klare Zielsetzung,
- Commitment bei allen Beteiligten,
- eine Einbindung des Verfahren in ein Gesamtkonzept/eine Strategie,

- Methodenvielfalt/Simulationsvielfalt,
- transparente, umfassende und rechtzeitige Kommunikation im Gesamtprozess,
- Konzentration auf die wirklich erfolgsentscheidenden Anforderungsdimensionen,
- teilnehmerorientierte Atmosphäre im Verfahren.
- Alle Übungen sind in ein einheitliches Rahmen-Setting eingebettet, sodass die Teilnehmer immer in einem schlüssigen Gesamtkontext handeln.
- Durch Realitätsnähe der Übungen sollte die größtmögliche Identifikation mit den zu bearbeitenden Einzelaufgaben ermöglicht werden.
- Eine differenzierte Anforderungsanalyse sollte im Vorfeld stattfinden.
- Jede Anforderungsdimension wird in mindestens zwei Übungen von mindestens zwei Beobachtern beurteilt.
- Einzelne »Ausrutscher« oder »Glanzleistungen« werden nicht überbewertet, am Ende wird für jeden Teilnehmer der Gesamteindruck des Tages widergespiegelt.
- Mehraugenprinzip, das heißt die Bewertung und Beobachtung erfolgt in Beobachterteams, wodurch die Gefahr einer subjektiv geprägten Entscheidung reduziert wird.
- Die Beobachterteams sind verantwortungsvoll ausgewählt und geschult. Sie setzen sich aus internen und externen Beobachtern zusammen, wobei die internen Beobachter mindestens zwei Hierarchiestufen über den Teilnehmern angeordnet sind.
- Jeder Beobachter beobachtet und bewertet zunächst für sich alleine, eine gemeinsame Bewertung erfolgt im Anschluss anhand der Beobachtungsbögen.
- Ergebnisse werden erst in der Beobachterkonferenz zusammengeführt.
- Entscheidungen werden erst auf der Grundlage aller Beobachtungen getroffen.
- Nach Möglichkeit: Zusammensetzung der Teams mit Beobachtern aus verschiedenen Abteilungen.
- Zeitnahes Feedback an die Teilnehmer.
- Wahrung des vereinbarten Vertraulichkeitsgrades bei der Ergebnisauswertung und im Feedback.
- Ausführlicher Ergebnisbericht mit klaren Aussagen zu Stärken, Entwicklungspotenzialen, gegebenenfalls Entwicklungsperspektiven und -maßnahmen.
- Durchführung von Personalentwicklungsmaßnahmen, um die erkannten Bedarfe zu decken.

11.5 Das Management-Audit – Führungskräfte optimal einsetzen

Das Management-Audit ist ein managementdiagnostisches Verfahren, das eine valide Beurteilung von Top-, Fach- und Führungskräften ermöglicht und so Personalentscheidungen unterstützt und absichert. Kernmethode ist hier ein vertiefendes Interview, das anhand teilstrukturierter Leitfäden von einem externen Berater geführt wird. Ergänzt und erweitert werden kann das Interview durch realitätsnahe Situationssimulationen, Selbstbeschreibungsfragebögen und Werdegangsbiografien. Management-Audits werden häufig auch im Rahmen der Personalentwicklung eingesetzt. Dann können sie zum Beispiel um Vorgesetztenbeurteilungen ergänzt werden.

Management-Audits können für einzelne Führungskräfte zur Potenzialeinschätzung oder Auswahlentscheidung eingesetzt werden. Häufig werden sie aber auch genutzt, um für die gesamte Führungsmannschaft Kompetenzen und Potenziale zu erfassen. Darüber hinaus verfolgen Management-Audits folgende Ziele:

- Steigerung der unternehmerischen Leistungsfähigkeit und Effizienz durch optimale Stellenbesetzung aus Unternehmens- und Mitarbeiterperspektive;
- Identifikation von Leistungsträgern, Leistungsmultiplikatoren und Veränderungsträgern in Veränderungsprozessen;
- Informationsgewinn zu Mitarbeitererwartungen, -zielen und -bedürfnissen zur Einschätzung und dem Erleben von Unternehmens- und Führungskultur;
- Informationsgewinn in Veränderungsprozessen zu Stimmungen, Trends und unternehmerischem Handlungsbedarf;
- Informationsgewinn zu mittel- und langfristigen Personalentwicklungsstrategien sowie kurzfristigem Handlungsbedarf in Personalplanung, -marketing, -positionierung und -entwicklung.

Der Ablauf eines Management-Audits kann unterteilt werden in die Phasen: Analyse und Konzeption, Durchführung und Feedback.

In einem ersten Schritt erfolgen eine kurze Analyse der Unternehmenssituation und die Auswahl der zu beteiligenden Entscheidungsträger (zum Beispiel Vorstands- und Geschäftsführungsmitglieder). Mit der Unterstützung eines externen Beraters wird die Zielgruppe für das Management-Audit definiert. Um die Basis des Verfahrens zu erarbeiten, werden nun in Gesprächen und Workshops Anforderungen, Aufgaben und Erwartungen an die Zielgruppe diskutiert und festgelegt. Sie leiten sich ab aus Unternehmensstrategien und -zielen, Abteilungs- und Positionszielen, Kernaufgaben der Position und Anforderungen möglicher Veränderungsprozesse an die Zielgruppe.

Im zweiten Schritt wird die erarbeitete Anforderungsanalyse umgesetzt. Hierfür werden die einzelnen Anforderungsdimensionen wie zum Beispiel Motivation, Veränderungsbereitschaft, Kundenorientierung durch Kompetenzen und Verhaltensanker beschrieben. Die Abbildung 11.10 zeigt dies beispielhaft für die Dimension »Führungskompetenz«.

Abb. 11.10: Beispiel zur Operationalisierung der Anforderungs-dimensionen

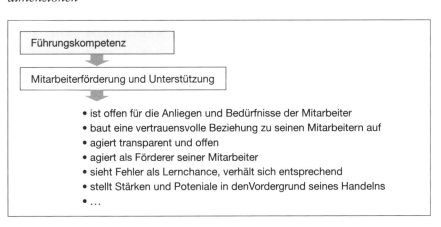

Auf der Basis des Anforderungsprofils wird ein Interviewleitfaden erarbeitet, in dem jeder Dimension offene Fragen, Verhaltensanker und die zuvor festgelegten Bewertungskriterien zugeordnet werden. Die einzelnen Kernthemen werden dem Anforderungsprofil entsprechend spezifiziert. Generelle Themen können hier beispielsweise Strategien, Stärken und Schwächen des Unternehmens, Haltung und Einstellung des Teilnehmers zu aktuellen unternehmerischen Prozessen, die eigene Aufgabenwahrnehmung und der berufliche Werdegang sein. Darüber hinaus werden realitätsrelevante Situationen beschrieben, die im Zuge des Interviews mit dem Teilnehmer simuliert werden können. Die Aufgaben können beispielsweise die Aspekte Analyse, Problemlösung, Präsentation und Kommunikation umfassen. Sinnvoll ist auch im Management-Audit der Einsatz von berufsrelevanten Selbstbeschreibungsfragebögen, wie zum Beispiel des REISS-PROFILS.

Wie bei allen diagnostischen Verfahren werden vor der Durchführung des Management-Audits die Dokumentation der Ergebnisse sowie die Informations- und Kommunikationswege im Unternehmen festgelegt. Für einzelne

Personen werden die Ergebnisse als Profil und in einem individuellen Ergebnisbericht zusammengefasst.

Steht beim Audit nicht allein der einzelne Teilnehmer, sondern eine Gruppe von Führungskräften im Fokus, wird ein Leistungsportfolio der Zielgruppe erstellt. Ein Beispiel für ein solches Portfolio zeigt die Abbildung 11.11.

Abb. 11.11: Leistungsportfolio der Zielgruppe

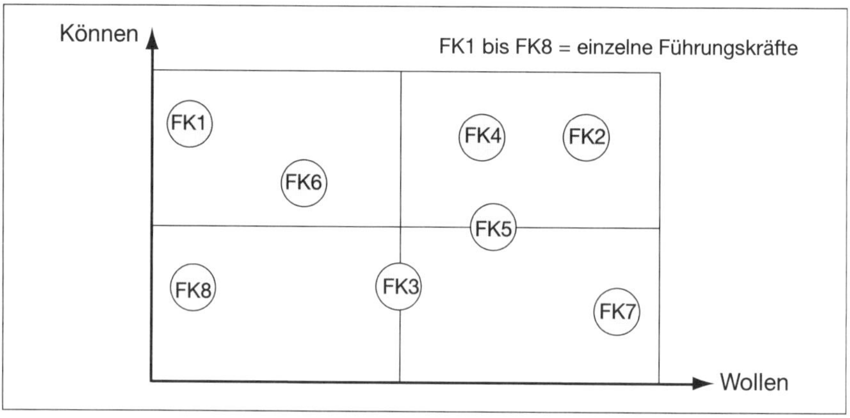

Die Ergebnisse des Audits sollten mit den Teilnehmern in einem Feedback-Gespräch besprochen werden. Die Unternehmensleitung erhält die Ergebnisse zum Beispiel als grafisches Gesamtbild und als Ergebnisbericht. Häufig resultieren hieraus sowohl konkrete kurzfristige Maßnahmen als auch Ansatzpunkte für mittel- und langfristige Entwicklungsmaßnahmen für die Zielgruppe, aber auch für Strukturen und Abläufe im Unternehmen.

11.6 Weitere Verfahren der Kompetenz- und Potenzialanalyse

Nicht immer sind Assessment-Center und Audits bei internen Potenzial- und Kompetenzanalysen das geeignetste Mittel. Es lohnt sich immer, darüber nachzudenken, welches Vorgehen in der gegebenen Situation und für die definierte Zielsetzung am vorteilhaftesten ist. Um dies zu verdeutlichen, stellen wir Ihnen nachfolgend einige Beispiele für alternative Vorgehensweisen vor.

11.6.1 Führungskompetenzanalyse mit 270°-Feedback im Rahmen eines umfassenden Change-Prozesses

Im Rahmen eines bereichsbezogenen, umfassenden Change-Prozesses bestand die wesentliche Zielsetzung der Veränderungsbemühungen eines Unternehmens der Finanzbranche in der Steigerung der Motivation und Identifikation der Führungskräfte mit ihrer Führungsaufgabe.

Vor einer entsprechenden Qualifizierung sollten zunächst in einer Standortbestimmung die vorhandenen Führungskompetenzen und das Führungsverhalten der Führungskräfte reflektiert werden, um die einzuleitenden Qualifizierungsmaßnahmen bedarfsgerecht gestalten zu können. Die Standortbestimmung sollte den Führungskräften umfassendes Feedback aus unterschiedlichen Perspektiven geben und ihnen und dem Unternehmen auf diese Weise eine Basis dafür bieten, die eigene Positionierung zu klären sowie persönlichen Veränderungs- und Qualifizierungsbedarf herauszuarbeiten. Folgende Instrumente wurden für die Standortbestimmung eingesetzt:

- Selbsteinschätzung (interne Durchführung),
- Vorgesetztenbeurteilung (interne Durchführung),
- Mitarbeiterfeedback (interne Durchführung),
- Kollegenfeedback (interne Durchführung),
- Reflexionsgespräche.

Für die Selbsteinschätzung und die unterschiedlichen Feedbacks wurden anforderungsspezifische Fragebögen erarbeitet. Die Ergebnisse der verschiedenen Feedbackgeber wurden grafisch so aufbereitet, dass schnell zu erkennen war, wo Stärken und Entwicklungsfelder für den Einzelnen liegen und wie sein Verhalten von den verschiedenen Feedbackgebern wahrgenommen wurde. Hier waren insbesondere deutliche Differenzen die wesentlichen Ansatzpunkte für die Reflexionsgespräche.

Im Rahmen von Reflexionsgesprächen wurde den Führungskräften die Gelegenheit gegeben, das erhaltene Feedback der internen Feedbackgeber und ihre Selbsteinschätzung mit externer Begleitung für sich auszuwerten. Über den Abgleich und die Interpretation aller Feedbackergebnisse im Reflexionsgespräch konnte die Einsicht und Bereitschaft zu notwendigen persönlichen Veränderungen bei den beteiligten Führungskräften und damit die Veränderung der Führungskultur im Bereich gefördert und nachhaltig unterstützt werden. Folgende Aspekte standen in diesem Gespräch im Vordergrund:

- Sieht sich die Führungskraft in ihrer Selbsteinschätzung realistisch, oder weicht das Selbstbild signifikant von der Fremdeinschätzung ab?

- Kritische Ergebnisse und deutliche Abweichungen zwischen Fremd- und Selbstbild wurden im Einzelnen besprochen. Dabei wurden mögliche Ursachen und zielgerichtete Lösungen erarbeitet.

Mit den Reflexionsgesprächen wurde gewährleistet, dass die Führungskräfte ihr Feedback nicht einfach nur entgegennehmen. Unterstützt wurde durch die Gespräche vielmehr:

- die Selbsterkenntnis hinsichtlich der eigenen Führungskompetenzen;
- das persönliche, aktive Handeln im auf die Standortbestimmung aufbauenden Veränderungsprozess;
- die Eigenverantwortung der Führungskraft für ihren eigenen Veränderungsprozess;
- die Einsicht in die individuelle Mitverantwortung für die zukünftige Führungskultur und Leistungsfähigkeit im Bereich.

Das Reflexionsgespräch bildete das integrative Verfahren im Gesamtprozess der Standortbestimmung. Abgeschlossen wurde der Prozess durch ein Personalentwicklungsgespräch der jeweiligen Führungskraft mit dem eigenen Vorgesetzten und einem Mitarbeiter aus dem Bereich Personal.

11.6.2 Karrieregespräche für High Potentials

Ein Finanzdienstleister strebte eine intensive Auseinandersetzung und gleichzeitig weitere Förderung seiner High Potentials an. Die High Potentials waren bekannt und hatten bereits an verschiedenen Fördermaßnahmen teilgenommen. Im Vordergrund ging es um die Beantwortung der Fragen:

- Wo stehen die High Potentials hinsichtlich ihrer heutigen Entwicklung? und
- Was können wir tun, um sie in ihrer weiteren Entwicklung gezielt zu unterstützen?

Der zu entwickelnde Prozess sollte eine Konzentration auf markante Stärken und treibende Erfolgsfaktoren der Teilnehmer ermöglichen. Eine schwächenorientierte Vorgehensweise war nicht gewünscht. Dabei war die Grundannahme, dass die Teilnehmer selbstverantwortlich agieren und nach Möglichkeiten suchen, ihre Entwicklung im Unternehmen aktiv zu gestalten. Angestrebt wurde eine multimethodale Vorgehensweise, um den Teilnehmern in ihrer Individualität gerecht zu werden und gleichzeitig eine Verzahnung von Diagnostik und Coaching zu ermöglichen. Es sollten nicht nur

Facetten des beruflichen Erfolgs sondern gleichgewichtig auch Aspekte der Lebensbalance betrachtet werden, um den Teilnehmern einen maximalen Nutzen zu bieten. Diese Überlegungen führten zur Entwicklung einer genau auf diese Zielgruppe, der andere Potenzialanalyseverfahren schon bekannt waren, abgestimmten Kombination verschiedener Feedbackverfahren. Diese waren geeignet, den Teilnehmern nicht nur wertvolle Informationen und Erkenntnisse zu ihren aktuellen Kompetenzen und Entwicklungsfeldern zu geben, sondern auch eine positive Herausforderung und neue Erfahrungen zu bieten sowie eine individuelle Unterstützung auf dem persönlichen Karriereweg sicherzustellen. Zielsetzung der Karrieregespräche war:

- Aufzeigen von persönlichen Entwicklungsmöglichkeiten und Karrierepfaden im Unternehmen;
- Wertschätzung der Leistungsträger und Bindung an das Unternehmen;
- Sicherstellung eines optimalen Performance-Managements.

Der Gesamtprozess »Karrieregespräche« war gekennzeichnet durch folgende Instrumente und Vorgehensweisen:

- Selbsteinschätzung der Kompetenzen,
- Motivationsprofil,
- Feedback ausgewählter Referenzgeber,
- Expertenfeedback,
- Erstellung eines persönlichen Karriereprofils,
- Coachinggespräch
  - mit individueller Beratung hinsichtlich der persönlichen Karriereplanung, basierend auf den diagnostischen Ergebnissen;
  - zur Gestaltung der weiteren beruflichen Entwicklung und Lebensplanung;
  - mit Empfehlung zum weiteren Ausbau der Stärken und, dort wo notwendig und zielführend, zum Abbau von Schwächen;
  - hinsichtlich der persönlichen Berufs- und Lebensplanung;
  - mit Transfer der Ergebnisse in den Alltag.

Für das Coaching und die Ergebnisfindung standen folgende Fragen im Vordergrund:

- Was sind die persönlichen Karriereziele des Teilnehmers?
- Über welche besonderen Stärken verfügt der Teilnehmer?
- Aus welchen Motiven schöpft der Teilnehmer seine berufliche Leistungsfähigkeit?
- Welche Faktoren bewirken für ihn eine langfristige berufliche Zufriedenheit?

- In welchen Karrierewegen kann er seine Motive maximal befriedigen und seine Stärken einsetzen, um seine berufliche Leistungsfähigkeit zu erhalten?

Abb. 11.12: Karrieregespräche für High Potentials – Ermittlung des Karriereprofils und des passenden Karrierewegs

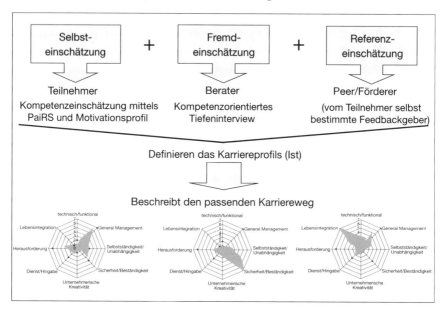

Die Gesamtergebnisse wurden in einen detaillierten Ergebnisbericht für jeden Teilnehmer zusammengefasst. Um die Teilnehmer über die Karrieregespräche hinaus zu unterstützen, wurden transferbegleitende Maßnahmen initiiert:

- Beratungsgespräch zwischen Berater, Führungskraft und Teilnehmer;
- Beratungsgespräch zwischen Berater, Führungskraft, Personalentwicklung und Teilnehmer;
- bedarfsorientierte Fortsetzung des Coachingprozesses:
  - Persönliches Coaching,
  - Telefoncoaching.

Abb. 11.13: Karrieregespräche für High Potentials

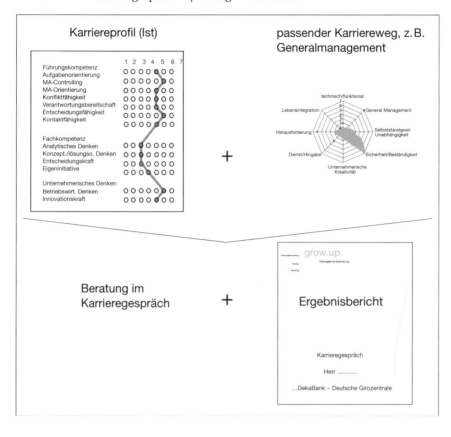

12 Stagnation vermeiden: Qualifizierung und Personalentwicklung

Jedes Unternehmen entwickelt durch die jeweils eigene Unternehmenskultur ein spezifisches HR-Management, das sich um die Qualifizierung der Mitarbeiter und die Belange der Personalentwicklung kümmert. Ihre Rolle als Personalreferent kann auch den Bereich der Personalentwicklung umfassen. Die Aufgabe der Personalentwicklung besteht darin, die Schnittstelle zwischen den Interessen von Unternehmen und Mitarbeitern effektiv zu gestalten und durch ein effizientes und strategisch intelligentes Vorgehen die Qualifikationen sowohl der Mitarbeiter als auch der Führungskräfte zu optimieren. Personalentwicklung ist nicht primär als Bildungsauftrag zu verstehen, es geht dabei nicht um Förderung um der Förderung willen und auch nicht darum, die Selbstfindung und Selbstverwirklichung der Mitarbeiter zu unterstützen. Die gezielte Qualitäts- und Leistungssteigerung, das vorrangige Anliegen der Personalentwicklung, entspricht auch der Devise der Unternehmensleitung: dem Erzielen von betriebswirtschaftlicher Leistungsfähigkeit und damit von Gewinnen.

Allgemein gültig ist, dass Organisationen, bedingt durch Globalisierung, Wissensentwicklung und technologischen Wandel sowie durch neue Formen der Zusammenarbeit (zum Beispiel in virtuellen Teams) ständig wachsenden Anforderungen unterliegen. Dadurch erfährt die Ressource Mensch einen immer erfolgskritischeren Stellenwert im Unternehmen. Nur eine stetige Weiterentwicklung jedes einzelnen Mitarbeiters sichert dem Unternehmen eine erfolgreiche Zukunft. In Zeiten des Wandels unterstützt die Personalentwicklung das wertvollste Kapital eines jeden Unternehmens, seine Mitarbeiter, darin, Veränderungsprozesse und die damit verbundenen Herausforderungen erfolgreich zu bewältigen. Ohne Personalentwicklung wird keine Organisation auf Dauer wettbewerbsfähig sein, da die in ihr arbeitenden Personen den neuen Anforderungen nicht gerecht werden können. Ausgangsbasis der notwendigen Personalentwicklungsleistungen sind die Unternehmensziele und die Rahmenbedingungen, unter denen das Unternehmen seine Leistung erbringt (vergleiche Kapitel 2). Jedes Unternehmen kann immer nur so gut und so erfolgreich sein wie seine Mitarbeiter. Und an dieser

Stelle kommt die Wirkung der Personalentwicklungsarbeit zum Tragen. Je nachdem wie diese gestaltet wird, kann man auch sagen: Jedes Unternehmen hat die Mitarbeiter, die es verdient.

Dieses Kapitel gibt Ihnen einen umfassenden Überblick zu Fragen der Personalentwicklung und Qualifizierung. Inhalte, Vorgehen und Ziele erfolgreicher Personalentwicklung werden vorgestellt, sodass Sie die Fragen, die an Sie als Personalreferent herangetragen werden, kompetent einordnen und beantworten können.

12.1 Personalentwicklung: Investition in den Erfolg von morgen

Personalentwicklung dient dem Ausbau und dem Erhalt der Leistungsfähigkeit und der Flexibilität aller Mitarbeiter vom Auszubildenden bis zum Management rund um die Bereiche Wissen, Können und Wollen, um den aktuellen und zukünftigen Anforderungen gerecht zu werden. Dabei ist eine zielorientierte Planung, Umsetzung und Ergebniskontrolle unbedingt erforderlich.

Die Abbildung 12.1 beinhaltet eine Übersicht über ein strategisches und zielorientiertes Vorgehen in der Personalentwicklung.

Abb. 12.1: Personalentwicklung: Strategisches, zielorientiertes Vorgehen

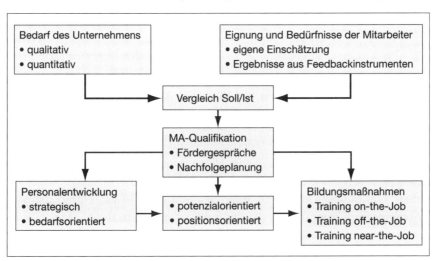

Personalentwicklung beinhaltet alle Maßnahmen der Bildung (zum Beispiel Berufsausbildung, Weiterbildung, Umschulung) und Förderung (zum Beispiel Karriereplanung, Mitarbeitergespräch, Coaching) aller Mitarbeiter. Sie umfasst die Konzeption und Implementierung von wichtigen Personalentwicklungs- und Führungsinstrumenten sowie einen Teilbereich der Organisationsentwicklung (zum Beispiel Teamentwicklung, Projektarbeit, Gruppenarbeit). Grundsätzlich lässt sich das Feld der Personalentwicklung in zwei Ebenen gliedern: Die erste Ebene, das gesamte Personalentwicklungskonzept eines Unternehmens, stellt den »Rahmen« für einzelne Personalentwicklungsmaßnahmen dar und umfasst Aussagen zu grundsätzlichen Haltungen und Vorgehensweisen. Sie definiert sozusagen die strategische Ausrichtung. Die zweite Ebene stellt die anschließende praktische Umsetzung dar, die sich aus einzelnen, oft recht unterschiedlichen Maßnahmen zusammensetzt. Dabei gilt es zu beachten, dass nicht jede Maßnahme für jeden Zweck und für jedes Unternehmen geeignet ist. Deshalb ist es notwendig, für jede Anforderung immer den strategisch besten Instrumentenmix zu finden. Welche Ansätze erfolgreich sind, hängt von Faktoren der jeweils spezifischen (und ständig wechselnden) Unternehmens- und Mitarbeitersituationen ab. Hierzu zählen die Rahmenbedingungen des Unternehmens wie Marktentwicklung, Wettbewerbssituation, Unternehmensziele, interne Veränderungen des Unternehmens, Unternehmenskultur sowie die Belange und Anforderungen des Personals (Qualifikationsniveau, Beschaffungsmarkt, verschiedene Lebens- und Entwicklungsphasen).

Unabhängig von diesen Faktoren gibt es einige Grundsätze erfolgreicher Personalentwicklung, die Sie in Ihrer täglichen Arbeit berücksichtigen sollten. Grundlage der Personalentwicklung ist die ständige Orientierung an den Unternehmenszielen und der Unternehmenssituation. Strategisch sinnvolle Personalentwicklungsziele werden immer aus den übergeordneten Unternehmenszielen abgeleitet und in Absprache mit der Unternehmensleitung getroffen. Weiterhin orientiert sich die Personalentwicklung an der sorgfältigen Potenzialeinschätzung der Mitarbeiter, die für die Ableitung konkreter Maßnahmen ausschlaggebend ist. Ein derartig zielorientiertes Vorgehen ermöglicht eine systematische Förderung des Einzelnen unter Berücksichtigung der übergeordneten Unternehmensziele und wirkt dem beliebten und weit verbreiteten »Gießkannenprinzip« entgegen, das nach dem Motto »Alles für jeden« funktioniert. In diesem Sinne ist besonders auf die Einführung von systematischen Programmen zur Förderung von Schlüsselqualifikationen zu achten. Analysieren Sie die spezifischen Qualifikationsbedarfe für bestimmte Positionen und die der Mitarbeiter. Nur so werden Sie den Potenzialen und Bedürfnissen des Einzelnen und gleichzeitig denen des Unternehmens gerecht. Auf diesem Weg gelingt Ihnen der oben angesprochene Abgleich zwischen Unternehmens- und Mitarbeiterinteressen. Bei allen Maßnahmen lohnt es sich insgesamt, den in Abbildung 12.2 beschriebenen strategischen und systematischen Planungs- und Steuerungsablauf zu beachten. Damit vermeiden Sie zum Beispiel auch, die Klärung wichtiger Fragen im Vorfeld zu vergessen.

Abb. 12.2: Strategische Personalentwicklung – Systematisches Vorgehen

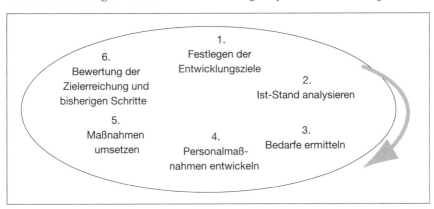

12.1.1 Festlegen der Entwicklungsziele

Im ersten Schritt geht es darum, die Ziele, die mit Personalentwicklungsmaßnahmen erreicht werden sollen, konkret zu definieren. Wie bereits angeführt, geht es dabei darum, die Interessen des Unternehmens mit den persönlichen Kompetenzen, Motiven und Voraussetzungen der Mitarbeiter soweit wie möglich in Einklang zu bringen. Nur so kann es gelingen, eine allgemeine Akzeptanz seitens des Managements und der Mitarbeiter für notwendige Entwicklungsmaßnahmen zu erreichen. Fragen Sie sich:

- Was wollen wir mit der Maßnahme erreichen?
- Warum brauchen wir diese Maßnahme?
- Wie tragen die Ergebnisse zur Vision und Strategie des Unternehmens bei?
- Erreichen wir mit dieser Maßnahme (diesem Instrument) unsere HR-Ziele?
- Für welche Zielsetzung ist diese Maßnahme (dieses Instrument) noch geeignet?

- Wie steht diese Maßnahme im Zusammenhang mit der Strategie, die wir verfolgen?
- Wie lässt sich die Maßnahme (das Instrument) in die Gesamtstrategie integrieren?

Die präzise Beantwortung dieser Fragen und die konkrete Zielbeschreibung erleichtern die weitere systematische Vorgehensweise und das Definieren der richtigen Vorgehensweise und Instrumente.

Mit Personalentwicklung werden die Fähigkeiten und Potenziale von Beschäftigten gefördert und erweitert. Sie dienen den Zielen, die Leistungsfähigkeit und Wirtschaftlichkeit zu verbessern, die Dienstleistungs- und Kundenorientierung zu verstärken, die Flexibilität im Umgang mit neuen Anforderungen zu erhöhen und die Arbeitszufriedenheit der Beschäftigten zu fördern. Die folgende Übersicht möglicher Ziele von Personalentwicklungsmaßnahmen zeigt die vielseitigen Einsatzmöglichkeiten guter Konzeptionen:

- Beurteilung und Entwicklung des Potenzials von Mitarbeitern auf allen Ebenen;
- besserer Kommunikations- und Informationsfluss im Unternehmen;
- Steigerung der internen Kundenzufriedenheit;
- Weiterentwicklung der Unternehmenskultur;
- Förderung der Veränderungsbereitschaft;
- Aufbau und kontinuierlicher Ausbau des Qualifizierungsniveaus und des Leistungspotenzials im Unternehmens;
- rechtzeitige Verfügbarkeit von qualifiziertem Personal hinsichtlich neuer Produkte und Dienstleistungen und neuer Arbeitsweisen und Organisationsformen;
- Sicherung und Entwicklung beruflicher Perspektiven für Mitarbeiter;
- Erhöhung der Attraktivität des Unternehmens.

12.1.2 Analyse des Ist-Standes

Mit Schritt eins haben Sie geklärt, was Sie erreichen wollen beziehungsweise was sich verändern soll. Um nun eine gezielte Personalentwicklung durchführen zu können, bedarf es der Bestimmung des Ist-Wertes. Hierbei helfen Ihnen folgende Fragen:

- Was kennzeichnet die aktuelle Situation (Mitarbeiterstruktur, Mitarbeiterqualifikation, Arbeitsmarkt, zukünftiger Bedarf und so weiter)?
- Was ist daran gut? Was ist daran kritisch?

- Welche besonderen Herausforderungen sind zu erkennen?
- Über welche Qualifikationen und Kompetenzen verfügt die Zielgruppe heute schon?
- Welche PE-Maßnahmen und -Instrumente haben wir bereits?
- Können wir diese anpassen oder brauchen wir etwas Neues?
- Welche Ressourcen stehen uns zur Verfügung?
- Passt die Maßnahme (das Instrument) zu unserer Unternehmens-/Führungskultur?
- Werden wir Akzeptanz und Wertschätzung der Maßnahmen (des Instruments) bei den verschiedenen Zielgruppen erreichen?

Auf der Basis des Ist-Standes können Sie dann im Abgleich mit den Zielen die geeignete Maßnahme für Ihr Unternehmen definieren.

12.1.3 Entwicklung konkreter Personalentwicklungsmaßnahmen

Bei der Auswahl und Entwicklung der geeigneten Personalentwicklungsmaßnahmen ist darauf zu achten, dass nicht jedes Instrument zu jedem Unternehmen passt. Auch wenn innovative Instrumente in der Literatur beschrieben werden, sollten Sie auf die Passung zwischen möglichen Maßnahmen und gelebter Unternehmenskultur achten. Die Durchführung von Potenzialanalysen zur Nachfolgeplanung in einem patriarchalisch geführten Unternehmen, in dem der Chef die Personalentscheidungen für Führungspositionen selbst trifft, können Sie sich sparen. Sie werden nur Enttäuschung bei den beteiligten Mitarbeitern verursachen.

Ein weiteres Erfolgskriterium für Ihre Personalentwicklung ist mit den Schlagworten »systematisch« und »verzahnt« zu beschreiben. Das »Gießkannenprinzip« bietet in der Regel einen bunten Strauß an Personalentwicklungs- und Qualifizierungsmaßnahmen, von denen sich »jeder nehmen kann, was er möchte«. Die Maßnahmen stehen nicht zwingend im Zusammenhang miteinander oder bauen auch nicht systematisch aufeinander auf. Um die unternehmerische Leistungsfähigkeit zu steigern, aber allein schon aus einer einfachen Kosten-Nutzen-Betrachtung, kann das eine zielorientierte Personalentwicklung nicht unterstützen.

Wenn Sie ein Konzept für eine umfangreichere Personalentwicklungsmaßnahme finden müssen, sind folgende Fragen im Vorfeld hilfreich:

- Welche Zielgruppe wird angesprochen?
- Gibt es hier Besonderheiten, die beachtet werden müssen?
- Verfügt die Zielgruppe über nützliche Vorerfahrungen?

- Wann soll die Maßnahme beginnen/das Instrument genutzt werden?
- Wie lange soll die Maßnahme dauern/das Instrument genutzt werden?
- Welche Prozesse sind für die Maßnahme/das Instrument erforderlich?
- Wer kann diese übernehmen?
- Brauchen wir externe Unterstützung? Wenn ja, für welche Leistungen?
- Zu welchen bereits implementierten PE-Maßnahmen/-Instrumenten bestehen Überschneidungen/Verbindungen?
- Welche Synergien können genutzt werden?
- Bestehen Mitbestimmungs- oder Informationsrechte der Arbeitnehmervertretung?

12.1.4 Umsetzung und Durchführung von Personalentwicklungsmaßnahmen

Handelt es sich bei Ihrer ausgewählten Maßnahme nicht um ein einzelnes Seminar, sondern um ein Maßnahmenpaket, steht für Sie bei der Durchführung die Prozessbegleitung und Steuerung im Vordergrund.

Wichtig für den Gesamterfolg sind die Akzeptanz und das Empfinden der Nützlichkeit bei den involvierten Mitarbeitern. Die Akzeptanz können Sie dadurch fördern, dass Sie frühzeitig und umfassend informieren: was, wieso, wann, für wen, mit wem, wo, warum. Informieren Sie bei komplexen Maßnahmen oder Prozessen auch zwischendurch immer wieder, und vergessen Sie nicht, über Erfolge zu berichten.

12.1.5 Bewertung der Durchführung und Zielerreichung

Bei der Evaluation geht es an dieser Stelle um die zielorientierte Bewertung der Wirksamkeit von Personalentwicklungsmaßnahmen. Das Gewicht liegt hier auf der Bewertung ganzer Systeme oder Teilsysteme, auf der Kontrolle des Nutzens für das Unternehmen und auf der Kontrolle des individuellen Lernerfolgs. Entsprechend vielfältig sind die Kriterien der Evaluation. Sie reichen von pädagogischen (Lehr- und Lernerfolgsnachweis, Lernmotivationsanreiz und Bildungsbedarfshinweis) bis zu ökonomischen Kriterien (Ressourcengewinnung und -bemessung, Effizienznachweis, Wertzuwachs (-steigerung), Kosten-Nutzen-Aspekte).

Neben der Kontrolle des individuellen Bildungserfolgs dient die Bewertung auch zur Steuerung und Förderung weiterer Maßnahmen. Dabei kann in der Phase der Analyse, der Gestaltung, der Umsetzung und des Transfers angesetzt werden. Da ohne Evaluation eine systematische, zielorientierte und effiziente Personalentwicklung nicht möglich ist, empfiehlt sich eine regelmäßige Überprüfung aller Maßnahmen. Nur so kann mithilfe der wesentlichen Funktionen der Evaluation – Entscheidungsfindung, Legitimation und Intensivierung des Lernens – eine effektive Personalentwicklungsarbeit umgesetzt werden.

Eine häufig auftretende Problematik ist die Tatsache, dass oft nur die anfallenden Kosten für diese Maßnahmen gesehen werden. Da der Nutzen für die Organisation dann keine Berücksichtigung in der Bilanz findet, werden hier gerne Kosten gespart. Wie wichtig aber eine systematische Personalentwicklung hinsichtlich des zukünftigen Unternehmenserfolgs ist, zeigt die folgende Übersicht möglicher Beiträge der Personalentwicklung zum Unternehmenswert:

- Umsetzung und Unterstützung der Unternehmensstrategie durch die Optimierung und Qualifizierung des Personals;
- Steigerung des Unternehmenswertes durch qualifiziertes Personal;
- Sicherung des Bedarfs an Nachwuchskräften;
- Ausschöpfung der vorhandenen Potenziale und Fähigkeiten aller Mitarbeiter;
- Erhöhung der Mitarbeiterbindung aufgrund beruflicher Perspektiven und persönlicher Entwicklungsmöglichkeiten;
- schnellere Reaktionen auf Veränderungen am Markt und im Wettbewerb durch Verbreiterung des Kompetenzspektrums;
- Optimierung der unternehmerischen Fähigkeiten der Führungskräfte;
- Optimierung des Nutzens für Mitarbeiter und Unternehmen durch den richtigen Potenzialeinsatz;
- Entwicklung der von vielen Mitarbeitern benötigten Kompetenzfelder;
- Konzeption und Implementierung von Systemen, die benötigte Kompetenzen definieren helfen;
- Unterstützung von Organisations- und Teamentwicklungsmaßnahmen;
- Entscheidungshilfe für Positionsbesetzungen;
- Angebot von Beratungs- und Organisationsleistung bei externer und interner Weiterbildung.

Um den tatsächlichen Nutzen von Personalentwicklungsmaßnahmen dokumentieren zu können, gibt es seit einiger Zeit Versuche, das Know-how der Mitarbeiter als Unternehmenswert darstellbar zu machen (Stichwort: Wissensbilanz oder Human Value). Im Zuge dessen würde sich dann auch gesteigertes Wissen durch Personalentwicklungsmaßnahmen in der Bilanz positiv auswirken.

Bei der systematischen Evaluation der einzelnen Maßnahmen geht es erstens um die Sicherung von Qualität und zweitens um die Überprüfung der Kosteneffizienz. Denn Qualität und Effizienz sind wichtige Kriterien einer guten Personalarbeit.

Den komplexen Prozess der Einführung von Personalentwicklungsmaßnahmen oder Instrumenten mit wesentlichen Fragen stellt Abbildung 12.3 noch einmal dar.

Abb. 12.3: Personalentwicklung erfolgreich implementieren

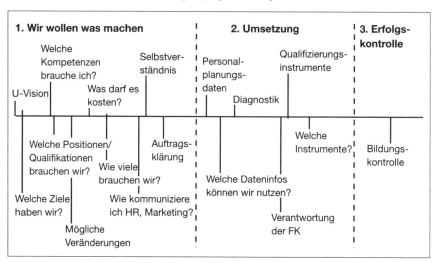

12.2 Wer macht was? Zuständigkeiten und Verantwortung für Förderung und Entwicklung

Gerade bei der Personalentwicklung stellt sich immer wieder die Frage, wer im Unternehmen dafür eigentlich verantwortlich ist. Die einfach erscheinende Frage beinhaltet einigen Diskussionsstoff. Direkt betroffen sind Sie, wenn Sie auch für die Personalentwicklung zuständig sind, also auch die Rolle des Personalentwicklers innehaben. Betroffen sind Sie auch, wenn Sie Entwicklungsbedarfe in Ihrer betreuenden Funktion als Personalreferent an die Fachabteilung Personalentwicklung kommunizieren müssen. Darüber hinaus betrifft die Frage die Führungskräfte, die Mitarbeiter und das Management. Zumindest zwischen Personalentwicklung und Führungskräften sind Zuständigkeiten und Verantwortungen zu klären, um Unstimmigkeiten zu vermeiden. Klärungen zwischen allen genannten Gruppen sind aber auch notwendig, da der gesamte Prozess der Personalentwicklung nur durch das Zusammenwirken der verschiedenen Verantwortlichen funktionieren kann. Die Aufgaben und Verantwortungsverteilung zwischen den Beteiligten macht Abbildung 12.4 deutlich.

Wie in Abbildung 12.4 deutlich wird, ist es Ihre Verantwortung als Personalentwickler, Konzepte und Instrumente zur Erreichung der Unternehmensziele und zur Erfüllung der Unternehmensstrategie zu entwerfen und zu implementieren. Auch unterstützen Sie die Fachbereiche bei der Auswahl oder Entwicklung spezifischer Maßnahmen für individuelle Entwicklungsbedarfe von Führungskräften oder Mitarbeitern. Darüber hinaus obliegt Ihnen die Etablierung von Prozessen und deren Steuerung, damit Maßnahmen reibungslos, einfach und schnell abgerufen und durchgeführt werden können.

Abb. 12.4: Nachwuchskräfteentwicklung – Verantwortung für PE

Mitarbeiter	Management	Führungskräfte	PE/HR
• Wille zum Lernen/ Lernbereitschaft • Bereitschaft für zeitliche Investition • Eigenen Bedarf kommunizieren	• Budget und Finanzierung • Vertretung gegenüber Mitarbeitern und Führungskräften • Selber einhalten • Bei Führungskräften einfordern	• Bedarfsermittlung bei Mitarbeitern: wer, was • Teilnehmerauswahl • PE on-the-Job • Umsetzungsbegleitung • Controlling der Maßnahmen • Führungsinstrumente anwenden • Bedarfskommunikation an die PE • Unterstützung der Mitarbeiter	• Rahmen geben • Instrumente entwickeln • Kommunikationskanäle schaffen • Controlling • Prozess- und Anwendungsberatung leisten • Reibungslose Prozesse gestalten

Nicht zu leisten sind für Sie als Personalentwickler die bereichs- und personenspezifischen Fragen bezüglich einzelner Maßnahmen. Hier liegt die Verantwortung bei der Führungskraft, hier ist sie Personalentwickler ihrer Mitarbeiter. Nur die Führungskräfte sind nah genug am Mitarbeiter, um beurteilen zu können, wer wann in welchem Bereich qualifiziert werden muss. Dazu gehören auch die Betreuung der einzelnen Mitarbeiter vor und nach einer Maßnahme, vorbereitende Gespräche über die Zielsetzung einer Qualifizierung und die anschließende Kontrolle des Lernerfolgs. Die Führungskräfte nutzen Ihre Beratung, Ihre Prozesse und Ihre Instrumente. Anwenden müssen sie sie selbst, zum Beispiel in Beurteilungs-, Zielvereinbarungs- oder Mitarbeitergesprächen.

12.3 Die Bedeutung der Führungskräfteausbildung für das Unternehmen

Als eine zentrale Aufgabe im Rahmen der Personalentwicklung betrachten wir die Ausbildung und Qualifizierung der Führungskräfte des Unternehmens. Führungskräfte sind Leistungs-, Verantwortungs- und Entscheidungsträger im Unternehmen. Entsprechend sollten sie auf ihre wichtigen und verantwortungsvollen Aufgaben vorbereitet werden.

Leider gehen viele Unternehmen noch davon aus, dass man »Führung einfach so kann« oder »schon lernen wird«. Dass das nicht so ist, sehen wir im Alltag, nicht nur an überforderten Führungskräften, sondern auch an demotivierten Mitarbeitern.

Auch der Auswahl der Führungskräfte muss unserer Einschätzung nach eine besonders hohe Aufmerksamkeit gewidmet werden. Die Frage, ob ein sehr guter und leistungsstarker Mitarbeiter überhaupt führen will, wird viel zu wenig gestellt. Zu wenig wird gefragt, ob er vielleicht nur führen will, weil er Karriere machen will. Karriere und Führung sind aber zwei völlig unterschiedliche Dinge. Dass karrieremotivierte Fachkräfte auch eine Führungslaufbahn einschlagen, liegt zum einen an dem immer noch vorhandenen Irrglauben, »der beste Sachbearbeiter wird auch eine gute Führungskraft« sein. Und zum anderen an den in den Unternehmen immer noch zu sehr auf Linienlaufbahnen ausgerichteten Karrieremöglichkeiten (vergleiche Kapitel 12.10). Ohne explizit die für eine Führungslaufbahn erfolgskritischen Motivations- und Persönlichkeitsvoraussetzung zu beachten, befördern Sie gleich dem »Peterprinzip« Ihre Führungskräfte bis zur Stufe der Inkompetenz und produzieren unglaubliche Kosten, die in der mangelnden Führung und damit auch in der Unzufriedenheit der Mitarbeiter begründet sind. Gerade den Einfluss der Motivation und Persönlichkeit auf die Wirksamkeit und den Erfolg als Führungskraft wollen wir noch einmal an einem Beispiel – REISS-PROFIL (vergleiche Kapitel 5) – deutlich machen. Betrachten Sie hierzu bitte Muster 12.1 auf der CD. Das Profil ist von einer Führungskraft, die bei der Übernahme einer neuen Führungsaufgabe in einem neuen Unternehmen Unterstützung suchte. Die vorherigen Führungsaufgaben waren nicht sehr glücklich verlaufen. Das Profil macht sehr gut deutlich, dass nicht jede Persönlichkeit für eine Führungsaufgabe geeignet ist. Die Wahrnehmung einer Führungsaufgabe wird diesem Mitarbeiter aufgrund seiner Motivausprägungen in Macht, Unabhängigkeit, Neugier, Anerkennung, Wettbewerb und Ruhe immer schwer fallen.

Auf die Zufriedenheit der Mitarbeiter haben die Führungskräfte einen zentralen und entscheidenden Einfluss. Neben ihrer Verantwortung für die Entwicklung und Leistungsfähigkeit des Unternehmens sind sie Vorbild und Modell für die Mitarbeiter, zuständig für Motivation und Leistungsbereitschaft, verantwortlich für die fachliche und überfachliche Qualifizierung sowie für das Zusammenspiel im Team und vieles mehr.

Bevor jemand eine Führungsaufgabe übernimmt, sollten Sie ihn gründlich vorbereiten und intensiv begleiten. Folgende Themen sind Mindestanforderungen an eine fundierte Führungskräfteausbildung:

- Rolle und Verantwortung als Führungskraft,
- Mitarbeitermotivation,
- richtiger Einsatz von Führungsinstrumenten,
- Gesprächsführung mit Mitarbeitern,
- Zielvereinbarungen und Mitarbeiterbeurteilung,
- Feedback als Steuerungsinstrument,
- Verhandlungstechniken und Konfliktmanagement.

Diese Qualifizierungen müssen nicht alle vor der Aufgabenübernahme erfolgen, aber Sie sollten die Führungskraft die ersten zwei bis drei Jahre begleiten. Mit einem persönlichen Coach oder auch Mentor können Sie die Führungskräfte individuell und gezielt unterstützen.

12.4 Wer braucht was: Bedarfsorientierte Personalentwicklung

Beispiel 1: Bedarfsorientierte Personalentwicklung

Herr Meier, Herr Schmidt und Herr Schulze, alle Mitarbeiter im Vertrieb, fallen auf, weil ihre Leistungen, gemessen an den Umsatzzahlen, deutlich zurückgehen. Nun könnte man auf die Idee kommen, alle drei zur unternehmensinternen Verkaufsschulung zu schicken, in der Hoffnung, dass danach ihre Leistungsfähigkeit wieder steigt. Führt die Führungskraft aber erst einmal ein ausführliches Mitarbeitergespräch mit den Betroffenen, wird sie vielleicht feststellen, dass Herr Meier tatsächlich ein Defizit im Thema Verhandlungstechnik hat und ihm eine entsprechende Schulung weiterhelfen würde. Bei Herrn Schmidt stellt sich hingegen heraus, dass er mit der neuen Vertriebssoftware nicht klarkommt und deswegen falsche Zahlen abgibt. Und bei Herrn Schulze wird im Gespräch deutlich, dass er mit dem vor zwei Monaten neu eingeführten Produkt noch nicht vertraut genug ist, um es überzeugend zu verkaufen. Drei Kollegen, drei Bedarfe, drei Maßnahmen.

Das kleine Beispiel soll verdeutlichen, dass eine Qualifizierung kaum Sinn macht, wenn der konkrete Bedarf im Vorfeld nicht geklärt wird. Wenn Sie Mitarbeiter ohne Bedarfsprüfung zum Beispiel zu einem Seminar schicken, kann das durchaus nützlich sein. Dies aber nur, weil »man immer etwas lernen kann« oder als Incentive. Incentives sind gut und nützlich, sie sollten nur nicht mit Qualifizierung verwechselt werden. Wenn Sie in die Qualifizierung von Mitarbeitern investieren, sollten Sie genau wissen, was der Mitarbeiter lernen soll oder muss. Sie müssen seinen Bedarf beziehungsweise seinen aktuellen Qualifizierungsstand und die Anforderungen der Position kennen.

Welches Wissen, welches Können, welches Wollen wird für welche Aufgabe benötigt, und wer muss was lernen? Hier geht es um den Abgleich von vorhandenen Ressourcen mit aktuellen oder zukünftigen Anforderungen.

Um die Bedarfe von Mitarbeitern zu erfassen, können Sie verschiedene Vorgehensweisen und Instrumente nutzen. In Kapitel 11 haben wir Assessment-Center und Management-Audits sowie einige unternehmensspezifische Potenzialanalyseverfahren vorgestellt. Die Möglichkeiten zu Erfassung von Kompetenzen sind aber deutlich breiter. Eine weiterführende Beschreibung einzelner Instrumente finden Sie in Kapitel 12.5.

Oft wird die Analyse des Bedarfs aus Kostengründen übergangen. Wenn allerdings die Qualifikationslücken nicht offengelegt werden, besteht die Gefahr, an den Erfordernissen des Unternehmens und der Mitarbeiter vorbei zu entwickeln.

Zu unterscheiden ist, ob es sich bei der Bedarfsanalyse um eine Kompetenzanalyse (Was kann jemand für seine heutigen Aufgaben?) oder eine Potenzialanalyse handelt (Welche Aufgaben kann jemand noch übernehmen, welche Kompetenzen können aus den heutigen Potenzialen noch entwickelt werden?). Für Kompetenzanalysen bieten sich die in der Übersicht aufgeführten Mitarbeiter-, Beurteilungs- und Zielvereinbarungsgespräche und auch die genannten Feedbackverfahren an. Die aktuelle Leistung von Mitarbeitern in ihrer jetzigen Position lässt sich leicht durch den direkten Vorgesetzten einschätzen. Diese Beurteilung kann mithilfe eines umfassenden Feedbackverfahrens ergänzt beziehungsweise verfeinert werden. Grundidee dieses Vorgehens ist, durch Ausdifferenzierung von Beurteilerperspektiven unvollständige oder einseitige Einschätzungen durch den Vorgesetzten zu vermeiden.

Tabelle 12.1: Verfahren zur Kompetenz- und Potenzialanalyse

Instrument	Bedarf aus…
• Mitarbeitergespräch	… der Reflektion der bisherigen Arbeitsleitung und Zusammenarbeit
• Mitarbeiterbeurteilungssysteme	… der Leistungsbeurteilung
• Zielvereinbarungssysteme	… Bedarf, der besteht, um die Ziele zu erreichen oder der sich aus einer mangelnden Zielerreichung ergibt
• Personalentwicklungsgespräche	… gezielter Entwicklungsplanung
• Führungskräftefeedback	… kritischem Feedback
• 360°-Feedback	… kritischem Feedback
• Mitarbeiterbefragungen	… kritischem Feedback
• Kundenbefragungen	… kritischem Feedback
• Potenzialanalysen	… dem Ergebnis der Potenzial- und Kompetenzanalyse
• Personal Review/Audit	… dem Ergebnis der Potenzial- und Kompetenzanalyse

Die Potenzialeinschätzung der Mitarbeiter und Führungskräfte ist weitaus schwieriger. Hier kommen dann Assessments oder Audits zum Tragen. Der Grund dafür liegt darin, dass man hier eine von Vorgesetzten unabhängige Einschätzung der Potenzialträger im Untenehmen haben möchte. Zum einen fällt es Führungskräften häufig schwer, die Potenziale ihrer Mitarbeiter zu bestimmen und Potenzialträger zu melden. Dies kann auf mangelnde Erfahrung, fehlendes Know-how oder manchmal auch Eigensinn zurückzuführen sein. Einigen Führungskräften gefällt es nicht, ihre besten Mitarbeiter gehen zu lassen oder sie gar an sich vorbeiziehen zu sehen. Deshalb tun sie alles, um einen Weggang aus ihrem Verantwortungsbereich zu verhindern. Wieder andere wollen ihren Mitarbeitern etwas Gutes tun, indem sie sie für ein Förderprogramm vorschlagen. Später – oftmals zu spät – stellt sich dann heraus, dass einige der Kandidaten gar nicht über das nötige Potenzial verfügen.

Abb. 12.5: Kompetenzportfolio

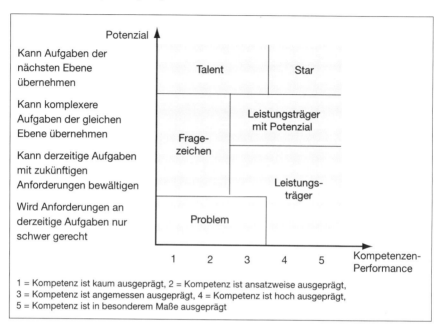

Abb. 12.6: Potenzialportfolio – Wer wird wie gefördert?

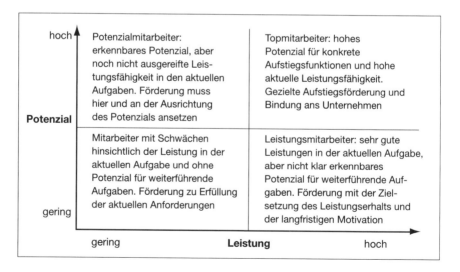

Das Ergebnis der Potenzialeinschätzung ist ein Kompetenzprofil für jeden einzelnen Teilnehmer, dem sich das Potenzial dieses Mitarbeiters entnehmen lässt und aus dem sich individuelle Entwicklungsmaßnahmen ableiten lassen.

Diese Kompetenzprofile lassen sich in ein Kompetenz- oder Potenzialportfolio überführen, das Ihnen eine Übersicht über alle Mitarbeiter und Führungskräfte, deren Potenzial und Leistung eingeschätzt wurden, gibt. In den Portfolios können Sie auf einen Blick erkennen, wie sich die Mitarbeiter im Unternehmen verteilen. Auch können Sie daraus bereits Qualifizierungs- und Förderbedarfe ablesen. Abbildung 12.5 und 12.6 zeigen Beispiele für Potenzialportfolios.

12.5 Personalentwicklung ist mehr als Seminarbesuche

Der Schwerpunkt der Personalentwicklung liegt im sinnvollen und richtigen Einsatz von Instrumenten der Mitarbeiterförderung. Diese umfassen eine große Anzahl an Instrumenten und Vorgehensweisen zum einen zur Kompetenz- oder Potenzialanalyse und zum anderen ein breites Spektrum an Qualifizierungsmaßnahmen. Viele Instrumente der Personalentwicklung greifen bereits in den Bereich der Organisationsentwicklung. Zu unterscheiden ist, ob sich Maßnahmen auf einzelne Personen beziehen; dann kann Personalentwicklung tatsächlich auch eine einzelne Qualifizierungsmaßnahme sein. Oder auf Zielgruppen, und die Personalentwicklung dieser Gruppe umfasst einen Mix verschiedenster Instrumente und Maßnahmen.

12.5.1 Instrumente der Qualifizierung

Personalentwicklung dient der beruflichen Entwicklung, um sowohl aktuelle als auch zukünftige Aufgaben und Anforderungen mit den erforderlichen Qualifikationen bewältigen zu können. Qualifikation heißt dabei nicht zwingend, dass eine Trainingsmaßnahme durchgeführt werden muss. Denn Qualifikation beinhaltet deutlich mehr: Der Begriff umschreibt die Gesamtheit der Voraussetzungen, die von den Mitarbeitern zur Erfüllung bestimmter Funktionen im Arbeitsprozess erwartet werden.

Für Ihr Unternehmen sollten bei Qualifizierungsmaßnahmen in erster Linie die Förderung von Leistungsbereitschaft, Leistungsfähigkeit, Flexibilität und Veränderungsbereitschaft der Mitarbeiter im Vordergrund stehen.

Abb. 12.7: Klassifizierung von Personalentwicklungsmaßnahmen

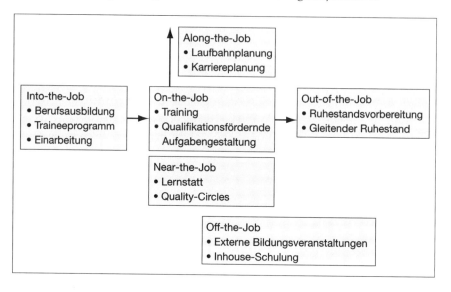

Dabei stehen Ihnen unterschiedliche Methoden zur Verfügung, die sich in die Bereiche »on-the-Job«, »off-the-Job« und »near-the-Job«, »into-the-Job«, »along-the-Job« und »out-of-the-Job« klassifizieren lassen. Viele dieser Methoden können miteinander kombiniert werden, sodass sie häufig nur als Teil einer ganzen Maßnahme zu sehen sind.

- »On-the-Job«-Maßnahmen sind Verfahren, die direkt am Arbeitsplatz stattfinden und mit der Ausübung produktiver Tätigkeiten unmittelbar gekoppelt sind.
- Unter »Off-the-Job«-Maßnahmen werden grundsätzlich zunächst die klassischen Fort- und Weiterbildungsmaßnahmen in Seminarform und außerhalb des Arbeitsplatzes verstanden. Aber auch unterschiedliche Varianten des Selbststudiums sowie der Einsatz und die Förderung von Partnermodellen gehören in diesen Bereich.
- Qualifizierung »near-the-Job« ist die Beschreibung für Qualifizierungsmaßnahmen, die während der Arbeitszeit stattfinden, aber nicht unbedingt die eigentliche Arbeitsaufgabe beinhalten. Dazu gehören auch Verfahren, die den alltäglichen Arbeitsablauf simulieren.
- »Into-the-Job« bezeichnet alle Maßnahmen der Einführung in das Berufsleben. Sie betreffen im Schwerpunkt die Ausbildung, können sich aber auch auf Hochschulabsolventen (Traineeprogramme) oder andere Berufseinsteiger (Praktika und so weiter) beziehen (vergleiche Kapitel 12.7).

- »Along-the-Job« beschreibt Nachwuchskräfteprogramme, mit denen Mitarbeiter in ihrer beruflichen Entwicklung systematisch begleitet werden.
- »Out-of-the-Job« beschreibt alle Maßnahmen, die Mitarbeitern den Übergang in den Ruhestand erleichtern sollen.

Eine Übersicht der Klassifizierung zeigt die Abbildung 12.7.

Die für Ihre Arbeit wichtigsten Fragen lauten: Wann wählen Sie welches Instrument aus, und welche Fragen sind dabei zu klären? Im Folgenden beschreiben wir einige Maßnahmen, die eingesetzt werden können, um die gewünschten Ziele zu erreichen. Dabei ist deutlich zu erkennen, dass eine Qualifizierungsmaßnahme nicht immer teuer sein muss und es auch gelingt, mit wenig Zeitaufwand die Fähigkeiten und Kenntnisse der Mitarbeiter zu fördern. Abbildung 12.8 gibt einen Überblick über gängige Qualifizierungsmaßnahmen.

Abb. 12.8: Methoden der Personalentwicklung

Personalentwicklung on-the-Job und near-the-Job	Personalentwicklung off-the-job
• Karriereplanung, Nachfolgeplanung	• Fachliche Weiterbildung
• Projektarbeit, Sonderaufgaben	• Umschulung
• Job-Rotation/Hospitationen	• Verhaltens- und management-
• Traineeprogramm	bezogene Seminare (inhouse/
• Job-Enlargement	externe Anbieter)
• Job-Enrichment	• Coaching und Einzeltraining
• Auslandsentsendung	• Prozessgestaltungsworkshop
• Planspiele	• Teamtraining/Team-Building
• Ausbildung	• Selbstlernprogramme (Literatur,
• Multiplikatorenprogramme	Computer-based-Training,
• Lernpartnerschaften	andere Medien)
• Qualitätszirkel und Lernstatt	• Mentorenprogramme, Patenschaften
• Nutzen von unternehmensinternen Wissensdatenbanken	• Interkulturelle Trainings
• Zielvereinbarungen	

12.5.1.1 Aufgabenerweiterung (Job-Enlargement)

Die Arbeitserweiterung kommt ursprünglich aus dem Bereich der Produktion, ist aber auch auf andere Arbeitsbereiche anwendbar. Dem Mitarbeiter werden neue Aufgaben oder Aufgabenteile zugewiesen.Dadurch soll der Mitarbeiter Erfahrungen und Fähigkeiten in anderen Bereichen erwerben.

Außerdem sollten die neuen Tätigkeiten dem Mitarbeiter Möglichkeiten und Anreize bieten, seine Kenntnisse und Fähigkeiten zu erweitern. Job-Enlargement können Sie nutzen, wenn Mitarbeiter mit ihrem Aufgabengebiet zum Beispiel aufgrund ihrer guten Qualifikation nicht mehr ausgelastet sind oder wenn sie stückweise an andere oder auch komplexere Aufgaben herangeführt werden sollen. Durch den Erfahrungsgewinn wird der Mitarbeiter flexibler hinsichtlich seiner Einsatzmöglichkeiten. Darüber hinaus kann die Aufgabenerweiterung auch der gezielten Arbeitsumstrukturierung einer bestehenden Gruppe dienen. Zum Beispiel wenn einzelne Mitarbeiter innerhalb ihres bisherigen Aufgabenfeldes dauerhaft Tätigkeiten anderer Bereiche übernehmen oder wenn Projekt- und/oder Sonderaufgaben fest implementiert werden. Das Job-Enlargement sollte durch den Vorgesetzten begleitet und kontrolliert werden. Häufig erfolgt Job-Enlargement in der täglichen Arbeit durch Delegation.

12.5.1.2 Aufgabenanreicherung (Job-Enrichment)

Aufgabenanreicherung bedeutet die Zusammenfassung verschiedener Elemente eines Prozesses, wobei die Aufgabe nicht durch zusätzliche Aufgaben verbreitert (siehe Aufgabenerweiterung) wird. Stattdessen wird das Arbeitsspektrum durch neue Verantwortungen, wie zum Beispiel die Integration übergeordneter Kompetenzen oder durch die Verantwortung für Planung und Kontrolle, bereichert. Die dadurch qualitativ höherwertige Tätigkeit bedeutet für den Mitarbeiter letztendlich eine Erweiterung verschiedener Kompetenzen.

Die Bereicherung der Arbeitsinhalte sollte so gestaltet sein, dass der Mitarbeiter einen möglichst großen Handlungs- und Entscheidungsspielraum im Rahmen eines sinnvollen Verantwortungsbereichs hat. Die Aufgabe selbst sollte ganzheitlich und bereichsübergreifend sein (zum Beispiel die Übernahme aller Arbeitsabläufe eines Projekts, bestehend aus Planung, Durchführung und Kontrolle). Auch hier sollte die Maßnahme vom Vorgesetzten begleitet werden.

12.5.1.3 Arbeitsplatz- und Aufgabenwechsel (Job-Rotation)

Job-Rotation bezeichnet den gezielten Arbeitsplatz- oder Aufgabenwechsel. Dabei wird dem Mitarbeiter die Möglichkeit gegeben, strukturiert andere Arbeitsbereiche und Aufgaben kennen zu lernen. Dieser Wechsel kann sowohl als Variante der Arbeitsstrukturierung als auch als Weiterbildungsmöglichkeit verstanden werden.

Der Einsatz von Job-Rotation dient verschiedenen Zielen: Einblick des Mitarbeiters in andere Aufgabenbereiche und Abteilungen des Unternehmens, Informationsgewinn für zukünftige Einsatz- und Beförderungsentscheidungen und Abbau von Gruppenegoismen, sodass die Zusammenarbeit und Kommunikation zwischen Abteilungen und Bereichen verbessert wird. Dadurch wird es dem Mitarbeiter ermöglicht, fachlich erweiterte und vertiefte Kenntnisse zu erwerben sowie bereichsübergreifende Zusammenhänge besser kennen zu lernen. Zudem werden bei der Durchführung von Job-Rotation soziale Kompetenzen (zum Beispiel im Umgang mit neuen Kollegen und/oder Mitarbeitern) gefördert. Wichtiges Gestaltungsmerkmal ist das Prinzip des Arbeitsplatzwechsels im Rahmen von Traineeprogrammen. Dabei wird Hochschulabsolventen oder Berufseinsteigern die Möglichkeit gegeben, unterschiedliche Bereiche der Organisation kennen zu lernen, um einen Überblick über das gesamte Unternehmen zu gewinnen und besser einschätzen zu können, in welcher Abteilung man sich eine spätere Anstellung vorstellen könnte.

Die Verweilzeit in einer bestimmten Aufgabe oder Tätigkeit sollte nicht zu kurz (optimalerweise zwischen drei bis sechs Monaten) sein, damit der Mitarbeiter auch tatsächlich produktiv mitarbeiten kann.

12.5.1.4 Coaching

Coaching ist eine zeitlich befristete Begleitung durch einen externen oder internen Coach mit dem Ziel, einen persönlichen Entwicklungsprozess anzustoßen und zu begleiten. Dabei vereint das Coaching die intensive Reflexion des eigenen Verhaltens und die Erarbeitung von neuen, veränderten Verhaltensstrategien. Dort, wo es hilfreich und zielführend ist, umfasst es das direkte Trainieren von Kompetenzen und die Wissensvermittlung zu entsprechenden Management- und Führungsthemen sowie anderen Kompetenzbereichen. Die Intensität der persönlichen Entwicklung ist dadurch geprägt, dass immer direkt an den für den Coachee relevanten Problemen, Fragestellungen und Zielen gearbeitet wird. Der Coach ist in diesem Prozess neutraler Sparringspartner und bietet den Raum zu hinterfragen, sich auszuprobieren und neue Erfahrungen zu sammeln.

Im Coaching gilt es, die Leistungsbereitschaft des Mitarbeiters zu fördern, Probleme zu analysieren, Zusammenhänge bewusst zu machen, Lösungen selbst entwickeln zu lernen, Gelerntes situationsgemäß anwenden und reflektieren zu lassen sowie Motivation und Selbstvertrauen zu stärken. Coaching wird meist für Führungskräfte, Vertriebsmitarbeiter oder Mitarbeiter mit Sonderaufgaben angeboten.

12.5.1.5 Mentoring

Mentoring ist eine strukturierte Begleitung meist für jüngere Mitarbeiter oder für junge Führungskräfte, die gerade wichtige Karriereschritte gehen. Der Mentor, eine beruflich erfahrene Person aus dem eigenen oder einem anderen Unternehmen, fungiert als Sparringspartner, Begleiter und Berater. Er führt ins Unternehmen und in Netzwerke ein. Mentoring ist oft eine Ergänzung zu anderen Personalentwicklungsmaßnahmen. Mentoring beinhaltet sowohl Formen der Karriereplanung (zum Beispiel Erwerb bestimmter Qualifikationen und Fachkenntnisse), als auch die Weitergabe von Erkenntnissen und Erfahrungen.

Je nachdem wer als Mentor eingesetzt wird, kann Mentoring Personalentwicklung in zwei Richtungen sein. Der junge Mitarbeiter profitiert vom älteren, der ältere profitiert aus seiner Funktion als Mentor. Darüber hinaus ist Mentoring aktives Wissensmanagement. Für Sie als Personalreferent ist es wichtig, die Auswahl der Mentoren mit Blick auf die zwischenmenschlichen und führungsbezogenen Kompetenzen zu begleiten und den Mentoringprozess zu beobachten.

12.5.1.6 Fort- und Weiterbildung

Fort- und Weiterbildungsmaßnahmen können Sie einsetzen, um Mitarbeitern neue Fachkenntnisse und Verhaltenskompetenzen zu vermitteln oder bereits vorhandene zu erweitern und zu erhalten. Es sind Erweiterungs-, Aufstiegs- oder Anpassungsqualifizierungen.

Fort- und Weiterbildungsmaßnahmen können Sie sowohl als interne Maßnahmen mit internen oder externen Trainern als auch als offene, externe Maßnahme durchführen. Dabei ist nicht nur die Frage nach den internen Kapazitäten und Kompetenzen zu beantworten, sondern auch der Aspekt der Wirtschaftlichkeit. Interne Maßnahmen sind meistens dann zu bevorzugen, wenn es eine größere Gruppe zu schulender Mitarbeiter gibt oder es sich um firmenspezifische Themen handelt. Sind nur einzelne Mitarbeiter zu schulen, so stellen externe, offene Seminare die bessere Wahl dar. Dabei ist aber unbedingt auf die bedarfsspezifischen Inhalte des Angebots zu achten.

12.5.1.7 Selbststudium

Das Selbststudium ist ein wichtiges, aber häufig vernachlässigtes Instrument, um Mitarbeiter zu fördern und zu qualifizieren. »Lesen bildet« und bietet dem Mitarbeiter eine Erweiterung und Vertiefung seines Wissens. Davon profitiert nicht nur er selbst, sondern auch das Unternehmen. Das Selbststudium eignet sich für das Vor- und Nachbereiten von Seminaren, zum individuellen Wissenserwerb und -erhalt. Gerade diese Form der Qualifizierung muss nicht immer Teil eines Programms sein. Viele Mitarbeiter lernen aus Eigeninitiative gerne, wenn sie die Möglichkeit dazu haben. Dafür können Sie Mitarbeitern einfach die Möglichkeit bieten, auf spezifisches, aber auch fachübergreifendes Lesematerial im Unternehmen zurückzugreifen. Dabei ist es wichtig, dass die zu lesende Literatur durch das Unternehmen zur Verfügung gestellt wird.

Werden Seminare durchgeführt, sollten die Mitarbeiter dazu ein Handout mit Literaturangaben erhalten, anhand dessen sie relevante Themen noch einmal nachlesen können.

Neben Fachzeitschriften und Literatur bietet sich vor allem das Computerbased-Training (CBT) zum Selbststudium an. Das bedeutet Lernen mithilfe von elektronischen Kommunikationsmitteln und Medien (PC, CD-ROM, Internet). Computer-based-Training wird eingesetzt, um spezifische Lerninhalte ohne durchgängig anwesenden Trainer vermitteln zu können. Nach einer gemeinsamen Einführungsveranstaltung zur Klärung der Inhalte und Methoden steht dem Lernenden die Möglichkeit offen, jederzeit auf Kurse und Programme zurückzugreifen, er bestimmt selbst, wann und wie lange er lernen will. Zur Kontrolle sollte es definierte Zeitpunkte der Erfolgskontrolle geben, bei der sowohl der Mitarbeiter als auch das Unternehmen feststellen kann, ob und wie die Maßnahme umgesetzt wurde. Zudem sollte bei der Vorbereitung auf das CBT unbedingt eine Zielvorgabe/-vereinbarung erfolgen. Da diese Maßnahmen aufgrund ihrer freien Zeiteinteilung nicht stetig überprüfbar sind, müssen dem Mitarbeiter Ziele vorgegeben werden, die zu einem festen Zeitpunkt kontrolliert werden. Nur so ist der Erfolg einer CBT-Maßnahme nachweisbar.

Das CBT ist sicher nicht für alle Unternehmen, Aufgabenbereiche, Zielgruppen und Produkte zu empfehlen. Allerdings ergänzt dieses Instrument gerade bei besonders erklärungsbedürftigen Produkten und Prozessen hervorragend das klassische Seminar oder das eigenständige Lernen aus Büchern. Mithilfe eines CBT kann ein Unternehmer beispielsweise prüfen, ob die Mitarbeiter in der Lage sind, eine Maschine sachkundig zu bedienen.

12.5.1.8 Partnermodelle

In einer immer komplexer werdenden Unternehmensumwelt wird der interne Erfahrungsaustausch zu einem der entscheidenden Erfolgsfaktoren. Es gilt, Wissen und Know-how im Unternehmen zu halten. Hierfür muss speziell der Know-how-Gewinn für das Unternehmen nach einzelnen Weiterbildungsmaßnahmen aktiv gefördert werden. Partnermodelle haben den Nutzen, sich hinsichtlich der Unterstützung und Vertiefung eines spezifischen Themas schnelle und direkte Hilfe im Unternehmen holen zu können. Diese Lernpartnerschaften können sowohl im eigenen Bereich sinnvoll sein als auch bereichsübergreifend zur Reflexion und Diskussion aktueller Themen.

Gerne werden Partnermodelle als »Patenmodell« zur Einführung oder Einarbeitung neuer Mitarbeiter genutzt.

Eine aktuelle Form der Partnermodelle ist die kollegiale Beratung. Die kollegiale Beratung, mit konkreten unternehmensspezifischen Fällen und Fragestellungen, hat sich als eine sehr wirksame Methode erwiesen, um den Transfer von Wissen und Gelerntem in den Berufsalltag zu unterstützen und den Informationsfluss zu verbessern. Darüber hinaus können mit diesem Instrument auch überfachliche Probleme bearbeitet werden.

Wichtig ist hier in jedem Fall die Vorgabe einer klaren Struktur und Zeitvorgabe, damit die kollegiale Beratung nicht zu einem Kaffeeklatsch der Mitarbeiter verkommt, sondern vorzeigbare Resultate liefert.

12.5.1.9 Projektarbeit

Die Projektarbeit ermöglicht eine intensive Auseinandersetzung mit komplexen Aufgabenstellungen und soll unter Einbeziehung bereits erworbener fachlicher, methodischer und sozialer Kompetenzen erfolgen. Die Teilnehmer sollen dabei eigenverantwortlich und selbstbestimmt arbeiten. Dies betrifft sowohl den Arbeitsprozess als auch die Organisation und Planung. In diesem Zusammenhang bietet die Projektarbeit die Chance, persönliche Fähigkeiten eigenverantwortlich in ein Team einzubringen. Darüber hinaus erfordert diese Maßnahme, selbstständig Probleme zu bearbeiten und Lösungsstrategien zu entwickeln sowie diese zu dokumentieren, zu präsentieren und zu reflektieren.

Projektarbeit bedeutet ganzheitliches Lernen. Neben der kognitiven Ebene werden die Teilnehmer auch emotional und sozial gefördert. Zentraler Begriff ist hier das handlungsorientierte Lernen.

Projektarbeiten werden gerne in Nachwuchs- oder Traineeprogramme integriert. Die Teilnehmer sind dann gefordert, ein Projekt zu einem wichtigen unternehmerischen Thema selbstständig zu bearbeiten.

12.5.1.10 Planspiele

Planspiele sind komplexe und praxisorientierte Realitätssimulationen. Durch Planspiele erhalten die Mitarbeiter die Möglichkeit, ihre Fähigkeiten zu überprüfen und zu vertiefen sowie Sicherheit in bestimmten Bereichen zu erlangen. Häufig geht es um die Simulation von Unternehmen, die von den Teilnehmern geführt werden. Damit werden betriebswirtschaftliche und unternehmerische Kenntnisse, aber auch die Entscheidungskompetenzen trainiert. Planspiele gibt es für die unterschiedlichsten Zielgruppen (von Auszubildenden bis zum Management) und mit den unterschiedlichsten inhaltlichen Schwerpunkten.

12.5.1.11 Traineeprogramme

Traineeprogramme sind in der Regel Einstiegsprogramme für Hochschulabsolventen. Ziel ist es, die Nachwuchskräfte umfassend unternehmensintern auszubilden und mit allen oder vielen Unternehmensbereichen vertraut zu machen. Traineeprogramme verbinden verschiedene Qualifizierungsmaßnahmen: »Learning by doing«, Seminare, Projektarbeit, Selbstlernen, Mentoring und gegebenenfalls mehr. Meist erfolgt die Klärung des späteren Einsatzes im Unternehmen am Ende der Programme je nach Eignung und Neigung der Trainees. Ziel ist in der Regel eine übergreifende Generalistenausbildung für spätere Führungsaufgaben.

12.6 Die richtigen Maßnahmen und Strategien für die richtigen Mitarbeiter: Personalentwicklung für »Stars« bis »Problems«

In Kapitel 12.4 haben wir Kompetenz- und Potenzialportfolios, die Sie auf Basis entsprechender Leistungseinschätzungen erstellen können, vorgestellt. Ein Mitarbeiterportfolio wollen wir jetzt nutzen, um Ihnen geeignete Personalentwicklungsmaßnahmen für unterschiedliche Leistungsträger vorzustellen. Basis des Portfolios sind die Dimensionen »Können« und »Wollen«. Beide Dimensionen definieren die Leistungsfähigkeit und Leistungsbereitschaft von Mitarbeitern.

- Können beschreibt Berufserfahrung, Handlungskompetenzen, Erfahrung, Methodenkompetenz, aber auch Wissen – also die fachliche Qualifikation (zum Beispiel Ausbildungskenntnisse, Fach-, Methoden- und Spezialkenntnisse).
- Wollen beschreibt die Motivation (Engagement, Einsatzbereitschaft und Selbstvertrauen).

Abb. 12.9: Das Mitarbeiterportfolio

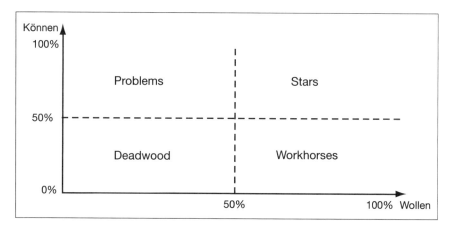

- Im Quadranten rechts oben sind die Mitarbeiter aufgeführt, die das, was sie für ihre Aufgaben brauchen, sowohl »können« als auch »wollen«. Das sind die Stars oder die Leistungsträger des Unternehmens.
- Im Quadranten rechts unten finden Sie die Workhorses. Das sind die Mitarbeiter, die zwar »wollen«, also motiviert und engagiert ihre Arbeit machen, die aber hinsichtlich des »Könnens« Grenzen haben. Die Grenzen können sich dadurch ergeben, dass diese Mitarbeiter erst am Anfang ihrer beruflichen Entwicklung stehen, zum Beispiel gerade Ausbildung oder Studium abgeschlossen haben, oder weil sie ihre Potenzialgrenze erreicht haben und damit in der jetzigen Aufgabe letzlich richtig eingesetzt sind.
- Im Quadranten unten links finden Sie Mitarbeiter, die nicht »können«, aber – wesentlich problematischer – auch nicht »wollen«: Deadwood. Diese Mitarbeiter haben innerlich gekündigt, sie wollen sich nicht mehr für ihre Arbeit einsetzen. Durch das mangelnde Engagement und Interesse nimmt auch ihr Können mit der Zeit ab. Bei diesen Mitarbeitern müssen Sie davon ausgehen, dass sie eine Geschichte haben, die dazu geführt hat, dass sie in diesem Kästchen sind. Kein Mitarbeiter wird so eingestellt. Letzlich werden sie durch unterschiedliche Bedingungen (falscher Arbeitsplatz, Kollegen, Vorgesetzter und so weiter) dazu gemacht. Bei diesen Mitarbeitern hat man die Chance verpasst, in der Phase der »Problems« gezielt und richtig zu handeln, um sie wieder zu motivieren.
- Die Gruppe von Mitarbeitern, die aktuelle Aufmerksamkeit und zeitnahes Handeln erfordert, findet sich im Quadranten oben links. Dies sind die Problems des Unternehmens. Sie verfügen zwar über das nötige »Können«, aber aktuell nicht (mehr) über die notwendige Motivation, das »Wollen«.

Wenn Sie das Portfoliomodell anhand von realen Mitarbeitern nachvollzogen haben, bietet es Ihnen ein Modell, das Ihnen hilft, die richtigen Handlungs- und Personalentwicklungsstrategien für die unterschiedlichen Zielgruppen abzuleiten.

12.6.1 Stars: Binden und fördern

Bei den »Stars« müssen Sie die Motivation und die Bindung an das Unternehmen ins Zentrum Ihrer Aufmerksamkeit rücken. Von diesen Mitarbeitern hat jedes Unternehmen immer zu wenig.

Abb. 12.10: Verteilung der Leistungsträger im Unternehmen

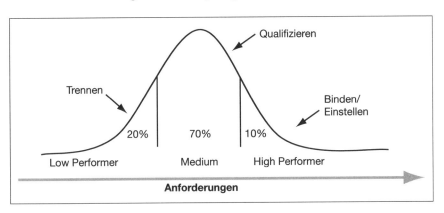

Deswegen lohnt es sich, diesen Mitarbeitern besondere Aufmerksamkeit zu schenken. Dies müssen Sie letztendlich auch den Führungskräften des Unternehmens vermitteln. Viel der möglichen und erforderlichen Förderung dieser Mitarbeiter erfolgt am Arbeitsplatz über Delegation und Zielvereinbarung. Sie sollten dafür Sorge tragen, dass die Führungskräfte des Unternehmens in der Lage sind, Stars zielsicher zu erkennen und im Alltag über Job-Enrichment, Job-Enlargement, Job-Rotation, Hospitation, Projektarbeiten, Sonderaufgaben et cetera gezielt zu fördern. Stars sind die Potenzialträger des Unternehmens, das heißt auch, sie bringen die notwendigen Vorraussetzungen mit, um zukünftig weiterführende und verantwortungsvollere Aufgaben zu übernehmen, sei es als Spezialist, Experte für Projektmanagement, Verkaufsprofi oder als Führungskraft. Das bedeutet auch, dass dies die Kandidaten für Ihre Nachwuchskräfte- und Förderprogramme sind. Sie gilt es über Potenzialanalyse gezielt zu identifizieren und zu fördern. Wollen Sie diese Mitarbeiter als wichtige Leistungsträger langfristig an das Unternehmen binden, müssen Sie ihnen Perspektiven bieten, also eine persönliche Karriereplanung mit Ihnen vornehmen. Sie können davon ausgehen, dass diese Mitarbeiter, wenn Sie ihnen keine Perspektive aufzeigen, sich ein Unternehmen suchen, in dem sie ein ihren Fähigkeiten und ihrer Motivation entsprechendes Angebot an Förderung und Karrieremöglichkeiten finden. Und diese Mitarbeiter werden immer einen neuen Arbeitsplatz finden, da jedes Unternehmen zu wenige von ihnen hat.

Abb. 12.11: Die richtigen Maßnahmen und Strategien: Die »Stars«

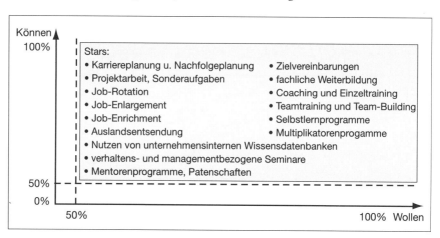

12.6.2 Workhorses: Qualifizieren und motivieren

Die Gruppe der »Workhorses« wird die größte in Ihrem Unternehmen sein (siehe Abbildung 12.10). In Seminaren stellen wir immer wieder die Tendenz fest, möglichst viele Mitarbeiter in die Gruppe der Stars einsortieren zu wollen. Dieses Bestreben kann zu Demotivation durch Überforderung und zu vielfältigen Schwierigkeiten in der täglichen Führung führen. Die Workhorses sind die Mitarbeiter, die über ihre Einsatzbereitschaft für ihre Aufgabe ein Unternehmen leistungsfähig erhalten. Sie übernehmen und erledigen zuverlässig all die tausend Dinge, die täglich getan werden müssen. Sie sollten eine entsprechende Wertschätzung erhalten, jedes Unternehmen braucht sie. Auch diese Mitarbeiter sind immer gefährdet, durch falsche Führung oder mangelnde Förderung zu Problems oder Deadwoods zu werden. Oberstes Ziel in der Zusammenarbeit mit diesen Mitarbeitern ist das Erhalten der Motivation

(Führungsaufgabe) und die gezielte Qualifizierung (Aufgabe von PE und Führungskraft). Bei der Qualifizierung steht der Erhalt und der schrittweise Ausbau der fachlichen und/oder zwischenmenschlichen Fähigkeiten und Kompetenzen im Vordergrund. Ziel ist es nicht, diese Mitarbeiter zwanghaft zu Stars zu machen. Hat jemand das Potenzial dazu, wird er das durch sein Arbeitsverhalten auch zeigen. Für die Förderung können Sie auf das ganze Spektrum an Qualifizierungsmaßnahmen zurückgreifen. Abbildung 12.12 gibt einen Überblick. Sie werden feststellen, dass sich die Maßnahmen mit den bei den Stars genannten überschneiden. Das ist auch richtig so. Der Unterschied zwischen beiden Gruppen liegt im gestellten Anforderungsniveau. Dies ist bei den Stars deutlich höher als bei den Workhorses. Bei ihnen ist eine Überforderung zu vermeiden. Wichtig ist auch bei diesen Mitarbeitern, die Führungskräfte dazu zu befähigen, dass sie den Mitarbeitern die notwendige Aufmerksamkeit, Wertschätzung und Förderung zukommen lassen. Gerade bei diesen Mitarbeitern, die einfach ihren Job gut und zuverlässig machen, besteht immer die Gefahr, dass die Führungskraft sie ein bisschen »übersieht«.

Abb. 12.12: Die richtigen Maßnahmen und Strategien: Die »Workhorses«

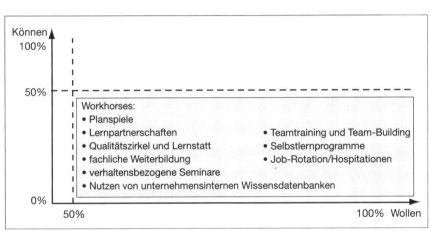

12.6.3 Problems: Die Führungskraft bei der Problemlösung unterstützen

Für die Gruppe der »Problems« existiert keine so klare Strategie wie für die anderen Mitarbeitergruppen. Das liegt einfach daran, dass die Ursachen dafür, dass Mitarbeiter zu »Problems« werden, sehr unterschiedlich sein können. Vor diesem Hintergrund sind Sie hier primär gefordert, die Führungskraft bei der Problemlösung zu unterstützen. Verfügen Sie im Unternehmen über eine gute Führungskräfteausbildung, werden die Führungskräfte in der Lage sein, problematische Situationen schnell zu erkennen, und als ersten Schritt das Gespräch mit dem Mitarbeiter suchen. Hinsichtlich der Lösung sind dann gegebenenfalls Sie als Personalreferent gefordert, mit der Führungskraft die richtigen Lösungswege zu finden und einzuleiten. Bei den Problems können die Ursachen für die mangelnde Motivation vielfältig begründet sein: Überforderung, Unterforderung, falsche Aufgaben, Probleme mit den Kollegen, der Führungskraft, gesundheitliche oder sonstige private Probleme. Hier ist nur ein individuelles und selektives Vorgehen zielführend. Die Lösung kann so vielfältig wie das Problem sein: neue Aufgaben, Konfliktlösungsgespräche mit Kollegen oder der Führungskraft, Qualifizierung, Förderung, Sonderregelung hinsichtlich Arbeitszeit und so weiter. Ziel aller Maßnahmen ist, die Mitarbeiter wieder zu motivieren und zu verhindern, dass sie zu »Deadwoods« werden. Betrifft das Problem die Qualifizierung, steht Ihnen je nach Schwerpunkt des Problems wieder das gesamte Spektrum an Personalentwicklungsmaßnahmen zur Verfügung (vergleiche Abbildung 12.13).

Abb. 12.13: Die richtigen Maßnahmen und Strategien: Die »Problems«

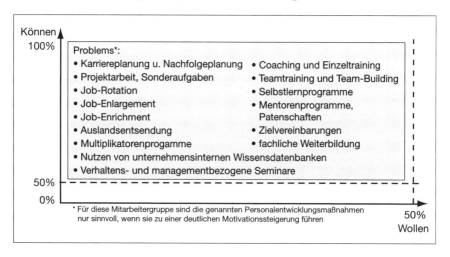

12.6.4 Deadwood: Trennung ist der beste Weg

Das oberste Ziel aller Maßnahmen gegenüber den Mitarbeitern, die Sie in das Feld »Deadwood« einsortiert haben, ist Trennung oder zumindest Schadensminimierung. Die mangelnde Motivation und Qualifikation kann zu den unterschiedlichsten Störungen und Fehlern im Arbeitsablauf führen, was nicht nur für den Bereich, sondern für das ganze Unternehmen schädlich ist. Das können Fehler bei der Bearbeitung von kundenrelevanten oder anderen wichtigen Vorgängen, falsches Verhalten gegenüber Kunden, aber auch die Beeinflussung der Stimmung im Team durch mangelnde Einsatzbereitschaft und »Stimmungsmache« sein. Sie werden aus Ihrem Alltag wissen, welche Konsequenzen Minderleistungen haben können. »Schadensminimierung« heißt jetzt, gemeinsam mit der Führungskraft zu überlegen, was getan werden kann:

• Besteht noch die Chance, durch gezielte Maßnahmen den Mitarbeiter wieder zu motivieren (Versetzung, neue Aufgaben, Qualifizieren und so weiter)?
• Besteht die Möglichkeit und der Wille, sich vom Mitarbeiter zu trennen?
• Welche Aufgaben können dem Mitarbeiter übertragen werden, um mögliche Schäden möglichst gering zu halten?
• Wurden die betrieblichen Sanktionsmöglichkeiten ausgeschöpft, um dem Mitarbeiter zu vermitteln, dass sein Verhalten nicht akzeptabel ist?

Abb. 12.14: Die richtigen Maßnahmen und Strategien: Die »Deadwoods«

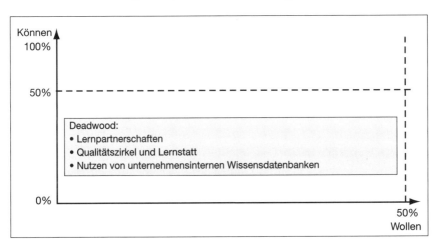

Ein Problem beim Deadwood ist, dass dessen Führung oft sehr anstrengend und zeitraubend für die Führungskräfte ist. Sie müssen immer wieder anleiten und kontrollieren. Viele Führungskräfte geben irgendwann auf und »sehen nicht mehr hin«. Hier ist es Aufgabe der Führungskräfteausbildung, die Führungskräfte dafür zu qualifizieren, mit diesen Mitarbeitern richtig umzugehen und die richtigen Maßnahmen einzuleiten. Das kann auch eine Abmahnung oder Trennung sein. Der betriebswirtschaftliche Schaden, den diese Mitarbeiter verursachen, lässt sich leider nicht klar in Zahlen ausdrücken, aber Sie können davon ausgehen, dass die Kosten durch Nicht- und schlechte Leistung sehr hoch sind. Sehen Sie die Chance, den Mitarbeiter durch Qualifizierung zu besseren Leistungen (Steigerung des Könnens und der Motivation) zu bewegen, stehen Ihnen hier wieder vielfältige Möglichkeiten zur Verfügung (vergleiche Abbildung 12.14).

In diesem Zusammenhang wird deutlich, wie wichtig die Einschätzung jedes einzelnen Mitarbeiters ist. Nur wenn Sie wissen, zu welcher Gruppe die zu qualifizierende Person gehört, können Sie die richtigen Maßnahmen auswählen. Das geht nur in enger Zusammenarbeit mit der Führungskraft.

12.7 Nachwuchssicherung: Investitionen in die Ausbildung

Vielleicht sind Sie in Ihrem Unternehmen auch für die Auszubildenden zuständig. Es mag sein, dass Sie selbst Ausbilder für einen kaufmännischen Beruf in Ihrem Unternehmen sind. Dann kennen Sie sich bestens mit Fragen der Ausbildung aus. Auf berufsspezifische Fragen der Ausbildung wollen wir an dieser Stelle nicht eingehen. Im Rahmen dieses Buches sind für uns die übergeordneten Fragstellungen der Ausbildung im Unternehmen von Interesse. In einigen Unternehmen gibt es neben den Ausbildern für die einzelnen Berufe und den Ausbildungsbeauftragten, die die Ausbildung in den einzelnen Abteilungen übernehmen, noch jemanden, der übergeordnet für alle Ausbildungsberufe Fragen der Ausbildungsorganisation, der Auswahl, aber auch der weiterführenden Qualifikation von Auszubildenden und Ausbildern betreut. In dieser Position können Sie als Personalreferent agieren.

Ausbildung wird zukünftig allein schon aufgrund der demografischen Entwicklung ein immer bedeutenderes Thema für Unternehmen. Die Frage, woher bekommen wir kompetente und motivierte Auszubildende, ist eine Frage des frühzeitigen Ausbildungsmarketings. Hierauf können Sie die Erkenntnisse aus Kapitel 8 übertragen. Für die Gewinnung von Auszubildenden gilt es, wie für alle anderen Arbeitnehmergruppen, sich als attraktiver Arbeitgeber zu positionieren. Ein Aspekt ist dabei die Gestaltung der Ausbildung selber, der fachlichen, aber auch der darüber hinausgehenden Ausbildung.

Und gerade in den ausbildungsübergeordneten Aspekten können Sie einiges tun. Mit den immer kürzer werdenden Innovations- und Produktzyklen sowie Halbwertszeiten des Wissens ist ein Wandel der Qualifikationsanforderungen einhergegangen. Neben der fachlichen Qualifizierung tauchen nun auch Komponenten wie »Soft Skills«, selbstständiges Planen, Projekte leiten und Ergebnisse kontrollieren als Anforderungen auf. Dieser Anforderungszuwachs betrifft nicht nur die »alten Hasen« im Unternehmen. Auch Ihr Nachwuchs muss bereits in der Ausbildung lernen, damit zurechtzukommen. Dadurch nimmt die Förderung von Schlüsselqualifikationen einen immer größer werdenden Stellenwert im Rahmen der Ausbildung ein. Das stellt an diejenigen, die eine übergeordnete Funktion für die Auszubildenden innehaben, aber auch an die Ausbilder selbst höhere und veränderte Anforderungen.

12.7.1 Verantwortungs- und Rollenverteilung in der Ausbildung: Ausbilder und Ausbildungsbeauftragte

Die Ziele der Ausbildung sind laut Berufsbildungsgesetz (BBiG) das Vermitteln von Fertigkeiten und Kenntnissen, der Erwerb von beruflichen Erfahrungen sowie das Fördern der Persönlichkeit. Durch den Wandel innerhalb der Qualifikationsanforderungen verschiebt sich der Fokus zugunsten der Persönlichkeitsförderung, ohne die beiden anderen Ziele dabei zu vernachlässigen. Die Aufgabe des Ausbildungspersonals besteht nun darin, im Sinne der Unternehmensphilosophie den Grundstein für eine hohe fachliche und zwischenmenschliche Kompetenz zu legen und somit für eine langfristige Wettbewerbsfähigkeit des Unternehmens Sorge zu tragen.

Für hauptberufliche Ausbilder, die im Rahmen der Ausbildereignungsprüfung ihre berufs- und arbeitspädagogische Eignung nachweisen müssen, kommen durch den Wandel der Qualifikationsanforderungen neue Funktionen hinzu: Beraten und Fördern mit dem Ziel einer ganzheitlichen Persönlichkeitsentwicklung, wozu auch hohe persönliche Flexibilität und Veränderungsbereitschaft gehören.

Ausbildungsbeauftragte, die aufgrund ihrer fachlichen Expertise mit der Ausbildung des Nachwuchses in den Fachabteilungen beauftragt werden, verfügen in der Regel über keine berufspädagogische Qualifikation. Sie zeigen den Auszubildenden das »wahre Leben« und geben ihnen die Möglichkeit, in die Arbeitswirklichkeit hineinzuwachsen und Verantwortung zu übernehmen. Der Ausbildungsbeauftragte führt die Auszubildenden in die jeweilige Fachabteilung und die dortige Arbeitsmethodik ein, macht sie mit den Mitarbeitern bekannt und ist für den kompletten Ausbildungszeitraum in dieser Abteilung ihr Ansprechpartner. Auch ihm und seinen zwischenmenschlichen Kompetenzen kommt damit eine hohe Verantwortung zu.

Übernehmen Sie eine übergeordnete Funktion in der Ausbildung, erstreckt sich Ihr Verantwortungsbereich auf die übergeordnete Betreuung und Qualifizierung der Ausbilder, der Ausbildungsbeauftragen und der Auszubildenden. Gleichzeitig können Sie eine wichtige Schlüsselrolle bei der Zusammenarbeit mit den Berufsschulen und den Berufsschullehrern übernehmen und so die Kooperation von Ausbildung, Betrieb und Schule optimal gestalten.

12.7.2 Übergeordnete Gestaltungsmöglichkeiten in der Ausbildung

Betrachten wir die einzelnen Zielgruppen einmal etwas näher:

1. Ausbilder und Ausbildungsbeauftragte

Für diese Zielgruppe steht deren Qualifizierung hinsichtlich der für ihre Ausbildungsaufgaben notwendigen überfachlichen Kompetenzen im Vordergrund. Das heißt, für diese Zielgruppe können Sie zum Beispiel dafür Sorge tragen, dass sie eine regelmäßige Weiterbildung in den so genannten »Soft Skills« bekommt. Dies können Themen sein wie:

- Kommunikation und Gesprächsführung,
- Lehren und Trainieren,
- Konfliktmanagement,
- Zusammenarbeit und Teamentwicklung,
- Beurteilung und Feedback und vieles mehr.

2. Berufsschullehrer

Bei den Berufsschullehrern bestehen die größten Herausforderungen zum einen darin, eine gute Basis für die Zusammenarbeit aufzubauen, und zum anderen darin, ihnen zu vermitteln, was im Unternehmen wirklich getan wird und was wichtig ist. Häufig verfügen Berufsschullehrer über keine praktischen Erfahrungen, oder diese liegen lange zurück. Sie müssen mit Lehrplänen arbeiten, die den tatsächlichen Anforderungen und Gegebenheiten im Unternehmen nicht gerecht werden. Sowohl um ihnen einen Einblick in die Praxis zu vermitteln als auch um die Zusammenarbeit zu optimieren, können Sie zum Beispiel Lehrertage oder Lehrerpraktika anbieten. Dabei erhalten die Berufsschullehrer die Gelegenheit, die Ausbildungsbedingungen, Gegebenheiten und Anforderungen vor Ort kennen zu lernen und unternehmensbezogene Abläufe besser zu verstehen. Dies wird sich positiv auf ihre Lehrinhalte auswirken.

3. Auszubildende

Für die Auszubildenden stehen Fragen der Auswahl und der überfachlichen Qualifikation im Vordergrund des übergeordneten Blickwinkels. Die Auswahl ist von besonderer Bedeutung, da spätere Defizite und Schwierigkeiten am besten mit einer soliden Auswahl vermieden werden. Hier können Sie die Aufgabe übernehmen, intelligente Auswahlverfahren zu implementieren, bei denen im Sinne einer Vorselektion bereits die »Spreu vom Weizen« getrennt wird. Bei der Rekrutierung neuer Auszubildender sind Assessment-Center (vergleiche Kapitel 11) die Methode der Wahl. Das Assessment-Center bietet Ihnen die Möglichkeit, die zwischenmenschlichen und Verhaltenskompetenzen der Auszubildenden kennen zu lernen und mehr über ihre Werte und Motive zu erfahren. Bei Auszubildenden geht es noch nicht um Fachkompetenzen. Der Ausbildungserfolg wird wesentlich durch die kognitiven Potenziale (diese können Sie mit einem Intelligenztest erfassen) und die Persönlichkeit bestimmt. Ausbildung ist eine wesentliche und wichtige Investition in die Zukunft des Unternehmens, da ist das Budget für die Auswahl der zukünftigen Leistungsträger eine sinnvolle Größe.

Neben der Einführung eines fundierten Auswahlverfahrens kann es in Ihren Aufgabenbereich fallen, andere Instrumente wie zum Beispiel eine Auszubildendenbeurteilung zu implementieren, die über die fachlichen Aspekte der Ausbildung hinausgeht. Je nach Anzahl der Auszubildenden können auch Kollegenfeedbacks ein nützlicher Bestandteil der überfachlichen Ausbildung sein. Fragen der überfachlichen Qualifizierung von Auszubildenden sind Gegenstand der nächsten Kapitel.

12.7.2.1 Mentorenprogramme für die Ausbildung on-the-Job

Die Ausbildung »on-the-Job« ist eine Systematisierung des schon immer gültigen Prinzips »Learning by doing«, des alltäglichen Lernens im Arbeitsprozess. Diese Methode der Personalentwicklung lässt sich allerdings nur dann effizient nutzen, wenn sie in die betrieblich gewünschten Bahnen gelenkt wird.

Mentorenprogramme können hier für diese, auf die Unternehmensziele ausgerichtete, Lenkung ergänzend zu den Ausbildungsbeauftragten eingesetzt werden. Ihre Aufgabe als Personalreferent besteht dabei darin, für die Auszubildenden die passenden Mentoren zu finden. Wichtig dabei ist, dass der Mentor das für die Auszubildenden angestrebte Berufs- und Rollenbild spiegelt. Er soll ihnen bei fachlichen und überfachlichen Fragen zur Seite stehen, Tipps geben und vor allem zu Beginn der Ausbildung Kontakte ins Unternehmen hinein herstellen und eine leichtere Orientierung im neuen Umfeld ermöglichen. Aber er ist auch Partner für schwierige Situationen mit Kollegen, Schule oder Ausbildungsinhalten. Er soll beraten und die Fähigkeit zur eigenen Problemlösung fördern. Bei der Suche nach geeigneten Mentoren können Sie sich an diesen Leitfragen orientieren:

- In welchen Bereichen herrscht ein besonderes lern- und entwicklungsförderndes Klima?
- Aus welchen Bereichen kommen besonders gute Auszubildende?
- Welche Personen sind eine beliebte Anlaufstelle für Fragen der Auszubildenden/sind unter den Auszubildenden besonders beliebt?
- Eigenschaften und Kenntnisse, die die Mentoren aufweisen sollten, sind:
  - umfassende Kenntnisse des Unternehmens (Struktur, Kultur, Umwelt);
  - fachliche Kenntnisse, die für den jeweiligen Auszubildenden relevant sind;
  - gute zwischenmenschliche Kompetenzen;
  - möglichst langjährige Erfahrung;
  - ausreichend Zeit für die Mentorenaufgabe;
  - Bereitschaft, seine Erfahrungen zur Verfügung zu stellen und
  - Freude an der Arbeit mit jungen Menschen.

Sind nun mehrere Personen als potenzielle Mentoren identifiziert und bereit, diese Aufgabe wahrzunehmen, können diese in einer Liste aufgeführt werden, aus denen die Auszubildenden frei auswählen können. Eine Alternative dazu stellt die direkte Zuordnung von Auszubildenden und Mentoren dar. Manche Unternehmen bieten anstelle des Mentorings auch die Übernahme von »Patenschaften« an, deren Zielsetzung sich jedoch nicht wesentlich voneinander unterscheiden.

Organisieren Sie regelmäßige Mentorentreffen, bei denen die Mentoren ihre Erfahrungen austauschen können. Parallel dazu sollten Sie den Mentoren jederzeit als Ansprechpartner für Fragen zur Verfügung stehen. Seien sie dabei besonders aufmerksam für Fragen und Probleme, die Qualifizierungsmaßnahmen hinsichtlich der Mentorenaufgaben erfordern. Es ist sicher wertvoll, die Mentoren in einem Training auf ihre Aufgaben vorzubereiten.

12.7.2.2 Off-the-Job – Qualifizierung für Auszubildende

Nicht immer können betriebliche Ausbildung, Mentorenprogramme und Berufsschule alle Ausbildungsbedarfe und -anforderungen zufriedenstellend abdecken. Die in der Berufsschule vermittelten Lerninhalte sind mitunter sehr allgemein gehalten. Unternehmensspezifische Gegebenheiten und Anforderungen können hier keine Berücksichtigung finden. Bei der Ausbildung on-the-Job kommt hingegen die überfachliche Qualifizierung, vor allem in Bezug auf die eingangs beschriebenen Schlüsselqualifikationen, oftmals zu kurz.

Derartige Ausbildungsdefizite können durch »off-the-Job«- oder »near-the-Job«-Qualifizierungsmaßnahmen aufgefangen werden, an denen einzelne Auszubildende (zum Beispiel bei spezifischen inhaltlichen Anforderungen oder Bedarfen, die nicht auf alle Auszubildenden im Unternehmen zutreffen) oder ganze Gruppen (zum Beispiel in Bezug auf den Erwerb von Schlüsselqualifikationen) teilnehmen. Solche Maßnahmen können zum einen betriebliche Seminare mit in- oder externen Trainern, Fachlehrgänge oder überbetriebliche Maßnahmen sein.

Betriebliche Seminare bieten sich erst ab einer größeren Teilnehmerzahl an, haben allerdings gegenüber überbetrieblichen Seminaren den Vorteil, dass sie unternehmensspezifischer ausgerichtet werden können, sodass sich deren Nutzen für das Unternehmen erhöht. Das gilt für fachliche und überfachliche Angebote. Haben Sie nicht genug Auszubildende, um eigene Seminare anzubieten, können Sie sich eventuell mit anderen Unternehmen zusammenschließen. Geht auch dies nicht, greifen Sie auf offene Seminarangebote zum Beispiel der IHK oder anderer Anbieter zurück.

Die ausbildungsübergreifende Qualifizierung der Auszubildenden erschöpft sich aber nicht in zusätzlichen fachlichen oder verhaltensbezogenen Seminaren. Lassen Sie gerade bei dieser Zielgruppe Ihre Kreativität spielen, die jungen Leute werden dies aufgeschlossen aufgreifen. Hier ein paar Beispiele für weitere Maßnahmen:

- Planspiele zur Förderung des unternehmerischen und betriebswirtschaftlichen Denkens;
- Outdoor-Trainings zur Förderung der Kommunikations- und Zusammenarbeitskompetenz. Hier bieten sich auch »Jahrgangsausflüge« an;
- Projektarbeiten: zum Beispiel das Drehen eines Films darüber, wie die eigene Ausbildung und das Unternehmen erlebt werden. Diese Filme können dann zum Beispiel in Berufsschulen gezeigt werden oder für andere Werbezwecke genutzt werden. Andere betriebliche Themen, die von den Auszubildenden in Form von Projekten eigenständig bearbeitet werden;
- Besuche in Schulen, um die eigene Ausbildung vorzustellen;

- Mitwirken auf Ausbildungsmessen;
- Teilnahme an Messen;
- Einführung neuer Auszubildender und vieles mehr.

12.8 Mitarbeitergespräche, Mitarbeiterbeurteilungen und Zielvereinbarungen gezielt nutzen

Mitarbeitergespräche, Mitarbeiterbeurteilungen, Personalentwicklungsgespräche und Zielvereinbarungen sind wichtige Instrumente der Personalentwicklung und der Mitarbeiterführung. Häufig werden die unterschiedlichen Instrumente in der Praxis miteinander kombiniert und laufen unter dem Stichwort »Mitarbeitergespräch«. Bevor Sie eins der Instrumente oder eine Kombination der Instrumente einführen, sollten Sie immer sehr genau prüfen, was die wirkliche Zielsetzung ist, und ob Sie diese mit dem Instrument erreichen können. Bevor wir kurz auf einzelne Instrumente eingehen, wollen wir übergreifende Zielsetzungen, Gestaltungsmerkmale und Erfolgsfaktoren aufzeigen. Diese können bei den einzelnen Instrumenten je nach der konkreten Zielsetzung etwas abweichen. Nachfolgend sprechen wir von Mitarbeitergesprächen als Sammelbegriff für die unterschiedlichen Gesprächsformen. Alle Gesprächsformen vereinen eine bestimmte Zielsetzung:

- gezielte Bewertung der Mitarbeiter hinsichtlich Arbeitsverhalten, Leistungsniveau und Potenzial;
- Passung der Mitarbeiter zu ihrer Aufgabe sichern;
- Leistungsverbesserung durch Verhaltenssteuerung;
- individuelle Beratung und Förderung der Mitarbeiter;
- Führungsinstrument zur Motivierung und Disziplinierung;
- Gewinnen eines Überblicks über die unternehmerische Leistungsfähigkeit (Mitarbeiterportfolio);
- personelle Entscheidungen auf individuellem und kollektivem Niveau:
  - individuell: Platzierung, Beförderung, Versetzung, Übernahme, Kündigung;
  - kollektiv: Personalplanung, Nachfolgeplanung;
- Planung, Auswahl und Gestaltung von Maßnahmen der Personalentwicklung:
  - individuell: Maßnahmen zur Erhöhung der individuellen Leistungsfähigkeit und Erweiterung der Einsatzmöglichkeiten (unter anderem Aufgabenerweiterung, Verhaltenstraining, Fort- und Weiterbildung);

- kollektiv: Personalentwicklungsplanung;
- Gestaltung von Arbeitsbedingungen (Arbeitsplatz und Arbeitsumgebung), Ausgangspunkt von Organisationsdiagnose und Organisationsentwicklung;
- Gestaltung der betrieblichen Sozialisation und Motivierung der Mitarbeiter;
- Hervorhebung der Bedeutung der Leistungsorientierung im Unternehmen;
- Instrument zur Entgeltfindung und schaffen einer höheren Transparenz bei der Entgeltfindung;
- Verbesserung der Führungskompetenz der Vorgesetzten;
- Verbesserung der Kommunikation zwischen Mitarbeitern und Vorgesetzten;
- Ausrichtung der Unternehmens- und Führungskultur.

Richtig entwickelt und richtig eingeführt können mit Mitarbeitergesprächen viele dieser Zielsetzungen erreicht werden. Leider zeigt die Praxis, dass diese Instrumente häufig zur lästigen Arbeitsbelastung für alle Beteiligten verkommen und die positiven Erwartungen am Ende nicht erfüllen. Damit Ihnen das nicht passiert, wollen wir Ihnen die wichtigsten Erfolgsfaktoren aufzeigen:

1. Zielklärung

Investieren Sie in eine umfassende Zielklärung. Warum brauchen Sie das Instrument? Was wollen Sie damit erreichen? Wer will das erreichen? Für wen soll es angewendet werden? Erst danach können Sie das für Ihr Unternehmen passende Instrument mit seinen Bestandteilen festlegen und entwickeln.

2. Information und Kommunikation

Informieren Sie alle Betroffenen frühzeitig und umfassend. Je mehr Informationen von Ihnen kommen, umso weniger Lücken müssen die Mitarbeiter mit Gerüchten füllen. Im Einzelnen heißt das:

- frühzeitige Einbindung der Führungskräfte,
- frühzeitige Information (Einbindung) des Betriebsrates,
- frühzeitige Kommunikation und Information aller Beteiligten:
  - Mitarbeiterversammlung,
  - Mitarbeiterzeitschrift, Intranet,
- offene und klare Kommunikation, wie die Daten ausgewertet und dokumentiert werden,

- Etablieren einer Vertrauensperson oder eines Ansprechpartners für Fragen und schwierige Situationen.

3. Vorbereitung und Schulung

Der wichtigste Erfolgsfaktor liegt im Training hinsichtlich der richtigen und verantwortungsvollen Handhabung des Instruments. Alle Beteiligten, zumindest aber die Führungskräfte, müssen umfassend hinsichtlich der Zielsetzung und Handhabung des Instruments geschult werden. Zu oft erleben wir, dass die Führungskräfte das Instrument nicht im geplanten Sinne benutzen oder aber kaum in der Lage sind, die Gespräche zum Nutzen für sich selbst, das Unternehmen und die Mitarbeiter zu führen. Wenn Sie an dieser Stelle sparen und meinen, »ein halber Tag Schulung wird schon reichen«, versprechen wir Ihnen, dass das Instrument nicht die gewünschte Akzeptanz, den gewünschten Erfolg und Nutzen bringt.

4. Gestaltung des Instruments

Versuchen Sie nicht, mit einem Instrument alles zu erfassen. Entwickeln Sie lieber ein übersichtliches, leicht verständliches und leicht zu handhabendes Instrument. Ein 38-seitiger Beurteilungsbogen ist für keinen eine Freude.

5. Prozesse

Etablieren Sie von Anfang an transparente, stabile und reibungslose Prozesse, die allen Beteiligten die Handhabung erleichtern, und zwar von der Frage: »Wann muss ich mit welchem Bogen das Gespräch führen?« bis zu der Frage »Wie werden die Gespräche ausgewertet und die Ergebnisse dokumentiert?«. Die Einführung sollte konsequent über alle Ebenen Top-down erfolgen. Führen Sie gegebenenfalls eine Pilotphase durch, in der Sie das Instrument, die Handhabung und die organisatorischen Prozesse testen. Damit haben Sie die Chance, vor dem Roll-out noch Verbesserungen durchzuführen.

6. Ausführliche Begleit- und Vorbereitungsmaterialien

Geben Sie Führungskräften und Mitarbeitern die Chance, sich selbstständig noch einmal auf die Gespräche vorzubereiten. Hinterlegen Sie Informationsunterlagen, Vorbereitungsmaterialien und Gesprächsbögen im Intranet, kann jeder jederzeit darauf zugreifen. Ausführliche Vorbereitungsunterlagen für ein strukturiertes Mitarbeitergespräch (SMG) haben wir für Sie exemplarisch in den Checklisten 12.2 bis 12.4 bereitgestellt.

7. Auswertung und Feedback

Gerade bei Mitarbeiter-, Personalentwicklungs- und Beurteilungsgesprächen ist die Auswertung der Unterlagen hinsichtlich Nachfolgemaßnahmen für den Einzelnen, aber auch mit Blick auf die Leistungsfähigkeit des Gesamtunternehmens von großer Bedeutung. Wenn es keine Nachfolgemaßnahmen im Sinne individueller oder kollektiver Personalentwicklungsmaßnahmen gibt, stellt sich die berechtigte Frage, warum Sie das Instrument im Unternehmen überhaupt nutzen. Vor diesem Hintergrund erachten wir es als wichtig, dass Gesprächsprotokolle in Kopie an die Personalabteilung weitergeleitet werden. Hier erfolgt die Auswertung hinsichtlich einer Leistungseinschätzung für das Unternehmen (Mitarbeiterportfolios) und hinsichtlich notwendiger individueller, abteilungs- oder unternehmensbezogener Maßnahmen.

12.8.1 Mitarbeitergespräche

Das so genannte strukturierte Mitarbeitergespräch (SMG) kann als eine Art Überblicksgespräch betrachtet werden. Mitarbeiter und Führungskraft sollen dadurch angehalten werden, sich zumindest einmal jährlich intensiv auszutauschen. Inhalte können sich beziehen auf:

- aktuelle Ereignisse und absehbare Entwicklungen in der Abteilung und für den Mitarbeiter;
- Ist-Leistung und Ist-Verhalten des Mitarbeiters sowie die Zufriedenheit des Vorgesetzten damit (auch hier haben Sie Beurteilungselemente, es erfolgt nur keine Beurteilung an festen Kriterien wie bei der Mitarbeiterbeurteilung). Es können Menge, Güte, Zeit und Kosten der Leistung im Rahmen der Standardaufgabe des Mitarbeiters genauer besprochen und bewertet werden und ein Ist-Soll-Agbleich vorgenommen werden;
- Vereinbarung tätigkeits- und entwicklungsbezogener Maßnahmen;
- Fragen der Zusammenarbeit zwischen Vorgesetztem und Mitarbeiter.

Die Gesprächsinhalte sollten in einem Gesprächsprotokoll festgehalten werden, das dann an den nächsthöheren Vorgesetzten und veranlassenden Dritten (zum Beispiel die Personalabteilung) weitergeleitet wird. Ob das Protokoll in der Personalakte abgelegt wird, ist im Rahmen der Implementierung grundsätzlich zu entscheiden. Ein Beispiel für ein solches sehr einfach gehaltenes Protokoll bietet Muster 12.5 auf der CD.

12.8.2 Mitarbeiterbeurteilung

Mitarbeiterbeurteilungsverfahren haben sich inzwischen gut etabliert. Sie dienen nicht nur der Leistungseinschätzung und dem Leistungsfeedback für den einzelnen Mitarbeiter, sondern bilden für die Bereiche Personaleinsatzplanung, Lohn- und Gehaltsfindung sowie die Personalentwicklung häufig eine Grundlage für wichtige Entscheidungen. Die Ziele, die verfolgt werden können, sind vielfältig:

Tabelle 12.2: Aufgaben und Zielsetzung der Personalbeurteilung

Aufgaben	Zielsetzung
Personalbeurteilung als Instrument der Personalführung	
• Leistungseinschätzung durch den Vorgesetzten • Stärken und Schwächen des Mitarbeiters lokalisieren • Aufzeigen von Verbesserungsmöglichkeiten	• Intensivierung der Kommunikation zischen Mitarbeiter und seinem Vorgesetzten • Leistungsanerkennung durch den Vorgesetzten • Leistungssteigerung des Mitarbeiters • Verbesserung der Führungsqualität
Personalbeurteilung als Instrument der Personaleinsatzplanung	
• Entscheidungsgrundlage für Mitarbeiterübernahmen nach der Probezeit • innerbetriebliche Versetzung, Beförderungen • Bildung von Arbeitsgruppen und Projektteams • Erstellung von Arbeitszeugnissen • Freisetzung von Mitarbeitern	• Optimierung des Personaleinsatzes • Kontrolle personalwirtschaftlicher Maßnahmen
Personalbeurteilung als Instrument der Lohn- und Gehaltsfindung	
• Förderung einer höheren Leistungsgerechtigkeit • Schaffung monetärer Leistungsanreize durch variable Vergütungsbestandteile	• Leistungsgerechte Vergütungssysteme für die Mitarbeiter
Personalbeurteilung als Instrument der Personalentwicklung	
• Identifikation der Potenzialträger • Qualifikationsbedarfe transparent machen • Festlegung des Bildungsbedarfs	• Motivation der Mitarbeiter durch Nutzung des vorhandenen Potenzials

Auch für Beurteilungsverfahren gelten die oben benannten Erfolgskriterien. Ein kritisch diskutierter Aspekt bei Beurteilungsverfahren ist die Kopplung der Beurteilung an Komponenten der leistungsbezogenen Vergütung. Kritisch ist diese Kopplung, da der Mitarbeiter bei seiner Vergütung dann von der Subjektivität des Vorgesetzten abhängig ist. Beurteilungen sind immer subjektiv und werden durch vielfältige Faktoren, die deutlich über Sympathie und Antipathie hinausgehen, beeinflusst. Viele Unternehmen haben schon kreative Verfahrensanweisungen etabliert, um die Subjektivität der Vorgesetzten einzugrenzen. Ein Beispiel ist, dass die Verteilung der »guten« und »schlechten« Beurteilungen in einer Abteilung der Normalverteilung folgen müssen. Das heißt, ein Vorgesetzter darf nicht mehr nur »gute« Beurteilungen abgeben. Selbst wenn er ein Topteam hat, muss er sich die Mühe machen, zwischen den einzelnen Mitarbeitern zu differenzieren.

Sie können letztendlich alles beurteilen – wichtig ist, dass die Beurteilungskriterien die wirklich wichtigen Leistungsmerkmale und die Kultur des Unternehmens widerspiegeln. Die Beurteilungskriterien können entweder individuell für jede Stelle direkt aus den einzelnen Stellenbeschreibungen abgeleitet werden, oder es werden gruppenspezifische Beurteilungskataloge erstellt, die für mehrere Stellen inhaltlich zutreffend sind. Unternehmensweit greifende Beurteilungskriterien können zum Beispiel aus Leitbildern oder Unternehmenszielen abgeleitet werden. Eine individuell auf jede Stelle zugeschnittene Beurteilung erscheint auf den ersten Blick durch ihre hohe Spezifität attraktiv, ist jedoch bei genauerem Hinsehen auch mit Nachteilen verbunden. Nicht nur dass das Ableiten der Kriterien aus jeder Stellenbeschreibung einen erheblichen Arbeitsaufwand verursacht. Die unterschiedlichen Beurteilungen sind auch nur noch sehr begrenzt miteinander vergleichbar.

Wir empfehlen deshalb, übergreifendere Kriterienkataloge zu entwickeln. Wichtig ist: Die ausgewählten Kriterien müssen für die unterschiedlichsten Positionen anwendbar sein, zum Beispiel für Mitarbeiter in der Buchhaltung und im Vertrieb. Gegebenenfalls werden Kriterien aufgenommen, die nicht für alle Positionen bewertet werden. Dadurch steigt die Vergleichbarkeit der Beurteilungen, und Mitarbeiterportfolios können erstellt werden. Erarbeitet werden können die Kriterien in einem Workshop mit Management und Führungskräften. Beantworten Sie sich die Fragen: Was ist uns wirklich wichtig? Woran wollen wir die Leistung unserer Mitarbeiter messen?

Mit zehn bis höchstens 20 Kriterien hat der Beurteilungskatalog einen aussagekräftigen Umfang, der von den Vorgesetzten reell bewertet werden kann. Bei der Auswahl geeigneter Beurteilungskriterien sollten Sie folgende Punkte beachten:

- Die Kriterien müssen sich auf beobachtbares Verhalten beziehen.
- Die Kriterien müssen mit den Arbeitsplatzanforderungen abgestimmt werden und somit in Zusammenhang mit Leistungserbringung stehen; das heißt sie müssen am Arbeitsplatz auch tatsächlich vorkommen.
- Die Kriterien sollten die für die Tätigkeit wichtigsten Merkmale erfassen.
- Vermeiden Sie persönlichkeitsorientierte Beurteilungskriterien, da diese vom Beurteiler nicht beobachtet werden.
- Die Kriterien müssen eindeutig beschrieben und klar voneinander abgegrenzt werden. Hier liegt wieder ein wesentlicher Erfolgsfaktor. Für den Beurteilungsbogen ergänzende Beschreibungen müssen Sie gewährleisten, dass alle (Führungskräfte und Mitarbeiter) das gleiche Verständnis eines Kriteriums haben. Abbildung 12.15 zeigt ein Beispiel für eine vertiefende Kriterienbeschreibung.

Abb. 12.15: Beurteilungskriterien

- **Arbeits- und Einsatzbereitschaft** heißt z. B.
  der Mitarbeiter …
  – setzt sich mit den Aufgabenstellungen intensiv auseinander.
  – bringt sich aktiv ein, handelt mit Begeisterung und Engagement.
  – identifiziert sich mit der Position und den Aufgaben.
- **Eigenständiges Arbeiten** heißt z. B.
  der Mitarbeiter …
  – verfügt über eine gute Selbstorganisation.
  – löst Probleme seines Aufgabenbereichs selbständig.
  – setzt Prioritäten, trennt Wichtiges von Unwichtigem.
- **Belastbarkeit** heißt z. B.
  der Mitarbeiter …
  – bleibt auch in kritischen Situationen ruhig.
  – ist versiert im Umgang mit Stresssituationen und bleibt emotional stabil.
  – kann viel Arbeit bewältigen und ist jeden Abend bis 22 Uhr im Büro.
  – kennt und kommuniziert eigene Grenzen.
  – kann viele verschiedene Aufgaben unter einen Hut bekommen und behält trotzdem den Überblick.
  – lässt sich »überladen« und bewältigt Spitzenbelastungen.

Bei der Beurteilung empfiehlt es sich aus unserer Sicht, eine Skala vorzugeben, auf der der Ausprägungsgrad des Kriteriums angekreuzt wird. Dies hat den Vorteil der einheitlichen Vorgehensweise und der Vergleichbarkeit der Bewertungen. Welche Skala Sie wählen, ist variabel. Am häufigsten wird eine Fünferskala verwendet, die den Ausprägungsgrad des jeweiligen Kriteriums widerspiegelt (1 = sehr stark, 2 = stark, 3 = befriedigend, 4 = schwach,

5 = sehr schwach). Aktuell ist eine Tendenz zur Verwendung von Siebenerskalen zu erkennen. Denkbar wäre auch eine Skalierung durch Buchstaben, zum Beispiel A bis D. Das hat den Vorteil, dass keine Verwechselung mit Schulnoten möglich ist und Buchstaben nicht zu »Zahlenspielereien« wie Durchschnittsberechnungen und so weiter verleiten. Zudem neigt man bei Zahlen dazu, diese auf einer Verhältnisskala einzuordnen, obwohl sie eigentlich intervallskaliert sind. Das heißt: Eine »6« ist zwar besser als eine »3«, jedoch muss die »6« nicht zwangsläufig doppelt so gut sein wie die »3«. Diese unbewusste Wertung wird durch Buchstaben ausgeschlossen. Sie können auch Symbole oder Prozentangaben wählen. Entscheidend ist, dass jeder Beteiligte unter einem Wert das Gleiche versteht.

Abb. 12.16: Skalierung der Beurteilung – Stufen der Leistungseinschätzung

Beispiel für eine Skalierung:
1 = hat das Verhalten in geringem Umfang gezeigt
2 = hat das Verhalten in angemessenem Umfang gezeigt
3 = hat das Verhalten in erhöhtem Umfang gezeigt
4 = hat das Verhalten in überdurchschnittlichem Umfang gezeigt

Alternativ sind auch Angaben in Prozent möglich.
<80%; 80% – 100%; 100 – 120%, 120%<

Leistungskriterien priorisieren und skalieren, Beispiel:
Stufe A: übertrifft die Anforderungen
Stufe B: erfüllt die Anforderungen voll
Stufe C: erfüllt die Anforderungen zum größten Teil
Stufe D: erfüllt die Anforderungen in großen Teilen nicht

Bestandteile des Beurteilungsbogens sind:

• Formalien: Datum, Name des zu beurteilenden Mitarbeiters und des Beurteilers,
• die ausgewählten Kriterien,
• Erläuterung der Skalierung,
• ausreichend Platz für zusätzliche Anmerkungen des Beurteilers.

Als Begleitmaterial sollte der Bogen eine verhaltensbezogene Erläuterung der einzelnen Kriterien und wichtige Informationen sowie einen Gesprächsleitfaden umfassen.

Vermitteln Sie den Führungskräften, dass eine Beurteilung keine Verhandlungssache ist. Es kann sein, dass der Mitarbeiter mit der Beurteilung nicht einverstanden ist, dann hat er aber die Möglichkeit, zu widersprechen oder den Betriebsrat hinzuzuziehen. Betonen Sie die Widerspruchsmöglichkeiten bei der Einführung eines Beurteilungsverfahrens nicht zu deutlich. Nicht um sie vor den Mitarbeitern zu verbergen, sondern um den Eindruck, »das ist ein Instrument, mit dem es viel Ärger gibt« oder gar »man muss Angst vor der Beurteilung haben«, zu vermeiden. Wir haben es zu oft erlebt, dass irgendwann nur noch über Widerspruch und Einbeziehung des Betriebsrates in den Gesprächen gesprochen wird. Damit geht die Auseinandersetzung mit dem Beurteilungsverfahren in eine komplett falsche Richtung, und dass bevor eine erste Beurteilung erfolgt ist. Informieren Sie über Ziele und Chancen des Verfahrens, um den positiven Nutzen in den Vordergrund zu rücken. Verhandelt wird besonders gerne vonseiten der Mitarbeiter, wenn die Beurteilung ausschlaggebend für variable Vergütungsbestandteile ist. Nur haben Sie dann keine Beurteilungs-, sondern Gehaltsverhandlungsgespräche. Abbildung 12.17 fasst den Prozess der Mitarbeiterbeurteilung noch einmal zusammen.

Abb. 12.17: Beurteilungsprozesse professionell nutzen

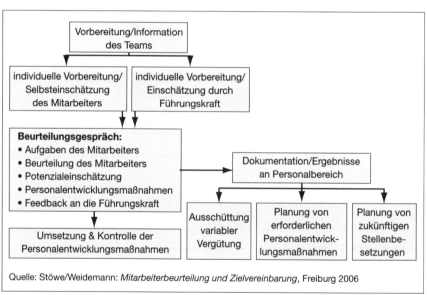

Quelle: Stöwe/Weidemann: *Mitarbeiterbeurteilung und Zielvereinbarung*, Freiburg 2006

12.8.3 Zielvereinbarungen

Zielvereinbarungen beziehen sich auf solche Aufgaben des Mitarbeiters, die über die Kernaufgaben einer Stelle hinausgehen. Sie sollen besondere Herausforderungen und Leistungsanreize bieten. In diesem Sinne verstanden, sind Zielvereinbarungen Führungs- und Personalentwicklungsinstrumente für »Stars«. In Unternehmen werden Zielvereinbarungsverfahren aber oft unabhängig von der Leistungsfähigkeit der Mitarbeiter eingeführt. In der betrieblichen Praxis sind Zielvereinbarungssysteme, die für alle Mitarbeiter eingeführt werden, häufig eher Zielvorgabesysteme. In der Regel hat der Vorgesetzte klare Vorstellungen davon, welche Ziele er mit dem Mitarbeiter vereinbaren will, und diese werden dann mit dem Mitarbeiter besprochen. Zielvereinbarung im eigentlichen Sinne heißt aber, sowohl der Vorgesetzte als auch der Mitarbeiter bringen Vorschläge zu den zu vereinbarenden Zielen ein und handeln die konkreten Ziele dann aus.

Zur Vereinfachung sprechen wir trotz der beschriebenen Unterschiede nachfolgend von Zielvereinbarungen. Mit ihnen sollen die Unternehmensziele in das Unternehmen getragen und jedem Mitarbeiter verdeutlicht werden, welchen Beitrag er zur Erreichung der Unternehmensziele leistet. Darüber hinaus sollen sie zur Leistungssteigerung beitragen und sind vor diesem Hintergrund oft an variable Vergütungssysteme gekoppelt (vergleiche Kapitel 17). Um den Mitarbeitern ihren Beitrag zu den Unternehmenszielen zu verdeutlichen, werden die Mitarbeiterziele aus den Unternehmenszielen abgeleitet. Hierbei sprechen wir auch vom Kaskadenmodell der Zielableitung.

Abb. 12.18: Zielvereinbarung – Ein Kaskadenmodell der Zielerreichung

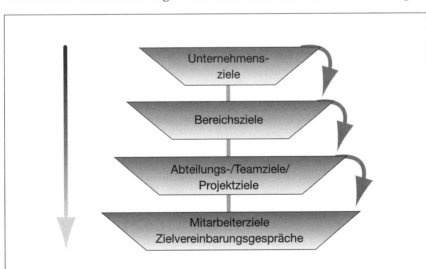

Häufig wird von Führungskräften die Frage gestellt, wozu sie denn Ziele vereinbaren sollen. Sie können ihnen helfen, wenn Sie ihnen die folgenden vier Zielarten vermitteln:

- Leistungsziele:
  - Umsatzsteigerung,
  - Gewinnverbesserung,
  - Qualitätsverbesserung,
- Ressourcenziele:
  - Optimierung von Durchlaufzeiten,
  - Materialeinsparungen,
  - Energieeinsparungen,
- Verhaltensziele:
  - Verbesserung der Zusammenarbeit,
  - Kommunikations- und Informationsverbesserung,
  - Verbesserung der Motivation,
- Entwicklungsziele:
  - Qualifikationsverbesserung,
  - Steigerung der Flexibilität.

Auch für das Zielvereinbarungsgespräch entwickeln Sie einen Leitfaden und alle Informations- und Begleitmaterialien. Muster 12.6 auf der CD enthält den Vorbereitungsbogen für den Vorgesetzten und Muster 12.7 einen einfach gehaltenen Protokollbogen für ein Zielvereinbarungsgespräch (ZiVG).

Wie oben bereits angeführt, werden häufig variable Vergütungsbestandteile mit dem Zielvereinbarungssystem verbunden. Das ist auch in Ordnung und weniger kritisch als die Kopplung an Beurteilungsverfahren. Ziele und die Zielerreichung bieten klare Messkriterien, an denen die Leistung festgemacht werden kann: »Ziel erreicht« oder »Ziel nicht erreicht«. Damit liegt die Leistungszulage tatsächlich in der Hand des Mitarbeiters und nicht in der Subjektivität des Vorgesetzten. Besondere Bedeutung erhält hier allerdings die Zielformulierung, die Sie Ihren Führungskräften sehr nachhaltig vermitteln müssen. Die Zielerreichung muss eindeutig messbar sein. Es muss sehr eindeutig sein, wann ein Ziel erreicht ist oder nicht, und bis zu welchem Zielerreichungsgrad es welche Prämie gibt. Nur so verhindern Sie Ärger und Missverständnisse. Einfach ist dies bei quantitativen Zielen, bei denen die Zielerreichung an erreichten Zahlenwerten abgelesen werden kann. Schwieriger ist dies bei qualitativen Zielen. Besonders hier muss die Zielformulierung genau und unmissverständlich beschreiben, was genau vorhanden sein muss, damit das Ziel zu 100 Prozent erreicht ist. Genauso sind Beschreibungen für Zielerreichungsgrade von 120, 80 oder 50 Prozent notwendig. Diese Abstufungen sind abhängig davon, welche Zielerreichungsstufen in Ihrem Unternehmen mit einer Prämie versehen sind. Um solche Beschreibungen zu ermöglichen, liegt es in Ihrer Verantwortung, dafür Sorge zu tragen, dass die Führungskräfte sehr gut ausgebildet werden.

Ein ausführliches Beispiel für einen Zielvereinbarungsbogen haben wir Ihnen in Muster 12.8 auf der CD beigefügt.

12.9 Verantwortungsträger unter der Lupe: Führungskräftefeedback

Führungskräfte übernehmen in Unternehmen verantwortungsvolle und leistungsbestimmende Aufgaben. Über ihr Handeln und ihren Führungsstil beeinflussen sie direkt die Leistungsfähigkeit und die Leistungsbereitschaft der Mitarbeiter. »Schlechte« Führung hat damit weitreichende Konsequenzen. Umso wichtiger ist es zu überprüfen, wie die Führung von den Mitarbeitern wahrgenommen wird, was daran gut und damit leistungssteigernd wirkt und was das Gegenteil bewirkt. In vielen Unternehmen gehört ein Führungskräftefeedback, ähnlich dem Mitarbeitergespräch, zu den regelmäßig genutzten Verfahren. Führungskräftefeedback kann aber auch für spezielle Fragestellungen genutzt werden. Grundsätzlich bietet es:

- einen differenzierten Informationsgewinn über die Wahrnehmung des Führungsverhaltens und der Führungskompetenzen im Unternehmen;
- eine Unterstützung der internen Kommunikations- und Feedbackkultur;
- eine differenzierte Analyse der erlebten Führungskompetenzen über umfassende und systematische Auswertung und ausführliche Dokumentation;
- die Chance zur Reflexion und Diskussion von Führungsstil und -kultur;
- die Chance zur Neuorientierung und Neuausrichtung sowie
- die Basis für weiterführende Personalentwicklungsüberlegungen und -maßnahmen.

Das Führungskräftefeedback verläuft grundsätzlich in drei Prozessphasen (vergleiche Abbildung 12.19):

1. Analyse- und Konzeptionsphase
2. Durchführungsphase
3. Feedbackphase

Abb. 12.19: Führungskräftefeedback: Prozessphasen

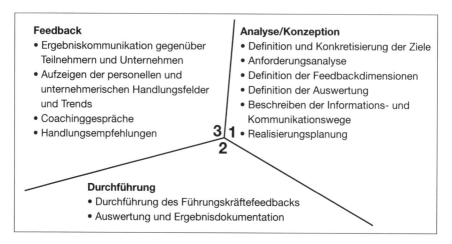

Feedback
- Ergebniskommunikation gegenüber Teilnehmern und Unternehmen
- Aufzeigen der personellen und unternehmerischen Handlungsfelder und Trends
- Coachinggespräche
- Handlungsempfehlungen

Analyse/Konzeption
- Definition und Konkretisierung der Ziele
- Anforderungsanalyse
- Definition der Feedbackdimensionen
- Definition der Auswertung
- Beschreiben der Informations- und Kommunikationswege
- Realisierungsplanung

Durchführung
- Durchführung des Führungskräftefeedbacks
- Auswertung und Ergebnisdokumentation

Eine gründliche Vorbereitung des Feedbacks ist Vorraussetzung für eine erfolgreiche Durchführung. Bei allen Fragen der Konzeption und auch Durchführung können Sie sich an den Prinzipien orientieren, die in Kapitel 13, Mitarbeiterbefragung, beschrieben werden. Sie sind auf Feedbackverfahren in weiten Bereichen übertragbar. In der Praxis finden größtenteils zwei Vorgehensweisen Anwendung:

Variante A:
- Alle Führungskräfte werden in den Feedbackprozess einbezogen.
- Das Feedback wird von direkten und indirekten Mitarbeitern gegeben.
- Jeder Mitarbeiter bestimmt selbst, welcher Führungskraft er Feedback gibt.
- Das Feedback erfolgt anonym und bleibt anonym.

Variante B:
- Nur bestimmte Führungskräfte werden einbezogen.
- Feedback wird von direkten Mitarbeitern gegeben.
- Jeder Mitarbeiter muss seiner oder bestimmten Führungskräften Feedback geben.
- Das Feedback erfolgt anonym und bleibt anonym.

Variante A hat den Vorteil, dass solche Mitarbeiter, die vielleicht mehr mit einer anderen Führungskraft als der eigenen zusammenarbeiten (Beispiel: Projektarbeiten), auch der Führungskraft, die sie tatsächlich besser beurteilen können, Feedback geben können. Variante B hat hingegen den Vorteil, dass die Führungskräfte ein umfassenderes Feedback bekommen, dadurch dass auch solche Mitarbeiter ihnen Feedback geben, die vielleicht weniger eng mit ihnen zusammenarbeiten.

Wir empfehlen eine Kombination beider Varianten, in der die Mitarbeiter auf jeden Fall Feedback an ihre direkte Führungskraft geben, aber darüber hinaus auch andere Führungskräfte beurteilen können. Dadurch ist für jede Führungskraft ein umfassenderes Feedback gewährleistet.

Hinsichtlich der Anzahl der Feedbackgeber empfehlen wir mindestens fünf. Anderenfalls ist das Feedback nicht repräsentativ und die Anonymität der Mitarbeiter nicht gewährleistet. Wir empfehlen auch die Durchführung eines anonymen Feedbacks. Das offene Feedback überfordert häufig sowohl Mitarbeiter und als auch Führungskräfte. Es setzt eine sehr reife und vertrauensvolle Feedbackkultur voraus. Anderenfalls können Sie nicht davon ausgehen, ehrliche Antworten der Mitarbeiter zu erhalten. Somit haben Sie aber auch keinen Nutzen aus dem Feedbackverfahren.

Die Feedbackdimensionen richten sich danach, was das Unternehmen hinsichtlich des gewünschten Führungsverhaltens für wichtig erachtet und wozu es Feedbackinformationen haben möchte. Mögliche Dimensionen sind:

- Kommunikations- und Informationsverhalten,
- Zielvereinbarung,
- Anerkennung/Kritik,
- Konfliktlösung,
- Mitarbeiterförderung,
- Arbeitsklima,
- Kompetenzen,
- Entscheidungs- und Verantwortungsübertragung,
- Vertrauen/Verlässlichkeit gegenüber Mitarbeitern,
- Qualität und Kundenorientierung,
- Innovations- und Kreativitätsförderung,
- Leistungsförderung.

Das Führungsverhalten hinsichtlich der einzelnen Dimensionen wird mittels verschiedener Fragen über einen strukturierten Fragebogen erfasst. Muster 12.9 auf der CD zeigt einen Auszug aus einem Feedbackbogen zu der Dimension »Mitarbeiterentwicklung und Unterstützung«.

Für ein regelmäßiges Feedback bietet sich eine IT-gestützte Lösung an, da dadurch der administrative Aufwand deutlich verringert wird. Die Fragebögen können eine einfache Bewertung der einzelnen Items umfassen oder um die Möglichkeit, die Wichtigkeit der einzelnen Items anzukreuzen, ergänzt werden. Bei der Auswertung der Ergebnisse ist es interessant, ob die Mitarbeiter ein bestimmtes Verhalten ihrer Führungskraft für wichtig oder unwichtig halten. Demnach können beim Festlegen des Qualifizierungsbedarfs Prioritäten gesetzt werden.

Wie bei allen Feedbackverfahren korrelieren auch hier Akzeptanz und Wertschätzung des Verfahrens damit, was mit den Ergebnissen passiert. Die Ergebnisse sollten in jedem Fall an die Führungskräfte, die Unternehmensleitung und die Mitarbeiter kommuniziert werden. Gerade wenn Sie ein Führungskräftefeedback erstmalig in Ihrem Unternehmen durchführen, sind bei der Ergebniskommunikation einige erfolgskritische Schritte zu beachten:

- Lassen Sie die Führungskräfte mit ihrem Feedback nicht allein, bieten Sie Coachinggespräche an, in denen die Ergebnisse mit der Führungskraft gemeinsam ausgewertet und reflektiert werden.
- Machen Sie Workshops, in denen die Führungskräfte ihre Feedbackergebnisse mit den Mitarbeitern besprechen, zur Pflicht. Die Führungskräfte sollen sich ihrem Feedback stellen und es nicht in der Schublade verschwinden lassen. Sie sollen mit den Mitarbeitern diskutieren, was getan werden muss, um in kritischen Punkten eine Verbesserung zu erreichen. Hierfür müssen konkrete Maßnahmen vereinbart werden. Gerne können Sie in kritischen Fällen diese Workshops begleiten.

12.10 Nachfolge- und Laufbahnplanung

Der richtige Mitarbeiter zur richtigen Zeit am richtigen Platz heißt auch, dass für Schlüsselpositionen im Unternehmen bereits frühzeitig qualifizierte Nachfolger identifiziert und entwickelt werden sollten. Nachwuchskräfte- oder Laufbahnplanungsprogramme dienen zum einen der Sicherung einer kompetenten Besetzung von Schlüsselpositionen und damit der Zukunftssicherung des Unternehmens. Zum anderen bieten sie interne Karrieremöglichkeiten und sind geeignet, High Potentials langfristig an das Unternehmen binden.

Nachfolge- und Laufbahnplanung ist »Along-the-Job«-Personalentwicklung. Die Nachfolgeplanung beschäftigt sich mit künftig im Unternehmen zu besetzenden Positionen und prüft, welche Mitarbeiter dafür geeignet beziehungsweise welche Entwicklungsmaßnahmen für eine endgültige Passung notwendig sind. Bei der Planung der Nachfolge gibt es zwei Vorgehensweisen: zum einen mit Blick auf eine konkrete Stelle, zum anderen ausgehend von der Annahme, dass irgendwann für verschiedene Positionen Stellennachfolger benötigt werden, ohne dass aktuell die Stellen schon bezeichnet werden. Bei der Planung mit Bezug auf eine exakt zu benennende Position (**Nachfolgeplanung**) kann frühzeitig ein Nachfolger ausgewählt und aufgebaut werden. Bei der zweiten Variante wird ein Pool mit potenziellen Nachfolgekandidaten oder Nachwuchskräften gebildet (**Nachwuchskräfteprogramm**), aus dem bei Bedarf flexibel rekrutiert werden kann. Diese Art der Nachfolgeplanung eignet sich insbesondere für größere Unternehmen mit hohem Nachfolgebedarf. Eine andere Perspektive hat die Laufbahnplanung. Sie geht von der Person beziehungsweise den Fähigkeiten eines Mitarbeiters aus und legt fest, wie dessen weitere berufliche Entwicklung aussehen kann. Die **Laufbahnplanung** bietet gerade den High Potentials eine wichtige berufliche Perspektive.

Basis jeder Nachfolgeplanung ist eine exakte Bedarfsermittlung, die aus den Unternehmenszielen abgeleitet wird. Wie viele Mitarbeiter mit welchen Qualifikationen brauchen wir wann? Dabei wird es immer wichtiger, nicht nur in Führungslaufbahnen, sondern auch in Fach-, Projekt- oder Vertriebslaufbahnen zu denken. Damit kann frühzeitig einem Mangel an Leistungsträgern in unterschiedlichen Unternehmensbereichen vorgebeugt und gleichzeitig Mitarbeitern mit unterschiedlicher Motivation eine Perspektive geboten werden. Leider ist die Laufbahn- oder Nachfolgeplanung in den meisten Unternehmen mit einem Aufstieg in der Hierarchie und damit mit der Übernahme von Führungsaufgaben verbunden. Dies bedeutet, wenn jemand Karriere machen möchte, dass er zwangsläufig eine Führungslaufbahn einschlagen muss, unabhängig davon, ob er dafür geeignet ist. Abbildung 12.20 zeigt verschiedene Laufbahnen.

Abb. 12.20: Laufbahnmodelle

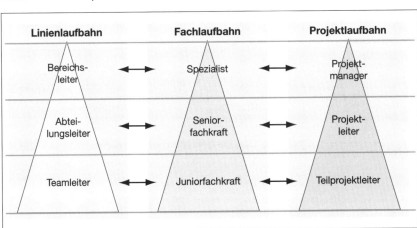

Unterschiedliche Entwicklungs- oder Laufbahnstufen beschreiben die unterschiedlichen Kriterien hinsichtlich:

- Schwierigkeitsgrad/Komplexität der Aufgabe,
- Budgetverantwortung,
- Entscheidungsbreite,
- Führungsverantwortung,
- Kundenverantwortung und so weiter.

Wenn der Bedarf des Unternehmens definiert ist, gilt es zu entscheiden, in welchem Umfang die Nachfolgeplanung erfolgen soll. Bedenken Sie, dass Sie gegenüber Kandidaten, die Sie für Nachfolgeprogramme auswählen, ein Versprechen abgeben. Können Sie Ihr Karriereversprechen nicht einhalten, weil zum Beispiel keine entsprechenden Positionen zum gewünschten Zeitpunkt vakant sind, lösen Sie Enttäuschung und Demotivation bei den Betroffenen aus. Also gilt auch hier die Regel: »Weniger ist mehr«: lieber einzelne Kandidaten gezielt fördern als einen großen Pool aufbauen, dessen Teilnehmer keine wirkliche Perspektive haben.

Abb. 12.21: Beispiel Entwicklungsschritte

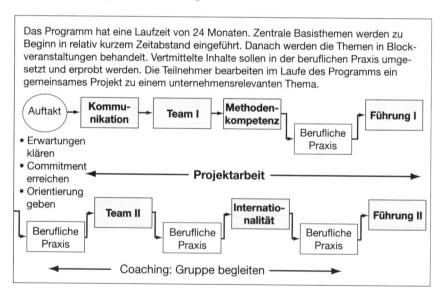

Basis des Nachfolgeprogramms ist eine Anforderungsbeschreibung für die unterschiedlichen Zielgruppen (Führungs-, Projektmanagement- und Fachlaufbahn et cetera). Im zweiten Schritt erfolg die Kompetenz- und Potenzialanalyse und damit die Auswahl der Kandidaten für das Programm. In der Regel umfassen die Nachfolgeprogramme feste Qualifizierungsbausteine, die am unternehmerischen Bedarf ausgerichtet sind. Ergänzt werden können diese durch individuelle Maßnahmen, die sich zum Beispiel aus der Potenzialanalyse ergeben.

Bauen Sie Nachfolgeprogramme mit unterschiedlichen Laufbahnstufen (vergleiche Abbildung 12.20) auf, müssen Sie definieren, welche Personalentwicklungsmaßnahmen auf welcher Stufe erfolgen und welchen Zeitraum eine Stufe umfasst. Einfache Nachfolgeprogramme, die zum Beispiel für die Übernahme einer ersten Führungsaufgabe qualifizieren, umfassen Zeiträume von ein bis maximal drei Jahren. Am Ende des Nachwuchsprogramms sollte den Kandidaten zeitnah eine entsprechende Position angeboten werden. Vorüberlegungen zur Einführung von Nachfolgemodellen macht Abbildung 12.22 deutlich.

Abb. 12.22: Etablierung von Nachfolge- und Laufbahnmodellen

Fach- und Führungslaufbahnen

- Definition der Laufbahnen (Zielpositionen)
- Definition der Entwicklungsstufen (Hierarchiestufen)
- Definition der Voraussetzungen zur Teilnahme (Qualifikationen, Art der Bewerbung etc.)
- Festlegung der Auswahlverfahren
- Definition der Qualifizierungsschritte (Entwicklungskonzept)
- Internes Marketing für die Laufbahnsysteme

Wichtig ist immer auch die Frage, wer einen Kandidaten für ein Nachfolgeprogramm vorschlagen kann. Darf nur der Vorgesetzte Kandidaten benennen, oder kann sich ein Mitarbeiter auch selber melden? Wir empfehlen beide Wege zu öffnen, um Ungerechtigkeiten vorzubeugen.

12.11 Erfolgsfaktoren für die Nutzung und den Einsatz von PE- und Qualifizierungsinstrumenten

Abschließend wollen wir auf einige, unserer Erfahrung nach wichtige Erfolgsfaktoren für Ihre Personalentwicklungsaktivitäten noch einmal zusammenfassend hinweisen.

- Alle Personalentwicklungsmaßnahmen orientieren sich konsequent an den Unternehmenszielen.
- Blick über den Tellerrand: den Blick immer auf Visionen, Ziele, Markt, Kunden richten.
- Keine Personalentwicklung ohne die Ermittlung des tatsächlichen Bedarfs des Unternehmens.
- Lieber kleine, gezielte Maßnahmen als aufwändige Programme, die Verlierer produzieren.
- Nur das, was Sie wirklich brauchen. Wenn der Bedarf nicht sicher besteht oder nicht abgeschätzt werden kann, lieber einzelne Potenzialträger fördern anstatt große Pools zu bilden.
- Bedarfsorientierte Personalentwicklung: Qualifizierung soll immer eng an den tatsächlich erforderlichen Kompetenzen orientiert erfolgen.
- Personalentwicklung ist Führungsaufgabe: Nehmen Sie die Führungskräfte in die Verantwortung.
- Konsequente Einbindung der Arbeitnehmervertretung in Konzeption, Durchführung und Controlling.
- Achten Sie auf eine einfache Handhabung und leichte Verständlichkeit der Instrumente.
- Vermeiden Sie »Nice-to-have«-Veranstaltungen.
- Weiterbildung und Incentives trennen. Weiterbildung darf Spaß machen, ist aber in erster Linie Arbeit und Lernen im Sinne aktiver Wertschöpfung für die Person des Mitarbeiters und hierdurch für das gesamte Unternehmen.
- Personalentwicklung und Entwicklungscontrolling gehören zusammen.
- Die Akzeptanz aller Beteiligten durch frühzeitige und ausreichende Kommunikation und Information sichern. Mangelnde Transparenz führt leicht zu Unsicherheit und Skepsis. Kommunizieren Sie Chancen, Herausforderungen, aber auch die Risiken. Nur Ehrlichkeit und Transparenz verhindern zu hohe Erwartungshaltungen aller Beteiligten.

12.12 Personalreferenten im Zusammenspiel mit externen Trainern und Beratern

Wie bereits angesprochen, liegt die Kernaufgabe der Personalentwicklung in der Organisation von Entwicklungsmaßnahmen für Mitarbeiter und Führungskräfte. In diesem Zusammenhang stellt sich für Sie als Personalreferent auch die Frage, welche Maßnahmen intern oder mittels externer Berater und Trainer entwickelt und durchgeführt werden.

Für eine interne Durchführung spricht unter anderem, dass eigene Mitarbeiter das eigene Unternehmen am besten kennen und damit einen schnelleren Zugang zu wichtigen Informationen haben. Zudem fallen für interne Mitarbeiter keine Extrakosten an. Gründe für den Einsatz externer Berater oder Trainer können mangelnde interne Kompetenzen und Ressourcen oder die fehlende Akzeptanz durch die internen Mitarbeiter sein. Gerade bei mangelnder Akzeptanz zeigt sich häufig, dass die Leistung eines »Externen« einen ganz anderen Stellenwert bei Führungskräften und Mitarbeitern erhält. Darüber hinaus sind externe Berater und Trainer nicht in den Unternehmensalltag eingebunden und von daher weniger »betriebsblind«. Des Weiteren kommen externe Berater und Trainer oft schneller zu konkreten Lösungen und Umsetzungsvorschlägen, da sie Spezialisten in diesen Themengebieten sind und über entsprechende Erfahrung hinsichtlich einsetzbarer Instrumente verfügen.

Der Einsatz externer Berater und Trainer bedeutet aber nicht, dass die Personalabteilung von allen Aufgaben entbunden wird. Erst die gute Zusammenarbeit und gegenseitige Unterstützung zwischen internen und externen Verantwortlichen führt zu erfolgreichen Personalentwicklungsmaßnahmen. Ist die Entscheidung zugunsten einer extern durchgeführten Maßnahme gefallen, sei es in Teilbereichen oder für den gesamten Prozess, gilt es nun, den geeigneten Anbieter für die Umsetzung zu finden.

Checkliste 12.10 auf der CD können Sie bei der Auswahl eines externen Anbieters für Ihre Personalentwicklungsmaßnahmen nutzen.

Trotz dieser Hilfestellung wird es auch vorkommen, dass erst am Ende eines Prozesses erkennbar ist, ob die richtige Wahl getroffen wurde. Etwas mehr Sicherheit können Sie noch gewinnen, wenn Sie auf Ihre eigenen oder die Erfahrungen von Kollegen oder Netzwerkpartnern zurückgreifen: Gibt es Berater oder Trainer, mit denen Ihr Unternehmen oder auch andere Organisationen in der Vergangenheit bereits erfolgreich zusammengearbeitet haben? Haben Sie Bekannte, die Ihnen bei der Suche behilflich sein könnten, da diese gute Berater oder Trainer kennen? Nutzen Sie jede Möglichkeit, um sich die Suche nach einem passenden, kompetenten und erfahrenen Berater/Trainer zu erleichtern.

Eine wichtige Entscheidungsinstanz ist das Erstgespräch mit dem externen Anbieter. Checkliste 12.11 auf der CD zeigt wichtige Aspekte auf, die Sie zu Beginn der möglichen Zusammenarbeit abklären sollten.

Tabelle 12.3: Fragen zur Berater-/Trainerauswahl im Erstgespräch

Fragen	Ja	Nein	Anmerkungen
Kann ich mit dem Berater/Trainer partnerschaftlich zusammenarbeiten?			
Traue ich dem Berater/Trainer die Bearbeitung des Projekts zu?			
Verfügt der Berater/Trainer über Erfahrungen? Kann er Referenzen aufweisen?			
Verfügt der Berater/Trainer über die notwendigen methodisch-didaktischen Fähigkeiten?			
Stimme ich mit der Mentalität des Beraters/Trainers überein?			
Geht der Berater/Trainer auf meine Fragestellungen ein?			
Ist der Berater/Trainer unabhängig in seinen Vorschlägen?			

Natürlich zählt neben diesen Fragen auch Ihr persönlicher Eindruck. Der Berater muss zum Unternehmen und zur Zielgruppe passen. Lassen Sie sich andererseits aber nicht durch persönliche Akzeptanz von eventuellen fachlichen Defiziten ablenken. Stimmen sowohl die Passung zwischen Trainer und Unternehmen und die Chemie zwischen Ihnen als auch die Referenzen und das Konzept mit Ihren Vorstellungen überein, so können Sie zur letzten Sicherheit ein Probeseminar planen. Entweder nehmen Sie an einem Seminar des Trainers teil, oder Sie initiieren eine Veranstaltung in Ihrem Unternehmen. Ist dieser Praxistest erfolgreich, steht einer zukünftigen Zusammenarbeit nichts im Wege.

13 Mitarbeiterbefragungen und Klimauntersuchungen

Häufig können Sie zwar Grundstimmungen im Unternehmen oder in bestimmten Bereichen feststellen. In vielen Fällen haben Mitarbeiter viele Erklärungen, warum etwas gut oder auch nicht so gut ist und womit sie zufrieden oder unzufrieden sind. Genauso oft fehlen jedoch klare Informationen hierüber.

Diese »Stimmungs- und Zufriedenheitsaspekte« lassen sich nicht mit harten betriebswirtschaftlichen Kennzahlen erfassen. Hinsichtlich der Leistungsfähigkeit einzelner Bereiche oder auch des ganzen Unternehmens wirken sich diese zwar darauf aus, aber aus der Veränderung von Kennwerten können höchstens Aussagen wie »Verbesserung« oder »Verschlechterung« abgeleitet werden.

Um zu erfahren, wie die Stimmung und Zufriedenheit im Unternehmen ist, müssen Sie die Mitarbeiter direkt fragen. Das können Sie in persönlichen Gesprächen herausfinden. Wenn es alle oder ein große Gruppe von Mitarbeitern betrifft, bietet sich hierfür eine Mitarbeiterbefragung. Die Mitarbeiterbefragung soll als Instrument des strategischen HR-Managements Stärken und Schwächen des Unternehmens aufzeigen, die nicht über harte Kennzahlen gemessen werden können. Mitarbeiterbefragungen können beschrieben werden als ein Instrument der partizipativen Unternehmensführung. Durchgeführt werden sie im Auftrag der Unternehmensführung und in Zusammenarbeit mit den Arbeitnehmervertretungen. Mithilfe von Fragebögen, die anonym und auf freiwilliger Basis von allen Mitarbeitern (oder auch einer repräsentativen Stichprobe oder bestimmten Zielgruppe) bearbeitet werden, werden Informationen über die Einstellungen, Wünsche und Bedürfnisse der Arbeitnehmer hinsichtlich bestimmter Arbeitsbereiche erfragt, um daraus Hinweise auf betriebliche Stärken und Schwächen zu erlangen. Bei der Befragung sind methodische, rechtliche und organisatorische Rahmenbedingungen zu beachten. Die gewonnen Informationen werden ausgewertet, und wo nötig, werden die Ursachen für kritische Aspekte im anschließenden Dialog zwischen Mitarbeitern, Führungskräften und Unternehmensleitung diskutiert. Für kritische Aspekte sollten nach der Mitarbeiterbefragung in jedem Fall Maßnahmen oder konkrete Veränderungsprozesse eingeleitet werden. Grundsätzlich erfüllt die Mitarbeiterbefragung drei Funktionen (siehe Tabelle 13.1).

Tabelle 13.1: Die drei Funktionen einer Mitarbeiterbefragung

Diagnoseinstrument	Organisationsgestaltung	Mitarbeiterorientierte Planung
• zeigt den Grad der allgemeinen Zufriedenheit auf • zeigt Zufriedenheit bzw. Unzufriedenheit der Mitarbeiter mit Teilaspekten der Arbeit auf	• Beteiligung der Mitarbeiter an Unternehmensbelangen • offenere Kommunikation • Erhöhung der Arbeitszufriedenheit	• Qualitätssteigerung von Entscheidungen durch Einbeziehung der Ergebnisse • Sicherung arbeitnehmergerechter Lösungen bei Strukturierungsprozessen • Erfolgskontrolle von Maßnahmen
→Schwachstellenanalyse	→Verbesserung des Betriebsklimas	→Grundlage für neue Planung

Da die Mitarbeiterbefragung ein wichtiges unternehmerisches Gestaltungsinstrument ist, wollen wir Ihnen nachfolgend einige wichtige Aspekte vorstellen.

13.1 Ziele der Mitarbeiterbefragung

Mitarbeiterbefragungen und Klimauntersuchungen werden durchgeführt, um bestimmte Aspekte im Unternehmen zu überprüfen (Evaluation), um Informationen zu gewinnen und um Mitarbeiter an der Personalpolitik zu beteiligen:

• Evaluation zum Beispiel eines bereits bestehenden Anreizsystems aus Sicht Ihrer Mitarbeiter, um abzustimmen, ob es noch den Bedürfnissen und Wünschen derjenigen entspricht, die durch die angebotenen Anreize motiviert arbeiten sollen.
• Informationsgewinnung, zum Beispiel können Sie die Informationen, die Sie mittels einer Mitarbeiterbefragung erhalten, nutzen, um eine für Ihr Unternehmen und Ihre Mitarbeiter passende Anreizpolitik zu entwerfen und umzusetzen.
• Mitarbeiterbeteiligung in der Personalpolitik, zum Beispiel können Sie Ihre Mitarbeiter bereits in die Gestaltung der Anreizpolitik einbinden. Allein hierdurch wird erwartet, dass durch die Beteiligung Ihrer Mitarbeiter

an Entscheidungsprozessen deren Bindung an »ihr« Unternehmen gestärkt wird.

In der Regel sind die Ziele von Mitarbeiterbefragungen, selbst wenn Themen wie »Bedürfnisse und Erwartungen der Mitarbeiter« im Vordergrund stehen, betriebswirtschaftlicher Natur. Letztes Ziel ist immer, die Leistungsfähigkeit eines Unternehmens zu erhalten oder zu steigern. Dies gelingt dann, wenn die Motive und Bedürfnisse der Mitarbeiter berücksichtigt und befriedigt werden. Mitarbeiter, die ihre Arbeit gerne machen, Spaß dabei haben und gerne in gerade diesem Unternehmen arbeiten, werden mehr leisten, seltener kündigen, weniger krank sein und sich untereinander insgesamt freundlicher verhalten. All das wirkt sich auf die Unternehmensergebnisse aus.

13.2 Formen der Mitarbeiterbefragung

Grundsätzlich sind die Ziele, welche mit der Durchführung einer Mitarbeiterbefragung erreicht werden sollen, entscheidend dafür, welche Form der Befragung gewählt wird. Es können fünf Haupttypen von Mitarbeiterbefragungen unterschieden werden:

- Die Meinungsumfrage dient, wie der Name bereits nahelegt, dem Erfassen von Meinungen zu einem bestimmten Thema. So könnte die globale Fragestellung einer Meinungsumfrage etwa lauten: »Wie beurteilen junge Führungskräfte das bestehende Anreizsystem unseres Unternehmens?«
- Die Benchmarking-Umfrage rückt in den Blickpunkt, wie das eigene Unternehmen im Vergleich zu anderen gesehen wird. Was sind die Stärken und Schwächen gegenüber der Konkurrenz? Dieser Vergleich kann, muss sich aber nicht auf das gesamte Unternehmen beziehen, sondern kann auch nur Teilaspekte betreffen. Es wäre zum Beispiel denkbar, die Übereinstimmung zwischen dem schriftlich fixierten und tatsächlich gelebten Menschenbild im eigenen Unternehmen zu untersuchen. Die eigenen Ergebnisse würden dann mit denen ähnlicher Untersuchungen bei Wettbewerbern verglichen werden.
- Die Klimabefragung mit Feedback ist als recht unspezifische Befragung zu verstehen. Sie ist in der Regel thematisch breit angelegt und findet auf allen Ebenen im ganzen Unternehmen statt. Oft steht sie am Anfang weiterer Interventionen, die das gesamte Unternehmen betreffen. Es geht – einfach formuliert – darum zu erfahren, »wie denn die Stimmung im

Unternehmen so ist«. Die Ergebnisse der Klimabefragung dienen häufig dazu, Problembereiche herauszukristallisieren.

- Die systemische Mitarbeiterbefragung soll dem Unternehmen Daten liefern, die eine ausgewogene Führung ermöglichen. Ausgewogene Führung bedeutet in diesem Zusammenhang, dass, statt sich nur auf »harte« betriebswirtschaftliche Kennzahlen zu stützen, »weiche« psychologische Faktoren mit berücksichtigt werden sollen. Als Beispiel wäre hier zu nennen, in der Planung eines Anreizsystems die Aussagen und Wünsche Ihrer Mitarbeiter mit zu berücksichtigen und zum Beispiel eine betriebsinterne Kinderbetreuung zu organisieren.
- Das Auftau-Einbindungsmanagement-Programm findet meist im Rahmen einer großen Intervention im Unternehmen statt. Hauptsächliches Ziel ist es, Mitarbeiter auf allen Ebenen mit deren Meinungsäußerungen, Stellungnahmen, Lösungsvorschlägen et cetera in den Veränderungsprozess des Unternehmens einzubinden. Ein Beispiel für solch ein »Auftauen und Einbinden« wäre, im Rahmen einer umfassenden Organisationsentwicklung, bei der neue Konzepte und Strategien der Anreizpolitik für das mittlere Management entwickelt und umgesetzt werden sollen, eine Mitarbeiterbefragung auf der mittleren Führungsebene anzusiedeln.

Weiterhin lassen sich Mitarbeiterbefragungen im Hinblick auf ihre zwei grundlegenden Funktionen kategorisieren:

- Zum einen dienen sie Ihnen zum Messen (zum Beispiel von Meinungen, Einstellungen);
- zum anderen stellen sie, professionell durchgeführt, bereits an und für sich eine Intervention zur Mitarbeitermotivation und Bindung dar.

Sie können beispielsweise mit einer Meinungsumfrage, deren Interessenschwerpunkt ist: »Wie beurteilen junge Ingenieure das bestehende Anreizsystem unseres Unternehmens?«, messen, wie das Anreizsystem von den Befragten beurteilt wird. Gleichzeitig signalisiert das Unternehmen bereits mit der Meinungsumfrage, dass ihm die Meinung der Mitarbeiter wichtig ist. Somit wird schon mit der Intervention der Mitarbeiterbefragung vermittelt, dass Mitarbeiter ernst genommen werden und ihre Meinung geschätzt wird. Hier sprechen wir vom »Partizipationseffekt«. Die Ergebnisse mehrerer Studien sprechen dafür, dass solch ein Signal, welches durch eine Befragung vermittelt wird, sich positiv auf die Mitarbeitermotivation und -bindung auswirkt.

Damit dieser positive Effekt von Mitarbeiterbefragungen, egal welchen Typus, genutzt werden kann, müssen Sie jedoch bereits bei der Konzeption auf einige wesentliche Aspekte achten.

13.3 Konzeption einer Mitarbeiterbefragung

Der Projektablauf einer Mitarbeiterbefragung gliedert sich in der Regel in verschiedenen Phasen (siehe Abbildung 13.1).

Abb. 13.1: Mitarbeiterbefragung: Die Projektphasen im Überblick

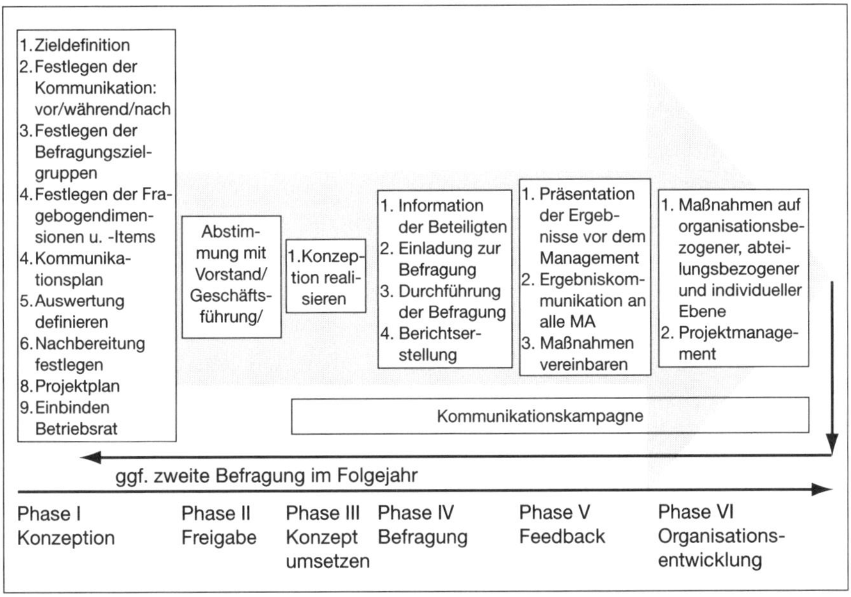

13.3.1 Konzeption des Fragebogens

Bei der Konzeption einer Mitarbeiterbefragung orientieren Sie sich pragmatisch an Ihren Zielen:

- Was möchten Sie von Ihren Mitarbeitern wissen?
- Was möchten Sie Ihren Mitarbeitern im Rahmen eines Feedbacks mitteilen?

Entsprechend können Sie bei der inhaltlichen Konzeption einer Mitarbeiterbefragung immer wählen zwischen:

- standardisierten Befragungsinstrumenten (zum Beispiel Fragebögen) zu bestimmten Inhalten;
- selbst konstruierten Befragungsmethoden oder
- einer Kombination aus standardisierten und selbst konstruierten Instrumenten und Methoden.

Schlüsselfrage bei der Konzeption einer Mitarbeiterbefragung ist, was Sie mittels einer Mitarbeiterbefragung kommunizieren möchten. Diese Frage hängt eng mit Ihrer Zielsetzung zusammen, die Dreh- und Angelpunkt für die Konkretisierung des Inhalts ist. Checkliste 13.1 auf der CD erläutert dies anhand eines Beispiels.

Die Frage, »Was soll kommuniziert werden« lässt sich mit dieser Checkliste leicht beantworten. Die Frage, »Wie soll kommuniziert werden?« lässt sich in einem nächsten Schritt aus den Zielen und den bisherigen Überlegungen ableiten:

- Da alle Mitarbeiter befragt werden sollen, bietet sich aus ökonomischer Sicht eine Fragebogenerhebung an. Unter Berücksichtigung der unternehmensinternen Kommunikationskultur kann diese eher traditionell per Papier und Bleistift oder aber auf elektronischem Weg erfolgen. Eine Papier- und Bleistiftdurchführung wird sich nur bei einer sehr geringen Mitarbeiterzahl wirklich anbieten. Bei beiden Vorgehensweisen ist zu beachten, dass die Anonymität der Befragten gewahrt wird.
- Um Informationen über Arbeitszufriedenheit (ein theoretisches Konstrukt) zu erhalten, bietet es sich an, ein standardisiertes Instrument (zum Beispiel Fragebogen) zu verwenden. Denn dies wurde bereits dahingehend geprüft, ob es das misst, was es vorgibt zu messen. Entwickeln Sie hingegen selbst einen Fragebogen, ist es möglich, dass Sie etwas anderes messen als Sie vermuten.

Zusammenfassend ist es also empfehlenswert, einen strukturierten und standardisierten Fragebogen mit geschlossenen und teilweise auch offenen Fragen zu entwickeln, der anonym von den Mitarbeitern ausgefüllt werden kann. Die Vorteile eines solchen Fragebogens liegen in der relativ einfachen Handhabung bei der Auswertung und der Möglichkeit, viele Fragen in den Fragebogen aufnehmen zu können. Durch die Anonymität wird sichergestellt, dass die Mitarbeiter keine Scheu haben, offen und ehrlich zu antworten, und keine Konsequenzen befürchten müssen. Es hat sich häufig gezeigt, dass die Anonymität sich positiv auf die Beteiligung an einer solchen Mitarbeiterbefragung auswirkt. Ein weiterer Faktor, der sich positiv auf die Beteiligung an einer Mitarbeiterbefragung auswirkt, ist die Bildung einer Projektgruppe zur inhaltlichen Entwicklung und Gestaltung des Fragebogens. Beziehen Sie die Arbeitnehmervertretung am besten von Anfang an mit in diese Projektgruppe ein. Das stärkt nicht nur zusätzlich das Vertrauen der Mitarbeiter in das Instrument, sondern vermeidet auch Abstimmungsprobleme mit dem Betriebsrat.

Die Inhalte des Fragebogens leiten sich direkt aus der Zielsetzung der Befragung ab. Wollen Sie zum Beispiel ein umfassendes Bild über die allgemeine Zufriedenheit der Mitarbeiter erhalten, so sollten Sie alle unternehmens- und arbeitsplatzrelevanten Faktoren abfragen. Ein solcher Standardfragebogen greift in der Regel die in der Tabelle 13.2 genannten Bereiche auf.

Tabelle 13.2: Beispielinhalte von Fragebögen zur Ermittlung der Mitarbeiterzufriedenheit

Inhalte einer Befragung zur Mitarbeiterzufriedenheit	Mögliche Einzelinhalte
Arbeitsplatzbedingungen und Arbeitssituation	• Platz, Lärmbelästigung, Lichtverhältnisse, Sicherheit, Sauberkeit, Arbeitszeit, Arbeitsabläufe, Zustand der Arbeitsmittel (z. B. Werkzeuge)
Informationsfluss	• Informationsquellen und -systeme, Qualität der Informationen über Unternehmens-/Bereichs- und Abteilungsinteressen, Quantität der Informationen
Weiterbildung und Entwicklung	• Angebot von Weiterbildungsmöglichkeiten, Qualität und Quantität der Angebote
Führung	• Beurteilung des Führungsstils im Unternehmen, Information über übergeordnete und persönliche Ziele durch den Vorgesetzten, Förderung von Weiterbildungsmaßnahmen durch den Vorgesetzten, Einbeziehung von Mitarbeitern in Entscheidungen, Unterstützung durch Vorgesetzte (z. B. »Rückendeckung«), Feedback durch die Führungskraft
Kooperation und Koordination	• Teamverhalten, effektive Zusammenarbeit, Unterstützung unter Kollegen, offener Umgang im Team, Konfliktmanagement, Loyalität
Einkommen und Sozialleistungen	• Zufriedenheit mit dem Einkommen im Vergleich zu branchenüblichen Gehältern bzw. Gehältern bei potenziellen Arbeitgebern, Zufriedenheit mit Sozialleistungen des Unternehmens
Geamteindruck über das Unternehmen und Unternehmensimage	• Informationsgrad über die Ziele des Unternehmens, Organisation von Arbeitsabläufen/Entscheidungswegen, Einschätzung des Managements, Beurteilung der Außenwirkung des Unternehmens
Bindung an das Unternehmen	• z. B. durch Ausdruck von Wertschätzung, Sonderleistungen
Offene Fragen	• …

Beispielhaft finden Sie in den Abbildungen 13.2 und 13.3 Auszüge aus einem Fragebogen, der von uns im Rahmen eines Projekts zur Erhebung der Mitarbeiterzufriedenheit in einem Unternehmen erstellt wurde.

Abb. 13.2: Beispielauszug aus einem Fragebogen: Dimension »Arbeitsklima«

Arbeitsklima		Trifft zu						Trifft nicht zu	Freie Bemerkungen
1.	Das Arbeitsklima ist gut.	○ 1	○ 2	○ 3	○ 4	○ 5	○ 6		
2.	Jeder fühlt sich für das Betriebs-klima mitverantwortlich.	○ 1	○ 2	○ 3	○ 4	○ 5	○ 6		
3.	Ich fühle mich von meinen Kollegen fair behandelt.	○ 1	○ 2	○ 3	○ 4	○ 5	○ 6		
4.	Wir sind untereinander loyal.	○ 1	○ 2	○ 3	○ 4	○ 5	○ 6		
5.	Im Kollegenkreis unterstützen wir uns gegenseitig.	○ 1	○ 2	○ 3	○ 4	○ 5	○ 6		
6.	Das Klima in unserem Unternehmen wird vom Grundsatz der vertrauensvollen Zusammenarbeit geprägt.	○ 1	○ 2	○ 3	○ 4	○ 5	○ 6		

Durch die Bildung einer Projektgruppe, in die engagierte Vertreter aller Gruppen, also auch Mitarbeiter, einbezogen werden sollten, können ganz gezielt auch Fragen aufgenommen werden, die den Mitarbeitern aktuell besonders wichtig sind.

Die Praxis zeigt immer wieder, dass es sich für eine erfolgreiche Umsetzung der Mitarbeiterbefragung empfiehlt, im Vorfeld speziell den folgenden Aspekten besondere Beachtung zu schenken:

- Festlegen, wann genau die Befragung erfolgen soll;
- Gesamtumfang der abgefragten Dimensionen;
- Anzahl der Items je Dimension;
- Art der Skalierung auf dem Fragebogen;
- Struktur der Ergebnisse (Umfang, Auswertungsvarianten, Aufbereitung);
- inhaltliche und grafische Aufbereitung der Fragebögen und Ergebnisse.

Abb. 13.3: Beispielauszug aus einem Fragebogen: Dimension
»Arbeitsmittel«

Arbeitsmittel		Trifft zu			Trifft nicht zu			Freie Bemerkungen
1.	Zur Erledigung meiner Aufgaben stehen mir Arbeitsmittel in ausreichendem Maße zur Verfügung.	○ 1	○ 2	○ 3	○ 4	○ 5	○ 6	
2.	Die Ausstattung mit Arbeitsmitteln (bspw. EDV) ist für meine Aufgaben geeignet.	○ 1	○ 2	○ 3	○ 4	○ 5	○ 6	
3.	Die Arbeitsmittel funktionieren immer fehlerfrei.	○ 1	○ 2	○ 3	○ 4	○ 5	○ 6	
4.	Ich verfüge über die notwendigen Kenntnisse, um meine Arbeitsmittel gut einzusetzen.	○ 1	○ 2	○ 3	○ 4	○ 5	○ 6	
5.	Die Arbeitsmittel werden in unserem Unternehmen angemessen eingesetzt (elektronische bzw. Papierform).	○ 1	○ 2	○ 3	○ 4	○ 5	○ 6	
6.	Ich muss mich selten selbst um die Beschaffung meiner Arbeitsmittel kümmern.	○ 1	○ 2	○ 3	○ 4	○ 5	○ 6	

13.3.2 Information und Kommunikation: Schulung der Prozessbegleiter

Um einen reibungslosen Ablauf zu gewährleisten, sollten Sie darauf hinwirken, so genannte »Prozessbegleiter« einzusetzen. Deren Aufgabe besteht letztendlich darin, während der Befragung als interne Berater bei Fragen und Problemen zur Verfügung zu stehen. Zusätzlich übernehmen Sie die Aufgabe des »Prozess-Monitoring«. Damit die Prozessbegleiter ihre Rolle erfolgreich ausfüllen können, ist vorab eine Schulung empfehlenswert. Hier werden die Mitarbeiter in kurzen Veranstaltungen über die Zielsetzung, das verwendete Instrument (zum Beispiel Fragebogen), die Vorgehensweise, den zeitlichen Ablauf und die Verwendung der Ergebnisse informiert. Sie erhalten also Informationen zur Methodik und zu wichtigen Regeln der Mitarbeiterbefragung. Zusätzlich sollten Sie den Prozessbegleitern schriftliche Unterlagen ergänzend hierzu zur Verfügung stellen.

13.3 3 Durchführung der Mitarbeiterbefragung

Für die Durchführung der Mitarbeiterbefragung ist entscheidend, dass die Instrumente und Prozesse der Mitarbeiterbefragung untereinander stimmig sind. Auch gilt es zu berücksichtigen, dass eine Mitarbeiterbefragung am meisten Erfolg verspricht, wenn sie in die Organisation mit all ihren Prozessabläufen, Kommunikationsmitteln, Ritualen und so weiter integriert ist. Kurz: Bedenken Sie bei der Durchführung alle Möglichkeiten und Unmöglichkeiten, die sich Ihnen bieten.

Für die Durchführung der Mitarbeiterbefragung gilt: Orientieren Sie sich an Ihrem ausgearbeiteten Konzept, und bleiben Sie bei der Durchführung offen für den Unternehmensalltag. Reagieren Sie flexibel auf kurzfristige Änderungen. Etwas ausführlicher bedeutet diese Forderung:

- Den Leitfaden für die Durchführung bildet Ihre Konzeption. Je detaillierter und umsichtiger Sie in der Konzeptionsphase gearbeitet haben, umso gewappneter sind Sie für den Durchführungsprozess.
- Gleichzeitig müssen Sie zwangsläufig von Ihrem anfänglichen Ideenkonzept abweichen, um tatsächlich eine Datenerhebung durchführen zu können – denn es wird höchstwahrscheinlich nicht alles nach Plan laufen. Die sich zeigenden Mängel, die sich meist ebenso auf Fehler in der Anfangsphase zurückführen lassen, sind erfahrbare Chancen für die Zukunft: Nutzen Sie diese, um sie beim nächsten Mal zu vermeiden.
- Bedenken Sie, dass der Kommunikation bei der Durchführung einer Mitarbeiterbefragung ein zentraler Stellenwert zukommt. Bleiben Sie in Kontakt mit und interessieren Sie sich für Ihre Zielgruppen.
- Vermeiden Sie Frust: Wecken Sie keine Erwartungen, die Sie nicht erfüllen können oder wollen. Unerfüllte Erwartungen wirken Ihrer Absicht entgegen, die Zufriedenheit Ihrer Mitarbeiter zu erhöhen und motivierte Mitarbeiter an das Unternehmen zu binden.

Organisationen achten zunehmend auf Kommunikationsprozesse – interne und externe. Es ist ein aktueller Trend, Mitarbeiterbefragungen einzusetzen, um in der interaktiven Kommunikation die Identifikation mit dem Unternehmen zu fördern. Es finden immer mehr Befragungen statt, was zu kürzeren Befragungsintervallen führt. Statt umfangreicher, aufwändiger Mitarbeiterbefragungen (vergleiche Klimabefragungen mit Feedback) werden heute Befragungen bevorzugt, die sich inhaltlich speziell auf ein bestimmtes Thema richten (»Blitzumfragen«). Diese finden oftmals in kleinen Teilbereichen der Organisation statt. Diese Form der Mitarbeiterbefragungen erleichtert es zudem, dem Trend hin zu einem schnellen Datenfeedback gerecht zu werden.

Diese moderne Form der Befragung hat im Hinblick auf die Mitarbeiterzufriedenheit und deren Bindung an das Unternehmen einen entscheidenden Vorteil: Sowohl die Konzentration auf ein spezielles Thema als auch ein zeitnahes Datenfeedback erhöhen die Transparenz der Befragung für die Mitarbeiter. Damit Sie vor und während der Durchführung Bedingungen schaffen können, welche die Transparenz erhöhen, haben wir Ihnen Checklisten zur Kommunikation während und nach der Datenerhebung zusammengestellt. Die Einteilung der Durchführung in die Phasen Kommunikation vor, während und nach der Datenerhebung soll den Prozesscharakter der Mitarbeiterbefragung betonen. In jeder Phase bedarf es einer entsprechenden Informationspolitik den Mitarbeitern gegenüber. Die Checklisten 13.2 bis 13.4 zeigen auf, welche Fragen in diesen Phasen wichtig sind.

13.3.4 Auswertung und Ergebniskommunikation

Die Ergebnisrückmeldung sollte zeitnah zur Befragung erfolgen! Selbstverständlich müssen Sie aber darauf achten, dass die Ergebnisse vollständig und nachvollziehbar sind. Wissen Sie nicht, wie Sie zu Ihren Ergebnissen kommen, ist das für Kritiker ein »gefundenes Fressen« bei der Ergebnisrückmeldung. Mit einer schlichten Häufigkeitsauszählung, Mittelwertsberechnungen und ein paar Prozentzahlen ist die Auswertung noch nicht abgeschlossen.

Vielmehr gilt es, repräsentative, fundierte und handlungsorientierte Daten zu kommunizieren. Das setzt voraus, dass Sie:

- Daten komprimieren,
- Zusammenhänge festgestellter oder vermuteter Art auf Signifikanz prüfen und
- mögliche Zusammenhänge und Kausalitäten untersuchen.

Haben Sie Ihre Ergebnisse entsprechend ausgewertet, erfolgt die Ergebnisrückmeldung. Im Einzelnen bedeutet dies, dass:

- das Gesamtergebnis vor der Unternehmensleitung präsentiert und der Auswertungsbericht übergeben wird,
- die Einzelberichte über die vorher definierten Auswertungseinheiten übergeben werden,
- das Gesamtergebnis vor den Mitarbeitern oder einer Vertretung präsentiert wird,
- eine unverzügliche Rückmeldung der Gesamtergebnisse an die Mitarbeiterschaft erfolgt.

Für eine Ergebnisrückmeldung an die Mitarbeiter bietet sich eine Ergebnisbroschüre, ein Beitrag in der Mitarbeiterzeitschrift oder ein elektronischer Newsletter an. Eine weitere gute Möglichkeit sind Betriebsversammlungen, da sie die Chance bieten, mit den Mitarbeitern einzelne Ergebnisse auch zu diskutieren. Dadurch wird die Ernsthaftigkeit, aber auch die Wertschätzung der Mitarbeiter noch einmal betont. Sprechen Sie bei der Kommunikation der Ergebnisse bereits erste Maßnahmen an, die sich aus den Ergebnissen ableiten lassen. Scheuen Sie sich aber auch nicht davor, aktuell unveränderbare Tatsachen als solche zu benennen. Hier gilt wieder, dass Sie nur zusagen sollten, was Sie auch einhalten können. Bleiben Sie realistisch und achten Sie während des gesamten Prozesses darauf, dass Transparenz die oberste Devise ist – sowohl gegenüber Ihren Kooperationspartnern als auch gegenüber den Mitarbeitern.

13.3.5 Erfolgsfaktoren der einzelnen Projektphasen

Für die Konzeption, Durchführung und Auswertung einer Mitarbeiterbefragung haben sich die nachfolgend aufgeführten Kriterien in der Praxis immer wieder als erfolgsichernd herausgestellt:

Information und Kommunikation

- frühzeitige Information und Einbindung der Arbeitnehmervertretung (Hier sind die aktuellen Vorgaben zur Information und Einbindung der Arbeitnehmervertretung zwingend zu beachten);
- wenn möglich, aktive Einbindung der Arbeitnehmervertretung bei der Verfahrensentwicklung. Auf diese Weise kann Widerstand vermieden und die Arbeitnehmervertretung für die Durchführung der Mitarbeiterbefragung gewonnen werden;
- Sicherstellung einer einheitlichen Sprache für die interne Kommunikation hinsichtlich des Gesamtprozesses und seiner Zielsetzung;
- frühzeitige Einbindung und Information aller Beteiligten;
- sorgfältige Vorbereitung aller Beteiligten durch umfassende Information, gegebenenfalls Unterweisung und Schulung für das Verfahren, die Zielsetzung, Methodik und Verantwortlichkeiten. In diesem Zusammenhang kontinuierliche Information zum Stand des Projektes an die unterschiedlichen Zielgruppen;
- ergänzende Bereitstellung aller erforderlichen Informationen in Form einer »Informationsbroschüre«.

Tabelle 13.3: Mögliche Risikofaktoren bei Mitarbeiterbefragungen

Risikofaktoren bei Mitarbeiterbefragungen	Lösungen
Stand-alone-Lösung: keine Ausrichtung der Befragung auf Unternehmensstrategie und Leitbild	• Abstimmung mit Führungs- und Unternehmensleitlinien sowie der Unternehmenskultur, Ausrichtung der Fragen an firmenspezifische Anforderungen
»Schnellschuss«-Konzeption: unzureichende Vorbereitung der Beteiligten, mangelnde Akzeptanz, schlechte Rücklaufquoten, Anwendungsfehler, Widerstände gegen die Befragung	• Enger Austausch zwischen den Prozessverantwortlichen und -beteiligten, ausreichende Planungs- und Koordinationsphase, umfassende Information aller Prozessbeteiligten
Blockade durch Gremien: Gefährdung, Verzögerung des Gesamtprozesses	• Frühzeitige und durchgängige Einbindung z. B. des Betriebsrates
Keine Begleitung: wenig Akzeptanz, Anwendungsfehler, schlechte Rücklaufquoten	• Einsatz von Prozessbegleitern, Reminder-Mails etc.
Keine Transparenz zur Zielsetzung und zu den Absichten der Befragung: Widerstände, Ängste, falsche Zielsetzung	• Einheitliche, einfache, ehrliche und glaubwürdige Sprachregelung. Absichten und Ziele müssen ehrlich kommuniziert werden (z. B. durch Intranet Mitarbeiterversammlung, etc.)
Keine Vertraulichkeit: Widerstände, Ängste	• Frühe Einbindung des Betriebsrates, Klarheit über die Auswertung und Verwendung der Daten, Passwortschutz bei Nutzung von systemgestützten Anwendungen, Anonymität bei systemgestützten Anwendungen muss gewährleistet sein

Vertraulichkeit und Akzeptanz

• Sicherung der Vertraulichkeit und Anonymität;
• Kontrolle der Datenverwendung für den Befragten;
• Festlegung, wer welche Ergebnisse und in welcher Form erhält;
• Festlegung, in welcher Form die Ergebnisdokumentation erfolgen soll;
• Schulung und Einsatz von Prozessbegleitern (Vertrauenspersonen) für Fragen im Verlauf der Mitarbeiterbefragung.

Prozesssteuerung und Qualität

• Klärung der genauen Zielsetzung;
• fundierte Vorbereitung der Mitarbeiterbefragung hinsichtlich Informa-

tion, Befragungsinstrument, Prozesssteuerung, Ergebnisauswertung und Kommunikation sowie nachfolgender Maßnahmen;

- reibungslose und termingerechte Projektsteuerung;
- Entwicklung eines für die Teilnehmer einfach zu handhabenden Systems;
- benutzerfreundliche und effektive internet- beziehungsweise intranetbasierte Erfassungs- und Auswertungsmöglichkeiten mit hoher technischer Qualität und Sicherheit;
- hohe Qualität und empfängerorientierte Auswertung der Befragungsergebnisse;
- kontinuierliche Beobachtung und Sicherstellung des zeitgerechten Rücklaufs der Fragebögen.

Abschließend fasst die Tabelle 13.3 mögliche Herausforderungen zusammen, auf die Sie in den einzelnen Projektphasen einer Mitarbeiterbefragung stoßen können, und zeigt Ihnen zudem mögliche Lösungsansätze hierzu auf.

13.4 Erfolgsfaktor »Nachbereitung und Maßnahmenableitung«

Die Konzeption und Durchführung stellt je nach Größe des Unternehmens hohe Anforderungen an diejenigen, die den Prozess verantwortlich steuern und begleiten. Gehen wir einmal davon aus, dass Sie die Mitarbeiterbefragung erfolgreich durchgeführt haben und auch die Ergebnisse bereits kommuniziert wurden, dann gibt es immer noch einen Aspekt, der dazu führen kann, dass die gewünschte Wirkung doch nicht erreicht wird. Dies ist die Frage, wie die Ergebnisse für die Ableitung notwendiger Maßnahmen genutzt werden.

Bei der Auswertung der Ergebnisse muss darauf geachtet werden, ob sich eindeutig kritische Bereiche erkennen lassen. Diese kennzeichnen Handlungsfelder. Studieren Sie die Ergebnisse sehr detailliert, um Tendenzen und Widersprüche erkennen zu können. Betrachten Sie nicht nur die Gesamtauswertung, sondern, soweit diese vorliegen, auch Bereichs- oder Abteilungsergebnisse. Es kann ja durchaus sein, dass bestimmte Handlungsfelder nur für einzelne Bereiche gelten. Erstellen Sie sich eine Übersicht, in der Sie einzelne Handlungsfelder aufnehmen und für jedes Handlungsfeld überlegen:

- Welche Abhängigkeiten bestehen zu anderen Variablen?
- Welche Vernetzungen bestehen zu anderen Variablen?
- Welche Veränderungsziele lassen sich ableiten?
- Welche Maßnahmen sind sinnvoll und zielführend?

- Für welche anderen Handlungsfelder können diese Maßnahmen ebenfalls eine Verbesserung bewirken?

Wenn Sie die Handlungsfelder und geeigneten Maßnahmen zur Verbesserung klar herausgearbeitet haben, sollten Sie diese an die Unternehmensleitung kommunizieren und mit dem Management abstimmen, welche Sie umsetzen. Erstellen Sie ein grobes Entscheidungskonzept, mit dem Sie die notwendigen Entscheidungen vom Management klären lassen:

- Was werden wir tun?
- Wie und in welchem Umfang werden wir es tun?
- Ab wann und bis wann werden wir es tun?
- Wer ist dafür verantwortlich?
- Welche Entscheidungskompetenzen bekommt wer?
- Welches Budget wird zur Verfügung gestellt?

Die Bedeutung von Verbesserungs- beziehungsweise Veränderungsmaßnahmen, die aus den Ergebnissen einer Mitarbeiterbefragung abgeleitet werden, ist für den Gesamterfolg der Maßnahme sowie für die Glaubwürdigkeit, das Vertrauen und die Motivation der Mitarbeiter entscheidend. Immer wieder erleben wir, dass Mitarbeiter den Nutzen von Befragungen bezweifeln, weil sie danach nie wieder etwas gehört haben und nichts passiert ist. Bei der nächsten Mitarbeiterbefragung werden sie wahrscheinlich nicht mehr teilnehmen.

Optimierungsmaßnahmen sollten Sie nicht nur einleiten und umsetzen. Sehr wichtig ist, wie bei allen HR-Aktivitäten, dass Sie auch darüber berichten. Informieren Sie Führungskräfte und Mitarbeiter regelmäßig zu den geplanten und den bereits umgesetzten Maßnahmen sowie zu erreichten Erfolgen.

13.5 Mitarbeiterbefragung in Kooperation mit einem externen Berater

Sinnvollerweise werden Mitarbeiterbefragungen in Kooperation mit einem externen Berater geplant und durchgeführt. Solch eine Zusammenarbeit bietet sich an, weil:

- sein Expertenwissen und seine Erfahrung auf dem Gebiet die Durchführung einer Mitarbeiterbefragung sowohl erleichtern als auch qualitativ verbessern;

- sichergestellt wird, dass aktuelles Know-how aus der personalberatenden Praxis mit in die Konzeption der Mitarbeiterbefragung bis zur Interpretation der Ergebnisse einfließt;
- besonders hinsichtlich der Zusicherung eines vertrauensvollem Umgangs mit den persönlichen Daten sowie allen übermittelten Informationen eine externe Instanz eine bessere Akzeptanz bei den Mitarbeitern hat;
- der kurzfristig notwendige personale Aufwand, den eine Mitarbeiterbefragung mit sich bringt, oftmals schwer oder gar nicht durch internes Personal gedeckt werden kann.

Möglicherweise auftretende Nachteile der Zusammenarbeit mit einer externen Beratung können sein, dass:

- der Experte zwar über Fachwissen verfügt, aber über geringe soziale Kompetenzen, sodass sich eine kooperative Zusammenarbeit schwierig gestaltet;
- das teilweise schlechte Image von Unternehmensberatungen in der Öffentlichkeit sich auf die Akzeptanz eines Experten im Unternehmen negativ auswirken könnte. Hier gilt es, durch rechtzeitige und offene Kommunikation derartigen Problemen vorzubeugen;
- der Berater versucht, Ihnen aufgrund seiner Fachkompetenz »ideale Instrumente und Methoden« sowie anschließend »perfekte Konzepte zur Lösung des Problems« anzubieten, wenn möglich zu verkaufen, ohne sich intensiv genug mit den Anforderungen Ihres Unternehmens zu beschäftigen.

Um solchen Schwierigkeiten aus dem Weg zu gehen, ist es bei der Konzeption einer Mitarbeiterbefragung wichtig, eine funktionstüchtige Kooperation mit dem externen Berater einzugehen und zu erhalten. Die entscheidenden Weichenstellungen für den Erfolg der Mitarbeiterbefragung stellen Sie in der anfänglichen Kontaktphase mit dem externen Berater. Hier geht es darum, eine Passung herbeizuführen und zu klären, ob die »Chemie« zwischen Ihnen als Vertreter des Unternehmens und dem Berater stimmt.

Gerade zu Beginn der Konzeptionsphase ist es notwendig, viel Zeit und Energie zu investieren, weil es entscheidend für den weiteren reibungslosen Ablauf und den Erfolg der Mitarbeiterbefragung ist, dass Sie aus den ersten diffusen Vorstellungen konkret messbare Ziele entwickeln. Die Kontaktphase endet mit einem Vertrag, der schriftlich fixiert wird. Dieser Vertrag kann niemals die endgültige Planung der Mitarbeiterbefragung sein, denn er bezieht sich auf die gerade aktuelle Erkenntnislage. Da Sie einen Prozess gestalten, ist es ratsam, an Ihren Zielen festzuhalten, in den Mitteln für die

Zielerreichung jedoch flexibel zu bleiben. So gilt es, zusammen mit dem externen Berater eine Problemdefinition und Zielvorstellung festzulegen, mit der Sie im weiteren Verlauf der Konzeption arbeiten.

Bei der Konzeption einer Mitarbeiterbefragung handelt es sich um einen Problemlösungsprozess in Kooperation mit:

- den Mitarbeitern als Experten für sich selbst und die Praxis;
- der Unternehmensleitung als Experte für Managementaufgaben und
- dem Berater als Experte für die Prozessgestaltung.

Die wichtigsten Punkte, auf die Sie in Bezug auf Ihre jeweiligen Zielgruppen achten müssen, sind:

- Begreifen Sie Ihre Mitarbeiter als wertvolle Kooperationspartner?
- Ist die Unternehmensleitung an ehrlichen Ergebnissen interessiert, und fühlt sie sich verantwortlich?
- Erfüllt der Berater Ihre Anforderungen?

14 Neuplatzierung und Versetzung

»Hast Du es schon gehört? Der Müller aus der IT wird in die Zweigniederlassung versetzt!« – »Nein, ehrlich? Was ist denn da wohl vorgefallen?« …
Derartigen Flurfunk kennen wir alle. Die Worte »versetzt werden« lösen bei
vielen Menschen ein unbehagliches Gefühl in der Magengegend aus. Warum
eigentlich? Wahrscheinlich, weil uns die Worte an sich schon suggerieren,
dass man sich als Arbeitnehmer in einer passiven und hilflosen Rolle gegenüber dem Arbeitgeber befindet, ja sozusagen abhängig ist von dessen Wei-
sung. Arbeitsrechtlich betrachtet trifft das ja auch grundsätzlich zu – aber
dazu später mehr. Eine zusätzliche negative Färbung erhält der Begriff »Versetzung« durch den immer noch anzutreffenden Irrglauben, die Versetzung
sei eine Art Strafmaßnahme des Arbeitgebers, wenn Mitarbeiter »Bockmist«
bauen. Ganz falsch ist diese Auffassung natürlich nicht – dauerhaft mangelnde Leistung kann tatsächlich Anlass für die Versetzung eines Mitarbeiters sein. Und dass eine derart veranlasste Versetzung dann mit vorwiegend
negativen Gefühlen verbunden wird, ist – zumindest aus Sicht des betroffenen Mitarbeiters – nachvollziehbar. Dass Versetzungen für Mitarbeiter
aber auch etwas Positives bedeuten können, wird häufig vernachlässigt, da
die Versetzungsmaßnahme hinter Begriffen wie »Beförderung« oder »Weiterentwicklung« verschwindet. Dass die Versetzung ein vielseitiges Instrument ist, welches Ihnen in der Personalarbeit aus verschiedenen Anlässen
und mit unterschiedlichen Zielsetzungen immer wieder begegnet, zeigt dieses
Kapitel.

14.1 Wenn Veränderungen notwendig werden: Anlässe und Ziele von Versetzungen

Wir können davon ausgehen, dass Herr Müller aus der IT nicht ohne Grund
in die Zweigniederlassung versetzt wird. Aber was genau ist der Anlass für
seine Versetzung? Hat er sich tatsächlich etwas zuschulden kommen lassen?

Leider kennen wir Herrn Müller nicht und müssen diesen Fall offen lassen. Sicher ist jedoch, dass mehrere mögliche Auslöser für seine Versetzung infrage kommen.

Unabhängig von Anlass und Zielsetzung bedeutet »Versetzung« zunächst einmal die Zuweisung einer anderen Beschäftigung im Unternehmen durch den Arbeitgeber. Diese Zuweisung kann sich auf den Einsatzort, die Art und den Umfang der Beschäftigung beziehen. In einer groben Unterscheidung können wir dabei Versetzungen als Einzelmaßnahme von Versetzungen als Gruppenmaßnahme unterscheiden.

14.1.1 Die Versetzung als Einzelmaßnahme

Im Rahmen der Personalentwicklung kommt die Versetzung beziehungsweise Umsetzung einzelner Mitarbeiter wohl am häufigsten zum Einsatz. So wird sie zum Beispiel als Instrument der Nachfolge- und Laufbahnplanung, die bereits im Kapitel zur Personalentwicklung näher vorgestellt wurde, eingesetzt. Dabei wird das Ziel verfolgt, den betroffenen Mitarbeiter durch die Anreicherung seiner Aufgaben und Verantwortungen beziehungsweise durch die Übernahme einer neuen Aufgabe in seiner weiteren Entwicklung im Unternehmen zu fördern. Dieses Ziel kann durch eine Versetzung des Mitarbeiters auf eine höherwertigere Stelle oder durch eine horizontale Umsetzung des Mitarbeiters erreicht werden.

Eine Versetzung kann aber auch auf ausdrücklichen Wunsch des Mitarbeiters selbst initiiert werden. Auslöser hierfür sind ganz unterschiedliche Gründe, die häufig dem persönlichen Hintergrund des Mitarbeiters entspringen. So wünschen sich viele Mitarbeiter zum Beispiel eine Versetzung an einen anderen Standort des Unternehmens, um ihren Lebenspartner zu begleiten, der sich beruflich neu orientiert. Oder sie wünschen sich eine Versetzung auf eine Stelle von geringerem Umfang, um sich mehr der Familie widmen zu können. Die Anlässe für den individuellen Wunsch nach einer Versetzung sind ebenso vielfältig, wie wir uns private Umstände vorstellen können, die das Berufsleben in irgendeiner Art und Weise berühren und eine berufliche Veränderung aus Sicht des Mitarbeiters erforderlich machen.

Neben persönlichen Gründen ist der Auslöser für den Wunsch nach einer Versetzung manchmal auch im kollegialen Umfeld des Mitarbeiters zu finden. Um das mittlerweile häufig genutzte Schlagwort »Mobbing« in den Ring zu werfen, sind es nicht selten Streitereien und Unstimmigkeiten mit den Kollegen, die einzelne Mitarbeiter aktiv werden lassen, sich um eine

Versetzung in ein anderes Team oder in eine andere Abteilung zu bemühen.

Gehen Verhaltensweisen eines Mitarbeiters dauerhaft über persönliche Animositäten und Spannungen zwischen Beschäftigten hinaus und drohen sogar für das gesamte Team oder die gesamte Abteilung zur Belastung zu werden, kann der Arbeitgeber letzten Endes die Versetzung dieses Mitarbeiters als Maßnahme ergreifen, um eine produktive Arbeitsatmosphäre sicherbeziehungsweise wiederherzustellen. Hier geht es dann nicht mehr um die Förderung und Entwicklung des Mitarbeiters oder etwa um die Berücksichtigung seiner Interessen und Wünsche, sondern um Begrenzung des Schadens, den er durch sein Verhalten weiterhin verursachen würde. In solchen extremen Fällen ist grundsätzlich zu entscheiden, ob das Verhalten des Mitarbeiters für das Unternehmen insgesamt überhaupt noch tragbar ist. Nur wenn dies vorstellbar ist, sollte eine Versetzung überhaupt in Betracht gezogen werden.

Abb. 14.1: Die Versetzung als Einzelmaßnahme

Art der Versetzung	Schritt 1 Zielklärung vor der Versetzung	Schritt 2 Klärung interner Versetzungsoptionen:
Versetzung als Instrument der Personalentwicklung	Förderung und Entwicklung des Mitarbeiters	Wie muss die Stelle beschaffen sein, um zur Zielerreichung beizutragen?
Versetzung auf Wunsch des Mitarbeiters	Arbeitszufriedenheit und Motivation dauerhaft erhalten	
Verhaltensbedingte Versetzung	Schadensbegrenzung	

14.1.2 Die Versetzung als Gruppenmaßnahme

Neben individuellen Einzelversetzungen kann sich in Unternehmen auch die Notwendigkeit ergeben, mehrere Mitarbeiter zugleich versetzen zu müssen. Auslöser sind meist notwendige Neuausrichtungen, Veränderungen von Struktur und Organisation oder Fusionen mit anderen Unternehmen. Um den damit einhergehenden Anforderungen gerecht werden zu können, müssen Unternehmensstrategien angepasst und auf Mitarbeiterebene umgesetzt werden. Möglichkeiten für die Gestaltung und Umsetzung dieser komplexen Prozesse zeigen die folgenden Beispiele aus der Praxis.

14.1.2.1 Praxisbeispiel: Versetzungen im Rahmen eines Fusionsprozesses

Durch eine Übernahmesituation zweier Unternehmen der Telekommunikationsbranche ergab sich die Notwendigkeit, rund 200 Mitarbeiter an einen neuen Standort zu versetzen. Dabei wurde zum einen das Ziel verfolgt, die Zentralbereiche des übernehmenden Unternehmens in die Zentralbereiche des übernommenen Unternehmens per Betriebsteilübergang zu integrieren, um Synergien schöpfen zu können. Zum anderen wollte man durch den Betriebsteilübergang eine klare Aufgabentrennung zwischen dem Großkunden- und Endverbrauchergeschäft herstellen. Für die davon betroffenen Mitarbeiter bedeutete dies, dass sie zwar ihre alten Aufgaben in der Art und Weise weiterhin beibehalten würden, diese jedoch künftig an einem anderen Standort ausüben müssten. Nach Einschätzung der jeweils zuständigen Personalreferenten und der Vorgesetzten war davon auszugehen, dass ein großer Teil der davon betroffenen Mitarbeiter den Schritt des Standortwechsels nicht mitgehen würde. Dies hätte den Verlust dieser Mitarbeiter zur Folge, da ihre Aufgaben faktisch durch den Betriebsteilübergang in das andere Unternehmen wechseln würden und daher keine weitere Beschäftigung am derzeitigen Standort mehr möglich wäre.

Abb. 14.2: Prozessverlauf der Versetzung als Gruppenmaßnahme

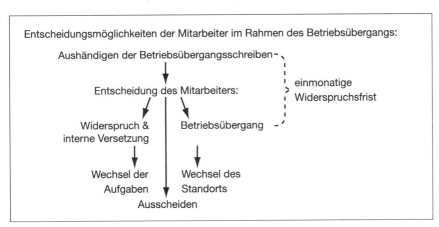

Am aktuellen Standort der betroffenen Mitarbeiter gab es allerdings eine große Anzahl vakanter Stellen in anderen Bereichen und Abteilungen. Mit dem Ziel, das Integrationsprojekt möglichst sozialverträglich zu gestalten, war die Personalabteilung nun gefordert, nach alternativen Einsatzoptionen hinsichtlich der vakanten Stellen am Standort der Mitarbeiter zu suchen. Auf diese könnten jene Mitarbeiter versetzt werden, die dem Betriebsteilübergang aller Wahrscheinlichkeit nach widersprechen würden. Abbildung 14.2 verdeutlicht die alternativen Entscheidungsmöglichkeiten, die den betroffenen Mitarbeitern dadurch eröffnet werden sollten.

Die Suche nach möglichen Einsatzoptionen für jeden der betroffenen Mitarbeiter wurde federführend durch die Personalabteilung in mehreren Schritten durchgeführt:

1. Bestimmung des Handlungsspielraums

Um entscheiden zu können, welche Stellen für welche Mitarbeiter für eine Versetzung in Frage kämen, stellten die zuständigen Personalreferenten zunächst die Stellenbeschreibungen aller vakanten Stellen zusammen. Diese wurden dann gemeinsam mit den Mitarbeiterprofilen der Betroffenen an die Vorgesetzten der vakanten Stellen gegeben. Sie sollten prüfen, welche Mitarbeiter aus ihrer Sicht auf ihre Stellen passten. Dabei war eine Priorisierung vorzunehmen sowie eventueller Qualifikationsbedarf zur Erfüllung der Stellenanforderungen zu berücksichtigen. Die Vorgesetzten erhielten von der Personalabteilung ein vorgefertigtes Template, in dem sie die Ergebnisse ihrer Einschätzung festhalten sollten.

Abb. 14.3: Template zur Einschätzung der Versetzungsoptionen

Derzeit vakante Stelle	potenzielle(r) Mitarbeiter für diese Stelle (Priorisierung nach Passgenauigkeit)	Eignung zunächst nur unter Vorbehalt, Klärung erst in persönlichem Gespräch möglich (falls zutreffend, bitte ankreuzen)	aus derzeitiger Sicht folgender Qualifizierungsbedarf dieses Mitarbeiters zur Erfüllung der Anforderungen dieser Stelle
	A. Armin Müller		
Diagnosis-Engineer	B. Lutz Meyer		
	C. Carola Schuster	X	Mitarbeiterin müsste Schichtdienst akzeptieren, IT-Technologieschulungen nötig
	...		
	A. X		
Performance-Manager	B. Hans Schulze	X	Wäre im Gespräch zu klären
	C. Bernhard Kaiser	X	
	...		
	A. X		
Supplier-Manager	B. X		
	C. Armin Müller	X	Wäre im Gespräch zu klären
	...		

Neben der Einschätzung der Besetzungsoptionen durch die Vorgesetzten wurden aber auch die Mitarbeiter darauf hingewiesen, selbst aktiv zu werden und sich auf Stellen zu bewerben, für die sie aus ihrer Sicht geeignet waren.

2. Auswertung von Bewerbungen und Einschätzungen

Im nächsten Schritt wurden Bewerbungen und Templates ausgewertet. Es zeigte sich, dass die Selbsteinschätzung der Mitarbeiter in den meisten Fällen mit der Einschätzung durch die Vorgesetzten übereinstimmte. In diesen Fällen konnten Mitarbeitergespräche direkt eingeleitet werden, um eventuellen Qualifizierungsbedarf zu konkretisieren. Dort, wo sich durch die beiderseitige Einschätzung keine direkte Zuordnung ableiten ließ, ging man erneut mit den Vorgesetzten ins Gespräch. In diesen Gesprächen wurde den Vorgesetzten verdeutlicht, dass das Unternehmen eine sozialverträgliche Lösung anstrebte und vor diesem Hintergrund auch höherer Qualifizierungsbedarf Einzelner getragen würde. Daraufhin konnten auch die letzten Mitarbeiter vakanten Stellen zugeordnet werden – man räumte ihnen hierbei einen verlängerten Qualifizierungs- und Einarbeitungszeitraum von 18 Monaten ein.

3. Mitarbeitergespräche

Die Mitarbeitergespräche wurden gemeinsam mit den jeweils betreuenden Personalreferenten, den abgebenden und aufnehmenden Vorgesetzten geführt. In dieser Runde wurden die Anforderungen der zu besetzenden Stelle noch einmal genau geschildert. Unter Berücksichtigung der derzeitigen Aufgaben des Mitarbeiters gab jetzt auch der abgebende Vorgesetzte seine Einschätzung ab, inwiefern er eine weitere Qualifizierung des Mitarbeiters für notwendig hielt. Zeigte sich, dass der hier festgestellte Qualifikationsbedarf des Mitarbeiters nach gemeinsamer Einschätzung und im Hinblick auf die verfolgte Zielsetzung des Unternehmens in einem vertretbaren Rahmen blieb, wurde die Stelle dem Mitarbeiter offiziell angeboten. Kriterien für die Erarbeitung einer Checkliste zur Kontrolle der geführten Mitarbeitergespräche bietet die Tabelle 14.1.

Empfänger dieser Liste können je nach Informationsbedarf Mitarbeiter der Personalabteilung, Betriebsräte, Integrationsausschuss und Sonderbeauftragte sein. Die erforderlichen Daten werden von den Fachabteilungen und der Personalabteilung geliefert.

Tabelle 14.1: Kriterien zur Kontrolle für die Zielsetzung und die Inhalte von Mitarbeitergesprächen

Zielsetzung	Inhalte
• Erfassen aller Informationen zum aktuellen Stand der Gespräche mit den zu versetzenden Mitarbeitern für alle am Prozess Beteiligten • Transparenz bzgl. angebotener Stellen • Transparenz bzgl. Begründung für oder gegen Übernahme des Mitarbeiters • Transparenz bzgl. Annahme oder Ablehnung der angebotenen Stelle durch den Mitarbeiter • Grundlage für weitere Bilanzen	• Datum/Stand der Übersicht • (alter) Geschäftsbereich/Abteilung/Referat/Leiter • Mitarbeiter (Name, Personalnummer) • Geschäftsbereich neu/Abteilung/Referat/Leiter • Angebotene Stelle(n) • Übernahme aus Sicht des neuen Vorgesetzten (Ja/Nein) • Annahme angebotene Stelle aus Sicht des Mitarbeiters (Ja/Nein) • Begründungen, bisherige Ergebnisse • Umfang der Stelle(n) • Versetzungsdatum • Möglichkeiten der Überbrückung bis zur Versetzung • Funktion alt/neu • Standort alt/neu • Aufgabe alt/neu (Beschreibung) • Weiterbildungsmaßnahmen • Sonstiges

4. Versetzung der Mitarbeiter

Sahen sich die Mitarbeiter den Anforderungen der Stelle gewachsen, so widersprachen sie dem Betriebsübergang und wurden im abschließenden Schritt versetzt.

Fazit: Fast alle Mitarbeiter, die durch den Betriebsübergang ihren Standort hätten wechseln müssen, fanden an ihrem derzeitigen Standort eine alternative Einsatzmöglichkeit. Nur für einen einzigen Mitarbeiter fand man keine alternative Stelle; er wollte jedoch ohnehin an den anderen Standort wechseln.

Was hier in vier scheinbar einfachen Schritten dargestellt wurde, war in Wirklichkeit harte Arbeit für alle Beteiligten. Die Versetzungsoptionen mussten in einem Zeitraum von rund sechs Wochen bestimmt werden. Anfangs lagen hierfür nicht einmal alle Profile der betroffenen Mitarbeiter vor. Die Mitarbeiter waren in dieser Phase orientierungslos und äußerst verunsichert, schließlich mussten sie einige Wochen um eine Beschäftigungsmöglichkeit an ihrem Standort bangen. Die Gerüchteküche kochte immens, weil es in diesem kurzen Zeitraum und durch die zusätzliche Belastung zum Alltagsgeschäft kaum möglich war, den Gesamtprozess stets für alle Mitarbeiter transparent und verbindlich zu kommunizieren. Dass sich solche Prozesse aber durchaus transparent und nachvollziehbar für alle Beteiligten gestalten lassen, zeigt das nachfolgende Praxisbeispiel.

14.1.2.2 Praxisbeispiel: Versetzungen im Rahmen einer Neuausrichtung

Eine deutsche Fluggesellschaft plante die Umstrukturierung des Personalbereichs mit dem Ziel, Prozesse und Abläufe effizienter zu gestalten, um die Betreuung der Mitarbeiter zu optimieren und gleichzeitig Kosten zu senken. Im Zuge der Umstrukturierung wurde eine komplett neue Struktur mit neuen Funktionen und Positionen geschaffen. Von den bisherigen Positionen blieb keine in der bekannten Form und Ausstattung erhalten. Besetzungsziel im Rahmen der Umstrukturierung war es, die neuen Positionen mit Mitarbeitern zu besetzen, die hinsichtlich ihrer Kompetenzen die beste Passung zu den Anforderungen der neu geschaffenen Positionen boten. Um dies zu erreichen, wurden alle Mitarbeiter aufgefordert, sich auf die zukünftigen Positionen zu bewerben. Der Auswahl- und Besetzungsprozess erfolgte unternehmensintern. Das Unternehmen war sich bewusst, welche Anforderungen es mit diesem Vorgehen an die Mitarbeiter der Personalabteilung stellte. Um unnötige Irritationen und Verunsicherung zu vermeiden, sollten die Mitarbeiter in diesem sehr komplexen Veränderungs- und Neuorientierungsprozess unterstützt werden.

Abb. 14.4: Prozessgestaltung der Versetzungen im Rahmen der Neuausrichtung

1. Ziel- und Auftragsklärung
2. Definition des konkreten Vorgehens und der einzusetzenden Verfahren
3. Erarbeitung von Anforderungsprofilen für die neu geschaffenen Positionen durch Entscheidungsträger des Unternehmens
4. Selbsteinschätzung der Mitarbeiter bzgl. aller definierten Anforderungsdimensionen mit einem EDV-gestützten Einschätzungstool
5. Erstellen der Mitarbeiterprofile und Abgleich mit den Anforderungsprofilen hinsichtlich der bestmöglichen Passung
6. Potenzial- und Kompetenzeinschätzung im Rahmen eines Tiefeninterviews mit einem externen Berater
7. Beratungsgespräch zum Abgleich von Anforderungsprofilen, Fremdeinschätzung (Berater) und Selbsteinschätzung sowie Ableitung von kompetenzbezogenen Entwicklungsempfehlungen
8. Bewerbungs- und Besetzungsphase
9. Reflexion des Verfahrens

Nach ausführlicher Diskussion verschiedener Gestaltungsvarianten wurde die Entscheidung getroffen, die Mitarbeiter mit einer persönlichen Potenzialeinschätzung auf freiwilliger Basis in ihrer Neuorientierung zu unterstützen. Hierbei sollte ein direkter Abgleich zwischen den funktionsbezogenen Anforderungen und den Kompetenzen der Mitarbeiter ermöglicht werden. Die Ergebnisse der Potenzialanalyse sollten den Mitarbeitern bei der Beantwortung der Frage »Welche Aufgaben kann und will ich zukünftig wahrnehmen?« helfen. Die Abbildung 14.4 zeigt die insgesamt neun Schritte des Gesamtprozesses auf.

Das Potenzialanalyseverfahren zeichnete sich besonders durch eine funktionsgruppenspezifische Erfassung der relevanten Anforderungsdimensionen aus.

Abb. 14.5: Gewichtung der Anforderungskriterien für die Funktionsgruppen (PaiRS)

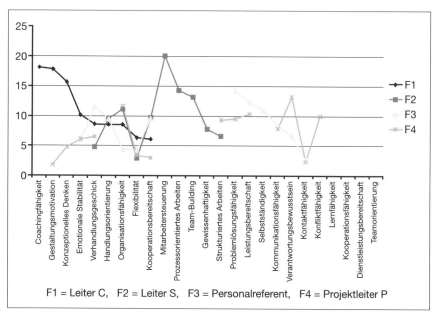

Die Dimensionen wurden sowohl in der Erhebung der Anforderungen als auch in der Selbsteinschätzung mithilfe eines speziellen, computergestützten Verfahrens priorisiert und skaliert, um einen detaillierten Abgleich von Anforderungs- und Kompetenzprofil zu ermöglichen.

Abb. 14.6: Abgleich von Selbsteinschätzung und Anforderungsprofil mittels PaiRS

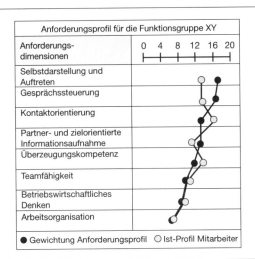

Das von den Mitarbeitern mittels PaiRS erarbeitete Kompetenzprofil erlaubte hinsichtlich der Selbsteinschätzung einen direkten Abgleich mit den unterschiedlichen, funktionsbezogenen Anforderungsprofilen und damit eine Aussage hinsichtlich der Passung eines Mitarbeiters für die infrage stehenden Positionen.

Nahezu alle Mitarbeiter des Personalbereichs haben das Angebot der freiwilligen Potenzialanalyse und das damit verbundene individuelle Beratungsgespräch angenommen. Die Ergebnisse und Rückmeldungen sprachen für eine Vorgehensweise, die ihrer Zielsetzung im vollen Umfang gerecht wird. Mitarbeiter beschrieben das Verfahren bereits bei der Durchführung als wichtige persönliche Bereicherung und als wesentliche Unterstützung im Versetzungsprozess.

14.2 Aufgaben und Verantwortung des Personalreferenten bei der Versetzung von Mitarbeitern

Bei der Versetzung von Mitarbeitern kommt den betreuenden Personalreferenten besondere Bedeutung zu. Im Gesamtprozess sind Sie dafür verantwortlich, notwendige Unterlagen wie zum Beispiel Stellenbeschreibungen und Mitarbeiterprofile aufzubereiten. Sie sind aber auch die Schlüsselperson, wenn es darum geht, die gegenseitigen Interessen von Mitarbeiter und Unternehmen abzuwägen und miteinander in Einklang zu bringen. Möglich ist auch, dass Ihnen die Verantwortung obliegt, die arbeitsrechtlichen Vorgaben auf ihre Einhaltung zu überwachen.

14.2.1 Klärung von Zielsetzung und Bereitschaft

Wie zu Beginn des Kapitels bereits beschrieben wurde, ist es bei der Versetzung von Mitarbeitern besonders wichtig, eine genaue Zielsetzung zu formulieren. Diese sollte allen beteiligten Personen stets transparent sein. Es reicht nicht aus, wenn nur der Mitarbeiter selbst, sein bisheriger Vorgesetzter sowie sein zuständiger Personalreferent Klarheit bezüglich des Ziels der Versetzung haben. Auch der jeweilige Vorgesetzte der Stelle, die man für die Versetzung ins Auge gefasst hat, sollte sich der Zielsetzung bewusst sein – er kann am besten beurteilen, inwiefern das Ziel der Versetzung auf dieser Stelle erreichbar ist.

Neben der Klärung des konkreten Ziels der Versetzung sollte aber ebenso die Bereitschaft des Mitarbeiters zu seiner Versetzung hinterfragt werden. Wie wir oben gesehen haben, kann der Mitarbeiter zwar nicht immer darüber entscheiden, aber wenn die Versetzung dem Ziel der Personalentwicklung dienen soll, sollte er bereit sein, diesen Schritt auch tatsächlich zu gehen.

Sind sowohl die Zielsetzung als auch die Bereitschaft des Mitarbeiters geklärt, geht es darum, eine entsprechend geeignete Stelle zu finden. Ausgangsbasis für die interne Suche nach einer Stelle sollte immer ein möglichst aussagekräftiges Mitarbeiterprofil sein, das dann mit der Stellenbeschreibung und dem Anforderungsprofil der infrage kommenden Stellen abgeglichen werden kann. Solch ein Mitarbeiterprofil finden Sie in Muster 14.1 auf der CD.

14.2.2 Suche nach geeigneten Stellen

Aber wie und wo findet man nun geeignete Stellen für die Versetzung von Mitarbeitern? Klar ist, dass es vakante Stellen für die Versetzung von Mitarbeitern nicht wie Sand am Meer gibt. Daher müssen Sie oftmals sehr genau hinsehen, um alle Versetzungsmöglichkeiten zu erkennen. In einem ersten Schritt macht es neben der Betrachtung der intern ausgeschriebenen Stellen Sinn, auch die mit externen Dienstleistern besetzten Stellen in die Betrachtung mit einzubeziehen. Die Arbeitsverträge dieser Externen sind in den meisten Fällen binnen vier Wochen kündbar; damit wären diese Stellen bei Bedarf schnell für die Versetzung eines fest angestellten Mitarbeiters frei. Ein weiteres Augenmerk bei der Suche nach geeigneten Stellen gilt der Personalplanung. Vor allem bei Umstrukturierungen und Neuausrichtungsprozessen kommt es nicht immer nur zum Stellenabbau, sondern in dem einen oder anderen Bereich auch zum Stellenaufbau. In diesem Fall sollten Sie unbedingt mit den jeweiligen Bereichsverantwortlichen über deren künftige Personalplanung sprechen. Vielleicht befindet sich eine geeignete Stelle gerade in der Planung für einen späteren Zeitpunkt. Leider stellen wir in diesem Zusammenhang immer wieder fest, dass Mitarbeiter, die aufwändig abgefunden wurden, weil man sie scheinbar anderweitig nicht versetzen konnte, kurz darauf wieder in neu strukturierte Bereiche eingestellt werden. Das ist nicht nur peinlich, sondern auch teuer. Die Ursachen liegen auf der Hand: zu kurzfristige Personalplanung, mangelhafte Kommunikation und nicht ausreichende Suche nach Versetzungsmöglichkeiten. Daher gilt sowohl bei Versetzungen einzelner Mitarbeiter als auch bei Versetzungen als Gruppenmaßnahme: Schauen Sie über den Tellerrand hinaus, und beziehen sie immer auch die betreuenden Personalreferenten und die Bereichsleiter der anderen Bereiche mit in Ihre Stellensuche ein! Geben Sie zum Beispiel das Mitarbeiterprofil des zu versetzenden Mitarbeiters an diese Kollegen weiter. Die Kollegen bekommen damit einen ersten Eindruck, um wen es sich bei der Stellensuche handelt, und können schnell abwägen, ob sie eventuell eine geeignete Stelle anbieten können. Eine Übersicht über die Möglichkeiten, verfügbare Positionen zu finden, gibt Checkliste 14.2 auf der CD.

Die Daten sind von der Personalabteilung in eine entsprechende Übersicht einzupflegen, die es monatlich zu aktualisieren gilt. Es sollte zum Beispiel eine Anweisung des Geschäftsführers sein, dass alle offenen Stellen regelmäßig zu melden sind. Eine Regelung könnte es auch sein, dass Übernahmestellen der Azubis zunächst zu versetzenden Mitarbeitern angeboten werden müssen.

14.2.3 Interner Auswahlprozess

In dem ersten beschriebenen Praxisbeispiel erfolgte die Versetzung der Mitarbeiter relativ einfach und ohne aufwändiges Auswahlprozedere, da es ja vorrangiges Ziel sein soll, den Betriebsübergang sozialverträglich zu gestalten. Dass man dabei nicht bei jedem Mitarbeiter von einer hundertprozentigen Passgenauigkeit auf eine andere Stelle ausgehen konnte, war von vornherein klar. Deshalb sollte den betroffenen Mitarbeitern die Teilnahme an entsprechenden Qualifizierungsmaßnahmen zugestanden werden.

Wird jedoch mit der Versetzung von Mitarbeitern das Ziel einer möglichst optimalen Erfüllung der Anforderungen einer vakanten Stelle verfolgt, so wird die interne Auswahl der Bewerber plötzlich zu einem hochsensiblen Thema. Durch interne Stellenausschreibungen werden Mitarbeiter dazu aufgerufen, sich aktiv für die Versetzung auf diese vakante Stelle zu bewerben. Unternehmen verfolgen dabei das Ziel, diese Stelle möglichst optimal zu besetzen. Um dies zu erreichen, werden häufig interne Auswahlprozesse initiiert, die die Bewerber durchlaufen müssen. Alle gängigen Verfahren, die auch bei der externen Personalauswahl eingesetzt werden, finden sich hier wieder. »Wenn es darum geht, einen internen Auswahlprozess zu durchlaufen, werden viele Mitarbeiter missmutig und skeptisch«, berichtet die Personalentwicklerin des im obigen Praxisbeispiel beschriebenen deutschen Luftfahrtkonzerns (vergleiche 14.1.2.2). »Sie verstehen nicht, warum sie sich trotz ihrer langen Betriebszugehörigkeit einem Auswahlverfahren stellen müssen, weil sie davon ausgehen, dass ihre Arbeitsleistung mittlerweile allen bekannt sein müsse. Andere befürchten, ein schlechtes Abschneiden im Auswahlprozess habe negative Konsequenzen für ihre weitere Laufbahn. Aber das schlimmste, was Ihnen als Personaler im internen Auswahlprozedere passieren kann, sind die ewigen Skeptiker, die die Gerüchte streuen, der Auswahlprozess sei unfair, und es wäre ja sowieso von vornherein klar gewesen, dass Müller, Meyer oder Schulze die Stelle bekommen.« Die Personalentwicklerin schildert Probleme der internen Bewerberauswahl, die nahezu in jedem Unternehmen bekannt sind. Gerade weil die miteinander konkurrierenden Bewerber sich kennen, wird das Thema so sensibel.

Um die »Schäden« so gering wie möglich zu halten, ist eine klare und eindeutige Kommunikation – wie so häufig – auch hier der Schlüssel zum Erfolg. Sie können nie genug kommunizieren. Vor diesem Hintergrund ist es gerade in Umstrukturierungs- oder Integrationsprojekten wichtig, auch schriftlich zu kommunizieren. Checkliste 14.3 auf der CD kann dabei helfen.

Die Daten in der Informationsbroschüre kommen von der Personalabteilung in Abstimmung mit dem Betriebsrat. Solche Informationsbroschüren können sowohl in Informationsveranstaltungen für den Betriebsrat als auch in Mitarbeiterinformationsveranstaltungen verteilt werden. Die Inhalte sollten auch im Intranet eingestellt werden. Die Pflege liegt bei der Personalabteilung.

Hinsichtlich der neu zu besetzenden Positionen kommunizieren Sie die Auswahlkriterien klar und eindeutig und gestalten den Auswahlprozess so transparent wie möglich. Häufig ist es hilfreich, für die Durchführung unserer internen Auswahlprozesse auf externe Unterstützung zurück zu greifen. Externe Berater stehen für Neutralität und Unvoreingenommenheit – dadurch können Sie die Akzeptanz der internen Auswahl- und Versetzungsverfahren deutlich steigern, sowohl gegenüber den Mitarbeitern als auch gegenüber dem Betriebsrat.

Nehmen wir den Betriebsrat als Stichwort, denn neben all den bisher aufgezeigten inhaltlichen Aspekten der Versetzung von Mitarbeitern gehört auch die Beachtung arbeitsrechtlicher Rahmenbedingungen im Versetzungsprozess zu Ihren Aufgaben als Personalreferent. Im nachfolgenden Abschnitt zeigen wir daher einige grundsätzliche Aspekte auf, die Sie im Zusammenhang mit der Versetzung von Mitarbeitern berücksichtigen sollten.

14.2.4 Beachtung arbeitsrechtlicher Rahmenbedingungen

»Häufig wird das Pferd bei Versetzungen von hinten aufgezäumt«, berichten uns Arbeitsrechtler immer wieder. Damit ist gemeint, dass Personaler eigentlich schon zwei Schritte voraus sind, wenn sie sich zuerst um inhaltliche Fragen wie Einsatzmöglichkeiten, Passgenauigkeit, Qualifizierungsbedarf und so weiter bemühen.

»Man sollte zuerst die arbeitsrechtlichen Rahmenbedingungen genau prüfen«, empfiehlt ein erfahrener Arbeitsrechtler. »Das wird von vielen Personalern leider versäumt, und sie stellen dann meist erst kurz vor der geplanten Versetzung fest, dass diese laut dem Arbeitsvertrag des Mitarbeiters gar nicht möglich ist. Dann müssen in Windeseile Veränderungen in den Verträgen her, was aber wiederum der Zustimmung des Betriebsrats bedarf. Spätestens dann geraten die meisten Zeitpläne ins Wanken.«

Der erste Schritt bei Versetzungen sollte also immer der Blick in den Arbeitsvertrag des jeweiligen Mitarbeiters sein, da hier der Handlungsspielraum für Versetzungen geregelt wird. Grundsätzlich können Versetzungen erfolgen durch:

- Weisungsrecht (Direktionsrecht) des Arbeitgebers,
- Vertragsänderung,
- Änderungskündigung.

Der Arbeitgeber ist durch sein Weisungsrecht befugt, den Arbeitnehmer im Rahmen des mit ihm geschlossenen Arbeitsvertrags Ort, Zeit sowie Art und Weise der Erbringung der Arbeitsleistung zu bestimmen. Doch: Je exakter die Arbeitsumstände vertraglich fixiert sind, desto geringer ist der Handlungsspielraum des Arbeitgebers zur Ausübung seines Weisungsrechts. Dazu ein gern genutztes Beispiel des Arbeitsrechtlers: »Wenn in einem Arbeitsvertrag ausdrücklich geregelt ist, dass der Mitarbeiter als Schuhverkäufer in der *Karstadt*-Filiale in Recklinghausen eingesetzt wird, kann man ihn nicht als Verkäufer in die Wurstabteilung versetzen. Man kann ihn ebenso wenig als Schuhverkäufer nach Dortmund versetzen. Man könnte ihn nur dann versetzen, wenn der Arbeitsvertrag durch eine entsprechende Versetzungsklausel auch den Einsatz des Mitarbeiters in einer anderen Filiale zulässt.« Jetzt drängt sich jedoch die Frage auf, wie es sich mit der Versetzung eines solchen Schuhverkäufers verhält, wenn der Vertrag eben keine solche Versetzungsklausel beinhaltet?

In diesem Falle kann die Versetzung des Arbeitnehmers nur im Wege einer einvernehmlichen Vertragsänderung oder, falls der Arbeitnehmer hierzu nicht bereit ist, durch eine Änderungskündigung vollzogen werden. Die Änderungskündigung ist die Beendigung des derzeitigen Arbeitsverhältnisses, verbunden mit dem Angebot zu seiner Fortsetzung unter geänderten Bedingungen. Grundsätzlich hat der Arbeitnehmer bei Versetzungen die in Abbildung 14.7 genannten Entscheidungsmöglichkeiten.

Abb. 14.7: Entscheidungsmöglichkeiten von Mitarbeitern bei Versetzungen

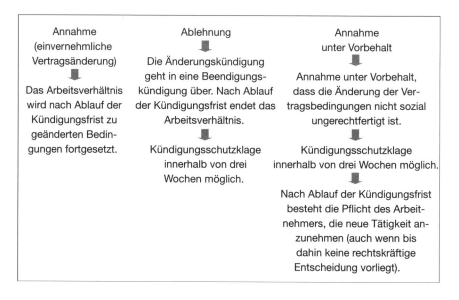

Wichtig: Werden Versetzungen durch Weisungsrecht, Vertragsänderung oder Änderungskündigung vollzogen, hat der Betriebsrat nach dem Betriebsverfassungsgesetz Mitbestimmungsrecht.

Bei scheinbar »unproblematischen« Versetzungen lohnt es sich, zunächst abzuwägen, ob die Versetzung des Mitarbeiters voraussichtlich mit einer einvernehmlichen Vertragsänderung vollzogen werden kann. Ist dies der Fall, muss nur der aufnehmende Betriebsrat angehört werden. Sind jedoch Widerstände des Mitarbeiters gegen seine Versetzung zu erwarten, so empfehlen Arbeitsrechtler, zuerst die Zustimmung des Betriebsrats einzuholen und erst anschließend die Mitarbeiter entsprechend zu informieren. Dies habe den Vorteil, dass der Betriebsrat seine Zustimmung zur Versetzung vor dem Hintergrund objektiver Beweggründe des Unternehmens geben kann; subjektive Gründe der Mitarbeiter, die gegen ihre Versetzung sprechen, aber gleichzeitig dem Unternehmensziel entgegenstehen, bleiben somit in der Zustimmungsphase außen vor.

Das Kapitel verdeutlicht, dass bereits im Vorfeld der Versetzung eines Mitarbeiters viele Dinge beachtet und geklärt werden sollten, um einen reibungslosen Prozess sicherzustellen. Checkliste 14.4 auf der CD, in der die wichtigsten Fragen und Meilensteine nochmals aufgeführt sind, wird Ihnen bei der Vorbereitung des Versetzungsprozesses helfen.

15 Trennung von Mitarbeitern

Personalfreisetzung, Downsizing, Rationalisierung, Kündigung… Die Bezeichnungen sind vielfältig und beschreiben doch den gleichen Vorgang: die Trennung des Unternehmens von Mitarbeitern.

Gerade die aktuelle wirtschaftliche Lage stellt die Personalabteilungen vor neue Herausforderungen. Zum einen gibt es Unternehmen, die aufgrund von Fusionen, schlechter Auftragslagen oder interner Umstrukturierungen gezwungen sind, Mitarbeiter abzubauen. Zum anderen ist es sogar bei wirtschaftlich kerngesunden Unternehmen an der Tagesordnung, dass Prozesse aus Kostengründen optimiert oder automatisiert werden, um langfristig die Wirtschaftlichkeit und die Marktposition zu sichern. Auch das freiwillige Ausscheiden von Mitarbeitern ist keine Seltenheit. Hier gilt es, übrigens nicht nur für die Personalverantwortlichen, nach den Ursachen zu forschen.

Unserer Auffassung nach ist das Aussprechen von Kündigungen integraler Bestandteil jeder Führungsposition, jedoch wird diese unangenehme Aufgabe oft und gern von den direkten Vorgesetzten der zu kündigenden Mitarbeiter an die Personalabteilung delegiert. »Das sind ja schließlich die Profis«, wird dann in der Regel argumentiert. Deswegen ist es wichtig für Sie, sich mit dem Thema Trennungsmanagement auseinanderzusetzen, um auf eine solche Situation vorbereitet zu sein.

In diesem Kapitel werden Ihre Aufgaben und Verantwortungen als Personalreferent im Trennungsprozess beschrieben werden. Weiterhin ist es die Zielsetzung dieses Kapitels, Ihnen Tipps und Hinweise zu geben, wie ein Trennungsgespräch unter den Aspekten der Fairness und der Menschlichkeit gestaltet werden kann. Eine arbeitsrechtliche Betrachtung erfolgt an dieser Stelle nicht, da die komplexe und sich ständig ändernde Gesetzgebung eine tiefgehende juristische Auseinandersetzung erfordert, welche den Rahmen dieses Kapitels sprengen würde.

15.1 Ziele des Trennungsmanagements

In vielen Unternehmen ist es gängige Praxis, dem Thema Trennung von Mitarbeitern wenig Bedeutung beizumessen. Dies liegt zum einen daran, dass der Prozess als solcher zu den unangenehmsten Pflichten im Betriebsalltag gehört und deshalb gerne vernachlässigt wird. Zum anderen wird die betriebswirtschaftliche Bedeutung eines gut funktionierenden Trennungsmanagements oft verkannt, weil nicht alle Kosten, die durch eine Kündigung entstehen können, auf den ersten Blick erfasst werden.

Ein erster Aspekt im Trennungsmanagement ist es, die **Wirtschaftlichkeit des Unternehmens** zu sichern. Wie erwähnt, spielt der Kostenaspekt einer Trennung eine entscheidende, jedoch häufig unterschätzte Rolle bei der Beeinflussung der Wirtschaftlichkeit eines Unternehmens. Sicherlich werden Sie sich fragen, welche Belastungen für das Unternehmen außer Abfindungen und Arbeitsgerichtskosten entstehen können. Die Abbildung 15.1, der so genannte »Kosteneisberg«, soll dies veranschaulichen.

Abb. 15.1: Der »Kosteneisberg«

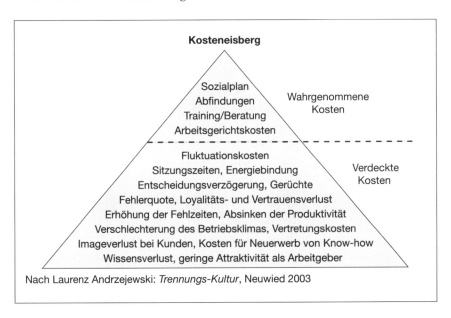

Unternehmensberatungen haben errechnet, dass in einem mittelständischen Unternehmen mit 300 Mitarbeitern bei schlecht gemanagten Kündigungen etwa 4 000 Euro an verdeckten Kosten entstehen – pro Tag!

Ein weiterer Aspekt, der zum Trennungsmanagement gehört, ist es, ein **faires Trennungsgespräch** durchzuführen. Ziel eines Trennungsgesprächs ist natürlich in erster Linie, dem Betroffenen die Unternehmensentscheidung mitzuteilen. Jedoch geht es auch darum, dass der Betroffene sein Gesicht wahren kann und sein Selbstwertgefühl so wenig wie möglich verletzt wird. Einen Leitfaden für die Durchführung eines fairen Trennungsgesprächs finden Sie ebenfalls in diesem Kapitel.

Es gilt auch, besonders darauf zu achten, dass Sie **mit den verbleibenden Mitarbeitern richtig umgehen.** Insgeheim denken viele, dass die nicht unmittelbar von der Kündigung betroffenen Mitarbeiter nun erst recht motiviert arbeiten müssten, weil sie ja froh sind, Ihren Arbeitsplatz behalten zu dürfen. Doch das ist ein Trugschluss. Bei unprofessionellen Trennungen, insbesondere im Rahmen einer größeren Entlassungswelle, tritt bei den »Bleibenden« ein psychologisches Phänomen auf: das »Survivor-Syndrom« (Abbildung 15.2). Dieses führt bei den Betroffenen durch Demotivation, Unzufriedenheit und Arbeitsplatzsorge schnell zu einer inneren Kündigung. Diese wirkt sich wiederum auf die wirtschaftlich ohnehin schon angespannte Situation des Unternehmens aus, zum Beispiel durch Einbußen in der Produktivität.

Abb. 15.2: Das »Survivor-Syndrom«

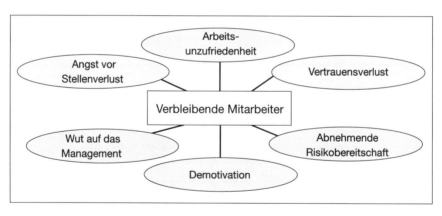

Eine Patentlösung gibt es hierfür nicht, jedoch können Sie durch die Beachtung der folgenden Punkte die Entstehung des »Survivor-Syndroms« eindämmen:

- Informieren Sie sich stets sachlich und objektiv über die Gründe der Kündigungen und wertschätzen Sie auch die entlassenen Mitarbeiter.

- Vermeiden Sie, Fragen offen im Raum stehen zu lassen beziehungsweise den Mitarbeitern Interpretationsspielräume zu lassen. Sorgen Sie für Transparenz.
- Machen Sie sich im Vorfeld Gedanken, wie die einzelnen Mitarbeiter individuell reagieren könnten, und legen Sie sich auf dieser Basis eine Vorgehensweise zurecht.
- Kommunizieren Sie in »Ich«-Botschaften und schieben Sie nicht das anonyme Unternehmen oder die Geschäftsführung vor. Viele »Entlassene« berichten, dass Sie sich einen ehrlicheren »Abgang« gewünscht hätten und eine Entscheidung, für die niemand wirklich gerade steht, als feige empfinden.
- Stehen Sie deshalb überzeugt und unumstößlich hinter den Kündigungsentscheidungen, sonst wirken Sie unglaubwürdig.

Ein kaum wahrgenommener Aspekt bei einer Entlassung ist die Gefühlswelt derer, die eine Kündigung aussprechen müssen. Feuchte Hände und schlaflose Nächte sind die geringeren Probleme, mit denen die Überbringer der Kündigungsbotschaft zu kämpfen haben. Vielfach treten psychische und psychosomatische Erkrankungen auf. Ganz wird sich emotionaler Stress im Trennungsgespräch nicht vermeiden lassen, aber vielleicht gelingt es, diesen unter Beachtung der nachfolgenden Punkte einzudämmen:

- Machen Sie sich bewusst, wie komplex und emotional eine Trennungssituation sowohl für Sie als auch für den betroffenen Mitarbeiter ist.
- Sprechen Sie mit erfahrenen Kollegen oder mit Freunden über die Situation, Ihre Gefühle und Ihre Ängste.
- Versuchen Sie, Ihre Gefühle zuzulassen und wahrzunehmen.
- Haben Sie keine Angst, Ihre Anteilnahme und Betroffenheit zu zeigen.
- Denken Sie immer: »Ich habe einen Auftrag und werde diesen gewissenhaft erledigen.«
- Überlegen Sie sich immer, wie Sie gern behandelt werden würden, wenn Sie an der Stelle des Betroffenen wären.
- Bleiben Sie menschlich.

15.2 Wenn der Mitarbeiter gehen will

Die *Gallup*studie zum »Engagement-Index« in Deutschland aus dem Jahr 2004 lieferte eine erschreckende Bilanz: Nur 13 Prozent der deutschen Mitarbeiter sind emotional an ihr Unternehmen gebunden, 69 Prozent machen Dienst nach Vorschrift, und 18 Prozent haben bereits die innere Kündigung vollzogen. Engagement bedeutet im Kontext des »Engagement-Index« nicht, dass ein Mitarbeiter bei der Arbeit permanent »aktiv« und »beschäftigt« ist oder für eine bestimmte »Sache« besonders eintritt, sondern dass eine emotionale Bindung zur beruflichen Aufgabe, zum Arbeitsumfeld und gegenüber dem Arbeitgeber besteht. Hierbei wird allgemein anerkannt, dass Personen, die eine hohe emotionale Bindung aufweisen, zu Spitzenleistungen fähig sind. Sie stellen eine Kraft dar, die die Geschäftsentwicklung positiv beeinflusst. Mitarbeiter, die eine geringe emotionale Bindung aufweisen, haben dagegen ein ambivalentes Verhältnis zu ihrem Job. Sie leisten bei der Arbeit nur das Notwendige, machen Dienst nach Vorschrift.

15.2.1 Wieso, weshalb, warum: Trennungsgespräche als Informationsgewinn für das Unternehmen

Stellen Sie sich folgende Situation vor: Ein langjähriger, stets zuverlässiger Mitarbeiter der Marketingabteilung kündigt plötzlich seinen Arbeitsplatz zum Quartalsende. Wie reagiert man darauf in Ihrem Unternehmen? Soll man ihn ziehen lassen oder versuchen, ihn zu halten? Welche Gründe haben den Mitarbeiter zur Kündigung bewogen? Hat er vielleicht ein besseres Angebot von einem Wettbewerber erhalten?

Fragen Sie den Mitarbeiter, ob er bereit ist, über seine Kündigungsgründe mit Ihnen zu sprechen. In den seltensten Fällen werden Sie dabei auf Ablehnung stoßen. Selbstverständlich ist es dann für Sie wichtig, sich umfassend auf das Gespräch vorzubereiten:

1. Besorgen Sie sich alle relevanten Informationen über den Mitarbeiter, zu seiner persönlichen Situation, seinem Werdegang und seinen Beurteilungen aus der Vergangenheit.
2. Sorgen Sie für eine angenehme Gesprächsatmosphäre. Legen Sie das Gespräch nach Möglichkeit außerhalb Ihres Büros (vielleicht in einen Besprechungsraum).
3. Steigen Sie in das Gespräch ein, indem Sie zum Beispiel sagen: »Ich habe Ihre Kündigung erhalten und zur Kenntnis genommen. Natürlich frage ich mich bei jedem Mitarbeiter, der ausscheiden will, nach den Gründen für seinen Entschluss. Darf ich Ihnen hierzu einige Fragen stellen? Ich möchte gern wissen, ob die Gründe für Ihre Entscheidung im Unternehmen liegen, und wenn ja, welche es sind. Wir möchten lernen, was wir

ändern oder verbessern können, um Kündigungen aus ähnlichen Gründen zukünftig zu vermeiden.«

4. Erarbeiten Sie sich einen Katalog mit Fragen, die Sie im Gespräch unbedingt stellen wollen. Muster 15.1 auf der CD bietet einen Interviewleitfaden mit Fragen, die Sie mit dem Mitarbeiter klären sollten, bevor er das Unternehmen verlässt. Passen Sie den Interviewleitfaden auf der CD an Ihre Bedürfnisse an, sodass Sie die für Sie und Ihr Unternehmen wichtigen Aspekte abfragen können. Je mehr Fragen des Musterleitfadens mit »Ja« beantwortet werden, desto eher wird die Kündigung private Gründe haben. Den mit »Nein« beantworteten Fragen müssen Sie mit weiterführenden Fragen (zum Beispiel: »Was ist da genau passiert?«) auf den Grund gehen. Allgemein gilt, dass »Was«- und »Wie«-Fragen besser geeignet sind als »Warum«-Fragen. Sie liefern in der Regel mehr Informationen und vermeiden jeden Verdacht der Schuldzuweisung, was bei »Warum«-Fragen leicht der Fall ist (»Warum hast du nicht …?«).

5. Schließen Sie das Gespräch, indem Sie das Ausscheiden bedauern und den Mitarbeiter sowie seine Arbeit wertschätzen.

Selbstverständlich gilt es für Sie als Personalreferent, die ergründeten Ursachen der Kündigung bei der Unternehmensleitung offen zur Sprache zu bringen, damit Sie gemeinsam und schnell reagieren können. Denn zuerst gehen oft die Besten, und das kann sich kein Unternehmen der Welt leisten.

15.3 Trennungen, die das Unternehmen veranlasst

Bei vom Unternehmen veranlassten Trennungen unterscheidet man verschiedene Formen (vergleiche Abbildung 15.3).

Abb. 15.3: Kündigungsarten

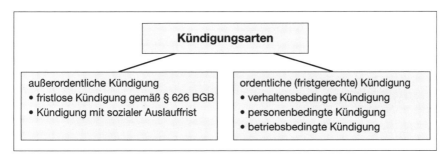

Vor dem Ausspruch einer Kündigung, egal welcher Art, ist eine detaillierte Vorbereitung wichtig. Sie müssen besonders darauf achten, dass Sie wirklich alles, was an Informationen verfügbar ist, besorgen und studieren und die einzelnen Punkte immer noch einmal auf ihre Aktualität bezüglich der sich ständig ändernden Gesetzgebung überprüfen.

Für den Fall, dass Sie eine Kündigung aussprechen wollen oder müssen, ist stets zu empfehlen, auf arbeitsrechtlichen (juristischen) Rat zurückzugreifen. In schwierigen Fällen ist die externe Beratung durch einen Juristen sinnvoll. Als grundsätzlicher Leitgedanke vor dem Ausspruch einer Kündigung gilt allgemein: Besser einmal zu oft geprüft als einmal zu wenig, um böse Überraschungen auszuschließen.

15.3.1 Die außerordentliche Kündigung

Eine Kündigung ist dann außerordentlich, wenn Sie aus wichtigem Grund (laut § 626 BGB) erfolgt und dabei die gesetzliche, tarifliche oder arbeitsvertraglich vereinbarte Kündigungsfrist ungeachtet bleibt. Besonders bei dieser Form der Kündigung ist arbeitsrechtliche Unterstützung meist unerlässlich. Zu viele Aspekte und Eventualitäten können hier in der Gesetzgebung falsch interpretiert werden beziehungsweise Formfehler bedingen, die eine Kündigung anfechtbar oder ganz unwirksam machen.

Anlässe, um zu prüfen, ob eine außerordentliche Kündigung in Betracht kommt, sind zum Beispiel:

- Beleidigung von Vorgesetzen oder Mitarbeitern unter Berücksichtigung des branchenüblichen Umgangstons (Bankgewerbe versus Baustelle);
- Diebstahl von Firmeneigentum, Untreue;
- Trunkenheit, insbesondere wenn dabei andere gefährdet werden (zum Beispielbei Busfahrern);
- Ausländerfeindlichkeit und Diskriminierung.

Beispiel 1: Die fristlose Kündigung

Herr Mustermann hat in jüngster Vergangenheit seine Arbeit sehr vernachlässigt. Er kam entweder viel zu spät oder erschien gar nicht. Eine Entschuldigung für sein mehrfaches Fernbleiben (zum Beispiel eine Arbeitsunfähigkeitbescheinigung) konnte Herr Mustermann in keinem Fall vorweisen. Diese Pflichtverletzungen wurden bereits abgemahnt. Nunmehr fehlte der Mitarbeiter wieder drei Tage unentschuldigt. Durch Zufall erfuhr die Geschäftsleitung, dass er in dieser Zeit einer Beschäftigung auf einer Baustelle nachgegangen ist. Als Herr Mustermann am Montag der folgenden Woche an seinem Arbeitsplatz erschien, wurde ihm fristlos gekündigt.

In den seltensten Fällen ist die Lage so eindeutig. Was aber würde passieren, wenn Sie die bisherigen Pflichtverletzungen nicht abgemahnt, sondern nur eine Ermahnung ausgesprochen worden wäre? Ist die Kündigung dann trotzdem wirksam? Sie sehen, das Thema der fristlosen Kündigungen ist äußerst komplex und von einem Nichtjuristen nur schwer zu durchschauen. Deshalb noch einmal die Empfehlung: Holen Sie sich rechtlichen Rat bei jeglicher Art von Kündigung.

In vier Schritten können Sie selbst jedoch schon vorab prüfen, ob die Faktoren für eine außerordentliche Kündigung ausreichend sein können:

Schritt 1: Wichtiger Grund

Liegt ein wichtiger Grund vor, der es Ihnen, Ihrem Arbeitgeber und/oder anderen Mitarbeitern Ihres Unternehmens unzumutbar macht, mit der Trennung von dem betroffenen Mitarbeiter bis zum Ablauf der gesetzlichen beziehungsweise tarif- oder arbeitsvertraglich vereinbarten Kündigungsfrist zu warten? Solche wichtigen Gründe können beispielsweise sein:

- Entzug der Fahrerlaubnis bei Berufskraftfahrern,
- unberechtigte Arbeitsverweigerung,
- massive ausländerfeindliche Äußerungen,
- Selbstbeurlaubung,
- sittliche Verfehlungen in Form sexueller Nötigungen.

Schritt 2: Interessenabwägung

Erstellen Sie eine Liste mit allen Punkten, die für oder gegen eine Kündigung des Arbeitnehmers sprechen, zum Beispiel:

- Dauer des Beschäftigungsverhältnisses,
- Schwere der Verfehlung beziehungsweise Höhe des Schadens,
- Grad des Verschuldens,
- Chancen auf dem Arbeitsmarkt,
- Alter, Familienstand und Unterhaltsverpflichtungen des Mitarbeiters.

Wägen Sie diese Punkte gegeneinander ab. Je mehr Aspekte gegen den Mitarbeiter sprechen, desto eher kann eine außerordentliche Kündigung ausgesprochen werden.

Schritt 3: Abmahnung

Unter Umständen kann auch vor einer außerordentlichen Kündigung eine Abmahnung nötig sein, insbesondere wenn »nur« arbeitsvertragliche Pflichten verletzt wurden, zum Beispiel:

- Der Arbeitnehmer kommt des Öfteren zu spät.
- Der Mitarbeiter fehlt mehrfach unentschuldigt.
- Arbeitsanweisungen wurden nicht befolgt oder missachtet.

Wenn jedoch das Vertrauensverhältnis zwischen Arbeitgeber und Arbeitnehmer betroffen ist, ist es möglich, auch ohne Abmahnung außerordentlich zu kündigen, zum Beispiel bei:

- Diebstahl oder Untreue,
- Verrat von Betriebs- und Geschäftsgeheimnissen.

Schritt 4: Zweiwochenfrist

Die außerordentliche Kündigung muss innerhalb einer Frist von zwei Wochen ausgesprochen werden. Die Frist beginnt laut §626 BGB, wenn Sie von dem Kündigungssachverhalt beziehungsweise -grund erfahren und endet exakt 14 Tage später. Dabei ist es unerheblich, ob das Fristende auf einen Samstag, Sonntag oder Feiertag fällt. Bis zu diesem Zeitpunkt muss dem betroffenen Mitarbeiter die Kündigung zugegangen sein.

15.3.2 Die ordentliche (fristgerechte) Kündigung

Zu den ordentlichen (fristgerechten) Kündigungen zählen die verhaltens-, personen- und betriebsbedingte Kündigung.

15.3.2.1 Die verhaltensbedingte Kündigung

Bei verhaltensbedingten Kündigungen liegt der vom Arbeitgeber benannte Kündigungsgrund in einem vermeintlichen oder tatsächlichen Fehlverhalten des Arbeitnehmers. Die Frage, ob eine solche Kündigung rechtens ist oder nicht, muss die Prüfung des konkreten Einzelsachverhaltes beantworten. Es ist deshalb wenig ratsam zu sagen, dass zum Beispiel eine motivationslose Arbeitsverrichtung generell eine Kündigung rechtfertigt. Gründe für eine Entlassung können sein:

- Verstoß gegen ein Alkoholverbot,
- Beleidigung von Kollegen, Vorgesetzten oder des Arbeitgebers,
- Arbeitsverweigerung,
- Pflichtverletzung bei einer Krankheit,
- Drohung mit einer Krankheit,
- Verstoß gegen den Datenschutz,
- Fernbleiben von der Arbeit ohne Entschuldigung,
- Begehung von Straftaten (zum Beispiel sexuelle Belästigung).

Die Abmahnung

Ohne eine Abmahnung eines Vertrags- oder Regelverstoßes kann die verhaltensbedingte Kündigung unwirksam werden. Zur Unterstützung der Entscheidung, ob abgemahnt werden kann oder soll, dient Checkliste 15.2 auf der CD.

Wenn alle Punkte mit »Ja« beantwortet werden konnten, kann das Fehlverhalten abgemahnt werden. Eine Abmahnung hat keine Formvorschriften, sollte aber trotzdem immer schriftlich erfolgen. Darin müssen der Abmahnungsgrund, Ort und Zeit sowie eventuelle arbeitsrechtliche Konsequenzen enthalten sein.

Tipp: Vermeiden Sie »Sammelabmahnungen«. Wird zum Beispiel wegen dreierlei Pflichtverletzungen gleichzeitig in einem Schreiben abgemahnt, kann eine Kündigung wegen erneuten Verstoßes gegen nur eine oder zwei der im Abmahnungsschreiben benannten Regeln unwirksam sein. Mahnen Sie deshalb jeden Verstoß einzeln ab.

15.3.2.2 Die personenbedingte Kündigung

Eine personenbedingte Kündigung bezieht sich im Gegensatz zur verhaltensbedingten Kündigung allein auf persönliche Eigenschaften und Fähigkeiten des Arbeitnehmers, welche für eine ordnungsgemäße Ausführung seiner Tätigkeit nicht ausreichen. Dies könnten beispielsweise sein:

- mangelnde körperliche oder geistige Fähigkeiten,
- dauerhafte Erkrankungen oder häufige Kurzerkrankungen.

Bevor jedoch eine Kündigung aus personenbedingten Gründen ausgesprochen werden darf, muss eine Abwägung der Interessen von Unternehmen und Arbeitnehmer erfolgen. Lange im Betrieb beschäftigte Mitarbeiter oder Arbeitnehmer in fortgeschrittenem Alter genießen einen besonderen gesetzlichen Schutz, was ja aus rein menschlicher Sicht auch richtig ist. In der Regel darf eine durch den altersbedingten Kräfteverschleiß hervorgerufene Leistungsminderung nicht als Begründung für eine personenbedingte Kündigung dienen, insbesondere dann nicht, wenn ein langjähriges Beschäftigungsverhältnis vorangegangen ist.

Beispiel 2: Mangelnde geistige Fähigkeit

Ein Informatiker in höherem Alter war früher das Glanzlicht der Abteilung. Möglicherweise ist er mittlerweile mit der sich ständig ändernden und fortschreitenden Informationstechnologie überfordert, da die Qualität und Schnelligkeit seiner Arbeit zunehmend unter dem Soll bleibt. Hier muss zuerst nach einer alternativen Einsatzmöglichkeit gesucht werden, bevor überhaupt erst an eine personenbedingte Kündigung gedacht werden darf. Zum Beispiel kann das langjährige Wissen des Informatikers über das Unternehmen in die Einarbeitung neuer Mitarbeiter oder bei der Betreuung und dem Mentoring jüngerer Mitarbeiter zum Einsatz kommen.

Schon aus der sozialen Verantwortung des Unternehmens heraus sollte zunächst immer das Gespräch mit dem betroffenen Mitarbeiter gesucht werden, denn in vielen Fällen kann eine einvernehmliche Lösung für das Problem gefunden werden.

15.3.2.3 Die betriebsbedingte Kündigung

Gerade in wirtschaftlich schlechten Zeiten sind betriebsbedingte Kündigungen an der Tagesordnung und kaum zu vermeiden. Wenn Sie die Trennung von Mitarbeitern aus betrieblichen Anlässen in Erwägung ziehen, sollten Sie diese Gründe ausreichend und überzeugend darlegen können. Es muss sowohl ein dringliches und vor allem dauerhaftes betriebliches Erfordernis für den Wegfall des Arbeitsplatzes vorliegen. Zusätzlich muss auch unter den Mitarbeitern eine Sozialauswahl getroffen worden sein. Fehlt eine dieser beiden Komponenten, werden Sie eine betriebsbedingte Kündigung kaum durchbekommen. Betriebsbedingte Trennungsgründe können sein:

- dauerhafter Arbeitsmangel oder Auftragsrückgang,
- Umstrukturierung und Fusion,
- Betriebseinschränkung/Stilllegung von Betriebsteilen,

- komplette Betriebstilllegung,
- Gewinnverfall und Insolvenz.

Wenn sich eine betriebsbedingte Kündigung nicht mehr abwenden lässt, gehen Sie im Kündigungsgespräch respektvoll mit dem betroffenen Mitarbeiter um. Erläutern Sie sachlich die Hintergründe der Entscheidung (zum Beispiel die wirtschaftliche Lage des Unternehmens) und teilen Sie ihm unmissverständlich mit, dass die Kündigung keinerlei Urteil über seine Person, seine Leistungen oder sein Verhalten darstellt. Hat der gekündigte Mitarbeiter dieses Gefühl, schädigt dies sowohl Ihren Ruf als Personalreferent als auch die Reputation des Unternehmens.

Da Sie in Ihrer Funktion als Personalreferent in der Regel nicht allein betriebsbedingte Kündigungen aussprechen, sondern solche Entscheidungen in Zusammenarbeit mit Geschäftsführung, Betriebsrat und Rechtsberatung getroffen werden, ist es wichtig, sich untereinander gut abzusprechen und eine gemeinsame Linie und Sprachregelung abzustimmen.

15.4 Aufgaben des Personalreferenten im Trennungsprozess

15.4.1 Zusammenarbeit und Beratung der Führungskräfte

Eine offene Kommunikation mit den Führungskräften ist integraler Bestandteil im Trennungsprozess. Die erreichen Sie, indem Sie sich als internen Dienstleister und Berater in Sachen Personal sowohl für die Mitarbeiter als auch für die Führungskräfte darstellen und sich mit dieser Rolle identifizieren. Die Möglichkeiten hierfür sind vielfältig:

- Bieten Sie Ihre Unterstützung und Zusammenarbeit beim Thema Trennungsmanagement an.
- Initiieren Sie eine Schulung aller Führungskräfte zum Thema Trennung von Mitarbeitern. Erfahrene Berater helfen dabei, diese für alle unangenehme Situation in einem geschützten Rahmen durchzuspielen.
- Achten Sie darauf, dass nicht nur die Kommunikation zwischen Ihnen und den Führungskräften stimmt, sondern auch unter den Führungskräften. Nicht nur in Zeiten von Massenentlassungen ist es für den Einzelnen wichtig, sich mit anderen über seine Erfahrungen auszutauschen.

15.4.2 Zusammenarbeit mit dem Betriebsrat

Im Betriebsverfassungsgesetz ist geregelt, welche Rechte und Pflichten der Betriebsrat Ihres Unternehmens bei der Trennung von Mitarbeitern besitzt. Hat Ihr Unternehmen keinen Betriebsrat, ist es möglich, Kündigungen bei Vorliegen der entsprechenden Kündigungsgründe ohne weitere Formalitäten auszusprechen. Geht der entlassene Arbeitnehmer dagegen vor, entscheidet letztendlich das Arbeitsgericht über Rechtmäßigkeit und Wirksamkeit der Kündigung.

Anders sieht es in einem Unternehmen mit Betriebsrat aus. Hier müssen Sie im Falle einer Kündigung das gesetzlich geregelte Verfahren der Betriebsratsanhörung einleiten und durchführen.

Achten Sie auf eine möglichst zeitnahe Anhörung des Betriebsrats nach der Kündigungsentscheidung, da das Arbeitsverhältnis bis zum Abschluss der Anhörung andauert und Formfehler im Verfahren eine Verzögerung, ja sogar eine Unwirksamkeit der Kündigung nach sich ziehen können (§ 102 Absatz 1 BetrVG). Bei einem unsachgemäßen Anhörungsverfahren verliert die Kündigung ihre Rechtsgültigkeit.

Eine gesetzlich vorgeschriebene Form der Betriebsratsanhörung gibt es nicht, jedoch ist die Schriftform dringend zu empfehlen, damit Sie bei eventuellen Streitigkeiten alle Beweise »schwarz auf weiß« haben.

Das Anhörungsschreiben

»Lieber zu viel Informationen geben als zu wenig« sollten Sie sich als Grundsatz für ein Anhörungsschreiben vornehmen. In der Anhörung muss auf alle Fälle deutlich werden, wem, wie, warum und wann gekündigt werden soll.

Des Weiteren müssen Sie dem Betriebsrat alle persönlichen Daten des Mitarbeiters mitteilen. Solche persönlichen Daten sind zum Beispiel:

- Name und Vorname des Mitarbeiters,
- Personalnummer (soweit vorhanden),
- Geburtsdatum und -ort,
- Familienstand,
- Unterhaltsverpflichtungen (soweit bekannt),
- Schwerbehinderungen,
- Gesundheitsbeeinträchtigungen durch Arbeitsunfall,
- Wohnort des Mitarbeiters,
- Dauer des Beschäftigungsverhältnisses beziehungsweise Eintrittsdatum,
- Abteilung und Position des Mitarbeiters.

Informieren Sie sich über die unterschiedlichen Fristen des Betriebsrates für die Äußerung von Bedenken oder Anmerkungen. Bei einer außerordentlichen Kündigung sind dies drei Tage, bei ordentlichen Kündigungen dagegen bis zu eine Woche. Die genaue Kenntnis ist so wichtig, weil Sie bei Trennungsverfahren häufig mehrere Fristen zu bedenken haben, die bei Nichteinhaltung sofort eine Ungültigkcit der Kündigung bewirken.

15.4.3 Gespräche mit den Mitarbeitern führen

Um Ihnen das Führen eines Kündigungsgesprächs zu erleichtern, können Sie sich am Gesprächsleitfaden zum Kündigungsgespräch orientieren (siehe Kapitel 15.4.3.2).

15.4.3.1 Wer? Wann? Wo? Wie lange?

Über die Basisfragen: »Wer?«, »Wann?«, »Wo?«, »Wie lange?« müssen Sie sich vor einem Kündigungsgespräch im Klaren sein. Auf den ersten Blick mögen diese Fragen banal klingen, aber gehen Sie einmal in sich und versuchen, diese zu beantworten. Sie werden merken, dass das gar nicht so einfach ist.

Wer führt das Kündigungsgespräch?

Obwohl unserer Meinung nach das Trennungsgespräch in die Hand des direkten Vorgesetzten gehört, wird es jedoch in vielen Fällen an die Personalabteilung beziehungsweise an Sie als Personalreferent »übertragen« werden. Sollte dies der Fall sein und sich die Führungskraft oder der Vorgesetzte um die unangenehme Aufgabe der Kündigungsaussprechung drücken wollen, sorgen Sie wenigstens dafür, dass er oder sie zumindest beim Gespräch anwesend ist. Sie können, es sei denn, es handelt sich um eine betriebsbedingte Kündigung, eine Kündigung gar nicht allein aussprechen. Sie wissen, auch wenn der Vorgesetzte Ihnen die Gründe mitgeteilt hat, zu wenig. Wenn der Mitarbeiter zum Beispiel anfängt, auf fachlicher Ebene gegen seine Kündigung zu argumentieren, werden Sie ein Problem bekommen.

Wann soll das Gespräch stattfinden?

Ein Kündigungsgespräch dürfen Sie erst nach einer gründlichen Vorbereitung führen. Dazu gehören:

- genaues Studieren der Personalakte;
- Prüfen von gesetzlichen Beschränkungen oder Kündigungsschutz und Einhaltung aller gesetzlichen Pflichten;
- Durchsehen der Beurteilungen und Rücksprache mit dem direkten Vorgesetzten des Mitarbeiters;
- gesetzliche und freiwillige Trennungskonditionen mit dem Management klären und Handlungsspielräume abstimmen;
- Herausfinden der gegenwärtigen psychischen Verfassung des Mitarbeiters.

Zu der Frage »Wann?« gehört natürlich auch der zeitliche Aspekt. Grundsätzlich sollten Sie eine Kündigung so früh wie möglich nach der Entscheidung und ohne große Vorankündigung aussprechen. Der Freitagnachmittag oder vor Feiertagen sind denkbar ungünstigste Zeitpunkte zum Überbringen der Kündigungsbotschaft. Am besten geeignet ist der Wochenanfang, möglichst vormittags. Sie geben dem betroffenen Mitarbeiter damit die Gelegenheit, den Schock erst einmal zu verarbeiten und im Bedarfsfall noch einmal auf Sie zurückkommen zu können.

Bevor Sie die Kündigungsbotschaft überbringen, müssen Sie auch Sicherheitsaspekte bedenken. Sie wissen nie, wie der betroffene Mitarbeiter die Kündigung aufnimmt und wie er darauf reagieren wird. Prüfen Sie folgende Möglichkeiten, und treffen Sie gegebenenfalls Vorkehrungen zur Prophylaxe:

- Sicherheit des Mitarbeiters und der Kollegen: Können Sie jemandem zumuten, dessen Arbeit aus Sicherheitsgründen höchste Konzentration erfordert (zum Beispiel einen Kranführer), dass er nach dem Erhalt der Kündigung an seinen Arbeitsplatz zurückkehrt?
- Ihre eigene Sicherheit: Wie müssen Sie die Kündigungsbotschaft vermitteln, ohne dass der Betroffene vielleicht im Affekt beleidigend oder gar handgreiflich wird?
- Sicherheit des Unternehmens: Besteht die Gefahr, dass der Gekündigte seinen Arbeitsplatz sabotiert?
- Sicherheit des Mitarbeiters: Besteht die Gefahr, dass der Mitarbeiter emotional unkontrollierbar reagiert?

Wo findet das Kündigungsgespräch statt?

Um die Kündigungsbotschaft zu übermitteln, ist Ihr eigenes Büro oder ein neutraler Platz wie zum Beispiel der Besprechungsraum am besten geeignet. Ein Großraumbüro oder jeder andere offene Raum ist tabu. Noch viel schlimmer, aber in der Praxis nicht selten anzutreffen, ist ein so genannter »Exekutionsraum«, in welchem ausschließlich Abmahnungs- und Trennungsgespräche abgehalten werden.

Vermeiden Sie, dass Sie sich gegenübersitzen, denn so kommt eine Atmosphäre wie bei einem Polizeiverhör zustande. Ein runder Tisch oder eine Sitzposition »über Eck« sind ideal. Um das Gespräch wirklich unter vier Augen stattfinden zu lassen, tragen Sie bitte dafür Sorge, dass keinerlei Störungen durch Telefon oder »hereinplatzende« Mitarbeiter auftreten können. Stellen Sie ein Glas Wasser und vielleicht ein paar Taschentücher zur Verfügung.

Wie lange sollte ein Kündigungsgespräch dauern?

Übermitteln Sie die Botschaft unbedingt in den ersten fünf Sätzen. Die Gesamtdauer sollte zwischen 7 und 15 Minuten liegen, planen Sie sich aber genug Reserve ein, um auf die individuellen Reaktionen des Betroffenen reagieren zu können. Wenn Sie den Bedarf sehen, und das wird in den meisten Fällen so sein, bieten Sie einen zeitnahen Folgetermin an, damit der Mitarbeiter Zeit hat, die Nachricht zu verarbeiten. Dann ist er nämlich auch wieder empfänglich für Ihre Argumente.

15.4.3.2 Das Kündigungsgespräch

Ein Kündigungsgespräch muss folgende Bedingungen erfüllen:

- Klarheit und Deutlichkeit,
- kein Small Talk,
- Offenheit und Wahrhaftigkeit,
- Verständlichkeit und Stimmigkeit.

Ein Punkt, den viele Führungskräfte und Personalverantwortliche als besonders heikel empfinden, ist die angebliche Unvereinbarkeit von Wertschätzung und Schonungslosigkeit.

Sie müssen stets innerlich differenzieren, nämlich zwischen dem Arbeitnehmer und der Person. Auch wenn Sie nicht mehr mit dem Mitarbeiter als Arbeitnehmer zusammenarbeiten wollen oder können, müssen Sie die Achtung und den Respekt vor der Person des Mitarbeiters unangetastet lassen. Nutzen Sie Checkliste 15.3 auf der CD.

Bereiten Sie sich einen »Spickzettel« wie in Checkliste 15.4 auf der CD für das Gespräch vor, auf dem Sie sich noch einmal notieren, auf was Sie im Gespräch achten wollen.

Gesprächseröffnung

Begrüßen Sie den Mitarbeiter und sagen Sie in einem freundlichen, aber bestimmten Ton, dass Sie mit ihm in einer sehr wichtigen geschäftlichen Angelegenheit sprechen müssen. Die meisten Mitarbeiter werden an dieser Stelle bereits eine Art Vorahnung haben, da es in der Regel nicht völlig überraschend zu Kündigungen kommt. Absolut falsch ist:

- Small Talk über Urlaub, Familie, Wetter und so weiter,
- Austausch von Nettigkeiten und Komplimenten,
- erst über Bagatellen zu reden und dann plötzlich zur Kündigung umzuschwenken.

Die ersten fünf Sätze

Dies ist der kritischste Moment des gesamten Kündigungsgesprächs, denn Sie müssen jetzt die Kündigung aussprechen. Wenn Sie auch nur leicht unsicher sind, schreiben Sie die Sätze auf und üben Sie diese mit einem Diktiergerät oder noch besser mit einer Videokamera oder einem Kollegen. Nur so können Sie Fehler Ihrerseits in Stimme, Sprache und Körpersprache erkennen und abstellen.

Beispiel 3: Betriebsbedingte Kündigung

1. »Herr Mustermann, ich habe Sie zu diesem Gespräch mit mir gebeten, um Ihnen die Aufhebung Ihres Arbeitsverhältnisses zum xx.xx.200x mitzuteilen.«
2. »Die Trennung beruht darauf, dass unser Werk in Musterstadt geschlossen wird.«
3. »Gerne würde ich mit Ihnen bei der Trennung zu einer einvernehmlichen Lösung kommen.«
4. »Sollte dies nicht gelingen, kündige ich Ihnen fristgerecht zum ...«
5. »Jetzt würde ich Ihnen sehr gern meine Trennungskonditionen unterbreiten.«

Trennungsbegründung

Logischerweise hängt die Entlassungsbegründung in erheblichem Maß vom Anlass ab. Bei einer verhaltensbedingten Kündigung liegen die Gründe meistens auf der Hand. Schwieriger dagegen ist es bei einer betriebsbedingten Kündigung. Sie müssen sich darüber im Klaren sein, dass die Frage: »Warum ausgerechnet ich?« immer im Raum stehen wird, ob ausgesprochen oder nicht, und darauf müssen Sie vorbereitet sein. Höchste Priorität bei der Trennungsbegründung haben Ehrlichkeit, Objektivität und individuelle Behandlung der Mitarbeiter, ohne die Persönlichkeit zu verletzen. Checkliste 15.5 auf der CD kann Ihnen bei der Vorbereitung auf ein Trennungsgespräch helfen.

Argumentation und Einwandbehandlung

Wenn Sie glauben, Sie könnten während des Kündigungsgesprächs auf Einwände und Argumente des Gekündigten aus dem Stehgreif reagieren, unterliegen Sie mit hoher Wahrscheinlichkeit einem Irrtum. In der Tabelle 15.1 sehen Sie vier Arten von Einwänden und wie Sie darauf reagieren können:

Tabelle 15.1: Umgang mit Einwänden

Art	Einwand	Ihre Reaktion
Sachlich	Wer hat denn die Entscheidung getroffen?	
	Warum gerade ich?	
Emotional	Sie konnten mich noch nie leiden, und jetzt wollen Sie mich loswerden!	
	Wie können Sie mir das antun?	
Aggressiv	Das dürfen Sie ja gar nicht! Damit lasse ich Sie nicht so einfach davon kommen!	
	Ich war immer gut in meinem Job. Ich werde Sie verklagen!	
Existenzängste	Meine Arbeit ist alles, was ich habe!	
	Bei den Arbeitslosenzahlen habe ich doch überhaupt keine Chance mehr!	

Beenden des Trennungsgesprächs

Vergewissern Sie sich vor Beendigung des Gesprächs, ob die Botschaft beim Betroffenen angekommen und von ihm wirklich verstanden wurde. Fragen Sie nach und bitten Sie den gekündigten Mitarbeiter gegebenenfalls darum, die von ihm erfassten Inhalte des Gesprächs noch einmal kurz wiederzugeben. Nur so können Sie wirklich sichergehen, dass der Mitarbeiter die Kündigung als solche aufgenommen hat. Lassen Sie sich aber nicht auf eine endlose Diskussion ((Gelöschtes findet sich im Begriff »Diskussion« wider.)) ein, sondern machen Sie noch einmal in aller Deutlichkeit klar, dass die Kündigung eine unumstößliche Unternehmensentscheidung und keine Verhandlungssache ist.

15.5 Der Weg in die Zukunft – Zeugnisse erstellen

Man unterscheidet zwischen folgenden Zeugnisarten bei Beschäftigungsende:

- einfaches Zeugnis,
- qualifiziertes Zeugnis.

Ein einfaches Zeugnis muss enthalten:

- Angaben über die Person des Arbeitnehmers (Name, Vorname, Geburtsdatum);
- möglichst genaue und vollständige Beschreibung der Art der Beschäftigung;
- Dauer der Beschäftigung.

Ein qualifiziertes Zeugnis besteht aus fünf Bausteinen:

1. Einleitung
   Dahin gehören Angaben wie:
   - Vor- und Zuname,
   - Geburtsdatum und -ort,
   - akademische und öffentlich-rechtliche Titel,
   - Beginn und Ende des Beschäftigungsverhältnisses.

2. Aufgabenbeschreibung
   Es geht um die Beschreibung
   - des Arbeitsplatzes und der Funktion des Mitarbeiters;
   - des Aufgaben- und Verantwortungsbereiches mit Schwerpunktnennung;
   - der Kompetenzen und eventuell erteilten Vollmachten (zum Beispiel Prokura).

3. Leistungsbeurteilung
   Diese enthält Aussagen über:
   - Leistungsbereitschaft,

- Arbeitsbefähigung,
- Arbeitsweise,
- Arbeitserfolge (Qualität, Quantität, Selbstständigkeit, besondere Erfolge),
- zusammenfassende Wertung.

4. Verhaltensbeurteilung
Damit ist eine Beurteilung des Sozialverhaltens des Mitarbeiters gegenüber Kollegen und Vorgesetzten, aber auch gegenüber Kunden, Lieferanten und Geschäftspartnern gemeint.

5. Schlussformulierungen
Hier wird Auskunft gegeben über:
- Art und Weise der Beendigung des Beschäftigungsverhältnisses;
- gegebenenfalls Dank für die Zusammenarbeit;
- gegebenenfalls Bedauern des Ausscheidens;
- gegebenenfalls Wünsche für die Zukunft;
- Datum, Ort und Unterschrift des Zeugniserstellenden.

15.5.1 Die Zeugnissprache – Eine Wissenschaft für sich

Speziell bei verhaltensbedingten Kündigungen befinden Sie sich in einem Dilemma. Einerseits muss das Zeugnis ein wahrheitsgemäßes Bild des Mitarbeiters abgeben, andererseits sind Sie gesetzlich dazu verpflichtet, wohlwollende Formulierungen zu treffen, um dem Zeugnisempfänger in seinem beruflichen Werdegang keine Steine in den Weg zu legen. Das ist der Grund, weshalb viele Unternehmen mit einer Art »Zeugniscode« arbeiten, um zum Beispiel Negatives gesetzeskonform positiv zu artikulieren. Was passiert aber, wenn der neue Arbeitgeber das Zeugnis liest, ohne den »Code« zu kennen? Er stellt den Mitarbeiter unter Umständen ein, weil er nicht weiß, dass einige Formulierungen alles andere als positiv gemeint waren. Das ist die Kehrseite der Medaille. Hier in aller Kürze eine Übersicht über die gebräuchlichsten Codierungen:

- Leerstellentechnik: zum Beispiel Verzicht auf den Ehrlichkeitsvermerk, wenn der Mitarbeiter Betriebseigentum gestohlen hat;
- Reihenfolgetechnik: Unwichtiges wird vor Wichtigem genannt und soll Unzufriedenheit ausdrücken;
- Passivierungstechnik: zum Beispiel »Herr X wurde beschäftigt...« kann auf wenig Engagement und Initiative schließen lassen;

- Negationstechnik: Negatives kann durch die Verneinung des Gegenteils angedeutet werden (»...seine Arbeitsqualität war nicht zu beanstanden« anstatt »einwandfrei«).

Es gibt aber auch Dinge, die auf keinen Fall ins Zeugnis geschrieben werden dürfen. Wenn Sie einen der folgenden Umstände darin erwähnen, können Sie sich unter Umständen sehr viel Ärger einhandeln:

- bei fristlosen Kündigungen den Kündigungsgrund (zum Beispiel Diebstahl),
- Behinderungen, Krankheiten (auch nicht Alkoholprobleme),
- krankheitsbedingte Fehlzeiten,
- Gewerkschaftszugehörigkeit oder Betriebsratstätigkeit.

15.6 Outplacement – Neuorientierung begleiten und den Mitarbeiter unterstützen

15.6.1 Chancen durch Outplacement

Outplacement bezeichnet die Beratung und Vermittlung von erwerbslosen Menschen beziehungsweise wenn Mitarbeiter unmittelbar vor der Entlassung in eine neue Tätigkeit stehen. Synonym werden aber auch die Begriffe Trennungsberatung oder Newplacement verwendet.

Glücklicherweise erkennen immer mehr Unternehmen, wie sinnvoll und nützlich es ist, im Trennungsprozess den betroffenen Mitarbeitern bei der beruflichen Neuorientierung unterstützend zur Seite zu stehen. Es existieren große Unterschiede in der Frage, welchen Zielgruppen eine Outplacement-Beratung angeboten wird. Es muss entschieden werden, ob generell alle (unfreiwillig) ausscheidenden Mitarbeiter eine Beratung bekommen sollen oder nur Führungskräfte innerhalb eines bestimmten Gehaltsrahmens. Viele Unternehmen bieten ihren Mitarbeitern diese Leistung noch nicht als selbstverständlich an, sondern meist nur dann, wenn der Betroffene infolge von organisatorischen oder strukturellen Entscheidungen das Unternehmen verlässt. Im Allgemeinen lassen sich bei Unternehmen folgende Kriterien für das Angebot einer Trennungsberatung finden:

- einvernehmliche Trennung;
- Bereitschaft des Betroffenen, an sich zu arbeiten und selber aktiv zu sein;

- »gesunde« Persönlichkeit des Betroffenen (keine Alkohol- oder Drogen-probleme);
- relativ lange Betriebszugehörigkeit.

Gewerbliche Outplacement-Berater bieten umfangreiche Unterstützung im gesamten Prozess der Neuorientierung und Stellensuche. Angefangen bei einer gezielten Standortbestimmung und der Erstellung eines Kompetenzprofils über die Entwicklung einer Bewerbungsstrategie, die Unterstützung bei der Erstellung von Bewerbungsunterlagen und die Vorbereitung auf Vorstellungstermine, kann der gekündigte Mitarbeiter vielfältig von den Erfahrungen, Kompetenzen und Kontakten der Berater profitieren.

Durch Outplacement helfen Sie den Mitarbeitern,

- den Trennungsprozess schneller zu überwinden,
- das Selbstwertgefühl wieder aufzubauen,
- den eigenen Marktwert besser einschätzen zu können,
- motivierter und organisierter bei der Jobsuche vorzugehen,
- schneller eine neue Stelle zu finden.

Aber auch das Unternehmen profitiert davon, was angesichts der erheblichen Kosten schwer zu glauben sein mag. An dieser Stelle sei aber noch einmal auf das »Survivor-Syndrom« hingewiesen. Erinnern Sie sich noch, welche Kosten durch Demotivation oder innere Kündigung entstehen können? Aber auch der Eindruck, den eine faire Behandlung der ehemaligen Mitarbeiter bei Kunden, Lieferanten, potenziellen Mitarbeitern und nicht zuletzt in der Öffentlichkeit hinterlässt, kann durchaus für die zukünftige wirtschaftliche Entwicklung Ihres Unternehmens eine entscheidende Rolle spielen.

15.6.2 Formen des Outplacements

Es kann zwischen zwei Möglichkeiten des Outplacements unterschieden werden:

- Einzelberatung,
- Gruppenberatung.

Die Einzelberatung

Diese Form der Outplacement-Beratung kommt am ehesten für Mitarbeiter höherer Hierarchiestufen in Betracht. Sie ist auf den Einzelfall bezogen die wohl kostenintensivste Variante. Jedoch garantiert die Eins-zu-Eins-Situation während der Beratung eine hohe Effizienz und eine optimale Betreuung. Die Inhalte der Beratung können individuell auf die Bedürfnisse des Betroffenen abgestimmt werden. Der Umfang der Beratung erfolgt meist nach einer spezifischen Beurteilung des Einzelnen. In Abhängigkeit von der Zeitachse lässt sich hier zwischen unlimitierter und limitierter Einzelberatung unterscheiden.

Die unlimitierte Einzelberatung dauert so lange, bis der Betroffene wieder eine neue Position gefunden hat. Zusätzlich kann es eine Probezeitgarantie geben, das heißt, der Klient wird ohne Mehrkosten erneut beraten, wenn er die Probezeit nicht besteht.

Bei der limitierten Einzelberatung durchläuft der Mitarbeiter innerhalb eines begrenzten Zeitrahmens (zum Beispiel sechs Monate) die einzelnen Phasen der Beratung zur beruflichen Neuorientierung und legt dabei selbst fest, welche Phase für ihn am bedeutendsten ist.

Die Gruppenberatung

Die Gruppenberatung wird von Unternehmen gerne angeboten, wenn sie sich von mehreren Arbeitnehmern auf einmal trennen müssen. Neben umfangreichen individuellen Unterstützungsmaßnahmen steht häufig ein mehrtägiges Seminar im Mittelpunkt der Beratung. Die individuellen Seminarinhalte umfassen in der Regel:

- Vorbereitung der Teilnehmer auf ihre neue Situation,
- Hilfestellung während der Umbruchphase,
- Ermittlung der individuellen Fähigkeiten und Kompetenzen,
- Standortbestimmung,
- Abgleich mit dem Selbst- und Fremdbild,
- Erstellen von Bewerbungsunterlagen,
- Hilfestellung bei der Einstellung auf ein neues berufliches (unter Umständen auch privates) Umfeld.

Ein individueller Nachbetreuungsservice, Folgeberatungstage sowie eine telefonische Beratung runden das Angebot ab. Der Umfang der Unterstützung wird dabei zu Beginn auf Basis der spezifischen Unternehmenssituation festgelegt.

Die Einzelberatung ist aufgrund der individuelleren Betreuung sicherlich vorzuziehen. Ist aber Ihr Unternehmen beispielsweise aus der wirtschaftlichen Lage heraus dazu nicht bereit beziehungsweise nicht in der Lage, ist die Gruppenberatung mehr als nur eine interessante Alternative.

Checkliste 15.6 auf der CD kann Ihnen bei der Auswahl eines passenden und kompetenten Outplacement-Beratungsunternehmens helfen.

16 Ganz ohne geht es nicht: Verwaltende und administrative Aufgaben von Personalreferenten

Die Personalverwaltung umfasst alle administrativen, routinemäßigen Aufgaben, die der Personalbereich von der Einstellung eines Mitarbeiters bis zur Entlassung beziehungsweise Pensionierung zu leisten hat. Die Aufgaben sind dadurch gekennzeichnet, dass sie regelmäßig wiederkehrend und häufig in gleicher Form zu erledigen sind. Deshalb verfügen Personalabteilungen dafür in der Regel über standardisierte und immer stärker automatisierte Arbeitsabläufe und ein entsprechendes Formularwesen.

Die administrativen Aufgaben werden in kleineren Unternehmen häufig von den Personalreferenten selbst, in mittelgroßen oder großen Unternehmen meist von einer mit dem Referenten eng zusammenarbeitenden Assistenzfunktion übernommen.

Im Mittelpunkt der Aufgaben als Personalreferent für eine moderne Personalverwaltung stehen:

- Sicherstellung einer lückenlosen Informationsbasis zu jedem Mitarbeiter;
- Entwicklung und Einsatz von Tools für effektive administrative Prozesse und zeitgemäße Services;
- Prozesse transparent machen und kundenorientiert ausrichten.

16.1 Jederzeit alle Informationen griffbereit: Anlegen und Führen der Personalakte

Zum Inhalt der Personalakten gehören alle personenbezogenen Daten, die in unmittelbarem Zusammenhang mit dem Arbeitsverhältnis stehen. Wegen des gesetzlichen Datenschutzes sind Personalakten strikt vertraulich zu behandeln. Ab einer Mitarbeiterzahl von 20 muss das Unternehmen außerdem einen Datenschutzbeauftragten stellen. Gemäß § 83 BetrVG hat der Mitarbeiter jederzeit das Recht, seine Akte einzusehen.

Zu den Daten, die gesammelt werden dürfen, gehören insbesondere auch Daten, die bei betriebsändernden Maßnahmen wie zum Beispiel Umstrukturierungen oder individuellen Maßnahmen wie Versetzungen und Kündigungen benötigt werden.

Beispiel 1: Nutzen der Personalakte

Bei der Fusion zweier Unternehmen gehen im Rahmen eines Betriebsteilübergangs mehrere Abteilungen vom Unternehmen A zum Unternehmen B über. Im Zuge dieses Betriebsteilübergangs werden außerdem Arbeitsplätze an einen anderen Standort verlagert. Als Personalreferent haben Sie die Aufgabe, den Betriebsteilübergang zu organisieren und Führungskräfte und Mitarbeiter zu begleiten und zu beraten. Da einige Mitarbeiter nicht umziehen können beziehungsweise wollen, wird mit dem Betriebsrat die Absprache getroffen, für diese Mitarbeiter alternative Einsatzmöglichkeiten am bisherigen Standort zu suchen, um betriebsbedingte Kündigungen zu vermeiden. Um die Qualifikation der Mitarbeiter einschätzen und deren Profil mit den Anforderungen alternativer Stellen vergleichen zu können, sind die folgenden Unterlagen aus der Personalakte für Sie hilfreich: Lebenslauf, Belege zur Aus- und Weiterbildung, Zeugnisse, Tätigkeitsbeschreibungen und Beurteilungen. Es ist also wichtig, dass die Personalakte ein aktuelles und lückenloses Bild bietet. Sollten wie in diesem Beispiel dann doch betriebsbedingte Kündigungen ausgesprochen werden müssen, sind zur Vorbereitung dieser Kündigungen und einer eventuell notwendigen Sozialauswahl die exakt gepflegten Daten der Mitarbeiter wichtig dafür, dass Verfahrensfehler vermieden und Prozessrisiken minimiert werden.

Wie Sie bereits in den vorangegangenen Kapiteln erfahren haben, gehören zu den Grundsätzen einer modernen Personalarbeit außerdem die Förderung und Bindung wichtiger Leistungs- und Potenzialträger. Auch hier bietet die Personalakte eine wichtige Datenbasis für Sie als Personalreferent, für die Personalentwicklung und die Vorgesetzten. Sie liefert Ihnen bei Stellenbesetzungen und Fördermaßnahmen einen schnellen Überblick über den bisherigen Werdegang, die Kompetenzen und Leistungen des Mitarbeiters. Sie ist eine unverzichtbare Unterlage, um Fördergespräche und Auswahlinterviews gut vorzubereiten.

Da innerhalb einer Personalabteilung meist mehrere Personen Zugriff auf die Personalakten haben und diese unter Umständen von mehreren Personen gepflegt werden, empfiehlt es sich, ein einheitliches System für deren Aufbau zu verabreden. Im Folgenden finden Sie ausführliche Informationen dazu.

16.1.1 Aufbau einer Personalakte

Für eine lückenlose und strukturierte Dokumentation sämtlicher Unterlagen bezüglich des Mitarbeiters und seines Arbeitsverhältnisses hat sich die Ablage folgender Unterlagen in Ordnern (zum Beispiel Hängeregistern) mit entsprechender Unterteilung in Themenregistern bewährt:

1) allgemeine Daten des Mitarbeiters (Punkte a) bis h) als Deckblatt der Personalakte):
   a) Name, Geburtsname, akademischer Titel, Geschlecht, Anschrift, Telefon- und Faxnummer, E-Mailadresse,
   b) Familienstand und Anzahl der unterhaltspflichtigen Kinder,
   c) Eintrittsdatum,
   d) Funktion, Standort,
   e) Gehalts- beziehungsweise Tarifgruppe,
   f) Staatsangehörigkeit,
   g) Umfang der Stelle (Vollzeit, Teilzeit),
   h) Übersicht über die Gehaltsentwicklung,
   i) Personalbogen.

2) Vertragsunterlagen (chronologisch aufsteigend):
   a) Arbeitsverträge,
   b) Stellenbeschreibungen,
   c) Vertragsänderungen,
   d) Gehaltserhöhungen,
   e) Elternzeit,
   f) Altersteilzeit,
   g) Arbeitserlaubnis (bei ausländischen Mitarbeitern),
   h) Gesundheitszeugnis,
   i) Sonderaufgaben (zum Beispiel Datenschutz- oder Sicherheitsbeauftragter),
   j) Er- und Abmahnungen,
   k) Kündigungen, Aufhebungsverträge und Freistellungen,
   l) Genehmigung von Nebentätigkeiten,
   m) Genehmigung zu Sonderurlauben,
   n) Rückzahlungsverpflichtungen,
   o) Verdienst- und Beschäftigungsnachweise,
   p) Zwischenzeugnisse, Endzeugnis,
   q) Schriftverkehr zu allen arbeitsvertraglichen Themen.

3) Personalentwicklung (chronologisch aufsteigend):
   a) Beurteilungen und Bewertungen,

b) Personalentwicklungsplan,
c) Protokolle der jährlichen Mitarbeitergespräche (zum Beispiel zur Zielerreichung),
d) Weiterbildungsnachweise,
e) Sprachkenntnisse,
f) Ausbildungsbefähigung.

4) Sozialversicherungs- und Steuerunterlagen (chronologisch aufsteigend):
   a) Anmeldung zur Krankenkasse,
   b) Nachweis der monatlichen Krankenkassenbeiträge,
   c) Sozialversicherungsausweis/Ausweis zur Versicherungsnummer,
   d) Unterlagen zu Zusatzversorgungskassen,
   e) Nachweis zur Anlage vermögenswirksamer Leistungen,
   f) Nachweis für Kinderlose (Pflegeversicherung),
   g) Lohn- und Gehaltsbescheinigungen,
   h) Unterlagen zur Lohnsteuer.

5) Kopien amtlicher Urkunden (chronologisch aufsteigend):
   a) Schwerbehindertenausweis,
   b) Wehrdienstbescheinigung,
   c) Lohnabtretungen und Gehaltspfändungen,
   d) Ersthelferausbildung.

6) Bewerbungsunterlagen:
   a) Bewerbungsschreiben des Mitarbeiters,
   b) Lebenslauf und Passbild,
   c) Arbeitszeugniskopien des Arbeitnehmers,
   d) Berufsabschluss,
   e) Schulabschlusszeugnis.

Sorgen Sie dafür, dass nur die Unterlagen in die Personalakte eingehen, die in direkter Verbindung zum Arbeitsverhältnis stehen und die nicht nur kurzfristig relevant sind, wie zum Beispiel einmalige Bescheinigungen oder Begleitschreiben. Wenn Sie zu einem späteren Zeitpunkt die Papierakte auf eine elektronische Akte umstellen, ist der Aufwand der Bereinigung und für das Einscannen der Dokumente davon abhängig, wie schlank und einheitlich die Papierakten geführt wurden.

Wichtig für die Aufbewahrungspflichten: Abmahnungen bleiben – nach einer Entscheidung des Bundesarbeitsgerichts – zwei Jahre wirksam. Das heißt, nach Ablauf dieser Zeit müssen Abmahnungen aus der Akte entfernt werden.

16.1.2 Der Personalbogen für rechtsverbindliche Angaben

Bei der Einstellung eines neuen Mitarbeiters ist es empfehlenswert, neben den Bewerbungsunterlagen auch einen Personalbogen als schriftliche Auskunft vom zukünftigen Mitarbeiter ausfüllen zu lassen. Ein günstiger Zeitpunkt dafür ist vor dem ersten Bewerbungsgespräch, weil dann bereits wichtige zusätzliche Angaben vom Mitarbeiter verbindlich vorliegen, wie zum Beispiel Angaben zum Gesundheitszustand, zu eventuellen Vorstrafen und Aussagen zum letzten beziehungsweise aktuellen Beschäftigungsverhältnis wie Gehalt und Kündigungsfristen. Die so gewonnenen Informationen können direkt im Bewerbungsgespräch eingesetzt werden. Ein weiterer Vorteil ist, dass der Mitarbeiter mit seiner Unterschrift die Richtigkeit und Vollständigkeit seiner Angaben zusichert. Der Personalbogen bildet so eine rechtsverbindliche Auskunft. Muster 16.1 auf der CD bietet Ihnen einen Beispielbogen, wie er in den meisten Unternehmen eingesetzt wird.

16.1.3 Die elektronische Personalakte

Das Handling einer Papierakte ist in großen Unternehmen und bei mehreren Standorten sehr aufwändig. Häufig müssen die Daten aus der Akte an mehreren Standorten gleichzeitig verfügbar sein, und Transporte unterliegen entsprechenden Datenschutzvorkehrungen. Durch die Umwandlung der Papierakte in eine digitale Personalakte soll die Arbeit aller erleichtert werden, die mit Personalprozessen betraut sind. Doppelerfassungen von mitarbeiterbezogenen Daten werden vermieden, da die am Markt gängigen Produkte eine Anbindung an andere IT-Systeme, zum Beispiel an die Gehaltsabrechnung, ermöglichen. Für alle personalrelevanten Vorgänge stehen die Daten aus den dafür eingesetzten Datenbanken zur Verfügung.

Folgende Vorteile werden häufig genannt:

- Die elektronische Personalakte kann in bestehende HR-Portale integriert werden. Dadurch ist eine direkte Einsichtnahme der Mitarbeiter und Vorgesetzten vom Arbeitsplatz aus möglich, auch im internationalen Umfeld, da viele Anbieter auch mehrsprachige Versionen anbieten. Durch entsprechende Passwörter und Zugriffsrechte wird die Sicherheit der Daten gewährleistet.
- Die Systeme ersetzen durch entsprechende Erinnerungsfunktionen Notizen und Wiedervorlagen.

- Mitarbeiterstammdaten, Gehaltsdaten und Entwicklungsdaten werden direkt in das System integriert. Es ist keine Doppelerfassung oder -datenpflege erforderlich. Individuelle Schlagworte und Suchmöglichkeiten, ergänzt mit Blätter- und Schnellansichtfunktion, gewährleisten ein leichtes Handling.

Über die Erfolgsfaktoren und »Fallstricke«, die sich in der Praxis bei der Einführung einer elektronischen Personalakte ergeben können, haben wir mit einer Managerin HR-Services und Projektleiterin für die Einführung der elektronischen Personalakte bei einem internationalen Unternehmen gesprochen:

Für wie viele Mitarbeiter werden bei ihrem Unternehmen elektronische Personalakten angelegt? Es wird für alle 6 000 aktiven Mitarbeiter eine elektronische Akte geben, auch für Aushilfen und Werkstudenten.

Was waren die zentralen Auslöser für die Einführung der elektronischen Personalakte? Das Unternehmen ist dezentral organisiert, unsere HR-Abteilung verteilt sich auf acht unterrschiedliche Standorte. Des Weiteren beschäftigen wir eine große Anzahl von Mitarbeitern und Führungskräften in unseren mehr als 100 Shops, die in ganz Deutschland betrieben werden. Die Unterlagen und wichtigen Informationen aus der Personalakte an allen Standorten verfügbar zu machen und dabei den Datenschutz sicherzustellen, waren wichtige Gründe für die Einführung. Stellen Sie sich den Aufwand vor, der notwendig ist, um die Papierakten Mitarbeitern und Führungskräften zeitnah und sicher an den unterschiedlichen Standorten zur Einsicht zur Verfügung zu stellen. Oder die Zusatzarbeit, wenn größere Mitarbeitergruppen den Betreuungsbereich bei HR wechseln und die dazugehörigen Akten an einen anderen Standort transportiert werden müssen.

Mit Einführung der elektronischen Personalakte können Mitarbeiter und Führungskräfte jederzeit ein Einsichtsrecht bei HR anmelden und erhalten dann umgehend eine Freischaltung für einen Zeitraum von drei Tagen.

Die Einführung der Personalakte ist ein Teilprojekt in unserem e-HR-Projekt, bei dem wir eine umfangreiche Datenbank einführen, die alle mitarbeiterrelevanten Daten aufnimmt, so zum Beispiel auch alle Informationen zu Personalentwicklungsmaßnahmen oder die Verwaltung von Urlaubszeiten. Außerdem stellen wir unseren Mitarbeitern Self-Services zur Verfügung, sie können zukünftig wichtige Daten, wie zum Beispiel Adressänderungen, selbst in das System eingeben.

Welche Ziele standen bei der Entscheidung im Fokus? Informationssysteme bereitzustellen, die den Anforderungen einer dezentralen Organisation gerecht werden, ist ein wesentliches Ziel. Wir wollen außerdem eine »schlanke« Personalakte und nicht mehr eine Sammlung aller möglichen Schriftstücke. Effizienz und Effektivität in der Personalverwaltung sind uns wichtig. Bestimmte Löschvorgänge sind jetzt automatisiert, die Akte bereinigt sich also selbst. Wir brauchen keine Stellflächen für die Archivierung mehr, was ab einer bestimmten Unternehmensgröße auch relevant ist. Diese Zielsetzungen und ein besserer Datenschutz als bei Papierakten werden durch die elektronische Personalakte erfüllt.

Welche wichtigen Voraussetzungen sollte ein Unternehmen mitbringen, damit sich die Einführung lohnt? Aus meiner Sicht lohnt sich die Einführung für Unternehmen, die ähnliche Rahmenbedingungen haben wie wir, vor allem die dezentrale Struktur.

Wie sind Sie bei der Auswahl des richtigen Anbieters vorgegangen? Zentrale Kriterien waren erfolgreich durchgeführte Referenzprojekte bei anderen namhaften Unternehmen und die problemlose Anbindung an das System, mit dem unser e-HR-System läuft. Denn so können wir Synergien nutzen, da beispielsweise die Mitarbeiterstammdaten direkt aus der Gehaltsabrechnung in die Personalakte übernommen werden.

Was ist für eine reibungslose Einführung zu beachten? Besonders wichtig ist es, den Beauftragten für den Datenschutz und den Betriebsrat früh zu beteiligen, am besten einen Vertreter in das Projektteam aufzunehmen. Wir haben die Erfahrung gemacht, dass eine Datenschutzfreigabe erst möglich war, nachdem alle Prozesse standen. Das sollte man bei der Projektplanung auf jeden Fall berücksichtigen. Ein weiterer zeitkritischer Faktor mit einem erheblichen Arbeitsaufwand war die Bereinigung der Papierakten von allen Dokumenten, die nicht eingescannt werden. Da das Scannen ein Dienstleister übernimmt, ist diese Vorbereitung unabdingbar. Durch die dezentrale Organisation des HR-Bereichs waren in der Vergangeheit die Dokumente der Papierakte unterschiedlich benannt worden. Um ein einheitliches Register zu schaffen, mussten wir also zunächst ein einheitliches Verständnis darüber erzielen, welche Dokumente elektronisch erfasst werden. Der Aufwand hat sich gelohnt: Wir haben den Umfang der Akte etwa halbiert.

Und noch ein wichtiger Punkt: Bezüglich der Dokumentationspflichten ist die deutsche Rechtsprechung leider nicht eindeutig. Es ist schon vorgekommen, dass eingescannte Arbeitsverträge als Dokumente bei einem Rechtsstreit nicht anerkannt wurden. Das Unternehmen muss entscheiden, ob es hier Originale weiterhin vorhalten will.

Wie viel Zeit muss man für ein solches Projekt einplanen? Vor circa einem Jahr haben wir den Anbieter ausgewählt, vor einem halben Jahr war der Projektstart und in einem, maximal zwei Monaten werden alle Akten eingescannt sein.

16.2 Tools für mehr Effektivität und zeitgemäße sowie kundenorientierte Services

Eine zeitgemäße Personalverwaltung erfordert immer stärker, alle routinemäßigen Aufgaben, die während der gesamten Verweildauer eines Mitarbeiters in einem Unternehmen anfallen, möglichst effektiv zu bearbeiten.

Dafür gilt es für Sie als Personalreferent zu prüfen:

1. Welche Ihrer Aufgaben beziehungsweise der der Führungskräfte können durch den Einsatz von Checklisten standardisiert werden?
2. Für welche Aufgaben können so genannte »Self-Services« eingerichtet werden, durch die bestimmte Serviceleistungen von Führungskräften und Mitarbeitern selbstständig abgerufen werden können?
3. Welche Routineaufgaben fallen immer wieder an, und wie lassen sich die dazugehörigen Arbeitsprozesse abbilden und optimieren?

Wir betrachten im Folgenden beispielhaft die vielfältigen Aufgaben, die Sie bei einem Neueintritt eines Mitarbeiters zu erledigen haben. Vorrangiges Ziel ist es zunächst, alle erforderlichen Daten des Mitarbeiters lückenlos in den entsprechenden Systemen zu erfassen. Weiterhin ist sicherzustellen, dass der neue Mitarbeiter möglichst reibungslos im Unternehmen »ankommt«.

Warum das so wichtig ist, belegen zahlreiche Untersuchungen. Sie zeigen, dass die ersten Tage im Unternehmen bei neuen Mitarbeitern einen bleibenden Eindruck hinterlassen, der die Motivation und Leistung beeinflusst und im schlechtesten Fall sogar ein frühes Ausscheiden bewirken kann. Als ersten Schritt zur Mitarbeiterbindung und zur Sicherstellung von guten Arbeitsergebnissen gilt es also durch entsprechende Verfahren alles für einen guten Start und eine gute Integration zu tun.

Als Personalreferent ist es Ihre Aufgabe, die Führungskräfte wirkungsvoll bei der Integration der neuen Mitarbeiter zu unterstützen und alle wichtigen

Arbeitsschritte für den reibungslosen Eintritt des Mitarbeiters so effektiv wie möglich zu gewährleisten.

Checklisten und andere Dokumentenvorlagen eignen sich für alle Vorgänge, die sich häufig wiederholen und bei denen Sie gleichbleibende Standards sicherstellen müssen und wollen.

Betrachten wir nun einige Beispiele für Checklisten, die Sie bei Neueintritten nutzen können. Checkliste 16.2 auf der CD unterstützt Sie bei der Bearbeitung der personalinternen Arbeitsschritte.

Zu Ihren Serviceleistungen gehört es außerdem, die aufnehmende Führungskraft mit passenden Arbeitsmitteln zu versorgen, um so die Vorbereitung der Fachabteilung auf ihren neuen Kollegen und den guten Start des neuen Mitarbeiters zu unterstützen.

In vielen Unternehmen werden für die ersten Wochen so genannte »Paten« bestellt, die dem neuen Mitarbeiter mit Rat und Tat als kollegiale Unterstützung zur Seite stehen. Der Pate hilft bei der ersten Orientierung und erleichtert den Kontakt zu den anderen Kollegen und Nachbarabteilungen. Wenn er aus dem gleichen Team stammt, übernimmt er häufig Teile der fachlichen Einarbeitung.

Die Checklisten 16.3 und 16.4 auf der CD eignen sich zur Unterstützung der Führungskraft und für den Paten. Weitere Checklisten und detaillierte Informationen zum Thema »Einarbeitung neuer Mitarbeiter« finden Sie in Kapitel 10.

Zusätzlich zu diesen Checklisten bietet es sich an, ein Handout zusammenzustellen, das alle wichtigen Unterlagen der Eintrittsphase enthält. Weiterführend ist es hilfreich, diese Unterlagen Führungskräften, Mitarbeitern und Paten im Intranet zur Verfügung zu stellen. Sie können so bei Bedarf jederzeit eigenständig darauf zugreifen.

Zu diesen Dokumenten gehören beispielsweise:

- Betriebsordnungen,
- Betriebsvereinbarungen,
- Tarifverträge,
- Richtlinien (zum Beispiel zur Reisekostenabrechnung),
- wichtige Grundsätze zu Sicherheitsthemen,
- Unternehmensleitbild,
- Führungsgrundsätze,
- wichtige Ansprechpartner in den unterschiedlichen Serviceabteilungen,
- Organigramme.

Darüber hinaus richten inzwischen viele Personalabteilungen für bestimmte Serviceleistungen so genannte »Self-Services« ein. Es handelt sich dabei um im Intranet eingerichtete Tools, in denen Führungskräfte und Mitarbeiter ihre persönlichen Daten selbst pflegen, zum Beispiel bei Adressänderungen. Häufig werden auch Vorlagen für Bescheinigungen und Nachweise hinterlegt, die der Mitarbeiter selbst ausfüllt und die danach von der Führungskraft und den zuständigen Personalreferenten freigegeben werden. Die Einrichtung dieser Self-Services bietet sich an für häufig benötigte Bescheinigungen wie beispielsweise:

- Arbeitsbescheinigungen,
- Bescheinigungen zur Vorlage beim Finanzamt und den Krankenkassen,
- Verdienstbescheinigungen,
- Entgeltbescheide,
- Anmeldungen zu Weiterbildungen.

In größeren Unternehmen kann sich außerdem der Einsatz von Self-Services für werdende Eltern lohnen. Sie können sich selbstständig im Intranet über alle ihre Rechte und Pflichten informieren. Alle wichtigen Formulare, zum Beispiel zum Beantragen von Elternzeit und Kindergeld, können ebenfalls dort hinterlegt werden. Ein entsprechender zeitlicher Fahrplan informiert darüber, wann welche Schutzbestimmungen einzuhalten sind und welche Informationen zu welchem Zeitpunkt an welchen Stellen vorliegen müssen.

16.3 Was tun Sie denn den ganzen Tag?
Prozesse transparent machen

In vielen Unternehmen stehen die Abteilungen, die als Serviceabteilungen insbesondere intern nachgefragte Dienstleistungen erbringen, zunehmend stärker in der Pflicht, ihre Prozesse transparent zu machen und kunden- und kostenorientierter auszurichten.

Als Personalreferent sind Sie der Experte für die Durchführung der in den anderen Kapiteln beschriebenen Kernaufgaben einer modernen Personalarbeit. Die Abbildung der wichtigsten Prozesse und die Optimierung ihrer Abläufe ist eine weitere wichtige Aufgabe innerhalb der Personalverwaltung. Salopp gesprochen erwarten Ihre Kunden, dass Sie »Ihre Hausaufgaben machen«, also Ihre Standards reibungslos funktionieren.

In Abbildung 16.1 haben wir beispielhaft den Prozess der Personalbeschaffung (in diesem Falle durch Interviews) mit seinen Arbeitsschritten von der Vakanz bis zur Einstellungsentscheidung abgebildet.

Abb. 16.1: Prozess der Personalbeschaffung

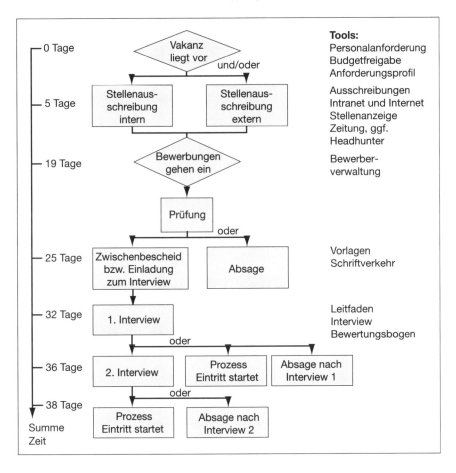

Rechts neben dem Flussdiagramm sind die Tools hinterlegt, die einen reibungslosen und effizienten Ablauf unterstützen.

Es empfiehlt sich, hier alle Dokumente aufzuführen, die Sie als Standard einsetzen. Links neben dem Flussdiagramm ist der Zeitstrahl abgebildet. Er zeigt, wie viele Kalendertage der Prozess vom Vorliegen der Vakanz bis zur Einstellungsentscheidung in Anspruch nehmen darf.

Im nächsten Schritt können anhand der Prozessbeschreibungen Service-Level-Agreements (SLAs) abgeleitet werden, die Sie mit Ihren Kunden vereinbaren können. In unserem Beispiel könnte ein SLA lauten: Vakanzen werden (in der Regel) innerhalb von 38 Kalendertagen nachbesetzt.

Zusammenfassend haben die Prozessbeschreibungen folgenden Nutzen:

- Maximum an Transparenz Ihrer Dienstleistungen;
- hohe Kundenorientierung, da SLAs mit den Kunden vereinbart werden können (vergleiche Kapitel 3);
- Qualitätssicherung durch standardisierte Abläufe und Tools;
- Erhöhung der Effektivität der Prozesse;
- schnelle Einarbeitung neuer Kollegen.

17 Das liebe Geld: Vergütung, Personalkosten und was Sie dazu wissen sollten

17.1 Wir arbeiten, um Geld zu verdienen und…: Grundsätzliche Gedanken zur Vergütung

Sicherlich gehen die meisten Menschen arbeiten, um Geld zu verdienen. Steinreiche Erben oder Menschen, denen bereits der große Wurf gelungen ist, der ihnen das Auskommen für den Rest des Lebens sichert, bilden eine verschwindend geringe Ausnahme.

Die Vergütung bildet die materielle Existenzgrundlage der Arbeitnehmer. Sie ermöglicht ihnen und ihren Familien einen angemessenen Lebensstandard. Vergütung dient nicht nur der Befriedigung physiologischer Grundbedürfnisse. Sie erfüllt auch Sicherheitsbedürfnisse: Vorsorge für Krankheit, Invalidität und Tod sowie die materielle Absicherung für den Ruhestand oder bei Verlust des Arbeitsplatzes. Diese Bedürfnisse werden neben dem monatlichen Gehalt durch Zusatzleistungen abgesichert, wie zum Beispiel durch Maßnahmen zur Gesundheitsvorsorge, Gehaltsfortzahlung bei Krankheit und Tod, Unfallversicherungen, Pensions- und Abfindungsregelungen.

Die Feststellung, dass diese Funktion mit wachsendem Wohlstand deutlich an Gewicht verliert, hat dazu geführt, die weitläufig zugesprochene Motivationswirkung der Vergütung grundsätzlich in Frage zu stellen.

In diesem Kapitel werden wir Ihnen zunächst prinzipielle Formen von Vergütung vorstellen. Im Anschluss daran sollen kritische Aspekte diskutiert und der Zusammenhang zwischen Vergütung und Motivation beleuchtet werden.

Damit ein Vergütungsmodell erfolgreich im Unternehmen eingesetzt wird, gilt es, einige Rahmenbedingungen zu beachten. Diese sind vor allem:

- Akzeptanz,
- Transparenz,
- Gerechtigkeit,
- marktübliche Bezahlung,
- Mitarbeiter einbeziehen,
- Kosten- versus Gewinnperspektive.

17.1.1 Akzeptanz

Die Akzeptanz des Systems durch die Mitarbeiter ist tatsächlich eine der wichtigsten Voraussetzungen für den Erfolg eines Vergütungssystems. Hierzu müssen die Mitarbeiter in der Lage sein, das System zu verstehen und als gerecht und zuverlässig wahrzunehmen.

An ein gutes Vergütungssystem wird der Anspruch gestellt, den Beitrag des Mitarbeiters zum Unternehmenserfolg widerzuspiegeln. Hierzu gehört vor allem ein kooperatives Grundverständnis auf beiden Seiten. Der Unternehmer ist der Kunde des Mitarbeiters und gleichzeitig der Mitarbeiter Kunde des Unternehmers. Deshalb ist ein solches Vergütungssystem vorteilhaft, das von beiden Seiten als gerecht und lukrativ betrachtet wird.

17.1.2 Transparenz

Den Mitarbeitern muss klar und nachvollziehbar sein, wie sich ihre eigenen Gesamtbezüge zusammensetzen. Das ist besonders bei variablen Bezügen zu beachten. Welcher Anteil zählt zum Fixgehalt, welches sind variable Anteile, welcher Vergütungsanteil ergibt sich aus Boni, Tantiemen, Sozialleistungen und so weiter. Auch Dienstwagen, vermögenswirksame Leistungen et cetera sind hier zu berücksichtigen. Wichtig bleibt, dass der Mitarbeiter fortlaufend über Inhalt und Kosten dieser Leistungen informiert sein muss.

17.1.3 Gerechtigkeit

Die Vergütung dokumentiert nicht zuletzt die Wertschätzung, die das Unternehmen den Mitarbeitern und ihrer Arbeitsleistung entgegenbringt. Ihre Höhe signalisiert beruflichen Erfolg, vermittelt Sozialprestige und Anerkennung. Die Vergütung ist aber auch ein persönlicher Leistungsmaßstab: Je mehr der Einzelne infolge fortschreitender Arbeitsteilung das unmittelbare Ergebnis seiner Arbeit aus den Augen verliert, umso stärker sucht er nach Orientierungspunkten für den eigenen Erfolg. Vor allem statusmotivierte Menschen verlangen nach solchen Maßstäben, die auch nach außen sichtbar sind.

Hinzu kommt ein weiterer wichtiger Aspekt: Mitarbeiter erwarten vom Vergütungssystem Gerechtigkeit in dem Sinne, dass ihr individueller Beitrag zum Unternehmenserfolg angemessen berücksichtigt wird.

Das Urteil über diese Verteilungsgerechtigkeit resultiert aus einem Vergleich mit anderen. Innerbetrieblich sind das vor allem vergleichbare Positionsinhaber der so genannten »Inner-Peer-Group«. Es käme beispielsweise niemand auf die Idee, sein Gehalt mit dem des Geschäftsführers zu vergleichen. Genauso wenig würde man sein eigenes Gehalt mit dem der Putzfrau vergleichen – weder die Putzfrau noch der Geschäftsführer zählen zu der eigenen Inner-Peer-Group. Außerbetrieblich orientiert man sich an Personengruppen, die man selbst als vergleichbar einschätzt, zum Beispiel die Gehälter von ehemaligen Studienkollegen, die für andere Unternehmen arbeiten. Diese Vergleichsgruppe bezeichnen wir als »Outer-Peer-Group«.

Abb. 17.1: Der Vergleichsgrad: Outer-Peer-Group/Inner-Peer-Group

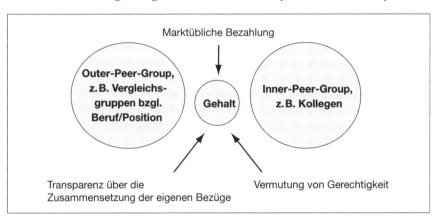

Ergibt sich aus dem Vergleich, dass ein alter Kommilitone, der in einem großen Konzern dieselbe Funktion ausübt wie man selbst in einem mittelständischen Unternehmen, erheblich mehr verdient, dann muss das mittelständische Unternehmen einige Vorzüge bieten, damit man weiterhin dort arbeitet. Gerechtigkeit resultiert letztendlich daraus, dass die marktübliche Bezahlung eingehalten wird.

17.1.4 Marktübliche Bezahlung

Marktüblich zu bezahlen heißt zu beachten, auf welchem Markt ein Mitarbeiter seine äußere Vergleichsgruppe suchen wird: Eine Sekretärin wird eher ihre Vergleichsgruppe im regionalen Arbeitsmarkt suchen und ihr eigenes Gehalt daran messen, was Kolleginnen in der gleichen Stadt, in der gleichen Region verdienen.

Ein Ingenieur mit dem Spezialgebiet Tragflächenkonstruktion wird sich nicht unbedingt mit anderen Ingenieuren in seiner Stadt vergleichen. Er verfügt über besondere Kompetenzen und wird den internationalen und globalen Markt als seine Vergleichsgruppe heranziehen. Nur wenn ein Unternehmen besondere Leistungen bietet, kann es sich erlauben, niedriger als der Markt zu bezahlen. Besondere Leistungen können in besonderen Herausforderungen bestehen, in einer hohen Arbeitsplatzsicherheit, in einem hervorragenden Firmenimage oder Ähnlichem. Welches besondere »Bonbon« bei Mitarbeitern dazu beiträgt, dass sie ein niedrigeres Gehalt akzeptieren, ist von der grundsätzlichen Motivation und von dem, was als persönlicher Ertrag erlebt wird, abhängig.

17.1.5 Mitarbeiter einbeziehen

Die Angestellten werden zur Ertragssteigerung motiviert, wenn sie eine direkte Verbindung zwischen Arbeit und Entlohnung erkennen und quasi »die Früchte ihrer Arbeit« ernten können. Dies können sie dann besonders gut, wenn sie an der Entwicklung des Vergütungssystems beteiligt waren.

Unter diesem Gesichtspunkt können wichtige Kriterien für eine erfolgreiche Einführung leistungsabhängiger Vergütungssysteme zum Beispiel aus dem Vergleich der Fälle der *National Education Association* und von *Honeywell* abgeleitet werden: Die *National Education Association* in den USA wurde gebeten, als Repräsentant von 2,5 Millionen Lehrern ein seitens der Regierung vorbereitetes leistungsabhängiges Vergütungssystem zu billigen, das ihnen dann von oben aufgedrückt werden sollte. Es gab keinen wirklichen Beratungsprozess, und skeptisch gegenüber den Regierungsplänen wurde das System abgeschmettert. Anstatt ein System als Fait accompli zu präsentieren, durften die Beschäftigten bei *Honeywell* einen eigenen Plan entwickeln. Die Einbindung der Beschäftigten schuf den Erfolg von *Honeywell* mit und förderte eine ausgezeichnete Kommunikation innerhalb der gesamten Organisation.

17.1.6 Kosten- versus Gewinnperspektive

Wichtig ist auch die Perspektive, die das Unternehmen grundsätzlich gegenüber den Personalkosten einnimmt: Sind Mitarbeiter primär »Kostenverursacher« oder auch »Gewinnproduzenten«?

Wenn die Vergütung schon beachtliche Personalkosten verursacht, so sollten Unternehmen gehalten sein, diese Kosten möglichst effizient einzusetzen, um damit wiederum mehr Leistung und so mehr Gewinn zu ermöglichen. In diesem Sinne sollten die Vergütungsstrukturen möglichst leistungsmotivierend gestaltet und als Anreiz zur Erreichung der Unternehmensziele genutzt werden. Für die Verknüpfung von Vergütung und Leistung bieten sich vor allem variable Komponenten und Zusatzleistungen an.

17.2 Personalkosten

Mit Ausnahme von Investitionsprojekten haben in den meisten Projekten die Personalkosten den größten Anteil an einem Projektbudget. In diesem Kapitel soll es vorrangig um Vergütungssysteme gehen. Da die Entgeltzahlungen einen wesentlichen Bestandteil der Personalkosten ausmachen, wollen wir Ihnen zunächst einen Überblick über die gesamten Kosten vermitteln, die für das Personal anfallen. Wie Sie diese im Einzelnen kalkulieren und welche Kosten ihnen zugerechnet werden, ist sehr abhängig von Branche und Unternehmen und soll deshalb hier nicht vertieft werden.

In der Regel rechnet man nur Kosten für angestellte Mitarbeiter des Unternehmens zu den Personalkosten. Honorare für externe Kräfte oder Auftragnehmer werden entweder den Sachkosten zugeordnet oder bilden eine eigene Kostenart. Als grundsätzliches Kriterium für Personalkosten kann gelten, dass sie über einen Kostensatz an die Arbeitszeit (Stunden- oder Tagessatz) gekoppelt sind. Bestandteile der Personalvollkostenrechnung sind grundsätzlich:

- Bruttogehalt zuzüglich Arbeitgeberanteile bezogen auf Stunde oder Tag (Einzelkosten),
- Sachgemeinkosten (das heißt Kosten für Arbeitsplatz und seine Ausstattung inklusive Telekommunikationskosten).

Bei den Personalzusatzkosten ist zu differenzieren zwischen denen, die aufgrund tarifvertraglicher und gesetzlicher Regelungen zu leisten sind, und denen, die aufgrund betrieblicher Vereinbarungen geleistet werden. Zur erstgenannten Gruppe zählen im wesentlichen Kosten für:

- Arbeitgeberleistungen zur gesetzlichen Sozial- und Unfallversicherung,
- Urlaubsgeld,
- die Bezahlung von Ausfallzeiten,
- vermögenswirksame Leistungen,

- die Kosten für die Arbeitnehmerverfassungs- und Mitbestimmungsgesetze,
- die Ausgleichsabgabe für Schwerbehinderte, falls die gesetzliche Beschäftigungsquote von 6 Prozent nicht erreicht wird,
- sonstige Leistungen infolge von Tarifvereinbarungen, wie zum Beispiel über die tarifliche Absicherung des 13. Monatseinkommens.

Tabelle 17.1: Gliederung der Personalkosten

Art der Leistungen	variabel/fix	Auszah-lung	Ausgestaltung
monetäre Leistungen	variabel	einmalig	• Erfolgsprämie • Bonus • Tantieme
	fix	einmalig	• Leistungsprämie • 13. Gehalt (tariflich) • Weihnachtsgeld (tariflich)
	variabel	laufend	• zusätzliche Urlaubsvergütung • Umsatz-, Abschlussprovisionen • vermögenswirksame Leistungen • Kosten für Arbeitnehmer-verfassungs- und Mitbestimmungsgesetzt
	fix	laufend	• Monatsgehalt/-lohn: • Arbeitgeberleistungen zur gesetzlichen Sozial- und Unfallversicherung • Leistungszulagen • Tarifgehalt/-lohn
Sozialleistungen/ Personalzusatzkosten	fix aufgrund tarifvertrag-licher und gesetzlicher Regelungen	laufend	• Bezahlung von Ausfallzeiten • Ausgleichsabgabe für Schwerbehinderte falls die gesetzliche Beschäftigungsquote von 6 % nicht erreicht wird
	variabel auf-grund be-trieblicher Vereinba-rung		• Aus- und Weiterbildung • betriebliche Altersvorsorgung • Werksverpflegung/-wohnung • Eigentumsförderung (Mitarbeiterdarlehen) • Beratungsdienste und Unterstützungs-kassen • soziale Einrichtungen (z. B. Freizeit- und Sportförderung)

Zu den Personalzusatzkosten aufgrund betrieblicher Vereinbarungen zählen unter anderem die Kosten für:

- Aus- und Weiterbildung,
- betriebliche Altersvorsorgung,
- Weihnachtszuwendungen, soweit nicht tariflich abgesichert,
- Werksverpflegung,
- Werkswohnung,
- Eigentumsförderung (Mitarbeiterdarlehen),
- Beratungsdienste und Unterstützungskassen,
- soziale Einrichtungen (zum Beispiel Freizeit- und Sportförderung).

In Kapitel 8 zum Thema Personalmarketing ist bereits betont worden, dass vor allem auch die sozialen Leistungen, die ein Unternehmen für seine Mitarbeiter aufnimmt, zugleich als strategische Marketinginstrumente in der Ansprache fähiger und interessanter Mitarbeiter positiv wirken. Dies stellt einen sinnvollen und effektiven Weg dar, wie die in der Summe enormen Personalkosten dem Unternehmen zugleich wieder einen Mehrwert liefern. Durch ein auf die Bedürfnisse der Mitarbeiter abgestimmtes Vergütungssystem und durch (soziale) Angebote, die das Unternehmen unter Umständen von anderen abheben, gibt es nicht nur Geld aus, sondern gleichzeitig investiert es in die Zufriedenheit der Mitarbeiter, in das Ansehen und in den zukünftigen Erfolg des Unternehmens.

17.3 Vergütungssysteme

Bei der Vergütung von Mitarbeitern lassen sich vor allem drei Komponenten unterscheiden:

1. Grund- oder Festbezüge (Jahresbezüge, das heißt die festen Monatsgehälter zuzüglich Weihnachts- und Urlaubsgeldern);
2. erfolgsabhängige Zusatzvergütung (variable Vergütung, Erfolgsbeteiligungen, Tantiemen, Prämien oder sonstigen Jahresabschlussvergütungen);
3. Zusatzleistungen (alle sonstigen Sach- und Geldleistungen oder Leistungszusagen).

Grundsätzlich können Sie zwischen vier Vergütungsformen wählen:

1. reine Zeitvergütung (zum Beispiel Stundenlohn),
2. reine Leistungsvergütung (zum Beispiel Akkordlohn),
3. Kombination aus Zeit- und Leistungsvergütung,
4. variable Vergütung.

Die Zeitvergütung zahlt das Unternehmen auf Basis der Zeit, die die Mitarbeiter arbeiten. Im Gegensatz zur rein leistungsorientierten Vergütung ist diese Form der Vergütung nicht abhängig von einer bestimmten Arbeitsleistung.

Die leistungsorientierte Vergütung bietet die Möglichkeit, gute Leistungen zu belohnen und so die Mitarbeiter weiter anzuspornen. Allerdings setzt die richtige Bezahlung voraus, dass sich problemlos bestimmen lässt, welche Leistung der Mitarbeiter erbracht hat. Der Akkordlohn ist die klassische, rein leistungsorientierte Vergütungsform für Arbeiter. Da viele Tarifverträge aber einen garantierten Grundlohn vorsehen, hat der Akkordlohn letztlich nur den Charakter einer leistungsorientierten Zulage.

Für den Angestelltenbereich gibt es die Prämienvergütung, bei der der Mitarbeiter bei Erreichen bestimmter Leistungsziele eine Prämie erhält. Die Leistung von Mitarbeitern, die nichts »Greifbares« produzieren, sondern Dienstleistungen erbringen (etwa Sachbearbeiter), kann nicht so einfach objektiv gemessen werden. Hier ist Zeitvergütung mit leistungsabhängiger Zulage besser geeignet.

Eines der wirkungsvollsten Instrumente, die Sie in Ihrem Unternehmen einsetzen können, um die besten Mitarbeiter für Ihr Unternehmen zu gewinnen, sind variable Vergütungssysteme. Rein formal stellen diese eine Kombination aus Zeit- und Leistungsvergütung dar, werden aber dennoch als eigene Kategorie von Vergütung betrachtet. Dies hängt mit der Zielgruppe zusammen: Variable Vergütung wird vor allem bei höher qualifizierten Arbeitnehmern eingesetzt.

17.3.1 Variable Vergütungssysteme

Die grundsätzliche Annahme der variablen Vergütung ist, dass die Chance, eine zusätzliche Vergütung zu erhalten, eine Leistungssteigerung zur Folge hat, also einen Anreiz darstellt. Welche Bestandteile das Vergütungssystem haben soll, das heißt welche Anreize es bieten soll, hängt von vielen Faktoren ab, die es im Einzelfall zu prüfen gilt. Neben den festen und variablen Gehaltsbestandteilen können diese sein:

- Altersversorgung, Rentenmodelle,
- Arbeitszeitregelungen (Telearbeit, Home-Office, Arbeitszeitkonten und so weiter),
- Sachleistungen (PKW, Cafeteriamodelle et cetera).

Die kreative Gestaltung variabler Vergütung hat allerdings auch ihre Grenzen, wie zum Beispiel die bestehenden Tarifvereinbarungen. Unternehmensspezifisch kann von den tarifvertraglichen Regelungen nur dann abgewichen werden, wenn sie über eine entsprechende Öffnungsklausel verfügen oder eben nicht abschließend geregelt sind. In diesen Fällen können mit dem Betriebsrat (der gemäß § 87 Absatz 1 Nummer 10 und 11 über ein Mitbestimmungsrecht hinsichtlich der Ausgestaltung der leistungsorientierten Vergütung verfügt) betriebsindividuelle Regelungen vereinbart werden.

Ein gutes Beispiel liefert der Entgeltrahmentarifvertrag der Metallindustrie (ERA). Er definiert die wesentlichen Elemente der variablen Vergütung, wie zum Beispiel die Höhe der variablen Vergütung. Darüber hinaus gibt er bestimmte, den Tarifvertragsparteien wichtige Rahmenparameter vor. Die Tarifverträge für Arbeiter und für Angestellte werden hierbei zusammengeführt, um das System einfacher und übersichtlicher zu gestalten. Der ERA bietet ein spezifisches System der variablen Vergütung an, lässt aber ausreichend Spielraum zur unternehmensindividuellen Ausgestaltung.

Manche Unternehmen adaptieren ERA und passen die Struktur spezifisch an das eigene Unternehmen an. Es gibt deshalb keinen »richtigen Weg« der Einführung eines Vergütungssystems. Jedes Unternehmen muss, auf Basis seiner spezifischen Ausgangslage, seiner Kultur, seiner Ziele und der Rahmenbedingungen, unter denen es handelt, seinen eigenen Weg finden und konsequent beschreiten.

17.3.2 Zielkategorien eines variablen Vergütungssystems

Wenn Sie ein variables Vergütungssystem einführen, stellt sich die Frage, welche Ziele Ihr Unternehmen damit verfolgt. Mögliche Zielkategorien können sein:

- Steigerung der unternehmerischen Leistungsfähigkeit durch Leistungssteigerung des Einzelnen;
- Gewinnung und Bindung von Mitarbeitern;
- Identifikationserhöhung des Mitarbeiters mit dem Unternehmen;
- Einbindung der »variablen Vergütung« in das Ziel- und Planungssystem;
- Variabilisierung des Kostenbereichs Personal;
- Förderung der Zusammenarbeit im Unternehmen;
- Mitarbeiter zu »Mitunternehmern« machen.

Eines der grundlegenden Ziele eines variablen Vergütungssystems ist die Steigerung des Mitarbeiterengagements und der Zusammenarbeit untereinander im Sinne der Produktivität des Unternehmens. Es wäre also kontraproduktiv, die variable Vergütung lediglich am individuellen Erfolg des Mitarbeiters festzumachen. Als Korrektiv muss deshalb auch der Beitrag des Mitarbeiters am Erfolg des Unternehmens gewürdigt und bewertet werden. Dies geschieht am besten durch die Ausgestaltung von Zielvereinbarungen, die die Führungskräfte mit ihren Mitarbeitern vereinbaren. Ein Vergütungssystem, das den Zielvereinbarungsprozess mit Erfolgsanalyse verknüpft, muss drei Zielkategorien berücksichtigen und zueinander gewichten:

- individuelle Ziele,
- Bereichsziele,
- Unternehmensziele.

17.3.3 Planung und Vorgehen bei Einführung von variablen Vergütungsmodellen

Die variable Vergütung nimmt immer mehr zu. Sie stärkt das Mitunternehmertum der Mitarbeiter, was sich sowohl für das Unternehmen als auch für die Mitarbeiter positiv auszahlen soll: Optimalerweise erzeugt es eine Win-Win-Situation. Variable Vergütung signalisiert Fairness in der Bewertung und ermöglicht es dem Unternehmen, seine Kosten relativ einfach zu kontrollieren und dabei seine Ressourcen optimal einzusetzen. Das notwendige Risiko – wie auch die Chance – muss aufbauend auf einem Festgehaltsanteil in einem Zielvereinbarungsprozess verhandelt werden. Damit der Zielvereinbarungsprozess mit der variablen Vergütung erfolgreich gekoppelt werden kann, müssen bei der Zielvereinbarung essenzielle Anforderungen erfüllt sein. Diese stellt Checkliste 17.1 auf der CD dar.

17.3.4 Variable Vergütung für wen?

Unabhängig von den konkreten Zielen, die Ihr Unternehmen mit einem variablen Vergütungssystem verfolgt, ist eine Entscheidung über die wichtigsten Gestaltungsparameter zu treffen. Die Frage ist, welche Mitarbeiter in Ihrem Unternehmen überhaupt eine variable Vergütung erhalten sollen: leitende, außertarifliche Mitarbeiter, Tarifmitglieder oder alle Mitarbeiter? Diese Frage berührt nicht zuletzt Aspekte der Motivation: Die variable Vergütung spricht vorrangig die Mitarbeiter an, die die Zielgröße des variablen Vergütungssystems tatsächlich erreichen können. Wie bereits erwähnt, eignet sich variable Vergütung deshalb für die Zielgruppe der höherqualifizierten Mitarbeiter oder für Mitarbeiter, deren Leistung direkt in Zahlen gemessen werden kann. Für alle anderen Mitarbeitergruppen müssen Messkriterien entwickelt werden.

17.3.5 Variable Vergütung in wirtschaftlich schweren Zeiten

Leistung und Erfolg sollen sich lohnen – nicht zuletzt auch in finanzieller Hinsicht. Monetäre Anreize sollen Führungskräfte und Mitarbeiter zu höheren Leistungen motivieren und damit den Unternehmenserfolg steigern. Dass den Unternehmen und Mitarbeitern in wirtschaftlich guten Jahren der Umgang mit variablen Vergütungssystemen leicht fällt, verwundert nicht. In schwierigen Zeiten dagegen werden Unternehmens- und Individualziele häufig nicht oder nur teilweise erreicht. Infolgedessen fällt die gezahlte variable Vergütung gering aus. Dann stellt sich die Frage, ob damit der Sinn und Zweck variabler Vergütung noch erfüllt wird? Vielleicht ist es eher so, dass vor allem schwierige Zeiten das Unternehmen fordern, die variablen Vergütungssysteme besonders sorgfältig zu gestaltet, damit sie weiterhin die gewünschten Anreiz- und Motivationseffekte bei den Mitarbeitern bewirken.

17.4 Formen der erfolgsabhängigen Vergütung

17.4.1 Prämienvergütung

Mit einer Prämie wird die individuelle Leistung eines Mitarbeiters honoriert, die die »Normalleistung« übersteigt. Während der Akkordlohn ausschließlich an Leistungsvorgaben geknüpft ist, lässt sich für eine Prämie jede beliebige Bezugsgröße – gegebenenfalls auch mehrere – festlegen. So können Sie eine Prämie zum Beispiel für besonders gute Qualität gewähren oder für einen besonders niedrigen Prozentsatz von Ausschussware, für einen bestimmten Maschinennutzungsgrad oder die Einhaltung von Terminen. Die Form und der Wert von Prämien können vielfältig gestaltet werden, zum Beispiel auch in Form eines Cafeteriasystems.

17.4.1.1 Entwickeln eines Prämienvergütungssystems

1. Normalleistung definieren

Zu Beginn gilt es zu werden das Leistungsmaß und die Höhe der Prämie bestimmt.

Beispiel 1: Normalleistung

Sie wollen eine Qualitätsstückprämie für Mitarbeiter einführen. Die Mehrzahl der Mitarbeiter produziert 50 Stück einwandfreie Qualität pro Tag, die Sie als Normalleistung definieren. Für Prämienlöhne gibt es meist keine tarifvertraglichen Vorgaben. Haben Sie einen Betriebsrat, handeln Sie die Normalleistung in einer Betriebsvereinbarung aus, um so dem Mitbestimmungsrecht des Betriebsrats zu genügen.

2. Leistungsstufen festlegen

Die einzelnen Leistungsstufen entsprechen dem jeweiligen Prozentsatz, um den eine Leistung von der Normalleistung abweicht, wobei die Normalleistung bei 100 Prozent liegt. Sie ermitteln die Leistungsstufe durch eine einfache Berechnung:

Stückzahl	Leistungsstufe	Berechnung
48	96 %	100 : 50 x 48
49	98 %	100 : 50 x 49
50	100 %	100 : 50 x 50
51	102 %	100 : 50 x 51

3. Prämienlohnkurve erstellen

Eine Prämienlohnkurve erstellen Sie, indem Sie jeder Leistungsstufe einen Prämienfaktor zuordnen. Die Pramienlohnkurve kann linear, progressiv oder degressiv ansteigen. Zusätzlich können Prämienunter- und Prämienobergrenzen festgelegt werden. Mit einer Prämienuntergrenze garantieren Sie eine Mindestvergütung. Mit einer Obergrenze verhindern Sie, dass der Mitarbeiter sich überanstrengt und seine Gesundheit gefährdet.

4. Standardprämie festsetzen

Nun bestimmen Sie, welchen Betrag Sie für eine Normalleistung von 100 Prozent zahlen (= Standardprämie).

Beispiel 2: Prämienvergütung bei einer amerikanischen Bank

Die Beschäftigten der meisten großen Unternehmen haben die Möglichkeit, ihren eigenen Beitrag zu Prämiensystemen zu leisten. Ein bekanntes Beispiel ist das Experiment einer großen US-Bank auf der Basis des Wirtschaftsspiels *Monopoly*. Den Beschäftigten wurde *Monopoly*geld ausgehändigt, mit dem sie diejenigen Kollegen belohnen konnten, von denen sie bei ihrer Arbeit die meiste Unterstützung erfahren hatten. Bei der Bank wurde das Spielgeld von den derart Belobigten schließlich in richtiges Geld gewechselt. Evaluation und Lohngerechtigkeit waren gefordert, die Beschäftigten angespornt und mit Spaß bei der Sache.

Abb. 17.2: Prämienaufbau

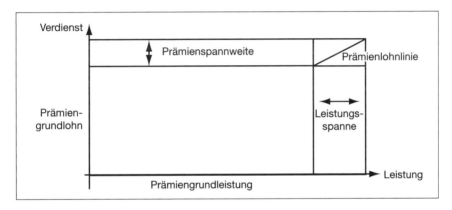

17.4.2 Bonus

Eine weitere Möglichkeit einer variablen Vergütung besteht darin, dass Sie jeweils am Ende des Jahres festlegen, wie viel Geld aufgrund der aktuellen Wirtschaftssituation in einem »Bonustopf« enthalten ist, der nach einem definierten Schlüssel auf unterschiedliche Bereiche und Mitarbeiter, in Abhängigkeit von deren Zielerreichung, verteilt wird.

Mit der Ebene der erweiterten Geschäftsführung wird zum Beispiel vereinbart, dass eine variable Vergütung der Zielerreichung direkt abhängig von der Ertragsentwicklung des Unternehmens erfolgt. Es sollen zum Beispiel 3 Prozent der Erträge des Unternehmens unmittelbar an den erweiterten Geschäftsführungskreis ausgeschüttet werden. Dies kann nach unterschiedlicher Position gestaffelt oder für alle Teilnehmer einheitlich erfolgen.

Sollten also zum Beispiel zehn Personen teilnehmen und einen Ertrag von 4 Millionen Euro erwirtschaften, gingen in diesen Topf 120 000 Euro ein. Sollten alle zehn ihr Ziel zu 100 Prozent erreicht haben, bekäme bei gleicher

Verteilung jeder der zehn Teilnehmer 12 000 Euro Bonus. Hat ein Teilnehmer seine Ziele nur zu 50 Prozent erreicht, bekommt er lediglich 6 000 Euro und seine neun Kollegen erhalten jeweils 12 666 Euro.

Der Vorteil dieser Methode ist, dass sich auch Ziele, die nicht unmittelbar an der wirtschaftlichen Entwicklung des Unternehmens hängen, variabel vergüten lassen, ohne dass die Gefahr besteht, dass in einem Jahr umfangreiche Boni ausgeschüttet werden, obwohl die wirtschaftliche Entwicklung des Unternehmens eher schlecht ist. Der wesentliche Nachteil ist, dass die Administration deutlich aufwändiger ist und die Mitarbeiter während des Jahres kaum die Möglichkeit haben, ihre Prämie zu planen.

17.4.3 Provision

Mit einer Provision werden Mitarbeiter prozentual an dem Gewinn oder Umsatz, der auf ihre Leistung zurückzuführen ist, beteiligt.

Eine Abschluss- und Vermittlungsprovision zahlen Sie an Mitarbeiter, die Geschäfte vermitteln (zum Beispiel Makler) oder Geschäfte abschließen (zum Beispiel Versicherungsagenten, Handelsvertreter). Möglich ist auch eine Inkassoprovision, die einen Mitarbeiter, der Außenstände einzieht, prozentual an den eingezogenen Forderungen beteiligt. Bei der Umsatzprovision erhalten die Mitarbeiter, insbesondere Verkaufspersonal und Führungskräfte, einen Anteil des von ihnen erzielten Umsatzes. Vorsicht bei der Vereinbarung von Umsatzprovision: Hier besteht die Gefahr, dass die Mitarbeiter Umsatz produzieren, ohne auf die Kosten zu achten.

Wichtig ist vor allem, dass die Höhe der Provision festgelegt ist. Diese hängt davon ab, wie hoch die fixe Vergütung und der variable Anteil sein sollen. Reine Provisionszahlungen bieten sich nur für Mitarbeiter an, die selbstständig tätig sind (zum Beispiel freie Mitarbeiter).

Auch wenn ein Mitarbeiter nicht mehr für das Unternehmen arbeitet, müssen ihm eine Vermittlungs- und Abschlussprovision für solche Geschäfte gezahlt werden, die er vermittelt oder bereits eingeleitet hat. Bei freien Mitarbeitern dürfen Sie diesen nachvertraglichen Provisionsanspruch ausschließen.

17.4.4 Tantieme

Tantiemen bezeichnen zumeist die variable Vergütung für Vorstände, Geschäftsführer oder leitende Angestellte. Tantiemen beziehen sich in der Regel auf die Erreichung eines Kriteriums wie Unternehmensumsatz oder Gewinn.

Im Gegensatz zu Provisionen stellen sie somit einen Bezug zur Gesamtverantwortung her, nicht zu Einzelgeschäften oder Leistungen. Eine kreative Ausgestaltung von Tantiemenregelungen ist ähnlich wie die Prämiengestaltung denkbar.

17.4.5 Mitarbeiterbeteiligung

Das Prinzip der Mitarbeiterbeteiligung rechnet sich für das Unternehmen und die Mitarbeiter. Auf diese Weise werden die Angestellten zu Mitinhabern des Betriebes und direkt am Gewinn beteiligt. So ist es denn auch nicht verwunderlich, dass dadurch Eigenverantwortung, Ehrgeiz und Motivation der einzelnen Mitarbeiter gestärkt werden. Außerdem werden so oft genug Nachwuchs- und Managementprobleme elegant gelöst: Kompetentes Personal wandert nicht mehr so leicht ab.

Beispiel 3: Der Fall der Phantomaktie bei einem amerikanischen Kosmetikunternehmen

Um dem Unsicherheitsfaktor, der mit traditionellen Optionsgeschäften verbunden ist, entgegenzutreten, hat eine amerikanische Kosmetikfirma die »Phantomaktie« geschaffen. Der Wert der Aktie hängt von bestimmten Schlüsselparametern und spezifischen Firmenzielen ab. Die relevanten Parameter wurden in historischer Perspektive, auf den zentralen Faktoren der zurückliegenden Geschäftserfolge basierend, ausgewählt. Die Idee hinter der Phantomaktie war, das Risiko zu beseitigen, das mit zufälligen externen Ereignissen oder Währungsschwankungen, die den Wert der jährlichen Prämie beeinflussen können, verbunden ist. Das Experiment war von der Zuversicht getragen, die Beschäftigten würden sich so enger mit dem Erfolg der Firma verbunden fühlen, als wenn sie ihre Prämie von den Launen der Börse abhängig sähen.

17.5 Diskussion: Vor- und Nachteile leistungsabhängiger Vergütung

17.5.1 Die Nachteile leistungsabhängiger Vergütung

Laut einer Studie von Volkswirtschaftlern der Universität Zürich reagieren Arbeiter kontraproduktiv und minimieren ihre Arbeitsanstrengungen, wenn sie leistungsabhängige Bezahlung als eine Art Strafe ansehen, die ihnen ihre fest vereinbarte Vergütung vorenthält. Das Ergebnis der Schweizer Untersuchung kann als Erklärungsversuch gelten, warum der individuelle Risikofaktor in vielen leistungsabhängigen Vergütungssystemen allmählich immer schwächer angesetzt wird.

Tatsächlich hat eine Studie der Personalberatung *Watson Wyatt Worldwide* belegt, dass 90 Prozent der Beschäftigten leistungsgerechte Bezahlung als ein Anrecht und nicht als Belohnung ansehen. Dies heißt nichts Geringeres, als dass das variable, risikobehaftete Element als Grundbestandteil des Konzepts der leistungsabhängigen Vergütung nicht funktioniert.

Mit einer zwar variablen, aber als fester Anspruch interpretierten Vergütung ist es unausweichlich, dass das Streichen einer in Aussicht gestellten Prämie als Strafe empfunden wird. Jeder forcierte Versuch, die Disziplin gegenüber diesem offensichtlich versagenden System wiederherzustellen, ruft dann notwendigerweise Gegenreaktionen der Beschäftigten hervor.

Neben diesem Aspekt gibt es andere kritische Stimmen: Die Kopplung des Vergütungssystems mit den Zielvereinbarungsprozessen ist für die einen zu sehr auf quantitative Messgrößen ausgerichtet; für die anderen ist die Fokussierung der variablen Vergütung auf leitende Angestellte und Mitarbeiter zu eng; wiederum andere kritisierten den zu kurzen Zeitraum für die Bewertung der Zielerreichungsquote, die für die Bemessung des variablen Anteils bedeutsam ist; weiterhin vermissen andere bei sämtlichen variablen Vergütungsmodellen die Vernetzung mit Kompetenzentwicklung oder Ähnlichem und klagen über eine zu starke Betonung materieller Anreize. Ein weiterer Kritikpunkt ist, dass es insgesamt zwar nicht an spezifisch inhaltlichen Varianten von Anreizsystemen fehlt, aber an erfolgskritischen Gestaltungsempfehlungen für den Implementierungsprozess, der passgenau der Unternehmens- und Leistungskultur einerseits und den strategischen Zielsetzungen des jeweiligen Unternehmens andererseits entspricht.

17.5.2 Vorteile leistungsabhängiger Vergütung als Teil eines betrieblichen Anreizsystems

Anreizsysteme sind Bestandteile jeder Managementkonzeption und dienen als deren Teilelement zur Erreichung der betrieblichen Ziele. Sie sollen die Mitarbeiter direkt oder indirekt motivieren, zielgerichtetes und unternehmerisches Verhalten zu zeigen beziehungsweise zu entwickeln. Anreizsysteme üben eine Vermittlerfunktion zwischen der Unternehmenspolitik und dem Mitarbeiterverhalten aus. Das Verhalten und die Leistung der Mitarbeiter wirken sich auf den Erfolg des Unternehmens aus, welcher wiederum Einfluss auf die weitere Unternehmenspolitik und damit auf die Gestaltung des betrieblichen Anreizsystems hat. Mit dem Anreizsystem wird so eine Verbindung zwischen Unternehmens- und Mitarbeiterinteressen hergestellt.

In einer weltweiten Befragung von mehr als 2 000 Topmanagern wurde die leistungsorientierte Vergütung als eine der drei vorrangigsten Herausforderungen für das Management der Zukunft genannt. Sie gilt als eines der bevorzugt eingesetzten Anreizinstrumente zur Gewinnung, Förderung und Bindung von Mitarbeitern. Darüber hinaus werden an der Unternehmensstrategie ausgerichtete Vergütungssysteme auch häufig mit Beurteilungsverfahren gekoppelt. Über Belohnungs- und Sanktionsmechanismen sollen sie so das gewünschte strategieorientierte Handeln von Arbeitgeber- und Arbeitnehmerschaft steuern.

Funktionen von Anreizsystemen sind insgesamt:

- Aktivierungsfunktion: Motivation, Leistungspotenzial und Leistungsbereitschaft des Mitarbeiters sollen gesteigert und ausgeschöpft werden.
- Steuerungsfunktion: Steuerung des Mitarbeiterverhaltens, insbesondere bezüglich der Unternehmensziele.
- Veränderungsfunktion: Sie steigern die Bereitschaft, an der Umstrukturierung des Unternehmens mitzuwirken.

17.5.2.1 Anreizsysteme

Anreizsysteme sind mehr als nur Vergütung. Wenn über betriebliche Anreizsysteme gesprochen wird, führt die Diskussion zwar häufig wieder auf vergütungsbezogene Variablen zurück. Betriebliche Anreizsysteme umfassen jedoch deutlich mehr als nur den reinen Einfluss des Vergütungsaspektes. Hier die richtige Mischung zu finden, führt dazu, dass das Ziel »Motivation und Leistungssteigerung« auch wirklich erreicht wird. Für Anreizsysteme gilt das Gleiche wie für variable Vergütungsmodelle:

1. Sie müssen freiwillig und leistungsabhängig sein, also keine selbstverständliche Übung des Unternehmens.
2. Sie müssen gerecht sein, das heißt dem Mitarbeiter muss klar sein, warum und wofür er welche »Belohnung« bekommt.
3. Vor der Einführung von Anreizsystemen sind unbedingt die Mitbestimmungsrechte des Betriebsrats zu prüfen.
4. Bei finanziellen Anreizsystemen sollte bedacht werden, dass diese steuer- und sozialversicherungspflichtig sind. Die gewünschte Wirkung kann durch überhöhte Abzüge beim Mitarbeiter wieder verblassen.

5. Sollen leistungsabhängige Anreizsysteme eingeführt werden und können diese aber nicht auf bestehende Verträge übertragen werden, gilt es genau zu überlegen, welche Anreizfaktoren bei neuen Verträgen leistungsabhängig gestaltet werden können.
6. Hinsichtlich vergütungsrelevanter Anreizsysteme kann das Grundgehalt an der unteren Grenze der marktüblichen Vergütung festgesetzt werden. Eine Aufstockung des Gehalts erfolgt dann über leistungsabhängige Komponenten.

Vor der Einführung von leistungsabhängigen Anreizsystemen gilt es weitere Frage zu klären:

1. Können wir die Leistungsabhängigkeit des Systems garantieren?
2. Können wir dieses System hinsichtlich des zu leistenden Verwaltungsaufwands wirklich handhaben?
3. Können unsere Führungskräfte schnell und leicht mit dem eingeführten System umgehen?

17.5.2.2 Gestaltungsmöglichkeiten für vergütungsunabhängige Anreizsysteme

Neben der monetären Leistung, die das Unternehmen dem Mitarbeiter zahlt, dürfen vergütungsunabhängige Komponenten, die ebenso als Anreize zu verstehen sind, wie die folgenden nicht außer Acht gelassen werden:

- Anerkennung in Form von verbaler Anerkennung, Urkunden, Auszeichnungen, Ehrungen, Veröffentlichungen in der Mitarbeiterzeitschrift und im Intranet;
- Modelle der Arbeitszeitgestaltung;
- Variation der Arbeitsplatzausstattung;
- Optimierung der Betriebskultur und des Betriebsklimas;
- Angebot von spezifischen Weiterbildungs- und Qualifizierungsangeboten;
- gemeinsame Aktivitäten wie Betriebsfeiern, Ausflüge, informelle Treffen;
- Erhöhung des Verantwortungsrahmens und Erhöhung der Selbstständigkeit;
- Übertragen von eigenen Aufgabenfeldern und Projekten;
- Vergabe von Statussymbolen wie Visitenkarten, Titeln und Ehrenbezeichnungen.

Anreize, die zwar eine eher finanzielle Investition des Unternehmens bedeuten, aber keine direkte Veränderung der Vergütung für den Mitarbeiter bewirken, sondern über finanzielle Vergünstigungen oder Ähnliches wirken, sind zum Beispiel:

- Optimierung der betrieblichen Verpflegungsleistungen;
- betriebliche Kinderbetreuung;
- Nutzung des Internetzugangs im Unternehmen für private Zwecke;
- Geschenke zu besonderen Anlässen;
- vergünstigte Abgabe von eigenen Produkten oder vergünstigte Abgabe von Unternehmenshardware;
- Nutzung von betrieblichen Ressourcen;
- Vergabe von Gutscheinen für Restaurants, öffentliche, kulturelle Einrichtungen, Messen, Sportveranstaltungen oder sportliche Einrichtungen.

17.5.3 Motivation erhalten und steigern

Bei einem variablen Vergütungssystem als Motivationsanreiz gibt es zwei unterschiedliche Ausgangssituationen:

1. Das Ergebnis der Leistungserbringung ist klar messbar. Dies ist zum Beispiel bei Akkordlöhnen, aber auch im Fall von vertrieblichen Umsätzen gegeben. Mehr Leistung bedeutet mehr Umsatz und somit mehr Gehalt. Bei diesem linearen Vergütungssystem heißt es für den Bereich Vertrieb zum Beispiel, dass der Mitarbeiter X Prozent des Umsatzes als variable Vergütung ausgezahlt bekommt. Bei Akkordlohnsystemen richtet sich die variable Komponente in der Regel an der Stückzahl aus. Entscheiden Sie sich für ein lineares Vergütungsmodell, achten Sie darauf, dass dieses »ungedeckelt« ist. Das heißt viel Leistung ist gleich viel Geld. Es sollte eine wirklich lineare Beziehung zwischen Leistung und möglichem Verdienst bestehen. Nur so ist eine mögliche Motivationssteigerung zu erreichen. Wie zuvor bereits angedeutet, sollten Sie jedoch darauf achten, dass sich Mitarbeiter nicht überlasten und beispielsweise ein Burnout-Syndrom entwickeln, weil sie über ihre Kräfte gearbeitet haben. Hier würde ein Ausfall der Arbeitskraft Umsatzeinbußen des Unternehmens bedeuten.

2. Das Ergebnis ist nicht an objektiven Zahlen messbar. Diese direkte Kopplung zwischen Leistung und klar messbarem Ergebnis finden Sie nicht bei allen Arbeitsplätzen im Unternehmen, wie es zum Beispiel in der Produktion und im Vertrieb der Fall ist. Sollen Mitarbeiter jedoch anhand eines variablen, leistungsabhängigen Vergütungssystems bezahlt werden, deren Leistungen nicht eindeutig messbar sind, müssen Sie durch geeignete Zielvereinbarungs-, Feedback- und Beurteilungssysteme versuchen, die Sub-

jektivität der Vergütungserhöhung einzugrenzen. Aber nur mit sehr klaren Vorgaben und einem leicht und eindeutig handhabbaren System werden Subjektivität und Ungerechtigkeit einzugrenzen beziehungsweise zu vermeiden sein. Hier ist es wichtig, den Führungskräften etwas an die Hand zu geben, das es ihnen auch in der Auseinandersetzung mit den Mitarbeitern leicht macht, zu einer Einschätzung der Leistung zu gelangen, die sich auf einfache Art und Weise in Vergütungspunkten widerspiegelt. Nur dann werden Sie einen motivierenden Effekt erreichen. Anderenfalls überwiegt bei den Mitarbeitern schnell das Gefühl der Abhängigkeit vom Vorgesetzten und der Ungerechtigkeit. Gewollte Motivation wird zur empfundenen »Strafe«.

17.5.4 Die Bedeutung von Vergütung aus verschiedenen Lebensperspektiven

Vielleicht haben Sie selbst schon die Beobachtung gemacht, dass Gehaltserhöhungen auf Ihre Mitarbeiter in unterschiedlichen Lebensphasen unterschiedlich attraktiv wirken. Nehmen wir zum Beispiel die junge, sehr engagierte Nachwuchskraft, die seit drei Jahren im Unternehmen ist. Die erhaltene Gehaltserhöhung bewirkt für Sie tatsächlich noch einen deutlichen Motivationsschub.

Ein anderer Mitarbeiter hat gerade eine Familie gegründet und ein Haus gebaut. Es gibt noch vieles, was in seinem Leben angeschafft und realisiert werden soll. Hierzu leistet das Gehalt einen wesentlichen Beitrag. Dadurch trägt eine Gehaltserhöhung in dieser Lebensphase tatsächlich noch zu einer Erhöhung der Motivation bei.

Nehmen wir ein anderes Beispiel: Der 48-jährige Abteilungsleiter quittiert die turnusmäßige Gehaltserhöhung vielleicht nur noch mit einem Achselzucken und der Bemerkung: »Da müssen wir ja schon wieder mehr Steuern zahlen.« Dieser Mitarbeiter steht in einer anderen Lebensphase. Die wesentlichen materiellen Wünsche seines Lebens hat er sich erfüllt. Das Geld, das er jetzt zusätzlich verdient, wandert auf die Bank, ohne den »Spaßfaktor« des Betroffenen noch zu erhöhen.

Sicher ist, dass Geld als Motivator über eine extrem kurze Halbwertszeit verfügt: Kaum ist die Gehaltserhöhung auf dem Konto, ist sie keine Erhöhung und kein Ansporn mehr, sondern das »normale« monatliche Gehalt. Mag die Höhe des Gehalts gerade für Berufseinsteiger und Aufstrebende noch reizvoll sein, so nimmt die antreibende Kraft des Geldes bei einem großen Teil der Beschäftigten jedoch spätestens dann ab, wenn ein gewisser

Lebensstandard erreicht ist und die »Schäfchen im Trockenen« sind. Oder man hat irgendwann so viel Geld verdient, dass es an Zeit fehlt, den Wohlstand überhaupt zu genießen. Ist ein solcher oder vergleichbarer Zustand erreicht, spricht man vom »Deckeneffekt«: Ab einem gewissen Gehaltsniveau nähert sich der motivierende Effekt des Gehalts einer »Decke«, einer »Horizontalen« und geht schließlich gegen Null. Die Höhe dieser »Decke« ist abhängig von der privaten Lebenssituation des Einzelnen, dem Familienstand, der Aufwändigkeit des Lebensstils und so weiter.

Abb. 17.3: Der Deckeneffekt

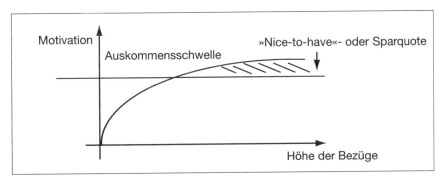

Abb. 17.4: Der Lineareffekt

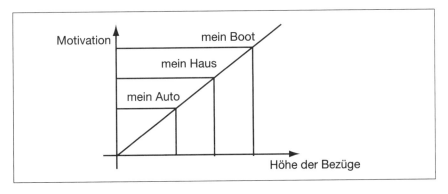

Dies hat etwas damit zu tun, dass die Mehrzahl der Menschen hinsichtlich der Gestaltung ihrer materiellen Umgebung irgendwann ein angestrebtes Niveau erreicht hat und nicht anfängt, ihre Ansprüche immer höher zu schrauben. Es gibt aber durchaus Gruppen, die es sehr wohl verstehen, die eigenen Ansprüche und Bedürfnisse immer höher zu schrauben und so ein Bedürfnis nach mehr Geld zur Erfüllung von mehr materiellen Wünschen aufrechterhalten. In dieser Gruppe wird kein »Deckeneffekt« erreicht, wir sprechen hier von einem »Lineareffekt«, das heißt, mehr Gehalt hat auch mehr Motivationswirkung und dies auf Dauer.

Bei Vergütungssystemen sollte grundsätzlich darauf geachtet werden, dass insbesondere Formen der Zusatzvergütung vor dem Hintergrund motivationaler Aspekte eingesetzt werden. Während für den »Lineareffektler« ein höheres Gehalt ein Anreiz zu mehr Leistung darstellt, ist dieses Bedürfnis für einen »Deckeneffektler« ausgereizt. Zusätzliches Geld wirkt bei diesen Personen nicht mehr leistungssteigernd. Ab einer bestimmten Lebensphase und auch bei vielen Persönlichkeiten, die sich aus dem individuellen Motivationsprofil (vergleiche Kapitel 5) ergeben, wirkt Geld nicht oder nicht mehr motivierend; Faktoren, die den persönlichen Ertrag und »Mehrwert« steigern, sind zunehmend wichtiger: Herausforderungen, Macht, Spaß, Ansehen, mehr Freizeit, Familie und so weiter. Berücksichtigen Sie hierbei auch Kapitel 5 zu »Die Bedeutung der Personalarbeit für die Mitarbeitermotivation und Bindung«, in dem Sie eine detaillierte Ausführung zum Thema »Motivation« finden. Vor diesem Hintergrund bieten Cafeteriasysteme Alternativen, deren Prüfung sich lohnt.

Register

Abmahnungsgespräch CD: 49 ff.
Administration 23, 31, 41
Anerkennung 51
Anforderungsprofil 33, 229
Anreiztheorie 85
Anwesenheit 69, 91, 121 f., 127 f.
Arbeitgeberattraktivität 35
Arbeitnehmervertretung 76, 255, 288, 336,
    339, 344, 350, CD: 28 f., 32
Arbeitsbeschaffung 39
Arbeitsklima 55
Arbeitsmarkt 31 f.
Arbeitsorganisation 27, 118, 124, 146,
    235, 365
Arbeitsplatzgestaltung 55
Arbeitsrecht 23, 135, 356
Arbeitszufriedenheit 31, 35, 187, 286, 340,
    344, 358, CD: 4
Argumentationsstrategie CD: 20 ff.
Aufgabenfelder 23, 40, 204, 424, CD: 7
Aufwand-Ertragsmodell 88 ff.
Ausbildung 42, 96 f., 112, 132, 146, 157,
    202, 204, 220
Auswahlgespräch 212 f., 230, 235, 238

Balanced Scorecard 35, 38
Bedürfnispyramide 83 ff.
Beförderung 51, 301, 318, 322, 356, CD:
    29
Benchmark 50, 62, 160, 174, 341
Beratungskompetenz CD: 32 ff.
Betriebsrat 41 f., 110, 115, 122, CD: 45,
    53, 60 f.
Bewerberverwaltung 216 ff.
Bewerbervorauswahl 43, 226
Bewerbungsgespräch 230, 232, 399
Beziehungskonflikt CD: 46
Budget 32, 48, 50, 55, 70, 100, 128, 186,
    291, 315, 334, 353, 405, 411

Business-Partner 44, 61

Change-Management 36, 60
Change-Prozess 35
Change-Strategien 33
Commitment 58, 62, 66, 76, 78, 176, 207,
    272, 334

Deckungsbeitragsrechnung 35
Demografie 25, 31
Dienstleister 37, 41, 46 ff., 64, 200, 366,
    383, 401, CD: 28 f.
Disziplinierung 318, CD: 59

Effizienz 27, 65 f., 68
Engagement 34, 45, 75, 88, 95, 181, 222,
    305 f., 324, 375 f., 391, 415
Entscheidungsfreiheit 51, 137
Entscheidungsträger 27
Erfolgsmessung 37 ff.
Erwartungsmanagement 52
Externe Leistungsempfänger 47 f.
Externe Unterstützung 51

Fachkompetenz 39, 53, 138, 146, 151, 235,
    263, 266, 270, 281, 315, 354
Feedback 31, 37, 67, 77
Feedbackschleifen 251, CD: 35
Fehlzeiten 373, 392, CD: 2, 58
Fluktuationsrate 32 f.
Fort- und Weiterbildung 298, 302
Frageformen CD: 24
Fremdbeurteilung 35
Führungscontrolling 35
Führungsinstrumente 41, 284, 293
Führungskompetenz 96, 319, 329, CD: 32
Führungskräfte 27, 145, 180, 198, 203,
    213, 272, 274, 277, CD: 32, 37, 45, 49,
    58, 61

Führungskultur 34, 66, 96, 277f., 287, 319
Führungsqualität 36
Führungsstil 82

Geltungsbedürfnisse 84
Gesprächsführung 39, 293, CD: 21ff.
Gesprächskompetenzen CD: 20ff.
Glaubwürdigkeit 43

Handlungsfelder 29ff., 330, 352, CD: 2, 56
Hierarchie 66
High Potentials 27, 164, 186, 188, 201, 278ff., 332f.
Hintergrundkonflikte CD: 47
Hochschulmarketing 33, 36
Hoheitlicher Auftrag 42ff., 46ff.
Holding-Modell CD: 14ff.
HR-Administration 31
HR-Geschäftsmodell CD: 15
HR-Governance CD: 15
HR-Management 25f., 29
HR-Strategie 28ff.
HR-Vision 28, 30
HR-Ziele 29, 62
Human-Asset-Management 31, 35
Humankapital 35
Hygienefaktoren 85f.

Image 23, 39f., 135, 168, 173, 176, 244, 345, 373, 410, CD: 49
Incentives 51
Ineffektivität 27
Informationsrecht 110
Informationskanäle 71
Integration 27, 72, 103, 108, 140, 246, 248, 250ff., 359, 368, 402
Interessengruppen 76
Interessenkollision CD: 45ff.
Interne Bezahlung 51
Interne Kunden 37, 43, 47, 69
Interne Netzwerke 27
Interner Berater 41, 43ff.
Interner Dienstleister 43ff.
Investitionsbereitschaft 32, CD: 14

Job-Enlargement 299f.
Job-Enrichment 300
Job-Rotation 300f.
Karriereplanung 31, 55, 102, 279, CD: 15

Kennzahlen 33, 35f., 117, 187, 269, 339, 342
Know-how 23, 60, 62, 145, 155, 289, 295, 303, 354
Knowledge-Management 38
Kommunikation 29, 31, 34, 37, 84, 97, 103, 109, 181, 235, 244, 314, 319, 368, 383, 410
Kommunikationsinstrumente 71ff.
Kommunikationswege 71ff.
Konfliktdiagnose CD: 42
Konflikte 42, 47, 103, CD 37ff.
Konfliktfähigkeit 157, 162
Konfliktfelder 46ff.
Konfliktmoderation CD: 45ff.
Kontaktqualität 53
Kooperation 37, 50, 94, 203, 210, 314, 345, 350, 353ff. 364
Kostenbewusstsein 50
Kostensenkung 27, 54, 134
Kostenverursacher 50, 57, 410
Krankenrückkehrgespräche CD: 58
Krisenunterstützung 41
Kundenbedürfnisse 44, 69, 167
Kundenbefragung 37ff., 268, 271, 295
Kundenorientierung 47, 50, 53, 67, 127, 146, 243f., 275, 286, 331, 406, CD: 8, 11
Kundenstruktur 79
Kundenwahrnehmung 38
Kundenzufriedenheit 38, 51f., 57, 60, 175, 271, 286, CD: 8, 10f.
Kündigung 122, 124, 130, 135, 179, 206, 252f., 318, 369, 370, 372ff., CD: 50
Kündigungsfrist 205, 253, 359, 370, 378f., 399

Laufbahnplanung 31
Lebensmotive 93ff.
Leistungsangebot 49, 65, 121
Leistungsbewusstsein 49
Leistungserbringung 27, 37
Leistungsfähigkeit 23, 25, 27, 34, 43, 52f., 67, 82, 134, 212, 239ff., 278ff., 415, CD: 10, 18, 29
Leistungsträger 25
Lernprozess 31
Lernvermögen 34

Machtmotiv 88, 98f., 251, CD: 29

Management-Audit 274 ff.
Managementvorgaben 42
Meetings 45, 95, 249, 271
Mentoring 140, 302, 305, 316, 382
Messkriterien 59 f., 328, 416
Mitarbeiterbefragung 37, 72, 77, 168, 173,
  180, 183, 295, 330, 339 ff.
Mitarbeiterbeurteilung 68, 70, 129, 141,
  157, 254, 293, 295, 318 ff., 322 ff.
Mitarbeiterbindung 45, 82 ff.
Mitarbeiterentwicklung 31
Mitarbeitergespräch 67 f., 124, 142 ff., 153,
  179, 182, 252 f., 284, 292, 294 f.,
  318 ff., 329, 361, 398, CD: 4
Mitarbeitermotivation 82 ff., 293, 342,
  428, CD: 29
Mitarbeiterperspektive 55
Mitarbeiterportfolio 306
Mitarbeiterservices 31
Mitarbeiter-werben-Mitarbeiter-Programme
  33
Mitarbeiterziele 29
Mitspracherecht 51
Mobbing CD: 56 f.
Moderation 45, CD: 17, 45
Motivation 31, 41, 50, 66, 82 ff., 146, 151,
  157, 212, 215, 220, 252, 260, 262,
  307 f., 358, 364, 407, 410, 416, CD: 14,
  18, 29, 41
Motivationsfaktoren 86

Nachfolgeplanung 111 f., 114, 128, 332 ff.
Netzwerke 27, 33, 74, 195, 257, 262, 302,
  337

Organisationsentwicklung 41, 284, 297,
  319, 342
Organisationsoptimierung 31
Outplacement 392 ff.

Partner 27, 43 ff.
Partnermodelle 303
Performance-Measurement 36
Personalabbau 27, 111, 133 ff., 174, 188
Personalabteilung 34 f., 123, 142, 144, 156,
  192, 247, 321, 337, 359, 367, 372, 385,
  395, CD: 7 ff., 52
Personalakte 42, 265, 270, 321, 386,
  395 ff.
Personalarbeit 28 ff.

Personalauswahl 41, 46, 97
Personalbedarfsplanung 111, 116 ff., 120
Personalberater 33, 198, CD: 28
Personalbeschaffung 26, 405
Personalbetreuung 26, 41, 140
Personalbeurteilung 26, 252, 322
Personalcontrolling 35
Personaldienstleistungen 50, 53 f., 56 f.
Personaleinarbeitung 46
Personaleinstellung 41 f., 46
Personalentwicklung 70 f., 128 f., 194,
  256, 270, 273 f., 280, 282 ff., 357,
  396 ff., 400, CD: 7, 9 f., 17, 29
Personalführung 26, 86, 322, CD: 29
Personalkennzahlen 33, 35 f.
Personalkostenplanung 112
Personalmanagement 25, 35, 39, 42, 64 f.,
  116, 138, 142, 163, 172, 186, CD: 14 f.
Personalmarketing 26
Personalqualifizierung 45
Personalreferent 26, 39 f., 42 f., 78, 145,
  383, 402, CD: 7 f., 12 ff.
Personalreferentenmodell CD: 11 ff.
Personal-Recruiting 164 f., 167, 188 f.
Personal-Service-Center CD: 15
Personalverwaltung 26, 216, 248, 395,
  401 f., 404
Personalwesen 23, 27, 54, 185, 189,
  CD: 9
Persönlichkeitstypen CD: 25 ff.
Platzierungsentsentscheidung 97, 254
Positionierung 23 f., 26, 40, 48, 51, 192,
  200, 274, 277, CD: 7 f., 24
Probezeit 205, 213, 252, 322, 394
Probezeitbeurteilung 248, 252 f., CD: 4
Problemlösung 41, 44 f., 232, 262, 275,
  309 f., 316
Problemlösungskompetenz 146, 262
Profit-Center 48 f.
Projektmanagement 58, 146, 161, 235,
  307, 334
Prozesscontrolling 35
Prozessoptimierung 31, 37, 45
Prozessqualität 53 f.

Qualifikation 33, 129, 283
Qualifikationsportfolio 33
Qualifizierung 41
Qualitätskennzahlen 37